시험
능력
주의

시험
능력
주의

한국형 능력주의는
어떻게 불평등을
강화하는가

김동춘 지음

창비

　서울대 법대, 사법고시 출신 윤석열이 대통령이 되었다. 새 정부 각료 명단을 보고서 언론은 강병서(강남·병역 면제·서울대 출신) 정권이라고 부른다. 1987년 민주화운동 이후 한 세대를 지난 지금 한국은 '시험선수' 엘리트들이 권력과 부를 차지하고, 그 자녀도 좋은 학교 보내서 지위까지 세습하는 나라가 되었다. 능력주의는 이 시대의 신흥종교가 되었을 뿐 아니라 심지어는 도덕적 표준까지 되었다. '능력 없는' 노동자, 장애인, 노인은 이제 혐오의 대상이다. 부모 잘 만난 것도 능력이 되는 세상에서 대학서열 하위권 학교의 대학생들, 일터에서 산재로 불구자가 되는 비정규직 청년들은 저항은커녕 제대로 항변조차 하지 못한다.

　학원과 입시 준비가 학교교육을 압도하는 세상에서 능력주의의 최전선은 바로 서울 강남의 학원가다. 대다수의 '능력 없는' 학생들은 성적 위주, 서열과 등급 매기기 중심의 학교교육에서 이방인이 될 수밖에 없다. 상위 10% 학생들의 명문대 진학에만 관심을 둔 고등학교에서 나머지는 들러리에 불과하고, 그런 학교에서 공교육의 정신은 설 자리가 없다. 학교의 주변인들은 어른이 되어서도 학교에서 입은 상처로 자존감 상실과 패배감, 그리고 자기비하 속에서 살아간다. 과거에는 성적 최상위권 학생들 중에서도 대학에 가서 역사와 미래를 위해 깊이 고민하고 국가나 사회를 위해 몸을 던지는 청년이 있었지만, 지금의 최우등 학생들은 대부분 로스쿨과 의대 진학, 공기업을 희망한다. 물론 이는 지금 청년들만 탓할 수 있는 문제는 아니다.

부의 양극화가 더욱 심해지고 안정된 일자리 얻기가 더 어려워진 지금, 서울대·연세대·고려대(이른바 SKY대)를 졸업해도 안정된 자리는 보장받을 수 없으니 인문사회계 학생들은 경영학 부전공에 목을 맨다고 한다. 이 명문대 졸업장을 신분증처럼 여기는 대학생들은 '공정'의 이름으로 자신의 밥그릇을 지키려 하지만, 그들의 지적 '능력'은 지금 한국사회와 인류가 처한 문제 해결에는 거의 소용이 없다. 가장 우수한 청년들이 의대와 로스쿨로 가는 나라, '시험형 인간'이 권력뿐만 아니라 경제력까지 거머쥐고, 자녀에게 학력자본을 줌으로써 지위를 세습하는 나라, 사회와 경제의 바탕을 지켜주는 '필수 노동자'와 청년 노동자들이 자존감을 갖고 살 수 없는 사회에서 우리는 무슨 희망을 찾을 수 있을까?

자동화 기계와 인공지능(AI)이 노동을 대체하고, 기후위기로 인류의 생존 자체가 위협을 받고, 미·중 패권 경쟁으로 한국이 생존해갈 길이 더욱 불투명해지는 시대에 우리는 서 있다. '시험형 인간'을 만들어내는 기존의 한국 교육은 이러한 시대적 과제를 감당할 미래 세대를 길러낼 수 없다. '개천 용'의 신화가 지배하는 나라에서는 대다수가 살아가는 개천은 방치되고, 개천을 더 살기 좋은 곳으로 만들려는 조그만 시도도 무시된다.

교육은 기본적으로 계층, 계급, 불평등 문제이며, 그래서 교육개혁은 경제, 복지, 노동, 수도권 집중 문제와 동시에 접근해야 할 사회개혁 사안이다. 전문직, 관료의 과도한 특권을 제한하고, 계층이동을 위한 1차 관문에 잘 진입할 기회를 얻지 못했거나 그런 병목을 통과하지 못한 청년들도 사회적으로 인정받을 수 있도록 노동의 인간화를 이루고, 숙련 축적의 기회를 마련해야 할 것이다. 교육문제의 이러한 중층성과 복잡성을 간과해서 그랬는지 아니면 몰라서 그랬는지 모르지만, 문재인 정부는 역대 그 어떤 정부보다 교육문제에 무관심했다. 아예 처음부터 교육문제에는 손을 대지 않으려 했다. 교육 관료들은 교육문제의 이러한 사회적 성격을 알면서도 정권의 무정책에 편승했다. 그러니 이들은 그전부터 그랬듯이 입시정책을 만지작거리거나 비리 대학을 사후 관리하는 일에만 주로 신경을 쓴 것 같다.

자본주의 사회에서 능력주의 논리를 완전히 거부할 수는 없으나 한국식 시험능력주의는 이데올로기이며, 불평등을 확대하고 사회를 병들게 하고 교육을 무너뜨린다. 이 이데올로기의 정신적 노예 상태에서 벗어나야 한다. 그리고 우리 사회의 지위 배분과 보상의 원칙을 재정립하고, 세상을 다스리는 원칙, 사람을 기르는 이유, 방법과 철학을 다시 세워야 한다.

나는 지금까지 학생, 교사, 교수로서 학교에서 인생 대부분의 시간을 보냈다. 학교는 내게 가장 익숙한 곳이고, 교육은 내가 가장 잘 아는 분야다. 나는 두 학급밖에 없는 읍 단위 시골의 작은 초등학교를 졸업했고, 그곳에서 추첨으로 중학교에 들어갔다. 대도시의 고등학교와 서울의 대학교에 가기 위해서 입학시험을 거쳐야 했다. 고시공부는 생각조차 해본 적이 없으나, 다른 사람들처럼 입시 준비와 학업 경쟁은 내 몸의 일부가 되어 녹아 있다. 나는 외국 유학을 하지는 않았으나, 방문 연구원, 방문 교수 자격으로 미국과 유럽의 대학에서 잠시 머물면서 학부모와 연구자로서 그곳의 학교와 대학을 관찰하기도 했다. 나는 학생으로서는 한국에서 가장 큰 대학을 다녔지만, 교수 생활 25년 동안은 서울에서 가장 작은 대학에서 근무했다. 내가 명문대에서 교수 생활을 했다면 아마 이 책의 문제의식을 갖지 못했을 것이다.

나는 가정형편이 매우 어려운 학생들이 다니는 야간 여고에서 비등록 교사 생활도 해보았고, 20대 중후반에는 서울에서 가장 못사는 사람이 많은 동네로 알려진 곳의 공립 고등학교 교사로 3년간 일했다. 6월항쟁 직후 전교조 설립 직전에 이 학교에서 교사협의회를 조직하는 등 교사운동에도 약간 관여한 적이 있다. 그리고 재야 연구자, 강사, 교수로 일했던 30대 중반 이후 최근까지 교사 대상의 각종 공식·비공식 모임, 교사 연수 등에 수백회 이상 강사로 나간 적이 있고, 그 과정에서 수많은 현장 교사들의 이야기를 들었다. 성공회대 NGO대학원과 교육대학원에서 지난 25년간 교사, 활동가 들을 만났다. 이 글의 대부분은 학생, 교사,

학부모, 교수로서의 나의 경험에 기반을 둔 것이다. 이 책에서 각 주를 달지 않은 모든 내용은 내가 직접 경험한 것이나 들은 내용들이다.

대학 초년 시절 즐겨 읽었던 성래운, 이오덕 선생님의 교육평론들, 파울루 프레이리(Paulo Freire), 이반 일리치(Ivan Illich) 등의 저작이 교육문제에 대한 내 문제의식을 키워주었다. 사회학 연구자로서는 칼 맑스(Karl Marx), 막스 베버(Max Weber), 마이클 애플(Michael W. Apple), 피에르 부르디외(Pierre Bourdieu), 프랭크 파킨(Frank Parkin) 등의 서구 사상가들의 주장이나 이론들을 오랫동안 읽어왔고, 그러한 이론들이 이 글의 분석 작업에 동원되었다.

나는 박사논문 주제인 노동을 연구하면서 교육문제는 변형된, 혹은 거꾸로 선 노동문제라는 것을 알아차렸고, 학교교육 문제도 교육 자체의 문제와 사회문제의 두 측면을 갖고 있다고 보았다. 그러나 그후 한국의 학계에서나 교육계, 노동운동 진영에서 이렇게 접근하는 사람은 거의 만날 수 없었다. 이 책은 내가 30년 동안 독백하듯이 써온 교육 관련 칼럼, 논문, 에세이 들을 종합한 것이라고 봐도 좋을 것이다. 그러나 이 책을 쓰게 된 좀더 직접적인 계기는 2015년 구의역 김군 사망 사건과 그 이후 발생한 여러 특성화고 학생들의 비극적인 산재 사고였다.

이 책은 일반인을 대상으로 한 교양서이지만, 곳곳에 교육학·사회학·정치학 영역에서 이론적으로 더 천착해야 할 쟁점도 많이 포함되어 있다. 그러나 책 전반의 방향이나 서술 방식, 개인적인 능력의 한계 때문에 이론적 문제를 끝까지 밀고나가지는 못했다. 이 책은 한국의 사회개혁, 불평등 극복, 시험능력주의 극복을 위한 정책 제안서에 가깝다고 봐도 좋을 것이다.

일일이 거론할 수는 없으나 이 책을 쓰는 과정에서 대학원생 제자이기도 한 많은 현직 교사들, 사교육 현장에서 일하는 분들의 도움을 얻었다. 프랑스와 일본의 동료들로부터 자료 도움도 받았다. 교육을 바로 세우기 위해 분투했던 많은 교사들, 지금도 교육현장에서 공교육을 바로 세우기 위해 애쓰고 있는 많은 교사들께 감사하고 또 위로를 드리고 싶다. 지금의 노동 및 교육현장에 대해 필자가 잘못 파악한 부분이 있을 수 있는데, 독자나 전문가 들께서 그런 부분을 발견하면 많은 질책을 해주시길 바란다.

마지막으로 출판 제안을 선뜻 받아준 창비의 이지영 국장님과 편집 교정에 수고를 아끼지 않은 이하림 팀장님에게도 감사드린다.

2022년 5월 1일
김동춘

차례

책머리에 5

서장

'시험은 공정하고 그 결과는 능력의 증거'라는 생각 **17**

학교와 사회는 교육을 어떻게 성공의 수단으로 만들었나 **25**

시험능력주의를 어떻게 이해하고 대안을 찾을 것인가 **31**

1장

사회적 질병으로서의 시험능력주의

청소년의 고통과 교육의 실종

불행한 청소년 **41**

입시 전쟁터의 윤리 실종, 도덕적 진공 **48**

학업포기라는 사보타주

수업시간에 잠자는 아이들 **53**

학교폭력과 탈(脫)학교 **60**

2장

시험능력주의의 지배

한국의 시험능력주의

공정과 정당성의 근거로서의 시험 **67**

한국의 학력·학벌과 신분 **84**

크레덴셜리즘, 학력주의, 능력주의, 그리고 시험능력주의 **94**

신자유주의 시대의 시험능력주의

'브랜드'로서의 학력과 학벌 **111**

신자유주의 시대의 '공정', 능력주의가 낳은 차별과 혐오 **127**

시험능력주의의 약화? **137**

3장 **시험능력주의의 앞면: 지배체제와 그 승리자들**

'능력자'들의 지배?

지식·정치계급과 시험능력주의 147

학교와 지배질서 162

지위 폐쇄를 통한 지위 세습 173

시험의 '개인화' 효과와 능력주의

배제, 선별, 차별 승복의 과정으로서의 시험 179

시험의 반(反)교육적 성격 185

시험형 인간의 아비투스

특권 집단인 국가관료, 법조계 191

시험형 인간들의 세상, 관료 집단과 전문직 210

4장 **시험능력주의의 뒷면: 배제체제와 그 패배자들**

'무능력자' 천시와 노동 탈출 부추기기

누구나 피하고 싶은 노동 현실 223

노동의 중요성을 가르치지 않는 학교 228

노동에서 벗어나라고 떠밀어 올리는 사회 235

시험능력주의와 노동자

노동자들에게 능력주의란? 239

능력주의와 노동운동 243

노동·교육정책의 사각지대, 직업계고

한국의 산업구조와 직업계고 교육 248

버려진 직업계고 청소년들 255

학력 인플레와 대졸 청년의 고통 263

5장 | **시험능력주의 극복을 위한 사회·교육 개혁**

사회구조 개혁의 과제들

기회의 다원화와 실적주의 273

지위 독점, 특권의 제한과 가치의 다원화 288

노동의 인간화, 숙련체제, 그리고 사회적 연대 299

제도개혁의 과제들: 대학을 중심으로

대학 수직서열 체제 극복 313

능(能)보다는 지(知)를 중시하는 교육 325

능력이 필요한 부문, 능력주의가 적용되어야 할 영역 331

능력주의 그 자체와 대면하기

능력주의라는 이데올로기 336

'능력주의'와 개인주의의 자기모순과 한계 342

능력주의를 넘어서 정의와 형평으로 347

글을 마치며 354

주 368

찾아보기 407

시험
능력
주의

서장

'시험은 공정하고 그 결과는 능력의 증거'라는 생각

지난 2017년 대통령선거에서 문재인 대통령 후보는 공기업 비정규직을 정규직화하고 비정규직 비율을 줄이겠다고 약속했다. 이후 문재인 대통령은 취임 3일째인 2017년 5월 21일 인천국제공항(약칭 인국공)을 방문해서 '비정규직 제로'를 선언하였고, 인천국제공항공사는 다음 날 60개 협력업체에 고용된 비정규직 노동자 9785명 전체를 '이달 중 정규직화할 예정'이라고 밝혔다. 그런데 인국공의 정규직 직원들이 이 방침에 강하게 반발했다. 그들뿐만 아니라 노량진에서 컵밥을 먹으면서 공기업에 들어가기 위해 "영어시험을 18번을 보고 허벅지를 찔러가며 14시간씩 공부하는" 취업준비생들도 "노력하는 이들의 자리를 뺏는 결과의 평등이어선 안 된다"고 반발했다.[1] 이들 청년들은 국가인권위원회에 비정규직 직접고용은 취업 역차별이며 평등권 침해라는 진정을 제출하기도 했다.

　정부가 밝힌 비정규직의 정규직화 방침에 대해 면접과 시험 등 6단계의 절차를 거쳐 입사한 인국공의 정규직 청년들뿐만 아니라 서울메트로(Seoul Metro, 현 서울교통공사) 등 공기업의 청년 직원, 젊은 정규직 교사, 노량진의 공무원 시험 준비생 들도 반발했다. 서울메트로 직원들은 서울시의 정규직화 방침을 비판하며 "고시원에서 죽기 살기로 몇년 동안 매달려 필기시험에 면접까지 봐야 7급인데, 인성검사만으로 7급이라니 누가 봐도 역차별"이라면서 "이런 역차별에 대해서 합리적 차이를 두자"고 주장했다. 몇년 동안의 시험 준비와 치열한 경쟁을 거쳐 정규직이 된 청년들뿐만 아니라 노량진을 비롯한 전국의 고시원에서 공무원, 공기업 직원, 그리고 교사가 되기 위해 시험을 준비하던 거의 모든 청년들도 이러한 생각을 갖고 있었다.

　인국공 사태를 계기로 한국사회에서 공정 담론과 능력주의가 뜨거운 쟁점으로 떠올랐다. 이들 청년들은 시험과 면접 등 일정한 경쟁 절차를 거치지 않고, 자격(qualification) 조건을 얻는 과정도 생략한 채, 비정규직이 정규직화되는 것은 공정하지 않다고 주장했다. 공무원 시험 등 취업준비생들에게는 인국공 사태가 가장 뜨거운 사안이었지만 대학생들에게는 전 법무부 장관 조국의 딸 조민의 고려대 생명과학대학과 부산대 의학전문대학원 입학 건이 가장 민감한 사안이었다. 검찰 수사를 거쳐 2021년 8월, 2심 재판부는 조민을 부산대 의학전문대학원 등에 합격시켜준 서울대 로스쿨 인턴 활동과 동양대 표창장이 위조되었으며, 조민의 모친 정경심은 "딸의 입시에 활용할 목적으로 자신과 배우자의 인맥을 이용해서 특정 경력을 취할 기회를 가진 다음, 기간과 내용이 과장된 내용의 확인서를 발급받는" 등의 방법으로 범행을 함으로써 "입시제도 공정성에 대한 사회 믿음이 훼손"되었다고 판결했다.[2]

이미 사건 발생 이후부터 조민의 입학을 취소해야 한다고 주장했던 고려대생들은 "이번 사건은 특정 사회계층이 인맥·사회·문화적 자본을 통해 그 지위를 어떻게 물려주고 있는지 적나라하게 보여준 것"이라며 "이런 방식으로 입학한 사람이 적지 않을 것이라고 생각한다"고 말했다.[3] 학생들은 시험과 같은 공정한 절차를 거치지 않고 부모 힘으로 스펙을 쌓은 사람을 동문으로 받아들일 수 없다고 생각했다.

2021년 초, 고려대 서울 캠퍼스 학생들은 세종 캠퍼스 학생들이 총학생회 임원이 되는 것, 이들이 자신과 같은 고려대생으로 자처하는 것에 불만을 표시하고 혐오의 발언까지 내뱉었다.

선생님, 학벌에 따른 차별이 없다면, 천신만고 끝에 명문대에 합격한 사람들은 대체 무엇으로 보상을 받나요? '부모 찬스'를 활용하려는 파렴치한 이들만 걸러낼 수 있다면, 학벌을 두고 왈가왈부할 일은 아니라고 봐요. 이번 일도 혐오 표현이 문제인 거지, 학벌이 문제는 아니죠.[4]

본교와 분교 학생들 간에는 입학할 때 수능이나 내신 등 성적 차이가 크기 때문에 분교생을 같은 학교의 학생으로 봐서는 안 된다는 주장이 나온 것은 이것이 처음은 아니다. 분교 출신은 취업시장에서 차별대우를 받아야 한다는 생각은 서울에 있는 여러 대학의 분교가 설립된 이후 지금까지 30년 동안 지속되어왔다. 과거의 한국외국어대나 중앙대 등의 분교와 본교의 통합 반대 운동 역시 본교 학생들의 차별의식이 표현된 것이었다.[5]

서울대·고려대·연세대 학생들이 문재인 정부의 블라인드 채용 정책에 대해 강력하게 반발한 것도 같은 이유 때문이다. 그들은 블라인드 채용으로 "노력도 블라인드가 된다"고 반발했다. 즉 명문대학에 들어간 것 자체가 '노력'의 징표인데 그것을 드러낼 수 없는 블라인드 전형은 전혀 합리적이지 않다는 것이었다. 이들은 능력과 노력을 평가할 수 있는 시험이 가장 공정한 제도라고 생각한다. 명문대 졸업자들을 취업 등에서 우대해야 한다는 생각은 옛날부터 있었다. 단지 과거에는 그러한 학벌 차별주의를 드러내 놓고 말하지는 않았고, 학벌에 의한 취업 기회의 차이나 보수의 차이가 합리적이거나 공정한 것이라고까지 말하지는 않았는데, 지금 청년들은 노골적으로 그러한 차별을 인정하자고 주장하는 점이 다르다.

2021년에는 36세의 청년 정치인 이준석이 국민의힘 당 대표로 선출되어 신선한 충격을 주었다. 그는 『공정한 경쟁』이라는 대화록에서 우리 사회가 정글의 법칙, 약육강식의 원리를 받아들여야 하며, 자기가 다닌 중학교에서 700명이 등수를 두고 다툰 것은

'완벽하게 공정한 경쟁'이라고 말했다. 그런데 "당 대표가 되기에는 너무 어리지 않나?"라는 지적이 나오자, 10대 청소년들은 "그는 하버드대를 나왔잖아요. 더 무슨 설명이 필요하죠?"[6]라고 반박했다. 학력이라는 '스펙'이 곧 실력이 아니냐는 것이었다. 이과 영재들이 들어가는 과학고와 '세계 최고' 명문 하버드대까지 다녔으니 그런 자리에 가는 것은 당연하다는 말이었다. 더불어민주당 김남국 의원은 이준석이 과학고와 하버드대를 다닌 것, 그리고 청년 정치를 하고 있는 것은 실은 그의 아버지가 국민의힘 대통령 후보 유승민과 함께 경북고, 서울대 경제학과를 다닌 '아버지의 백'이 있었기 때문에 가능했다고 반박하기도 했다. 이준석이 당 대표가 된 것은 선거라는 공정한 경쟁의 결과가 아니라 '아빠 찬스' 덕분이라는 것이다.

　이준석은 당 대표에 출마하면서 '고위 공직자 기초 자격시험'을 공약으로 내걸어 사람들을 경악하게 하기도 했다. 국회의원이나 기초의원 등의 후보를 공천할 때 지원자로 하여금 시험을 치르도록 하자는 것이었다. 국민의힘 김재원 최고위원은 "공천권이 국민의 몫인데 여기에 시험제도를 도입하는 것은 맞지 않고 국민주권주의의 대원칙에도 부합하지 않는다"고 당의 선배로서 점잖게 비판을 했다. 그래서 이 사안이 더이상 논의되지는 않았다. 그러나 20대 대선을 앞두고 그가 당 대표로 있는 국민의힘에서 대통령 후보로 나온 사람들은 고려대 법대를 나온 홍준표를 제외하면 전원이 서울대, 그중에서도 최상위권 학과 출신들이라는 점이 새삼 부각되었다.

이준석을 대표로 선발한 국민의힘, 그 당을 지지하는 강남 학부모들과 우리 사회의 중고령층, 그리고 학력이라는 스펙과 노력의 성과는 인정해야 하며, 선별은 불가피하고 정당한 것이라고 생각하는 오늘의 청년들은 시험이 개인의 능력을 판정할 수 있는 가장 공정한 제도이기 때문에 그런 시험을 거쳐서 명문대 스펙을 가진 사람들이야말로 이 사회를 이끌 수 있는 인재들이며, 그들이 재능과 노력에 합당한 대우를 받는 것은 당연하다고 생각한다. 이것이 오늘날 한국사회에서 최고 유행어가 된 능력주의다. 가장 뛰어나고 똑똑한 사람, 즉 재능이 있는 능력자가 우대받는 것이 당연할뿐더러 정치나 사회를 지배해야 한다는 메리토크라시(meritocracy), 즉 '능력주의'는 한국에서만 유행하는 현상이 아니라, 사실은 세계 자본주의의 참모부 미국에서 시작하여 전세계로 확산된 담론이자 이데올로기이기도 하다.

이러한 생각은 다음과 같은 공식으로 도식화할 수 있다. '명문대 시험 합격＝학력(學歷, 學力)·학벌(學閥)→능력→사회적 지위, 차별화된 보상→공정(＝정의)'. 이 공식에서 명문대 합격, 즉 학력이 곧 능력이고 그것이 사회적 지위를 가질 자격증이 된다는 것까지는 대다수 한국인들이 받아들이는 공식이다.[7] 그러나 능력을 가진 사람이 좋은 지위와 보상을 누리는 것이 '공정'할뿐더러 '정의로운 일'이라고까지 여기는 인식은 최근에 일반화된 것이다.

20세 전후에 치르는 결정적인 시험, 즉 모두가 선망하는 명문대에 합격하는 것이 이후 평생의 지위와 보상을 가져다주는 길이라는 인식은 과거(科擧)에 급제해야 관리가 되어 권력과 부를 누릴 수 있던 조선시대 이래 지금까지 남아 있는 생각이다. 그러나 시험성적이 곧 능력(merit)이며, 순위(ranking)를 매기는 시험이 응시자들을 선별하는 가장 공정한 절차라는 생각은 근대 학교제도와 함께 도입된 이후 1980년대 정도까지 지속되었다. 특히 이러한 학력, 시험성적, 능력에 따라 보상과 지위가 배분되어, 설사 불평등이 발생하더라도 그것이 공정하고 정의로운 것이라는 생각은 외환위기 이후 지금 세상에 일반화된 것이다.

한국에서 유행하는 능력주의는 입시나 고시 성적, 자격시험이 아니라 성적 '순위를 매기는 시험'이 학력이나 능력을 제대로 평가할 수 있는 가장 객관적인 지표라고 보는 능력주의다. 이것을 우리는 '시험능력주의'라 부를 수 있는데, 실적이나 공적(desert)보다는 시험성적 순서상의 최우등 순위 안에 들어간, 즉 극히 경쟁적인 시험을 거쳐 선발된 사람이 바로 능력자라는 것이다. 그래서 이러한 한국의 시험능력주의에는 아주 오래전부터 지속되어온 생각과 최근에 일반화된 생각이 뒤섞여 있다.[8]

2020년에 국내에 소개된 미 예일대 교수 마코비츠(Daniel Markovits)의 『엘리트 세습』(*Meritocracy trap*)은 오늘날 미국사회에서 능력주의가 과거의 귀족주의를 대신하여 지배적인 논리, 사회적 불평등의 배경으로 작용하고 있다는 점을 지적한다. 그가 말하는 엘리트 귀족은 미국의 명문 사립대학들인 아이비리그(IVY League) 대학을 졸업한 최상위권의 학생들인데, 부모들의 막대한 교육 투자의 성과물이며, 주로 금융, IT산업 등의 분야에서 일한다. 과거의 귀족, 미국의 경제학자이자 사회학자이기도 했던 베블런(Thorstein Bunde Veblen)이 한세기 전에 말한 '유한계급'과 달리, 이들은 지독하게 열심히 장시간 노동을 하면서 중간 정도의 기술과 숙련을 가진 사람들이 해온 기존의 일들을 모두 집어삼켜서 상상할 수 없는 소득을 얻는다. 마코비츠는 오늘날 엘리트 귀족과 중간 정도의 기술과 소득을 가진 사람들의 격차가 더욱 확대되었다고 본다.

그는 과거의 귀족주의와 달리 능력주의는 불평등에 도덕성을 부여한다는 특징을 갖고 있다고 강조한다. 그리고 이 능력주의는 착취 없이 지배질서를 정당화한다는 점에서 과거의 귀족주의와 다르다고 본다.[9] 그는 프랑스 경제학자인 피케티(Thomas Piketty) 등이 주장하는 지구적인 자산 불평등이 오늘날 불평등의 핵심이 아니고, 오히려 노동에 대한 과도한 보상, 즉 능력주의로 무장한 초엘리트에게 주어지는 엄청난 보상과 중산층의 몰락이 지금 시대 불평등의 본질이며, 이렇게 획득된 경제적 지위가 세습되는 현실을 구조적으로 타개하지 않고서는 불평등의 극복이 어렵다고 본다.

마코비츠는 능력주의가 불평등의 해결책이 아니라 오히려 그 근원이라고 주장한다. 그런데 마코비츠가 말한, 자녀를 명문대에 보내기 위해 온갖 투자를 아끼지 않는 중상층 부모들의 행태는 사실 미국보다 한국, 일본, 중국에서 훨씬 더 두드러지게 나타난다. 조국 딸 입학 건이 알려지자 강남 학원가의 어떤 교사는 그 정도는 당시 학부모들 누구나 했던 것이라며 법원의 판결대로 그것이 죄라면 당시 의전원 입학생 부모들 중 80% 정도는 감옥에 가야 할 것이라고 주장하기도 했다. 즉 전문직이나 엘리트 계층의 중상층 부모가 자신의 인적·물적 자원을 총동원하여 자녀의 의대, 아이비리그 대학 입학을 위해 사활을 걸고 자신들의 지위를 세습하려는 시도는 외환위기 이후 서울 등 한국 부자 동네에서 훨씬 일반화된 현상이다. 즉 '부모 찬스'를 활용한 능력주의의 원조는 어쩌면 미국이 아니라 동아시아, 특히 중국, 한국, 일본일지 모른다.

학교와 사회는 교육을 어떻게 성공의 수단으로 만들었나

근대의 모든 나라에서 학교나 공교육은 국민 훈육을 위한 수단인 동시에 민중들의 교육받을 권리가 제도화된 것이기도 하다.[10] 학교는 공식적으로는 장차 사회를 살아갈 학생들에게 지식과 기술을 전하고 이들의 덕성을 함양하는 교육의 장이지만, 다른 한편으로 이들의 상급학교 진학이나 취업을 위한 준비, 그리고 사회적 지위 추구의 발판이기도 하다. 공교육은 국가의 산업발전, 사회의 이념과 가치 전달을 위한 공공재(public goods)이기도 하지만, 학생 개인의 지위 상승에 필요한 지식을 제공한다는 점에서 사적 재화(private goods)이기도 하다. 모든 국가의 교육정책은 공공의 목표와 국민의 사적 욕망을 동시에 충족하려 한다.

그래서 미국의 교육사회학자 라바리(David F. Labaree)는 교육정책은 시민 양성을 위한 민주적 평등(democratic equality) 실현,

산업에 필요한 인력 공급, 사회적 효율(social efficacy) 달성이라는 공공재의 제공을 목표로 하기도 하지만, 동시에 시민들의 사회이동(social mobility) 욕구의 충족이라는 사적 재화의 제공을 목표로 하기도 한다고 말한다. 그는 미국에서 19세기 이후 각 시기와 조건에 따라 세가지 목표 중에서 어느 하나가 가장 중요하게 부각되는 시기가 있었다고 본다. 그런데 그는 오늘날 사적 재화로서의 교육이 공적 재화로서의 교육을 압도한다는 점을 우려한다. 즉 지금은 사회이동이라는 사적 목표가 더 중요해져서, 교육의 공적 목표인 사회적 평등의 원칙을 압도하게 되었다고 한탄한다.[11]

한국의 학교는 영국의 사회학자 로널드 도어(Ronald P. Dore)가 조사, 연구했던 일본 등과 마찬가지로 공공재 제공의 기능과 사적 재화 제공의 기능 둘 중에서 후자가 지배적이다.[12] 즉 초·중등 교육기관은 '좋은 교육'보다는 사회적 지위 획득을 위한 관문인 학생 평가와 상급학교 진학에 치중한다. 대학은 취업을 위한 자격증(certificate) 발급기관의 성격을 갖고 있다. 그래서 학교교육에서 선별과 평가 작업이 압도적 위치를 갖게 되면 교육의 공공성, 즉 시민으로서의 덕성과 소양을 기르는 일은 부차적인 것이 되고, 학교 졸업과 동시에 학습은 중단되기 쉽다.

우리가 잘 알고 있듯이, 학생들의 성적만 보면 한국은 세계 최선두에 서 있다. 한국은 13세 학생들의 과학·수학 성적에서 IAEP(International Assessment of Educational Progress) 세계 최고 수준에 올라섰으며, 국제학업성취도평가(Program for International

Student Assessment, PISA)에서 한국 학생들의 학력 수준은 세계 최상위권이다. 16~24세의 언어능력이나 컴퓨터를 활용한 문제해결 능력 등에서도 그렇다.[13] 그런데 한국 학생의 우수한 성적은 질 좋은 공교육 덕분이라기보다는 높은 사교육비 지출과 학부모의 헌신에 힘입은 것이기 때문에 마냥 기뻐할 수만은 없다. 사실 입시를 위한 교육은 학교보다 영리업체인 사교육 기관이 더 잘한다. 고등학교에서도 입시를 아예 포기했거나 성적이 뒤처지는 학생들의 학력 향상을 위한 노력은 거의 하기 어렵다.

과거 중·고교 입시가 있던 시절에는 학교에서 우열반을 편성해서 상급학교 입시를 대비했고, 지금도 수업의 효율을 위해 이렇게 학생들을 구분하는 학교가 많다. '공부 못하거나 안 하는' 학생은 학교에서는 물론 가족 내에서도 무시와 차별을 당한다. 한국의 부모님들은 '공부 잘하는' 자식이 집안을 일으켜 세울 기둥이라 생각해서 아랫목과 따뜻한 밥을 내주었다. 지방의 여러 시·군 단위에서는 서울의 명문대학에 입학한 학생들을 위해 기숙사를 제공하고 SKY대 학생이 아닐 경우 입소에서 제외하기도 한다. 지자체나 지역사회는 이들 상위 1%의 학생들만이 장차 지역사회의 발전에 기여할 인물이라고 본다.

한국 학부모나 지역사회가 자녀나 학생들의 명문대 합격에 사활을 거는 이유는, 자녀들이 전문직을 갖거나 공기업, 대기업 정규직으로 들어가기 위해서는 최상위권 명문대학의 '좋은' 학과에 입학해야 한다고 생각하기 때문이다. 대졸과 고졸 간의 심각한 임금 불평등, 명문대 학벌 출신이 누리는 특별대우가 지속되는 이유도, 한국인들은 '똑똑한 사람'들이 혜택을 받는 것이 정당하다고 생각하고 자기 자식도 그렇게 특별대우를 받기를 원하기 때문이기도 하다. 한국인들이 시험이라는 선별의 기제를 거친 각종 차별대우가 공정하고 당연한 것이라고 보는 이유는 시험을 볼 기회가 모든 사람들에게 열려 있고, 개인이 노력한다면 그 기회를 활용해서 지위 상승을 이룰 수 있다는 생각, 즉 시험능력주의를 신앙처럼 믿기 때문이다.

사실, 학력, 학벌, 그리고 고시 등 극히 경쟁적인 시험의 합격을 '능력'이라 보고 그에 대한 지위 부여나 보상을 당연시하는 오늘날의 이 능력주의는 타고난 신분 대신에 교육과 업적으로 인간을 평가하는 근대사회, 자본주의 시장경제 질서의 산물이라 볼 수 있다. 그것은 신분제의 질곡에서 신음해온 수많은 천민, 평민, 서자, 중인, 여성 들에게는 정말로 가슴 벅찬 새 세상의 복음이었다. 특히 이러한 성취주의·능력주의가 가장 꽃을 피운 나라는 자수성가, 아메리칸드림의 신화가 지배하는 미국이었다. 오늘날 미국이 세계 경제를 주도하는 이유도 유럽이나 아시아 각국의 이주민들에게 기회의 평등, 성취주의, 그리고 사회이동의 문을 개방하여 누구나 실력 발휘를 해서 성공할 수 있다는 것을 보여주었기 때문이다.

그런데 재능과 노력의 결과인 시험 합격, 명문학교 졸업장을 능력의 가장 중요한 기준으로 삼는 사회적 관행이나 태도는 성취주의의 본산인 미국이 아니라 사실 근대 일본이나 한국에서 더 두드러졌다. 모든 자본주의 사회에서는 경제력, 즉 돈이 많은 사람이 최고의 권력과 영향력을 갖지만, 머리 좋고 '공부 잘한' 사람을 최고로 존중하는 것은 중국, 일본, 한국 등 동아시아 국가들이다. 피케티는 중세 유럽을 사제, 귀족, 제3신분으로 구성된 '삼원사회'(sociétés ternaires)라 불렀고, 그와 다른 차원에 노예제 사회나 식민사회가 있으며, 최근 "전세계는 소유자 사회(sociétés de propriétaires)가 되었다"[14]고 하였는데, 일본과 한국을 보면 그가 분류한 이 세가지 유형의 사회 외에 학력사회도 하나 추가해야 할지 모른다.

기회의 평등을 약속한 근대 학교의 이러한 시험·학력 중시가 오히려 학교교육 자체를 뒤틀리게 만들고 수많은 탈락자를 패배자로 만든다. 앞의 공식, 즉 '시험 합격＝학력＝능력＝차별적 대우와 보상＝공정＝정의'라는 도식이 당연시되는 사회에서 입시 경쟁에서 승리한 자에게는 모교나 거주지에 축하 플래카드가 걸리고, 가문의 영광이라는 주변의 칭찬까지 쏟아지지만, 그 뒷면에서는 이 시험 전투에서 패배한 이들이 죽음과 같은 골짜기로 떨어져 낙담하거나 실제로 목숨을 버리는 비극이 동시에 발생하기도 한다. 그리고 이 전투에는 승리자보다 패배자가 훨씬 더 많다. 앞에서 언급한 도어가 자본주의 후발국가의 과도한 교육열을 묘사한 학위병(diploma disease) 혹은 '일류학교병'은 서구 따라잡기로 근대화의 길을 간 일본에서 생겼다.[15] 한국은 일본의 길을 그대로 걸었다. 학력·학벌주의, 입시교육으로 인해 엄청난 사회적 낭비와 학생들의 고통이 초래되었다.

기업 등 여러 조직에서 시험성적을 가장 중요한 근거로 해서

응시자를 선별하거나 필요한 사람을 채용하는 것을 비판하기는
어렵다. 그러나 시험성적, 특히 지필고사 성적이 진정한 실력은
아닐 수 있고, 성적으로 그 조직이 원하는 사람을 가려내기도 어
렵다. 그런 이유 때문에 한국에서도 학생의 지적 능력이나 잠재
력을 평가하기 위한 다차원적인 평가 방법이나 다양한 입시제도
가 계속 고안, 도입되었다. 그러나 역대 한국정부의 교육정책은
자식 출세를 향한 학부모들의 '펄펄 끓는' 사적 열망을 처리하는
입시정책 변경에 급급했다.[16]

   한국 교육을 연구해『교육열』(*Education Fever*)이란 저서를 쓴
미국 학자 세스(Michael J. Seth)는 자녀들을 '좋은 학교'에 보내
려는 대다수 학부모의 '미친' 교육열을 이겨낸 역대 정부는 없었
고, 모든 정부가 학벌사회, 입시지옥이라는 뿌리 깊은 문제에 맞
서 입시정책을 계속 변화시켜왔으나 결국 이 욕망을 이겨내지 못
했다고 말한다.[17] 학교를 시험과 평가를 위한 장(場)이 아닌 '참교
육'의 장으로 만들기 위한 수많은 교사들의 눈물겨운 노력이 수
십년 동안 계속되었지만, 그런 운동 역시 거대한 바위에 구멍 하
나 정도 내는 성과만을 낳았다.

   물론 일부 학부모들은 이 학력·학벌사회의 비정상적인 입시
지옥에 너무 지친 나머지, 자녀들을 다른 길로 가게 하거나 아예
사교육을 끊기도 했다. 과도한 입시경쟁이 아이들의 인성을 망치
고 장래도 어둡게 만든다고 생각하는 '여유 있는' 학부모들은 자
녀들을 아예 중·고등학교, 심지어 초등학교부터 미국이나 영국
등 외국에 보내면서 이러한 대열에서 벗어나려고 시도했고, 시골

의 대안학교에 자녀를 보내기도 했다. 그런데 이런 대안은 먹고 살 만한 중상층의 선택지일 따름이다. 대다수 개인들은 이 거대한 시스템에서 벗어나거나 이를 바꿀 수 없기 때문에 이에 적응하거나 포기한다. 아무리 많은 학부모와 학생이 고통을 호소하고, 아무리 많은 고발과 비평과 토론이 진행되어도, 한국인들 대다수는 이런 체제를 바꿀 수 없다고 생각하면서 살아간다.

시험능력주의를 어떻게 이해하고 대안을 찾을 것인가

학력을 평가나 보상의 기본 원칙으로 삼는 사회에서는 어느정도의 학력병, 시험병, 능력주의는 나타날 수밖에 없다. 이는 모든 근대국가가 안고 있는 문제일 수도 있다. 만약 한국에서 학력과 학벌이 '실력'과 일치하지 않는다면 그것은 지위와 보상을 얻는 과정에서 프리미엄을 얻는 것, 경제학자들이 말하는 지대 추구 (rent-seeking)의 일종이라고 말해도 좋을 것이다. 그러나 학력의 추구가 반드시 경제적 동기에 의해서만 추동되지는 않는다. 한국인들에게 학력과 학벌은 단순히 경제적 프리미엄만 주는 것이 아니라 사회에서 살아가는 데 필요한 사회적 인정을 보장하며, 개인의 삶의 만족도에도 영향을 준다.[18]

모든 근대국가에서 시험주의나 학력주의가 나타나게 된 데는 일정한 조건과 이유가 있을 것이다. 그러나 그것이 일본이나 한국에서처럼 심각한 사회병리를 낳고, 사교육에 의해 공교육 자체가 거의 무력화되고, 순위를 매기는 시험이 수많은 패배자를 만들어내는 일이 계속 발생하는 이유에 대해서는 좀더 면밀하게 살펴볼 필요가 있다. 특히 지금처럼 시험 합격의 이력에 따라 보상을 차등화하는 것이 공정함은 물론 정의롭기까지 하다는 능력주의 담론이 미국을 필두로 전세계에서 엘리트 세습 방식으로 작동하며 사회적 불평등을 오히려 심화하고 있는 점을 주목해보면, 단순히 한국과 일본의 역사적 특수성만으로 이런 현상을 설명할 수는 없다.

그렇다면 시험능력주의가 구체적으로 어떤 조건과 메커니즘을 거쳐 초래되었으며, 왜 한국에서는 그것이 이렇게 강력하게 작용하는가, 그리고 기존의 어떤 대책이나 처방도 왜 효과를 발휘하지 못했는가를 더 자세하게 살펴볼 필요가 있다. 현상에 대한 파악이나 원인에 대한 설명, 그것이 지속되는 메커니즘에 대한 분석이 설득력을 얻는다면, 그것을 교정하고 극복할 방법도 찾아볼 수 있을 것이기 때문이다.

학력·학벌주의, 그리고 능력주의와 관련된 여러 병리적인 사회현상은 단순히 '교육과 관련된' 현상이 아니고 지위 배분과 권력 재생산, 노동시장 작동 등 지배체제의 일부이며, 오랜 역사를 거치면서 단단하게 굳어진 구조적 현실임이 분명하다. 시험주의, 학력·학벌주의는 지배질서의 재생산, 즉 모두가 선망하는 한정된 좋은 자리를 누구에게 어떻게 배분할 것인가의 문제다. 앞서 언급한 세스의 책의 한국어판 『한국 교육은 왜 바뀌지 않는가?』의 번역자인 유성상은 한국어판 책 제목에 대한 질문에 이렇게 답한다. "학력병은 '교육'이 아니라 '교육 밖'에서 진행되는 지위 추구 경쟁이기 때문일 것이다."[19]

한국에서 시험능력주의로 인해 발생한 여러 사회병리, 즉 학력병, 과잉교육열, 가계를 휘청거리게 만드는 사교육, 학교교육의 파행, 각종 청소년 문제 등에 대한 고발, 해석, 처방이 셀 수 없이 많이 쏟아져 나왔지만, 그같은 사회병리가 여전히 지속되는 이유도 시험능력주의가 학교 혹은 교육과 관련된 문제가 아니라 선발체제와 지배질서의 기본 축이기 때문일 것이다.[20] 이런 병리는 한국에서 학교가 교육기관이기 이전에, 중앙집권주의와 기술관료적 지배(technocracy)를 위한 기둥이자 일자리 보장과 입신출세 등 사적 욕망의 실현을 위한 기관인 데서 초래된 것이기도 하지만, 무엇보다 학력, 즉 시험 합격 능력을 가진 사람을 우대하고 그들이 국가기관이나 사회조직에서 중요한 자리를 차지하도록 만드는 정치적 지배질서나 이데올로기가 작동하기 때문일 것이다. 시험능력주의가 학교, 학원만이 아니라 기업, 정부, 혹은 여러 사회조직이나 사회관계에서 사람들의 일상을 지배하는 이유도, 사람들이 시험은 한국에서 입신출세를 위해 반드시 거쳐야 할 길이라고 철석같이 믿고 있기 때문일 것이다.

그런데도 지금까지 시험능력주의를 단순한 '교육' 문제가 아니라 '사회' 문제, 즉 지배질서의 재생산과 결부하여 접근한 경우는 드물었다. 한국의 비판적 사회과학자들은 주로 자본주의 생산체제, 자본과 노동의 관계에만 초점을 두어왔기 때문에 정작 시험·교육과 관련된 구조적 불평등에 대해서는 거의 관심을 갖지 않았고, 사회학자나 문화 연구자들은 프랑스의 부르디외나 미국의 교육사회학 이론들을 적용하여 계급·계층이동과 사회적 재생산의 관점에서 접근을 시도했지만 이 현상의 역사성과 현재성을 함께 파악하지는 않았다.[21]

김부태, 강창동, 성열관, 오욱환, 박남기 등 교육학자들은 시험과 학력주의, 능력주의가 오늘의 교육문제 가운데 가장 심각한 것임을 인정하고 역사적·이론적 연구를 통해 해법을 찾으려 시도하였고,[22] 막스 베버나 이후 프랭크 파킨과 레이먼드 머피(Raymond Murphy) 같은 베버주의 사회과학자들의 사회적 폐쇄(social closure) 이론,[23] 랜들 콜린스(Randall Collins)의 학력자격주의(credentialism) 등의 개념을 동원하기도 했다.[24] 이혜정, 이경숙은 한국의 시험제도하에서 길러진 인간들이 안고 있는 문제점을 들추어냈고,[25] 이윤미는 이런 현상이 일본을 비롯한 다른 동아시아 국가들에서도 비슷하게 나타나는 점을 주목하여 동아시아 발전 모델과 연관해서 접근하기도 했다.[26]

그러나 이런 교육사회학자들의 훌륭한 선행연구가 있지만 이 시험주의와 학력·학벌주의를 지배체제의 작동의 일환으로 접근한 사람들은 거의 없었다. 교육정책에 영향을 미치는 교육학자, 관료, 교사 들은 공교육을 지배하는 학력주의와 능력주의 문제를 건드리지 않은 채, 주로 미시적 교육문제, 즉 학교교육에서의 성취, 교육과정, 그리고 입시제도 등만 문제삼았다. 오히려 장은주와 박권일, 이관후, 채효정 등 일반 인문사회과학자들이 능력주의를 지배질서와 연관해서 비판하였으며, 사교육의 폐해를 몸으로 겪은 교사나 학원가의 강사 들이 학력·학벌주의, 능력주의, 신자유주의적인 교육정책에 대한 문제제기나 비판을 더 강하게 해왔다.[27]

이 문제의 성격을 이해하고 해법을 찾기 위해서는 국가, 근대화, 자본주의 시장경제, 복지 등 한국사회의 기본적인 역사적·물적 토대를 먼저 살펴봐야 한다. 그러나 좀더 직접적으로는, 첫째 학력·학벌 차별의 구조와 사회적 관행, 이런 조건에서 학력·학벌 취득의 길로 몰려가는 중간층과 노동자층의 지위 상승 열망, 둘째 이들이 자녀 지위 상승을 위해 돌진하는 길목에 있는 입시나 각종 시험, 그리고 치열한 경쟁의 시합에 참여한 사람 중에서 소수의 합격자만을 선별하고 다수를 탈락시키는 매우 좁은 병목, 셋째 사람들에게 학력·학벌을 취득해야만 권력과 부를 얻을 수 있다고 신호를 보내는 지배질서나 보상체계, 혹은 기존 학력·학벌 소유자들의 특권과 지위 독점 상황 등을 동시에 살펴봐야 한다. 여기서 첫째와 둘째가 일종의 지배구조라면 셋째는 교육 혹은 시험제도라고 볼 수 있다.

이것을 힘의 작용으로 보면, 제한된 '좋은 자리', 그 자리가 가져다주는 특권 혹은 지위 독점은 사람들에게 상승의 열망을 갖도록 끌어당기는 힘(x)이 있다. 그리고 일터나 일상에서의 차별과 고통 때문에 중간층이나 하층을 '낮은 자리'에서 벗어나라고 밀어올리는 힘(y)이 있다. 그리고 이 두 차원의 끌어당기는 힘과 밀어올리는 힘이 동시에 작용하여 시험, 즉 선별 과정이라는 통로에 사람들을 밀어넣는다. 이 통로의 병목에 가해지는 힘의 크기(z)가 바로 시험지옥이다. 이 통로가 좁거나 하나밖에 없으면, 이 두 힘의 압력 때문에 통로가 터진다. 그것이 청소년 자살, 폭력 등의 병리 현상이다. 결국 $f(x+y)=z$ 공식에서 함수인 z, 즉 병목에 가해지는 압력은 x, y 두 변수에 크게 좌우되는데, x, y 모두, 아니면 둘 중 어느 하나의 힘이라도 줄여야 한다. 그런데 아래, 위의 힘(x, y)이 그대로 작용하더라도 병목 자체의 크기가 커지거나 병목이 여러개가 되면($z1$, $z2$, $z3$이 되면), 가해지는 힘이 분산되어 터지지 않을 수 있다. 극단적으로 사회가 매우 평등해져서 유인과 상승 압력이라는 x, y의 두 힘이 거의 작용하지 않으면, z 즉 병목의 압력도 거의 없을 것이다. 이렇게 되면 입시나 시험이 선별을 목적으로 하기보다는 적임자 선발을 위한 적성검사 정도가 될 것이다.

아래에서의 억압에 의한 상승의 압력과 위에서의 특권에 의한 유인의 힘, 병목, 그리고 상승을 압박하는 중하층의 상태를 그려보면 그림 1 '아래와 위에서의 지위 상승의 힘의 작용과 그 통로의 병목'과 같다. 여기서 대략 상하 계층의 분포 양상은 원으로, 그리고 그 특권의 정도나 '좋은 삶'의 수준을 색깔의 짙기로 표시했다. 상층 지위의 특권과 독점이 강한 경우 더 짙은 색이 된다. 옅은 색은 학력·학벌을 갖지 못한 사람들의 사회경제적 처우가 매우 열악하다는 점을 말해준다. 왼쪽은 현재 상황이고 오른쪽은 그것이 변화된 이후 나타날 이상 형태를 그려놓았다. 왼쪽은 지위 획득을 위한 병목이 한개에 불과하나, 오른쪽은 여러개로 확대되어 있다. 왼쪽은 아래는 옅은 색, 위는 짙은 색이나 오른쪽은 하층과 상층의 색이 유사하다. 이것은 이동의 압력이 약한 상황이다. 원형과 타원형은 현재 지위의 유지 만족 정도를 말한다. 원

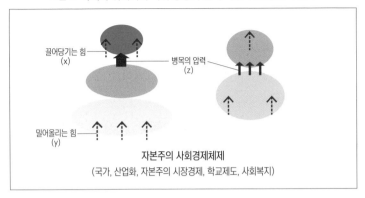

그림 1 아래와 위에서의 지위 상승의 힘의 작용과 그 통로의 병목

끌어당기는 힘
(x)

병목의 압력
(z)

밀어올리는 힘
(y)

자본주의 사회경제체제
(국가, 산업화, 자본주의 시장경제, 학교제도, 사회복지)

형은 어느정도 현상 유지 혹은 만족적 태도를 가진 상태를 말하고, 타원형에 가까운 것은 현실 탈피의 열망이 큰 경우를 말한다.

상하의 두개의 원들은 서로 연결되어 있는데, 아래에서의 상승의 압력이 세거나, 상층에서의 유인이 크면 병목의 하중은 커지고 그 과정을 통과하는 사람들의 고통은 가중된다. 왼쪽 그림처럼 관문 혹은 통로가 여러개가 되면 병목에 가해지는 압력은 분산될 것이다.

지위 이동의 힘과 성격을 좌우하는 사회경제체제, 즉 국가, 산업화, 자본주의 시장경제, 학교제도, 사회복지의 수준 등은 이 거대한 학력 경쟁, 학력·학벌주의의 동력을 조건짓는 역사구조적 조건이다. 이것은 국가마다 상이한 특징이 있을 것이고, 후발국가 혹은 동아시아 국가들은 어느정도 공통된 특성을 갖는다.[28]

사회학에서 신분, 지위, 계급 개념이 사회적 관계를 드러내주듯이, 능력 혹은 능력주의도 태도나 가치관, 그리고 지배이데올로기인 동시에 사회관계, 권력관계와 지배질서를 나타내주는 용어이기도 하다.[29] 즉 '능력이 있다'는 판단은 반드시 '능력이 없다'는 것을 전제로 성립하고, 능력의 여부는 법과 제도, 행정 등을 통해 현실화된다. 이것은 자본(capital)이 관계이고 부(riches)와 가난이 소유의 양이 아니라 사회관계인 것과 마찬가지다.[30]

그래서 '능력'이란 무엇인가라는 질문은 정치적·이데올로기적 함의가 있다. '능력 있는' 사람에 대한 높은 대우와 보상은 동시에 능력 없는 사람에 대한 무시, 차별, 배제를 수반한다. 그래서 능력주의는 서열, 등급, 지배와 복종 관계를 포함한다. 즉, 능력주의는 단순히 가치관, 태도, 문화, 일반화된 신념이 아니라 정책이자 실천이며, 행동 혹은 '행동의 결여'이고, 구체적인 삶에 지대한 영향을 주는 준종교적 교리이기도 하다.

시험능력주의에는 모두가 잘 알고 있는 앞면과 잘 알지 못하거나 부각되지 않은 뒷면이 있고, 그것이 낳은 여러 사회적 결과가 있다. 그 앞면을 지배체제라 보면, 뒷면은 노동(배제)체제이며, 그 결과는 부정적인 사회병리들이다. 이에 학력주의와 능력주의가 어떻게 작동하면서 한국의 정치사회 질서의 뼈대를 이루고 있는가를 살펴볼 예정이다.

1장

사회적 질병으로서의
시험능력주의

청소년의 고통과 교육의 실종

불행한 청소년

　도어가 말한 것처럼 입시병, 학력주의, 시험능력주의는 일종의 사회적 질병이다. 그는 일본이 아이들을 시험 위주의 학교교육에 몰아넣어 아이들이 어린 나이에 이미 등급과 서열을 매기며, 경쟁적인 시험과 학습 노동과 규율체제에 순응하도록 만드는 전형적인 '학위병' 나라라고 보았지만,[1] 한국은 아마 일본보다 더 심한 병을 앓고 있을지 모른다.

　2019년 1월 30~31일 영국 옥스퍼드대 너필드칼리지에서는 '생애 주기별 시간 압박과 스트레스: 한·영(韓英) 비교 연구'(Time Pressure and Stress through the Life Cycle: a UK-Korea Comparison) 심포지엄이 열렸다. 이 자리에서 조너선 거슈니(Jonathan Gershuny) 옥스퍼드대 사회학과 교수는 한국과 영국 청소년의 시간 사용을 비교하여 '교육 압박'이 청소년의 일상에 미치는 영향을 연구해 발표했다. 그는 "한국 청소년이 공부에 들이는 시간은 놀라운 수준을 넘어 기괴하다(grotesque)고 느껴질 정도"라고 말했다.[2]

2019년 9월 18~19일 유엔아동권리위원회(UN Committee on the Rights of the Child)는 대한민국에 대한 제5·6차 심의를 진행하였다. 위원회는 한국 정부대표단에 "한국의 공교육 제도의 최종 목표는 오직 명문대 입학인 것으로 보인다"면서 "한국 교육은 아동의 잠재력을 십분 실현할 수 있도록 하는 것이 아니라 경쟁만이 목표인 것 같다"고 말했다.[3] 이들은 대한민국 아동들의 학습시간이 주당 40~60시간으로 OECD(경제협력개발기구) 23개국 평균(33시간)보다 최소 7시간, 최대 약 2배 길다는 사실에 경악했다. 이들은 "긴 학습시간은 여가시간뿐 아니라 신체활동 및 수면시간의 부족을 가져와 건강을 해칠 수 있으며, 학업으로 인한 스트레스는 심한 경우 우울증이나 자살을 초래하기 때문에 한국 아동의 건강, 휴식, 여가가 현실적으로 보장되고 있는지 검토가 필요하다"고 지적했다. 위원회는 생물학적인 욕구를 누르고, 지적인 호기심도 억제하며, 오직 입시를 위해 잠자는 시간까지 줄여서 공부하거나 학원을 다녀야 하는 한국 청소년에 대한 압박은 거의 아동학대에 가까운 인권침해라 보았고, 한국정부에 경쟁적 교육시스템을 완화하고, 청소년의 여가와 놀이를 보장할 것을 권고했다.

그런데 흥미롭게도 이보다 10년 전 유엔아동권리위원회는 이웃 일본의 아동들이 과도하게 경쟁적인 교육체제로 인한 스트레스와 광범위하게 퍼진 체벌 및 집단 따돌림에서 오는 '발달장애'에 노출되었다는 보고서를 채택한 적이 있다.[4] 결국 '경쟁적 교육'과 '아동들이 받는 과도한 스트레스'에 관한 한, 한국과 일본은 OECD 내에서, 아마도 세계에서 최악의 국가이며, 한국은 교육에서도 10년 간격으로 일본을 뒤따라가는 나라라는 사실이 확인되었다. 그런데 이 권고에 대한 두 나라 정부나 정치권의 무감각도 비슷했다. 일본의 보수주의자들은 오히려 교육기본법을 개정해서 공적 정신, 애국심 강화, "나라를 위해 기꺼이 죽을 준비가 된 일본인" 양성을 외쳤다.[5] 한국의 문재인 정부도 이에 대해 별다른 반응이 없었다.

유엔아동권리위원회가 지적한 것처럼 한국의 청소년들은 주로 명문대 입학을 준비하다보니 자신이 하고 싶은 것이 무엇인지 알지 못하고, 여가시간이 너무 없으며, 무엇보다도 행복하지 않다. 2016년 OECD 국가의 어린이·청소년 행복지수를 보면 한국은 22위로 최하 수준이다.[6] 그러나 2017년에는 다소 상승해서 16위를 기록했다. 그런데 한국의 '가계 교육비' 비중은 교육 선진국으로 알려진 핀란드의 15배에 달한다.[7] 핀란드는 학생들의 흥미를 강조하고, 협동 중심의 교육을 유지한다. 다른 사회 영역이 그렇듯이 핀란드와 한국의 오늘의 교육 현실은 수십년 아니 반세기 이상의 정치·경제·사회문화 조건이 결합해서 만들어진 결과일 것이다. 따라서 한국의 교사나 교육자 들이 핀란드 교육을 아무리 부러워해도, 한국의 교육이 몇년 안에 핀란드처럼 될 수는 없을 것이다. 청소년의 불행은 단지 교육정책 때문이 아니라 정치

나 사회의 총체적 조건의 결과이기 때문이다.[8]

한편 2019년 한국 초·중등 학생 7454명을 대상으로 실시한 조사의 결과를 보면, 이들의 주관적 행복지수 표준점수는 88.51점으로 OECD 22개국 가운데 20위를 기록했다. 이는 2018년 행복지수(94.7점)보다 6점가량 낮아진 것으로, 2017년 수준으로까지 하락했다. 특히 이 조사에서 주목할 만한 내용은 행복해지려면 돈이 필요하다고 응답하는 학생들의 연령이 갈수록 낮아지고 있다는 사실이었다.[9] 물질주의가 이제 아주 어린 아이들의 정신세계와 영혼까지 지배하고 있다는 것을 알 수 있다.

학급성적이 상위 10% 안에 든다고 밝힌 서울 강동··송파 지역 고교생 100명 중 남보다 불행하다고 답한 학생이 57명이었고 더 행복하다는 응답은 10명에 그쳤다. 100명 중 6명은 죽고 싶다는 생각까지 했다고 밝혔다. 주변의 기대감(41%)과 공부 스트레스(22%)가 불행감의 주요 원인이었다.[10]

2018년에 고등학교에 입학했는데 4월에 자퇴했고요, 1년 있다가 복학했는데 다시 자퇴했어요. 1학년 1학기를 다 마치지 못했죠. (…) 솔직히 학교생활이 별 의미 없고 재미없었단 것 말고 특별한 이유가 있는 건 아닌데, 자꾸 물으니까 저도 뭔가 이유를 갖다 대야 할 것 같잖아요. (…) 중2 때부턴가, 학교 교칙이 너무 싫었어요. 무릎 밑으로 치마를 내려야 하고, 머리는 파마도 염색도 안 되는데 검은색 염색은 괜찮고. 학교 가면 선도부가 두줄로 쫙 서서 훑어보고. 선생님들은 차별하지 않는다면서 공부 잘하는 애들한테 기회를 편파적으로 줬지요.[11]

학교의 의미는 나에게 엄마가 가라는 곳, 그런 의미밖에 없다. (…)
학교는 그저 우리에게 다니기 싫고 재미없는 존재일 뿐이다. 학생들
은 학교는 교육이 필요한 사람이 다녀야 하는 곳이지 강제로 다니는
곳은 아니라고 생각한다.[12]

시험을 대비하는 공부, 과도한 경쟁과 사교육은 학교교육을 파
행으로 몰아가거나 청소년을 피폐하게 만든다. 사교육이 공교육
을 압도할 뿐 아니라 아예 학교가 반교육적 기관이 되기도 한다.
한 학부모는 덴마크 교육을 다룬 책을 읽고 다음과 같이 말한다.

덴마크 저널리스트 마르쿠스 베른센은 (…) "한국의 교육은 공부를
잘하는 학생만을 위해 존재하는 것처럼 보인다"고 했다. (…) 입시경
쟁 체제는 배움의 본질과 학교의 존재 이유를 변질시킨다. 'in 서울'의
그럴듯한 대학을 나오지 않으면 안 된다는 왜곡된 신념은 아이들의
시간을 빼앗았다. 대화할 시간, 느낄 시간, 놀 시간, 쉴 시간, 잠잘 시간
등을 빼앗아 '교육'이라는 미명하에 경쟁으로 내몰았다. 시간을 빼앗
았다는 것은 권리를 빼앗았다는 말의 다른 표현이다. 권리를 빼앗긴
자리에 '삶'은 없다. 스트레스가 없는 게 오히려 이상할 지경이다.[13]

한국과 덴마크를 비교하는 이러한 진단은 놀라운 것도 새로운
것도 아니다. 한국인 모두가 너무나 잘 알고 있지만, 한국 교육이
바뀌지 않을 것이라고 생각해 체념해왔기 때문이다.

한국은 학생들의 자살률이 OECD 국가 중에서 가장 높다.[14] 2011년 대구에서 연이어 발생한 학생 자살 사건은 큰 충격을 주었다. 2011년 11월에서 2012년 6월까지 15명의 학생이 대구·경북 지역에서 자살을 했거나 자살을 시도했는데, 그중 5건의 자살 사건이 학원이 밀집해 대구의 강남이라 불리는 수성구에서 발생했다. 그래서 시내 모든 초·중·고교의 3층 이상 건물에서는 복도의 창을 20~25센티미터 정도로만 열어놓도록 대구시교육청에서 조치를 취하기도 했다.[15]

이것은 중국 광둥성에 있는 대만계 회사 폭스콘에서 어린 여성 노동자들의 자살이 이어지자 이들이 건물에서 뛰어내리는 것을 막기 위해 창살과 자살 방지 그물을 설치한 것과 같다.[16] 자살을 하게 된 이유나 조건을 묻기보다는 그런 행동만 우선 막자는 것이다. 당시 대구에서는 강제로 방과후학습이 실시되었으며, 학교 간의 심각한 성적 경쟁이 진행되었는데, 정작 그 문제는 아무도 거론하지 않았다. 이명박 정부 당시 국가수준 학업성취도 비교평가(일제고사)가 부활되어 모든 학교가 학급별로 평가에 사활을 걸게 되었는데 이러한 학교 간 경쟁의 압박이 가장 심각한 곳이 전국에서 가장 '보수적인' 대구였다.

통계청과 여성가족부가 발표한 '2019 청소년 통계'에 따르면 최근 11년째 청소년 사망 원인 1위는 자살이다. 2019년 한해 동안 자살한 학생의 수는 140명이었다. 10대 자살자는 10만명당 19.2명이고, 청소년 사망의 37.5%가 자살이다.[17] 우리나라 국민 중 자살 충동을 가장 많이 경험한 연령은 10대 청소년이다. 2019년 교육부의 '최근 5년간 초·중·고 자살 학생 현황' 자료에 따르면 2015년 93명이던 자살 학생 수는 해마다 늘어 3년 새 54.8%나 증가했다. 자살을 시도하는 학생은 이보다 더 급격하게 늘었다. 관련 집계가 시작된 2016년 71명이던 자살 시도 학생 수는 2017년 451명, 2018년 709명으로 2년 새 10배 가까이 증가했다.[18]

이미 2006년 전국교직원노동조합(약칭 전교조)이 고교생 3166명을 상대로 조사한 결과 응답자의 20.2%가 입시 스트레스와 성적 때문에 자살을 생각한 적이 있다고 응답했다.[19] 통계청의 '자살 및 충동에 대한 이유 통계'를 보면 '학교 성적이나 진학 문제'로 답한 청소년이 39.2%였다.[20] 학생들의 자살과 고통, 우울증의 이유는 다양하지만, 전쟁터가 된 학교, 경쟁적 시험, 궁극적으로는 대학 입학으로 귀결되는 강요된 성적 압박이다.

사회와 학교가 청소년기 특유의 강력한 지적 호기심을 억누르고 '공부만 하도록' 압박하니 학생들은 대입에서 점수가 잘 나오는 과목을 고른다. 몇년 전 카이스트 학생의 자살도 큰 뉴스가 된 적이 있는데, 그들의 자살도 단순히 경쟁의 압박에만 이유가 있는 것이 아니라 호기심의 억제와 관련이 있다. 그들은 '하고 싶은' 공부가 아닌 '잘하는' 공부를 할 것을 간접적으로 강요당해왔다고 생각한다. 학점이 수업료와 직결되기 때문에 학생들은 듣고 싶은 과목 대신 성적이 잘 나올 만한 과목을 수강했다. 그들은 '공부하고 싶은 것을 공부할 자유'를 박탈당한 것이다.[21] 그래서 명문대 입학 후에도 휴학, 자퇴, 전과를 하는 학생들이 많다. 수강 신청마저 엄마가 시키는 대로 하는 등 강압적인 교육제도에 맹목적으로 복종하며 좋은 성적만을 추구한 아이들은 20대가 되어서도 자기 삶의 주인공으로 살지 못하는 경우가 많다.[22]

입시 전쟁터의 윤리 실종, 도덕적 진공

좋은 대학 입학이 일자리나 지위를 얻는 데 결정적 관문 혹은 병목이 되면, 그 전 단계로 학력과 학벌을 얻기 위한 입시를 준비하는 고등학교는 전쟁터가 될 수밖에 없다. 대입은 수직서열 대학 체제에서 최상위권 대학의 상위 학과에 입학하기 위한 죽기 살기의 전투, 탈락하면 거의 나락으로 떨어지는 전쟁 준비다. 그래서 입시를 앞둔 수험생을 압박하는 구호는 "정복하지 않는 사람은 정복당한다" "100일 전투" 등의 전쟁 용어다. 표 1에서 나타난 것처럼 한국 고등학생들의 80%는 학교를 전장(戰場)으로 인식한다.[23] 이것은 한국처럼 학력병·학위병이 있는 나라에서 전형적으로 나타나는 현상이다.

이 전쟁은 대학의 수직서열 구조, 기업 등 사회에서 작동하는 임금과 대우의 격차, 즉 학력·학벌 프리미엄이 강요한 것이다. "잠은 무덤에 가면 충분하다" "엄마가 바라보고 있다" 등의 급훈은 교실이 비인간적인 전쟁터라는 것을 말해주고, "친구는 너의 공부를 대신해주지 않아"라는 메가스터디의 2013년 캠페인 광고는 '우정 파괴'까지 권하는 비도덕적인 것이다. 결국 입시 전쟁은 학교와 사회의 도덕률을 정지시킨다. 전쟁터의 전사는 적을 죽여

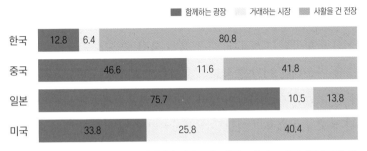

표 1 **4개국 대학생의 자국 고등학교에 대한 인식**   (단위:%)

■ 함께하는 광장   □ 거래하는 시장   ■ 사활을 건 전장

	함께하는 광장	거래하는 시장	사활을 건 전장
한국	12.8	6.4	80.8
중국	46.6	11.6	41.8
일본	75.7	10.5	13.8
미국	33.8	25.8	40.4

* 출처: 김희삼 「4개국 대학생들의 가치관에 대한 조사」, 설문조사 자료, 한국개발연구원·광주과학기술원 2017.

야 자신이 살아남을 수 있다. 이 무한경쟁의 전쟁터에 자식을 내보낸 부모와, 전사인 학생들에게, 그리고 그들을 조련하는 학교나 학원에 지적 호기심의 발휘, 그리고 인간적 관계가 설 자리는 없다.

2012년 경기도의 한 자율형 공립고에서는 모의고사 1등급을 받은 학생에게는 10만원, 2등급 학생에게는 5만원을 주겠다고 발표했다. 학생들에게 성취동기를 부여한다는 취지였다고 한다.[24] 2012년 6월 26일, 충북의 한 여중에서는 시험문제를 일찍 푼 상위권 학생 한명이 자신의 문제지에 답을 커다랗게 쓰면 옆자리 학생들이 이 답을 그대로 OMR 카드에 적은 뒤 같은 방법으로 정답을 시험지에 큰 글씨로 옮겨 적는 일이 있었다. 교사들의 묵인 아래 학생들이 조직적인 부정행위를 저지른 것이다. 대전의 한 초등학교에서는 성적 우수 학생과 부진 학생을 짝짓는 식으로 좌석을 재배치해서 시험을 치게 하기도 했다. 학교 측이 기초학력 미달자가 나오는 것을 막기 위해 부정행위를 조장한 것이다.[25] 학생들은 학교에서 '최악의 교육'을 직접 체험한다.

사실 한국의 기성세대, 그중 특히 사립 중·고등학교에 다닌 사람들 가운데는 이같은 학교와 교사들의 부정이나 반교육적인 행동을 보면서 자란 사람이 많다. 2013년 영훈국제중은 당시 삼성전자 부회장 이재용의 아들을 입학시키기 위해 사회적 배려 대상자 전형을 조작하기도 했다. 서울시교육청은 "하나고는 2014년 8월 편입학 전형 등에서 성적을 부적절하게 부여해서 전형의 공정성을 훼손했다"면서 관련 책임이 있는 교감을 파면하고, 김승유 이사장과 관련 교원 등 7명을 검찰에 고발하기도 했다. 이것은 아마 빙산의 일각일 것이다. 한국인들의 도덕불감증은 학교에서 길러질지도 모른다.

자녀들이 학교와 학원에서 똑같이 매를 맞아도 학부모들은 학교엔 항의 전화를 하지만 학원에는 격려 전화를 한다는 우스갯소리도 있다. 최근 20년 동안 교사나 학교 대상의 소송 사건도 폭증했다. 한국교총(한국교원단체총연합회)은 '2019년도 교권 보호 및 교직 상담 활동보고서'를 발표했는데, 교총에 접수된 2018년 교권 침해 상담 사례 건수는 총 513건으로 집계돼 10년 전인 2008년(249건)보다 두배 이상 증가했다. 이 중 반 정도는 학부모에 의한 피해인데 악성 민원에 협박, 소송까지 간 경우도 많다고 한다. 교사 대상의 고소·고발이 빈번해지면 교사들의 자존감은 심각하게 낮아질 수밖에 없다.[26] 교사들의 명예퇴직이 급증한 것도 이러한 환경에서 시달린 교사들이 학교를 떠나려 하기 때문일 것이다. 그들은 학교에서 교육원칙과 윤리가 붕괴한 것을 매일 체험하면서, 괴물이 된 학생·학부모 들과 더이상 대면하고 싶어하지 않는다.

수업도 그렇지만, 수업 외에 학교에서 진행되는 일들도 교육적 가치나 철학에 기초해서 이루어져야 한다. 그런데 성적만능주의에 빠져, 타 학교와의 비교평가를 언제나 의식하고 서울대나 의대 합격생 수를 거의 유일한 교육적 성과로 간주하는 상당수의 학교장들은 최소한의 교육적 가치나 원칙을 쉽게 무시하고도 교육자로서 부끄러움을 느끼지 않는다.

입시가 사활을 결정하는 일생일대의 전투가 되면, 삶과 죽음의 기로에 선 전투 중의 전사 인간은 엄청난 불안과 스트레스를 받는다. 불안과 그로 인한 긴장이 학교의 문화를 지배한다. 그래서 전사를 양성하는 학교에서 청소년의 공격성, 폭력과 욕설은 거의 일상화되어 있다. 이런 조건에서 "다 너의 미래를 위한 것"이라고 부모나 학교가 아무리 다독이고 설득해도, 자신이 부모 욕망의 도구에 불과하다는 것을 '간파'한 일부 선수는 도저히 견딜 수 없는 순간에 이르면 폭발한다. 엄마를 살해한 딸의 경우가 그렇다.[27]

우등생인 딸이 수능시험에서 높은 점수를 받지 못하자 딸의 진학 문제로 고민하던 40대 어머니가 분신자살한 사건도 같은 맥락에서 발생한 일이다.[28] 2013년 경북 지역의 자사고에서 1등을 하던 학생, 대치동의 모범생 고3 학생의 자살도 그런 예에 속한다. 이 모든 비극은 자녀를 오직 입시의 전사로만 보는 부모들이 만들어낸 결과일 것이다. 입시 전쟁의 전사, 스포츠 대회의 선수로 뛰어야 하는 학생들은 자신을 가혹하게 훈육한 지도자에 대해 감사의 마음을 갖기보다는 매우 적대적이고 공격적인 태도를 취할 가능성이 크고, 가혹한 훈육에 대해 분노를 폭발한다. 승리 자체가 목표가 되면 코치와 선수, 지도자와 검투사 간에 인간적이고 도덕적인 유대가 수립되기 어렵다. 가족 내 관계는 단절되고 모든 사람은 불안에 시달린다. 자녀는 오직 시험 잘 보는 도구의 역할을 해야 한다.

학생 자살, 학교의 도덕적 진공은 단지 공교육의 위기만을 보여주는 것이 아니라 학력주의 지배질서의 위기를 드러낸다. 교육 문제는 교육 밖 현실 정치, 경제, 사회, 문화 등과 관련된 총체적인 현상의 일부이기 때문이다. 학생과 학부모, 교사는 움직일 수 없는 거대한 돌덩어리 아래 눌려 있는 희생자들이다.

학업 포기라는 사보타주

수업시간에 잠자는 아이들

한국의 학교 교실에서 가장 심각한 문제는 수업시간에 '잠자는' 학생들이다. 학생들이 잠자는 이유는 학습을 포기했거나 수업 내용을 이해하지 못하거나 수업 자체에 적응하지 못하기 때문일 것이다. 이들을 그냥 학습 부진아라고 보기에는 문제가 그리 단순하지 않다. 2020년에 방영된 EBS 다큐프라임 「다시, 학교」 8부 '잠자는 교실' 편에서 한 교사는 10~20%의 학생들만 수업에 참여하고, 대부분의 아이들은 잔다고 말하고 있다. 2019년 전교조의 '교육이 가능한 학교 만들기 10만 교원 실태조사'에 따르면, 고교 교사 100명 중 7명만이 수업시간에 엎드려 자는 학생이 '거의 없다'고 답했다. 한 학급을 30명으로 가정했을 때, '10명 이상 자고 있다'고 답한 고교 교사도 100명 중 22명이었다.

이런 현상에 대해 교사들은 학생들의 학습태도가 문제라고 보지만, 학부모와 학생들은 교사의 역량이나 교수법이 문제라고 본다.[29] 교사와 학생들 간의 세대 차이, 문화의 차이 때문이라고 보는 경우도 있다.[30] 성열관의 조사에 의하면 교사 10명 중 8명이 넘는 86.9%가 바로 이런 이유 때문에 일반고가 심각한 위기를 겪고 있다고 응답했다. 떠들거나 자는 학생이 많다는 것에 대해서도 경력 20년 미만의 교사는 68%가 동의했지만 20년 이상의 교사는 대다수인 91.9%가 동의했다.[31]

앞의 전교조의 조사 내용을 보면 학생들이 수업에 참여하지 않고 잠을 자는 이유는 다양했다. 서울의 한 교사가 고교 1, 2학년 학생 680명을 대상으로 수업에 집중하지 못하는 원인을 물으니 '수업이 어려워서'(13.6%), '수면 부족이나 피로 때문에'(51.6%), '의욕이 없어서'(19.4%), '자신도 잘 모르는 이유로'(14.6%)라고 응답했다.[32] 이것은 학생들이 여러가지 다른 이유로 학교 수업에 참여하지 않거나 잠을 잔다는 사실을 말해준다.

한국 교실에서 학생들이 잠자는 이유는 외국에서 주로 나타나는 것처럼 학습 능력이 부진해서 수업에서 소외되기 때문만은 아니다. 특히 '수면 부족이나 피로'라고 답한 비율이 상당히 높은 것을 보면 학원과 학교의 이중학습 때문에 이들이 '학습 노동'에 극도로 지쳐 있다는 것을 알 수 있다. 실제 고등학생들은 수능시험 과목이 아닌 수업은 들으려 하지 않는다.

학생들이 수업시간에 자는 것, 대다수의 학생들이 수업을 듣지 않는 현실, 즉 학급 붕괴는 노동자들이 일터에서 벌이는 태업

(sabotage)과 유사하다. 이것은 참여 기피, 현장과의 분리 및 간극, 일로부터의 소외 현상이거나,[33] 그냥 무기력 그 자체일 수도 있다.[34] 학습동기가 별로 없는 학생들에게는 학교에 다니는 것, 수업을 듣는 것, 좋은 성적을 받는 것이 의미가 없을 수밖에 없다. 그것은 미국 경제학자 허시먼(Albert O. Hirschman)의 인간 행동 유형 중 '탈출' 이전 단계인 일종의 체제 내 저항(loyal opposition)에 가깝다.[35] 학생들은 학교와 교실의 규율이 있기 때문에 노골적인 저항은 하지 못하고 그냥 사보타주하는 것이다. 학교 밖으로 뛰쳐나가지 않으면서 교실이라는 수업현장에서 도피한다는 점에서 일종의 '내부 망명'이라 볼 수 있다.[36]

자는 아이들을 그냥 두고 수업을 진행할 수밖에 없는 교사들은 심각한 스트레스를 받게 될 것이다. 교사들은 잠자는 아이들, 즉 수업 중 이렇게 태업하는 학생들 때문에 가슴이 아프고 자괴감이 들며 때로는 화가 난다고 말한다. 그들은 자는 학생들을 일으켜 세우고 벌을 주기도 하지만, 벌을 줘서 이들을 수업에 집중하도록 만들기는 어렵다는 것을 잘 안다. 그래서 결국 이들의 행동을 방치, 묵인하지 않을 수 없다. 최근 한 고교 교사가 수업 중 책상에 엎드려 있는 학생을 강제로 일으켜 세우고 '억울하면 신고를 하라'고 말했다는 이유로 법원에서 폭행죄로 벌금형을 선고받고 아동학대 치료 프로그램 이수 처분을 받았다.[37] 학교 교실의 이러한 실상을 모두가 알고 있으나 다들 모르는 체 내버려둔다. 학습의욕 상실로 잠을 자는 아이들은 교실 내의 투명인간, 학교에서 버려진 존재다.

물론 교사들은 할 수만 있다면 나름대로 수업 방법을 개선해서 잠자는 아이들을 일으켜 세우려고 애를 쓸 것이다. 그렇지만 교사 개인이 교수법 개선으로 이런 문제를 해결하기는 어렵다. 시험이 교육의 성과를 측정하기 위한 것이 아니라 학교가 시험을 위해 존재하는 본말 전도 상황, 선별과 상대평가를 대비하는 학교와 교실, 이런 시스템에 적응한 승자와 그렇지 못한 패자를 계속 골라내는 역할에만 충실하면 교사는 아무리 수업을 잘 운영해도 학원 강사들을 따라갈 수 없고, 학생들이 수업에서 소외되지 않도록 하기는 어려울 것이다. 그래서 성열관은 수업 방해 현상은 심리학적 관점으로도 설명할 수 있는 부분이 있겠지만 훨씬 더 복잡한 요인들이 연관되어 있다고 보는데, 특히 "다양한 수업 방해의 특징은 수업의 도구화 또는 수단화와 깊은 관련이 있었다"고 말한다.[38]

　물론 교실 붕괴 현상의 조건과 배경도 학교, 학년, 학생들의 조건 등에 따라 많이 다를 것이다. 그러나 그것이 학교의 규율체제, 교과과정, 도덕적 권위의 붕괴 상태라는 점은 분명하다. 학교 공부가 결국 학력과 학벌이라는 사회적 신분증을 얻자는 것이고 그것을 위해 학교에서 열심히 공부하는 것이 무의미하다고 생각하는 학생들은 아예 자퇴를 할 것이다. 성적이 상위권에 속해 있으며 장차 명문대학에 진학할 가능성이 높은 학생들은 학원이나 개인교습으로 양질의 '교육 상품'을 구매할 수 있기 때문에 학교의 수단적 가치조차 그다지 높게 평가하지 않을 것이다. '좋은 대학'에 합격할 가능성은 거의 없고, 그래서 학교 내신성적에 거의 신경을 쓰지 않는 학생들은 이처럼 수업 중 태업을 하거나 조용히 수업에서 이탈할 것이다.

　이명박 정부 당시 교육과학기술부가 네이버와 함께 전국의 500여개 학교의 학생, 교사, 학부모 8만 3608명을 대상으로 '인성교육 대국민 설문조사'(2012)를 실시했는데, 이 조사에서 학생 10명 중 4명은 학교를 그만두고 싶어한다는 결과가 나왔다. 학생들이 학교를 그만두고 싶어하는 가장 중요한 이유는 학업성적(41.8%)이었고, 재미없는 학교생활(22.1%)이 그다음이었다.[39] 2019년 촛불청소년인권법제정연대와 전교조가 공동으로 조사한 '2019 전국 학생인권 실태조사 결과'에서도 '최근 1년간 학교를 그만두고 싶다는 생각을 한 적 있다'라는 문항에 47.3%인 1360명이 '그렇다'고 답했다. 절반 가까운 학생들이 성적 등의 이유로 학교를 그만두고 싶어도 어쩔 수 없이 다닌다고 대답한 것이다.[40] 학생들은 성적에 대한 스트레스나 공부의 어려움(74.6%), 진로나 미래에 대한 불안(63.3%), 학습으로 인한 휴식시간의 부족(46.8%) 등이 학교생활이 힘든 주된 이유(복수 응답)라고 대답했다.[41]

　한국의 학교, 특히 고등학교는 학부모와 학생의 사적 욕구, 즉 대입을 위한 준비 기능이 교육의 기능을 압도한다. 그러나 대입에는 학교보다 학원 등 사교육의 역할이 크다. 대다수 중·고등학생들에게 '학교'란 사실상 1·2부제, 즉 학교와 학원이다. 그들은 학교 수업을 마치고 나서는 곧바로 학원으로 간다. 학생들이 학원에서 보내는 시간은 학교에서 보내는 시간과 거의 비슷하거나 그보다 더 길지도 모른다. 최상위권 학생들에게 학교는 학원에 비해 질이 떨어지는 서비스를 제공하는 기관으로 간주되는 경우가 많고, 학교 부적응 학생, 즉 대입을 포기한 학생들에게 학교는 수용소 혹은 '감옥' 혹은 친구 만나는 곳 정도일 것이다.

입시 위주 교육에서는 반드시 사교육이 주가 되고 공교육이 들러리가 된다. 사교육 중에서도 학원보다는 부유층 학생들을 대상으로 한 개인과외 등 맞춤형 사교육이 점점 더 확산되고 있다. 이런 조건에서 저소득층 자녀들은 점점 더 학습 부진아가 될 것이고, 계층 간의 학습과 성적 격차는 더 커지게 될 것이다. 학교에서는 대체로 부모의 학력이 높거나 집이 부유한 아이들이 공부도 잘하고, 교사들의 관심까지 독차지하게 된다. 이런 상황이 더 심화되면 교육 자체가 부유층의 전유물이 되고, 빈곤층 자녀들은 학습의욕을 아예 상실할 것이다.

결국 학교가 입시 대비 교육 서비스 제공기관이 된다면, '모든 학생들'을 대상으로 한 교육의 본래적 기능은 밀려나고, 수업에 적응하지 못하는 교실의 이방인들은 이런 교육의 희생자가 될 것이다.[42] 빈곤층이나 학습 능력이 부진한 아이들은 PC방 외에는 갈 데도 놀 데도 별로 없기 때문에 어쩔 수 없이 학교에 가서 수업을 들어야 한다. 학교에서는 최상위권 학생들이 1등급이 되어 '좋은 대학'에 갈 수 있도록 밑을 '깔아주어야' 한다. 이들은 시험능력주의 사회의 들러리 혹은 인질이라 봐도 좋을 것이다. 이런 학생들을 위한 별도의 교육을 할 여유도 없고 방법도 고민하지 않는 학교로서는 수능을 치르지 않아도 되는 학생들에게 정규 수업

시간에도 EBS 수능특강 문제집을 풀게 했을 뿐만 아니라 이들을 10시까지 학교에 붙잡아놓고 '야자'(야간 자율학습)를 하도록 강제하기도 했다. "학생들에게 공부의 참맛을 가르쳐준 적도 없는 학교가 학생들의 금쪽같은 시간을 낭비시키고 있다"는 불만이 나온 이유도 여기에 있다.[43]

학교와 교실은 가장 중요한 교육현장이고 수업은 학생과 교사의 대화 공간인 동시에 나름대로의 규율과 규범이 작동해야 하는 하나의 사회다. 교실은 교육의 성패를 가늠하는 세포다. 학생들이 학교에서 보내는 대부분의 시간은 수업시간이므로 수업 중 학생들의 질문과 교사와의 대화가 줄어들고, 다수의 학생들이 수업 내용을 거의 소화하지 못하거나 과목 자체에 아예 흥미를 느낄 수 없어서 다른 곳에 정신을 팔거나 잠을 잔다면, 그 교실은 소통이 붕괴된 상태라고 봐야 할 것이다. 학생들이 다른 과목 책을 펴놓고, 그로 인해 교사들의 눈총을 받거나 야단을 맞기도 하지만, 이는 사실 수업 내용이 이미 학원에서 다 배운 것이기 때문이며, 이 역시 교실의 존립 근거가 사라진 상황이다. 이는 교사들 개인의 교수법과 흥미 유발 기법, 학생들의 학습 능력의 차원을 넘어서는 문제다. 이러한 일이 대다수의 학교 교실에서 발생한다면, 이는 교육적 차원에서 해결할 수 있는 문제를 넘어선다.

학교폭력과 탈(脫)학교

학교생활에 전혀 만족하지 않지만, 그렇다고 학교 밖으로 뛰쳐나갈 수도 없는 학생들은 수업시간에 엎드려 자거나 떠들거나, 말을 걸지 않고 침묵할 것이다.[44] 그런데 스트레스가 더 심해지면 이들은 그냥 엎드려 자지 않고 동급생들에게 폭력을 휘두르거나 교사들에게 대들 것이다. 폴 윌리스(Paul Willis)가 말했듯이 학교폭력은 "가장 완전한, 왜곡되고 맹목적인 반항"이다.[45] 사실 한국의 학교는 오래전부터 그렇게 되었다.

학생들의 수업 이탈은 구조적으로는 분명히 공교육의 기능 상실, 핵심 국가기관인 학교가 도저히 해결할 수 없는 딜레마에 빠진 상황, '교육 불능' 상황이다. 달리 표현하면 시험능력주의라는 지배논리가 대다수의 학습 부진, 학교 부적응 학생들이 처한 실존적 현실, 사회이동을 꿈꿀 수 없는 그들의 계급·계층적 처지와 모순을 일으킨 것이다. 중상층 출신의 '공부 잘했던' 엘리트 교사들의 가르침은 명문대에, 아니 인(in)-서울 4년제 대학에도 입학하기 어려운 학생들에게는 그저 '그들 세계'의 이야기일 것이다. 교사 개인들이 아무리 열성과 노력을 다해도 학생들의 학습동기와 의욕을 되살리기 어렵고 학교에서 이탈한 학생들을 다시 불러오기 어렵다. 이는 학교 붕괴에 그치는 것이 아니라 인간관계, 사회관계의 붕괴로까지 나아간다.

교사들에게는 차라리 조용히 잠자는 아이들이 나을지 모른다.

교사들에게 학교폭력, 이지메(いじめ), 노골적으로 대드는 학생들을 처리하는 일은 너무 어렵다. 학교폭력, 특히 이지메 현상은 세계의 모든 초·중등 학교에서 어느정도는 나타난다. 그러나 특히 일본과 한국에서 이지메가 자살과 죽음을 낳는 이유가 있다. 나이토 아사오(内藤朝雄)는 일본의 사회관계 자체에서 '획일적인 가치가 강요'되기 때문에 이지메 현상이 생겼다고 보았고, 학교가 '(정신적으로) 살기 어려움(生きづらさ)'이 가장 두드러지는 현장이라고 보았다. 그는 학교와 같은 이런 미시사회에서 '전체주의'가 작동한다고 보았는데, 학생들 간의 성적 경쟁이 심한 교실에서 스트레스를 받은 강자가 폭력을 휘둘러도 내부에서 아무도 견제할 수 없기 때문에, 이지메가 죽음과 자살로 연결된다고 보았다.[46]

성적과 진학이라는 획일적인 가치가 강요되고, 학업, 성적, 입시 스트레스가 심할수록 학생들은 교사나 학부모에게 더 공격적이 될 가능성이 크다. 사교육 일번지인 지역, 중상층 부모의 자녀 성적 경쟁이 심한 지역일수록 학교폭력이 심각하다는 조사가 있다. 학교폭력이 심한 309개교 학교 중 학교폭력 피해 응답이 가장 많이 나온 지역이 서울의 양천구, 중랑구, 강남구, 송파구, 서초구, 대전의 대덕구, 유성구, 부산의 해운대구 등이었다.[47]

고등학교까지 무상교육이 실시되고, 거의 모든 청소년들이 고등학교까지는 진학하는 한국에서, 오직 대입 성적만이 학교교육과 학생 평가의 지표로 작동하면, 가정형편이 극히 어렵거나 공부에 흥미를 갖기 어려운 학생들은 학교 밖 청소년, 학교 불량배가 될 위험이 크다.[48] 시험능력주의가 가장 가혹하게 작동하는 일본과 한국에서 탈학교 현상과 학교폭력이 빈발하는 것은 그런 이유 때문이다. 일본 교육학자 사토 마나부(佐藤學)는 1980년대 중반부터 본격화된 일본의 이지메 현상, 특히 교사를 때리고 아이들끼리 폭력을 행사하는 현상은 압축성장, 입시 위주의 동아시아 교육의 문제점이 드러난 것으로 보았다.[49]

2009년 일본에서 학교에 가지 않는(不登校) 학생이 13만명에 달했고, 해마다 증가하고 있다고 한다. 한국의 학업중단 학생은 공식적으로는 2010년 이후 전체 학생의 1% 내외를 오르내리고 있는데, 매년 약 5만~7만명 정도다.[50] 국정감사 자료에 따르면, 2016~18년 전국 초·중·고교에서 학업을 중단한 학생은 총 15만 259명이었다. 고등학교 학생이 학업중단 학생의 대부분을 차지하는데, 그 이유는 가정불화 등 가족 문제가 가장 많지만, 학교 부적응이나 성적 문제도 심각한 원인 중의 하나다. 학교에 가지 않는 아이들은 길거리를 헤매고 일부 여학생들은 성매매에 빠지기도 한다. 학교 차원에서는 학업중단숙려제 등을 통해 노력하고 있으나,[51] 그 효과가 어느 정도인지는 의문이다.

코로나19 팬데믹으로 이러한 학교의 위기는 더 가속화되었다. 코로나19로 인해 대면수업이 중단되자, 부유층 학부모들은 학습결손을 메우기 위해 학원에 더 많이 의존하였고, 학원마저 문을 닫자 일부 부유층 학부모는 비즈니스호텔을 잡고 개별 과외를 진행해 아이들의 학습 손실을 막았다.[52] 그리고 입시를 앞둔 고등학생들, 평소에도 사교육에 의존해온 학생들은 이런 상황에서 꼭 학교에 가야 하는지 심각하게 묻는다. 학원은 실시간 온라인수업, 하이브리드수업 등 다양한 방식으로 충분한 학습량을 제공하고 있다. 코로나19로 인한 교육위기 때 존재가치를 명확하게 입증한 것은 교육부 지침에 따라 일사불란하게 (안) 움직인 학교가 아니라 시장, 즉 학부모의 수요에 빠르고 분명하게 대응한 학원이었다. "우리는 어떤 이름으로 다시 학교를 열 수 있을까? 50만에 육박하는 교육공무원이라는 거대한 관료제 기구를 운영하기 위해서?"라는 냉소적인 물음까지 학부모들 사이에서 나오게 되었다.[53]

만약 한국 학생들이 성인과 같은 사회인식을 갖고 있다면 이런 감내하기 어려운 학교 현실에 대해 거대한 저항이 일어났을 것이다. 그런데 청소년들은 집단 저항을 할 수 없고, 할 수 있는 방법도 알지 못하기 때문에 아무런 사적 원한이 없는 다른 학생이나 자기 부모를 향해 폭력으로 분노를 표시한다. 자살은 밖으로 표출되지 못하는 분노나 좌절감이 자신에게 향하는 폭력이다.

2장

시험능력주의의 지배

한국의 시험능력주의

공정과 정당성의 근거로서의 시험

시험주의의 최종 승리?

2021년 20대 대통령선거의 민주당 예비후보자 4명 중 이재명과 추미애 2명이 변호사와 판사 출신이었다. 국민의힘 후보 4명 중 윤석열, 홍준표, 원희룡 3명이 검사와 변호사 출신이며, 4인 전원이 SKY대학 출신이었다. 국민의힘 후보였다가 탈락한 최재형, 황교안, 하태경은 모두 경기고, 혹은 서울대 출신이다. 당 대표인 이준석은 하버드대 출신이다. 민주당의 두 대통령인 문재인, 노무현은 고시 출신이다. 제5공화국 신군부 출신 노태우, 오랜 야당 지도자였던 김대중, 이 두 사람을 제외하면 민주화 이후 한국에서 서울대, 사법고시 둘 중 어디에도 해당되지 않은 대통령은 없다. 즉, 군부정권이 물러난 이후 한국은 공부 잘하는 시험선수들이 지배하는 세상이 되었다. 드디어 서울대 법대 출신 고시 9수생 윤석열이 대통령이 되었다.

한국에서 서울대 졸업장과 고시 합격 이력은 최고의 '능력'을 가진 엘리트로 인정받을 수 있는 자격증이다. 원래 판검사들은 무슨 범죄를 저질러도 처벌받는 법이 거의 없고, 고위 관료나 정치인 등 권력권에 속한 SKY대 출신들은 범죄 혐의가 있어도 그들과 동문 선후배들로 구성된 검찰, 언론의 칼을 피해 간다. 고위직 경력을 가진 이들이 정당들의 공천을 받아 지역구 후보로 출마하면 거의 국회의원이 된다. 사람들은 '머리 좋은' 사람들이 정치도 잘할 것이라 생각한다.

한국은 아주 특별한 시험 사회(test society), 사람을 평가할 때 시험성적 이력을 거의 절대시하는 시험만능주의 사회다. 2018년 유네스코 방콕 사무소는 「시험 문화: 아시아·태평양 지역에서의 배움의 사회문화적 영향에 관하여」(The Culture of Testing: Sociocultural Impacts on Learning in Asia and the Pacific)란 보고서에서 이런 현상을 두고 '시험 문화'(culture of testing)라 불렀다. 시험이라는 것은 어느 나라에나 있지만 아시아 나라들에서 시험은 '사회계층 이동'과 '더 많은 경제적 기회'라는 의미를 갖는다는 것이다.[1]

특히 대입은 한국에서, 온 국민이 비상한 관심을 갖는 국가행사다. 수능시험 날에는 대입 수능 난이도에 온 언론과 국민의 관심이 쏠린다. 입시제도는 교육 자체보다 훨씬 더 중요한 국민적 관심사다. 대입에서 공정과 객관성, 기회 균등 원칙을 가장 우선시할 것인지, 시험성적 외의 다양한 능력과 잠재력을 갖춘 최적의 인재를 선발하자는 원칙을 중시할 것인지, 아니면 학교교육 정상화를 우선시할 것인지는 일종의 트릴레마(trilemma), 즉 한쪽을 해결하면 다른 두 쪽이 문제가 되는, 정말 난해하고 풀기 어려운 문제다. 사지선다(四枝選多) 지필고사에 대한 비판이 일자, 다양한 형태의 수행평가가 시행됐고, 교과과정 이외의 비교과 영역인 동아리 활동, 봉사 활동, 독서, 행동특성과 인성 등 학생의 학교생활 전부가 시험에 포함되었다. 지필고사 내에서도 수능, 논술고사로 다양화되었고, 평가 방법도 수시와 정시, 그리고 학생부종합전형(학종), 입학사정관제 등이 추가되었다.

지금까지 대입 및 공무원이나 전문직 선발 제도의 변천사는 정치사회적 역학과 여론에 따라 앞의 세 원칙 중 하나를 잘 살리거나, 아니면 그중 한두개를 우선하다가 다른 쪽에서 심각한 부작용이 발생해서 부정적 여론이 들끓으면, 애초의 안을 폐기하거나 변형한 역사였다. 대입뿐만 아니라, 교사 임용과 법조인·의사 선발에서 각기 이루어진 국립 사범대 우대 정책 폐지, 사법고시 폐지와 로스쿨 제도 도입, 의학전문대학원(의전원) 도입 등의 조치도 이 세 기준의 우선순위에 대한 논란을 거쳐 새로운 선발 방식이 도입되었다가, 도입 후 또다시 논란이 일어난 대표적인 사례다. 선발에서 절차의 공정과 변별의 합리성을 앞세우면 적임자가 선발되지 않을 수 있고, 다양한 자질과 소양을 중시하면 절차의 공정이 문제가 되거나 수험생 부담이 과중해질 수 있다.

1990년 10월 8일 헌법재판소는 "국·공립의 교육대학·사범대학

기타 교육양성기관의 졸업자 또는 수료자를 우선하여 채용하여야 한다는 취지의 '우선 채용권'(…)이 합리적 근거 없이 국·공립학교의 교사로 채용되고자 하는 교사자격자를 (…) 차별하고 있을 뿐만 아니라 국·공립 사범대학 출신 이외의 교사자격자가 가지는 직업선택의 자유를 제한하고 있으므로 국민의 평등권 및 직업선택의 자유를 규정한 헌법 제11조 제1항 및 제15조에 각 위반된다"는 이유로 이 법률조항에 대해 위헌 결정을 내렸고,[2] 그 이후 공립 중·고 교사는 임용고사를 거쳐 채용되었다. 사립대 출신을 비롯한 모든 교직과정 이수자들이 교사가 될 수 있는 길을 국·공립대 출신 '우선 채용' 제도가 막았고, 국·공립 사범대 출신자가 애초에 교사가 되기 위해 사범대에 진학해서 교직 과목을 듣고 이후 수련과정을 거쳤다고 하더라도, 이들만 교사로 우선 배정하는 것은 일종의 '특혜'이기 때문에 '평등권을 침해'한다는 이유였다. 이 결정 이후 교사 지망생들은 고시 준비생처럼 수년간의 치열한 시험 준비와 경쟁을 거쳐 교사가 될 수 있었다.

한편 2003년 참여정부에서 사법개혁위원회를 만들어 로스쿨 도입을 논의한 끝에, 2007년 로스쿨 법안이 국회를 통과했고, 2009년 헌법재판소는 "폭넓은 인문교양 지식과 깊이 있는 법학 지식을 함께 습득함으로써 사회의 다양한 법 현상에 적응할 수 있는 응용력과 창의성"을 갖춘 법조인을 양성하기 위해 법학전문대학원(법전원 혹은 로스쿨) 제도를 도입한다고 결정했다.[3] 곧이어 전국 25개 로스쿨에서 신입생을 모집했다. 그러나 로스쿨 교육 이수자에게 변호사 자격을 부여하려던 애초의 취지는 반발을 일으켰다. 즉 로스쿨을 졸업한 사람도 별도의 변호사 '선발' 시험을 거쳐야 하고, 그중에서 판검사를 선발해야 한다는 변호사협회와 법무부의 반격이 자격시험만으로 법조인을 양성하고자 한 애초의 취지를 뒤틀었다.[4]

3년간의 학업을 위한 경제적 부담, 학업과 시험의 삼중고가 변호사 지망생들에게 닥쳐왔다. 즉 고시제도의 폐해를 극복하자는 취지에서 도입된 로스쿨은 변호사 합격률을 높이기 위한 고시학원처럼 운영되었고, 다양한 학문적 전문성을 갖춘 법조인을 양성하자는 취지는 퇴색했다.[5] 변호사시험 횟수가 5회로 제한되니 이제 로스쿨 졸업생 중에서 과거의 '고시 낭인'보다 더 심각한 '로스쿨 낭인'이 나왔다. 그래서 "자격시험 제도였다면 불리할 게 없다. 그런데 우리 제도는 남들보다 1점이라도 더 따야 하는 상대평가다. 로스쿨 입학이 실패한 인생으로 가는 지름길이 될 가능성만 높이고 있다"[6]는 한탄이 나왔다.

한국의 법조인 선발 방식을 고시(순위를 정하는 시험)에서 로스쿨 법학교육 이수(자격시험)로 바꾸자던 것이 법학교육 이수(자격시험)에 더불어 선발시험(순위를 정하는 시험)을 치르는 것으로 변질된 것은 변호사 수를 제한하여 법률시장 공급자를 제한하려는 기존 법조인들의 기득권 유지를 위한 로비와 압력 때문이었다. 그러나 그 저류에는 등수를 정해서 소수만을 합격시키는 시험만이 가장 공정한 평가 절차이기 때문에 그런 시험에서 최상위 순서에 들어가지 않았던 '어중이떠중이'를 동료로 받아들일 수 없다는 기성 법조인의 특권주의, 그리고 여러 로스쿨의 법학교육 자격증 부여에 대한 불신이 강하게 작용했다.

로스쿨을 거친 변호사들의 출신 학부 분포를 보면, 초창기에는 과거 고시로 법조인을 선발할 때보다 서울대 비중이 줄어드는 등 출신 학부도 다양했고, 애초의 설립 취지와 어느정도 부합하는 변호사들이 배출되었다.[7] 그러나 그 이후 또다시 로스쿨 학생 선발에서뿐만 아니라 판검사 임용에서도 서울대 등 명문대 학부 출신들의 비율이 높아졌다. 법조인 지망생들이 로스쿨을 선택할 때도 대학서열을 고려하다보니 로스쿨 반수생, 재수생도 늘어났다. 결국 법조인, 특히 판검사가 되어 출세하려면 '좋은 대학' 학부, '좋은 로스쿨', 변호사시험 모두를 거쳐야 하는 최악의 시험경쟁을 통과해야 한다. 그래서 노무현 대통령처럼 가난한 고졸 출신도 고시에 합격해서 변호사, 판검사가 될 수 있었던 과거보다 현재가 훨씬 불공정해졌다는 비판이 일어났다.[8]

로스쿨과 마찬가지로 의대의 높은 폐쇄성과 학벌주의를 극복하고, 다양한 출신배경, 학문적 자질과 인성을 갖춘 의사를 선발하자는 취지로 도입된 의학전문대학원(의전원) 제도가 실패한 이유도 이와 비슷하다. 의전원은 의대 입시의 과열을 막고 기초 의학자를 양성하기 위해 생물학·화학 등 다양한 인접학문을 전공한 여러 대학 출신들을 다면적으로 평가하고 활동에 대한 이력까지 참작해서 선발하려는 취지에서 도입되었다. 그런데 대부분의 의전원이 과거의 의대로 되돌아갔다. 의대 교수들은 최고의 수능 성적으로 입학한 의대생을 더 선호했기 때문이다. 학생들도 애초의 취지와 달리 기초의학 분야보다는 오히려 개업이 용이한 진료

과로 몰려갔다.[9] 2005년에 시작된 의전원 제도는 의대 혹은 의전원을 운영하는 40개 대학 중 의전원이 2개만 남는 데 이르렀다.[10]

대입에서 수시와 정시, 논술고사 도입, 수능과 학종의 비율 문제도 계속 논란이 되어왔지만, 문재인 정부가 수능 비중을 확대하도록 한 결정 역시 시험의 공정성과 변별력을 중시하는 여론의 압력을 의식한 것이다. 학종은 고등학교 교육을 정상화하고, 잠재력이 있는 학생들을 선발하는 데는 더 좋은 제도이고, 수능은 교육적으로나 사회적으로는 사실상 실패했다는 분석도 있으며,[11] 학종보다는 수능이 오히려 고액 사교육을 많이 받는 학생들에게 유리하다는 평가도 있지만, 문재인 정부는 공론화를 거쳐 수능의 비중을 높이는 쪽으로 방향을 틀었다.[12] 물론 이명박 정부 이후 대입에 필요한 학생부 내신, 자기소개서, 그리고 부모의 문화자본이 결정적으로 작용할 수 있는 인턴 경력, 논문, 각종 수상기록들이 입시의 공정성을 위협한다는 비판이 강력히 제기되어 입시를 단순화하는 것이 교육 불평등을 완화할 것이라는 주장도 있었다.[13] 특히 전 법무부 장관 조국 딸의 의학전문대학원 입학을 위한 교수들의 품앗이 스펙이 큰 논란거리가 된 일도 수능 비중을 높이는 정책이 더 많은 지지를 얻은 원인이 되었다.

노무현 정부 당시 대입에서 논술이나 학종을 도입하자고 주장했던 교사나 교육운동가 들은 입시제도를 바꿔야 학교교육이 정상화되고 학생들이 단답식 선다형 시험의 준비 기계가 되지 않을 수 있다는 교육자로서의 소신을 피력했고, 로스쿨 도입을 주장한 진보 법학자들이나 변호사들도 기존의 고시제도로는 다양한 법학적 소양과 실무능력을 갖춘 법률가를 양성할 수 없다는 생각을 오래전부터 갖고 있었다. 즉 이들은 모두 한두번의 지필시험으로 수험생의 능력과 자질을 제대로 평가할 수 없는 것은 물론이고, 시험성적으로 합격/불합격을 결정하는 제도로는 잠재력과 적성을 갖춘 사람을 제대로 선발할 수 없다고 주장했다.

그들의 문제의식과 취지는 분명 타당했다. 그렇지만 막상 새 제도의 뚜껑을 열자마자 '변별력과 공정성 의문', 본고사 도입 필요, 사교육 확대 위험, '금수저 전형' 등의 담론으로 맞받아치는 보수세력의 반발이 거세게 일어났다. 특히 옛날 명문고·명문대 합격 신화를 평생 간직하고 사는 60세(당시 50세) 이상의 엘리트들은 본고사 도입을 주장했다. 사실 이명박 정부에서 본격적으로 도입된 학종, 입학사정관 제도, 고교 다양화 정책 등의 새 제도도 일단 시행되기 시작하면 온갖 방법으로 그것에 대비한 상류층에게 유리한 방향으로 변했다. 학종 내신은 학교교육을 정상화하기보다는 내신평가 때문에 학교의 일상 자체를 경쟁의 지옥으로 만든 것도 사실이다.[14]

결국 중등교사 임용제도에서는 국립 사범대 특혜론이 교사 임용고사로 정착되었고, 그 반대로 법전을 달달 외운 시험성적 최우등자들이 법조인이 되어서는 안 되며 법학 교육을 받은 다양한 소양을 가진 사람이 법조인이 되어야 한다는 생각이 로스쿨 도입으로 구체화되었다. 그러나 이렇게 되니 교사 교육기관인 사범대가 존재할 이유가 없어졌고, 그 반대로 로스쿨이 고시학원처럼 되어버리니 예전의 사법연수원과 무엇이 다른가라는 비판이 나왔다. 그리하여 기회의 평등과 시험의 공정성이라는 원칙을 강조하는 측에서 주장하는 것처럼 순위를 정하는 한번의 공개적인 지필고사만 한 것이 없다는 아주 오래되고 익숙한 주장이 더 많은 지지를 받게 되었다. 결국 지금의 수능강화론, 사시 부활론처럼 '모든 이에게 '평등한' 기회를 주자는' 시험주의가 세를 얻었다.

교원 임용고사가 실시된 후 교사 지망생들은 노량진 학원가로 몰려갔다. 그래서 임용고사 잘 보는 학생들이 교사가 되었다.[15] 그런데 시험 가장 잘 본 사람이 교사가 되는 것은 결코 바람직하지 않은 일이라는 우려도 있었다.[16] 실제로 '단편적 지식'만 갖고 있는 교사,[17] '가난하고 공부 못하는' 학생들을 상대하는 것을 부담스러워하는 '자질 없는' 교사들이 나타났다. 그래서 국가교육회의는 "임용시험으로는 복잡하고 까다로운 교육환경이 요구하는 우수한 교사를 선발할 수 없다"고 보면서, "교·사대를 통합한 6년제 교육전문대학원을 설립하고 임용사정관제와 수습교사제를 도입, 지필고사 위주의 지식 중심 평가에서 탈피한 새로운 양성임용체제를 만들어야 한다"고 했다.[18] 과거 로스쿨 제도 도입 당시의 문제의식이 교사임용의 경우에는 거꾸로 부활한 것이다.

로스쿨 도입을 주장한 사람들은 로스쿨로 법조인을 선발하면 고시제도가 만들어낸 출세주의, 수많은 '고시 낭인' 문제, 그리고 서울대 법대 출신들의 학벌 패거리주의가 극복될 것이라고 예상했으나, 이 문제는 변형되어 그대로 남았다. 로스쿨 제도의 최대 피해자는 3년 동안 엄청난 학습량에 시달리면서 불안과 초조로 우왕좌왕하며, 또한 변호사시험까지 준비해야 하는 학생들이다.[19] 과거의 고시 출신들이 만든 법조계 '병리'는 오늘날 임용고 사로 교사가 된 사람들의 교직사회의 '병리'일 것이다. 그럼에도 불구하고 한국사회는 이러한 시험주의의 폐해를 넘어서는 공정하고도 합리적인 전문직 선발제도를 아직 마련하지 못했다.

어떤 사람이 가장 잠재력이 있으며 장차 그 일을 가장 잘할 수 있는 적임자인지를 가려내기보다는, 어떻게 하면 최고 우수한 사람을 선별해낼 수 있는가를 중시한 시험능력주의로 돌아간다. 변별과 선발, 공정한 절차를 이렇게 중시하다보니, 시험성적 외의 다양한 역량, 교육과 수련의 이력이나 실력 등 '다면적인 능력'을 평가하자는 주장은 한두번의 공개시험을 통해 능력을 평가하는 것이 공정하고 객관적인 방법이라는 반론을 이겨내지 못했다. 더불어 '시험국민'인 한국인들의 아주 강고한 습속,[20] 모든 부작용이나 반발 등을 미리 고려하지 못했던 섣부른 개혁, 그리고 기득권 엘리트들의 강력한 저항과 각종 편법 등의 요인이 맞물려 시험주의를 극복하려던 시도는 좌초되었다.

교육과 시험은 분명히 별개의 것이지만, '시험'이 '교육'을 이겼다. 그리고 시험 중에서도 자격시험이 아닌 순위(ranking)를 정하는 시험이 이겼다. 시험을 통한 절차적 공정과 최고 자격자(the most qualified) 선발의 원칙이 교육과 수련, 공적, 일에 대한 적성 확인 절차를 거친 적임자 선발의 원칙을 이겼다. 능력주의를 받아들이는 점에서는 같지만, 시걸(S. Segall)이 말한 것처럼 한국에서는 최고 적임자보다는 최고 능력자 선발을 우선했다.[21]

자격과 능력의 징표, 시험 합격

조지프 피시킨(Joseph Fishkin)은 버나드 윌리엄스(Bernard Williams)의 에세이를 인용하면서 고대의 전사(戰士)사회를 예로 들어 '시험사회'를 설명했다. 즉 전사와 평민 두개의 세습 카스트 만이 존재하는 사회에서 그 구성원들에게는 16세에 전사가 될 수 있는 시합이 단 한번 열리는데, 이 시합은 누구나 탐내는 전사 지위를 얻기 위한 경쟁 기회로 여기서 선발되는 사람은 전사의 지위를 계속 누릴 수 있다는 것이다.[22] 전사가 되지 않고서는 좋은 지위를 얻을 수 없고 평생 행복을 누릴 수 없는 사회에서, 16세의 소년과 그 가족은 전사의 지위를 얻기 위해 동원할 수 있는 모든 자원과 에너지를 쏟아부을 수밖에 없다는 점에서, 이 전사사회는 시험사회 한국과 매우 유사하다.

이 전사 시험은 피시킨이 말하는 일종의 자격 병목(qualification bottleneck)이다. 나중에 다른 시합의 기회가 있다 해도 16세 때 치러지는 시합만큼 결정적인 중요성을 갖지는 않거나, 그 사회가 전사가 되는 길 외에는 사회적 지위를 확보하는 다른 길이 없는 매우 단일한 사회라고 한다면, 전사 경합의 병목을 대비하는 사회적·개인적 비용과 고통은 훨씬 더 클 것이다. 마찬가지로 한국 학부모들에게 대입은 거의 죽고 사는 문제, 즉 자식의 운명이 걸린 문제이기 때문에, 영국의 BBC도 수능을 세계에서 가장 힘든 시험이라 말했다.[23] 한국에서 국가가 관장하는 대입 수능시험이 바로 전사사회의 경합에 가깝지만, 엄격한 등급이나 순위를 정해서 합격 자격을 부여한다는 점에서 그보다 더 가혹하다.

전국의 모든 학생들에게 점수와 등급을 부여하고 그들의 순위를 정해서, 합격자와 탈락자를 엄격하게 구분해야 한다고 생각하는 사람들은 수능을 더 어렵게 출제해야 변별력을 높일 수 있고, 그러기 위해서는 수능 등급을 더 세분화해야 한다고 주장해왔다. 그래서 매년 수능시험이 치러질 때마다 '물 수능 불 수능' 논란이 발생한다. 최상위권 대학들은 정부가 본고사 시행 자체를 금하기 때문에, 입시에서 변별력을 높이기 위한 다른 방도가 있어야 한다고 주장해왔다.

　한편 시험 합격 여부가 개인의 장래와 운명에 결정적인 영향을 미치는 사법·행정고시, 그리고 여러 공무원 시험처럼 평생의 '자리'가 보장되는 시험에서는 수험생의 점수를 0.1점 단위까지 차등화해야 탈락자들의 항변이나 공정성 시비를 줄일 수 있다. 고등학교 상위 2%의 학생들만이 최상위권 대학에 들어갈 수 있고, 넓게 잡아도 10% 이내만이 '인-서울 대학'에 입학할 수 있으며, 90% 이상이 이 전쟁에서 패할 수밖에 없는 상황에서 학교 내신, 대입 수능시험 문제는 학생과 학부모의 시빗거리가 되지 않으려면 객관식 문제로 출제되어야 한다. 그래서 시험은 지필고사, 선다형일 때 가장 정당화 효과가 높다. 탈락자의 이의를 잠재울 수 있고, 출제자의 '주관적' 평가를 최소로 줄이기 때문이다.

　노무현 정부는 수능 점수를 적시하지 않고 등급만 부여하자는 수능 9등급제, 논술 도입 등의 입시정책을 폈으나 이명박 정부에서는 이같은 정책이 '내신 수능 변별력'을 제대로 갖추자는 취지로 수능등급제를 폐지하고 논술을 단계적으로 폐지하는 정책으로 뒤집혔다. 학교교육을 정상화하고 수능은 자격고사 정도로 유지하되 변별을 위해 어느정도 등급을 부여하자는 취지는 실제로는 한 문제만 틀려도 등급이 달라지기 때문에 제대로 변별을 할 수 없다는 비판을 받았다.[24] 입시경쟁이 극도로 치열하다면, 시험은 수학 능력이라는 '자격'을 갖춘 사람, 즉 '적임자 선발'의 원칙을 지키기보다는, 탈락한 다수를 승복하게 만드는 엄격한 선별이 최선이다. 즉 '시험선수'가 된 학생들이 수능시험의 예상문제에 대해 사교육 시장에서 너무나 많은 훈련을 받아 만점을 받을 가능성이 크기 때문에, 출제자들은 변별력을 위해 킬러 문제를 내서 함정을 파기도 한다. 즉 '수학 능력'을 측정하기 위해 고안된 이 수능이라는 제도가 이제 변별을 위해 상상을 초월할 정도로 어려운 시험이 되었다.

실제로 2014년 이후 수능 출제 오류는 6번이나 발생했고, 2021년 수능시험 생명과학(2) 문제가 오류로 밝혀져 해당 과목 응시자 전원이 해당 문항에서 정답 처리가 되었다. 이런 일련의 사건으로 최상위권 대학이나 의대를 응시한 수많은 학생들의 당락이 결정되었을 것이다. 교육과정평가원장을 지낸 성기선은 교과 중심의 공부로 못 푸는 "수능은 수명을 다했다"[25]고 말하지만 학생들은 여전히 '변별'이라는 편의성에 내몰려 신음한다.

수능은 전국의 모든 학생들의 등급을 매긴 다음 대학서열대로 그 학생들을 배치하는 시험이다. 서울대 등 최상위권 대학에서 수시모집 전형 비중을 높인 것은 다면적인 평가를 중시하는 등 교육적 고려를 했기 때문인 것처럼 보인다.[26] 그러나 실제로 명문대는 수시에서 특목고(특수목적고등학교) 등 출신 고교 서열을 암암리에 적용한 고교 성적이 반영된다. 그리고 입시전형에서 수능 최저기준을 적용하고 있고, 학교 내신성적도 감안하기 때문에 모든 학생들의 성적을 일렬로 줄 세우는 평가는 사라지지 않았다. 그래서 탈락과 변별을 목표로 하는 고교 내신 평가, 전국 동시 지필고사인 수능의 위력은 그대로 남아 있다.

한국에서 대입은 인생에서 성공 여부를 좌우하는 가장 결정적인 자격증 획득 시험이기 때문에, 이 자격증을 얻기 위해 매년 전국의 학생들이 이 '인생 시험'에 사활을 건다. 한국 대학의 서열은 유명 입시학원이 만든 입시 배치표상의 성적 서열이다. 1980년대에도 대학서열은 있었지만, 모든 대학을 수능(예비고사, 학력고사) 점수에 따라 한줄로 세우는 방식의 수직서열은 아니었다. 그리고 특정 대학의 특정 전공 입학성적은 대학 자체의 서열과 무관하게 전국 최상위권에 속하는 경우가 여럿 있었다. 그런데 1990년대 중반 이후에는 SKY대를 정점으로 전국의 모든 대학이 수직서열화되기에 이르렀다. 'SKY'(서울대·고려대·연세대) 대학–'인-서울'(서울 소재) 대학–지방 국립대–'지잡대'(지방의 잡스러운 대학)–전문대–고졸의 수직서열이 거의 공식화된 것은 1990년대부터였다. 이 서열화는 수도권과 지방의 등급화를 수반했다.

한국의 수험생들에게 대학서열은 이후의 인생의 진로와 직결되고 한번 정해지면 뒤집기 어려운 가장 엄한 지위 서열이자 계급이다.

수능시험 점수는 모두 9등급으로 나뉘는데, 1등급에서 3등급까지 아이들은 치킨을 시켜 먹는 사람이 되고, 4등급에서 6등급까지는 치킨을 튀기는 사람이 되고, 나머지 아이들은 치킨을 배달하는 사람이 된다.[27]

시험성적에 따라 순위를 매기는 것, 그것이 보편적으로 공인될 뿐더러 지위와 보상을 약속해주는 '능력'이다. 박권일, 장은주 등이 강조하는 것처럼 한국의 "교육이 기본적으로 '능력자를 추려내는 경연'"[28]이 되는 것이 바로 시험능력주의다.

그런데 주로 수능시험 점수로 얻게 된 명문대 합격증, 그리고 이후의 졸업장은 국가가 행정력을 동원하여 관장하는 국가 공인 학력자격증이다. 과거의 대학 예비고사, 학력고사, 그리고 오늘의 수능시험에 이르기까지 성적평가 체제는 국가가 전국의 모든 학생들에게 점수를 부여하고 등급을 매기는 제도다. 결국 한국에서 학력, 즉 능력은 국가가 평가를 실시해서 공식적으로 인정을 했기 때문에 신용(credit)이나 신뢰를 얻을 수 있다는 점이 중요하다. 정부 감독권 밖에 있는 개별 고등학교의 '신뢰할 수 없는' 수많은 교사들이 주관하는 내신평가 점수보다 국가가 관장하고 인정하는 수능성적은 입시를 준비하는 전국의 모든 학생과 학부모에게 강한 정당성을 갖는다.

거꾸로 말하면 수많은 학교에서의 내신 조작이나 성적 부풀리기, 부모의 '백'에 의해 쉽게 얻어지는 각종 이수증이나 자격증, 논문 게재 실적, 최서원의 딸 정유라의 이대 입학 등에 대한 '불신'이 수능의 공적 권위에 힘을 보탰다. 그래서 시험만능주의는 신뢰 부재의 사회 현실이 만들어낸 결과다. 국가 공인 시험밖에 믿지 못한다는 학부모와 국민의 생각은 일리가 있다. 한국에서는 국가를 제외하고는 교사, 학교, 그리고 민간의 어떤 조직도 공신력, 자율성, 도덕성을 보여주지 못했기 때문이다.

보수진영에서는 삼불(三不)정책, 즉 본고사 불가, 기여입학제 불가, 고교등급제 불가를 폐지하자고 계속 주장했으나 이명박·박근혜 정부도 그것을 선뜻 받아들이지 못한 이유가 여기에 있다. 군사정권 시기까지 서울대 등 국립대를 제외한 명문 사립고나 사립대에는 보결생, 즉 돈과 백으로 입학한 학생들이 있었다. 부모가 그 대학의 교수이거나 그 대학에서 특별한 지위를 가진 이가 자녀를 그 대학에 편입시킨 예가 그런 경우다. 공식적으로는 기여입학제가 없었으나 실질적으로는 그러한 길이 있다는 것을 많은 국민들이 알고 있었고, 그래서 국가 공인 시험 외에는 어떤 사람의 능력을 보증하기 어렵다고 생각했다. 결국 대학 부패, 특히 사학이 투명한 학사 운영을 하지 못하고 각종 입시 부정에 연루된 사실들을 기억하고 있기 때문에, 국민들은 여전히 기여입학제나 학종 등 시험성적 외의 다양한 입시전형을 불신한다.

결국 국가가 관장하는 수능시험, 특히 전국적으로 실시되는 객관식 지필고사 성적이 국민이 '신뢰할 수 있는 능력'의 징표이고, 대학 졸업 이후 여러 사회조직에서 필요한 인력을 선발하고 자리를 배분하고, 부와 권력을 배분하는 데서 공정성과 합리성을 보장받는 기준이라는 생각은 여전히 강력하다. 공무원 시험, 변호사

시험, 각종 입사 시험 등 약간의 편차는 있지만, 객관화된 점수로 순위를 매겨서 당락을 결정하고, 탈락하는 사람은 이의 제기나 재시험의 기회가 없는 모든 시험이 그 절차적 합리성 때문에 정당화된다. 이것이 순위를 정하는 시험만이 '공정'한 절차라고 철석같이 믿는 공기업 정규직 청년들의 집단행동, 의대생들의 지방 공공의대 확대 반대 운동, 서울대 등 상위권 대학 학생들의 블라인드 채용 반대론을 뒷받침한다.

20대 대선에서 국민의힘 경선 후보였던 홍준표는 자신이 대통령이 되면 삼시(사시·행시·외시)를 부활하고, 로스쿨·의전원·국립외교원을 폐지하겠다고 했다. 이재명도 고시를 부분적으로 부활하겠다고 말했다. 순위를 정하는 시험이 가장 공정하고, 시험성적만이 믿을 수 있는 능력이고 실력이라고 생각하는 한국의 보통 사람들의 일반적인 생각을 의식해서 표를 얻으려는 발언이다. 응시자의 소양이나 적성 평가, 필요한 훈련이나 주변인의 추천 등의 절차가 오히려 제대로 된 능력 평가일 수 있어도 절차적 공정이 지켜지는 것이 더 중요하기 때문에 온 나라가 시험 준비를 위한 전쟁터가 되어도 그리로 가야 한다는 것이다. '능력'이 있는 사람을 뽑기 위해서는 그 일을 잘 수행할 수 있는 '자격'을 평가하는 것이 아니라 시험성적을 엄격히 변별해서 '최상의 순위' 순서대로 뽑아야 한다는 것이다.

한국의 학력·학벌과 신분

한국인의 학력·학벌 집착

특성화고등학교를 졸업하고 산업체 연수생으로 회사에서 일하던 청년에게 아버지뻘 되는 간부 직원이 "대학을 꼭 가라"며 이렇게 권유했다.

> 나중에 네가 시간이나 금전적 여유가 생기면 대학은 꼭 가라. 대학은 꼭 가야지 네가 결혼을 하든 나중에 일을 하든 대학을 안 가면 되는 게 없다. 꼭 대학을 가라.[29]

기성세대는 자신이 한국사회에서 살면서 뼈저리게 겪었던 일을 바탕으로 자녀와 청소년들에게 세상에서 어떻게 살아야 하는지 가르친다. 기성세대의 생각과 행동, 그것이 곧 한국사회 그 자체다. 학력 차별은 한국사회의 모든 조직, 모든 관계에서 매일 다양한 방식으로 발생한다. 실제로 고졸 노동자는 일터에서 다음과 같은 일을 겪는다.

> 대학 갓 졸업한 신입사원에게 공장을 견학시키고 설비에 대해 설명을 해준 게 엊그제인데, 이삼년만 지나면 그의 상관이 되어 "이것도 일이라고 한 거냐" "머리를 바짝 잘라라"고 지시를 해대는 것이 견디기 힘들었다. (…) "아무리 노력해도 그건 신분의 벽을 뚫을 수 없는

변방 때리기에 불과했다."[30]

1950년대 말 사회학자 이만갑은 "세상에서 사람들의 지위가 높다 낮다 하는 것은 무엇으로 정해진다고 보는가"라고 농민들에게 질문했는데, 학식이 많다(57.7%), 돈이 많다(9.2%), 재주가 좋다(8.9%), 직업이 좋다(5.4%)의 순서로 답했다.[31] 학식을 중요시하는 응답자의 연령, 교육 수준, 수입에서의 차이는 거의 없었다. 응답자들은 "학식이 풍부하면 무엇이든지 이루어진다고 보는 것이 타당하다"는 조사자의 질문에 대해 거의 긍정을 표시했다.[32] 이것은 그때 한국에서 학식, 혹은 학력이 높은 사람이 갖는 사회적 위신이 얼마나 컸는지를 말해준다.

당시 농민들은 '학식'을 고등교육 이수, 혹은 '좋은 학교'의 졸업장과 같은 것으로 생각했을 것이다. 그들이 돈보다 학식이 훨씬 중요하다고 답한 이유는 배운 사람을 존중해온 유교문화의 영향 때문일 것이고, 조사 시기가 자본주의나 물질주의가 덜 착근했던 1950년대였기 때문일 수도 있다.

지금까지 한국에서 학력은 세속적인 만능열쇠로 거의 신앙적 숭배의 대상에 가까웠다. 1950년대 이후 폭발한 한국인들의 광적인 교육열은 일본의 19세기 말 메이지(明治) 시대 이후의 학력주의(學歷主義)를 이어받은 학력만능주의다. 일본의 교육학자 후카야 마사시(深谷昌志)는 도어와 마찬가지로 학력주의는 질병이라고 보았다. 그는 학력주의는 현실의 학력(學力)의 차이를 과장할 뿐더러, 학력이 일생에 유효한 통행증명서 기능을 하도록 하고,

학력 이외의 능력은 무시하도록 만들며, 학생과 학교를 과도하게 입시경쟁에 몰아넣는다고 비판했다.[33]

그런데 한국의 여러 영역이나 조직에서는 명문고나 명문대 동문들이 패거리를 이루어 강력한 이익집단이 된다. 학력주의는 곧 학벌주의로 나타난다. 학벌주의는 분명히 '학력'이라는 공인된 사회적 인정체계 위에서 성립한다. 같은 명문고·명문대 졸업 이력을 가진 사람들이 사회 각 영역, 특히 정부·대학·기업에서 채용과 승진 등 지위 유지와 지위 상승을 도모하기 위한 경쟁에서 가장 익숙하고 손쉬운 인적 네트워크인 동문 연고를 활용하여 좋은 자리를 독점하고, 자기들보다 서열상 떨어지거나 그들과 경쟁 관계에 있는 학교 출신자들의 진입을 차단한다. 특히 관료사회, 사법부와 검찰, 정치권 등 가장 영향력 있는 영역에서 승진하거나 최고 자리에 오르기 위한 경쟁에서 실력이나 업적보다는 학연 네트워크가 폐쇄적인 자원으로 작용하고, 이 학연 네트워크에 들어오지 못한 사람을 배제하는 것이 학벌주의다.

학력은 분명히 '좋은 학교'에 합격한 '능력'의 징표지만, 그것이 기업 등 조직에서 신규 채용과 승진을 결정하는 윗사람들의 선호, '우리끼리 뭉치자'는 전략에 의해 학벌이 된다. 한국의 관료집단, 법조계, 정치권, 학계 등에서 서울대나 명문대 출신들이 조직의 최고 수장 자리를 거의 독점하는 이유도 이들 개인의 능력이 있기 때문이기도 하겠지만, 그가 추대되는 과정에서 동문들의 인적 네트워크가 작용하기 때문이다.

자녀를 '좋은 학교'에 보내려는 한국인들의 집착은 분명히 개인의 체험에 바탕을 둔 것이다. '좋은 학교'를 나와야 승진과 출세가 가능하다는 것을 너무나 잘 알고 있기 때문이다. 한국인들은 여러번 이력서를 쓰면서 최종 학교, 출신 학교를 수십번 이상 적게 된다.[34] 조직에서나 사회관계를 맺는 과정에서 이런 경험을 한 한국인들에게 학력과 학벌, 그것을 얻기 위한 시험성적, 학교 서열은 "숨 쉬는 공기처럼 어디에나 뻗어 있다."[35]

2010년 이뤄진 『대학내일』의 조사에 의하면 대학생의 56%는 '아무리 똑똑해도 출신 학교가 나쁘면 취업이 어렵다'고 생각했으며, '성공하려면 실력보다 배경과 연결이 중요하다'(63%)고 답했다.[36] 여기서 '연결'이란 학연 네트워크, 즉 학벌이다. 2011년의 교육개발원 조사에 의하면 '우리나라에서 개인이 성공 또는 출세하는 데에는 어느 요인이 가장 크게 영향을 미친다고 생각하는가'라는 질문에 대해 전체 조사 대상자의 거의 반이 학벌이라고 답했다. 학벌은 성실성과 노력(30%), 타고난 능력(7%) 요인을 합한 것보다 컸다.[37] 그리고 응답자의 90% 이상이 학벌주의는 변화가 없거나 심화될 것이라고 비관했다.

1970년대까지는 집에 '공부 잘하는' 자녀가 있어도 대학 학비의 경제적 부담 때문에 자녀들을 상업학교에 보내서 곧바로 은행이나 회사에 취업해 돈을 벌어오도록 하는 부모들이 많았다. 그러나 한국의 산업화가 상당히 진척되어 중산층이 본격적으로 형성된 1980년대 후반에 들어서서는 이제 거의 모든 국민이 자녀를 4년제 대학에 보낼 수 있게 되었다. 그런데 한국의 성장률이 둔화되고, 한국 경제의 탈산업화가 본격화되자 이제 넘쳐나는 대졸자가 사무직 일자리를 구할 수 없게 되었다. 그래서 4년제 대학 졸업장, 학력(學歷)의 희소가치는 줄어들고, 이제 수도권 대학인가 아닌가, 일류대학인가 아닌가가 훨씬 더 중요해졌다.

물론 지금도 버젓한 대학 학부를 나오지 못한 사람들이 사회에서 좋은 평가나 대우를 받기 위해 '학력 세탁' 차원에서 명문대 대학원 석·박사 과정이나 고위과정에 등록하는 일도 여전하고, 정치가나 기업인들이 국내외 대학 명예학사 학위를 여러개 얻으려는 경향도 여전하다. 그리고 박사학위가 없으면 교수 채용에 응시도 할 수 없다. 대학 졸업생, 대학원 졸업생, 심지어 박사가 길에 밟히는 세상에서 고졸자는 거의 이방인처럼 취급되는 것도 사실이다. 그럼에도 불구하고 대학이 대중화되고 SKY대를 졸업해도 취업이 안 되는 오늘에는 원래 의미의 학력, 4년제 대학 졸업, 수학(修學) 연한, 석·박사학위 소지 여부가 점점 덜 중요해졌다.

고졸자들에게 무조건 4년제 대학을 가라고 강권하고, 기업들이 4년대 졸업장을 가진 사람을 채용 조건으로 제시하는 것이 통상의 학력주의지만, 대학서열 최상위의 학부를 나오지 않으면 석·박사 몇개를 딴 사람일지라도 별로 알아주지 않는 현실 속에서 학력이란 사실 학벌과 같은 것이 되었다. 그래서 학력, 혹은 학력주의는 명문대 졸업생들이 하나의 패거리를 이루어 좋은 자리를 독식하고, 모든 사람들이 그 무리의 일원이 되기 위해 치열한 경쟁을 하는 학벌주의와 같은 뜻으로 사용되거나, 학벌이 학력의 의미를 흡수하였다.[38]

준신분으로서의 학벌

2007년 참여정부는 고용정책기본법 제7조의 차별금지 항목인 성별, 신앙, 연령, 신체조건, 사회적 신분, 출신 지역, 출신 학교, 혼인·임신, 병력에 '학력'을 추가해서 학력 제한을 없애기로 했고, 공공기관과 상당수 대기업에 '열린 채용'을 권고했다. 그러나 2019년 KBS의 조사에서 나타났듯이, 학력·학벌은 여전히 외모, 장애인, 인종, 동성애 등 다양한 사회적 차별의 대상 중에서 한국 사회에서 가장 심각한 차별 대상으로 남아 있다.[39]

고졸 학력으로 명문대 출신들과 함께 사회주의노동자연맹(사노맹) 조직에서 활동하고 오랜 기간 투옥되었다가 출소한 박노해는 학벌은 '신분계급의 작위'라고까지 말한다. 심지어 박홍기·김재천은 학벌을 갖지 못한 사람은 거의 전과자 취급을 당한다고 지적하기도 했다.

우리 사회에서 서울대, 명문대를 나왔다는 것은 (…) 실력을 넘어선 숨은 신분계급의 작위를 얻는 것입니다.[40]

학벌은 전과기록이다. (…) 딱 좋은 표현인 것 같습니다. 사람의 가능함을 억누르고 피폐시키는 아주 무서운 빨간 줄입니다. 그 속에서는 어떤 사람도 새 삶을 살 수가 없습니다.[41]

이들은 한국에서 학력·학벌은 '신분'처럼 사람의 일생을 지배할 뿐만 아니라 전과기록처럼 지울 수 없다고 말한다. 물론 프랑스의 최고 고등교육기관인 고등사범학교(École normale supérieure, ENS), 국립행정학교(École nationale d'administration, ENA)의 졸업자들 역시 '학력귀족'이라고 불리고,[42] 과거 일본에서도 '학력귀족'이라는 말이 사용되었지만,[43] 한국에서 서울대나 명문대 출신을 '학력귀족'이라고까지 부르지는 않는다. 그러나 학벌은 사람들이 회사에 들어가고 회사를 옮기는 과정, 회사의 승진과정에서 평생 따라다니면서 그들을 평가하는 표식으로 작용하기 때문에 현대판 '양반 족보'라고 불러야 할지 모른다.

일본과 한국에서 학력과 학벌은 막스 베버가 말한 일종의 지위 (status), 특별한 자격, 그리고 명예와 관련된 사회적 긍정/부정적 평가에 기초한 정체성의 핵심이기 때문에 현대판 '신분'으로 보는 것이 지나치지는 않을 것이다.[44] 한국에서 이 학력자격증은 과거의 경기고 등 최고 명문 고등학교, 서울대와 서울대 법대 출신처럼 극소수의 사람들만이 갖는 특별 지위재다. 어쨌든 그 신분증은 일종의 특권이자 어디서나 통용되는 화폐일 수 있다.

즉 준신분으로서의 학벌은 법적 장벽은 분명히 아니지만 한국에서는 매우 강력한 사회적 폐쇄(social closure) 체제, 높은 보상과 직업적 안정성을 보장받는 내부자와 그들의 성에 들어가지 못하는 외부자를 엄하게 구분하여 외부자에게 불이익을 주고 좌절감과 박탈감을 안겨주는 사회적 배제의 논리로 작용한다.[45] 그리고 외부자들이 내부자들의 카르텔을 감히 건드릴 수 없다는 점에서 온갖 사회적 부조리와 부패, 자원 낭비를 낳고 사람들을 고통스럽게 만들기도 한다. 여기서 사회적 폐쇄란 성, 인종, 민족, 학벌에서 우세한 집단이 그렇지 못한 집단을 열등하거나 자격이 없다고 보아 기회를 봉쇄하고 이익을 독점하려는 것이다.[46]

공식적으로 사회이동의 기회가 개방된 현대사회에서 신분·준신분이 거론되는 것은 한국에서 근대적 직업 개념이 제대로 자리 잡지 않았다는 말도 될 것이다. 중앙집권주의, 유교적 관존민비의 전통과 일본의 국가주의를 이어받은 한국에서는 정치가는 물론이고 판검사나 고위 공무원도 하나의 '직업'으로 보기보다는 특별 '신분', 권력 지배층으로 보는 경향이 있다. 그리고 고시에 도전해서 판검사가 되려는 사람들도 법조인이라는 '직업'을 얻으려 하기보다는 입신출세, 그것이 주는 권력과 지위를 주로 목표로 하는 경우가 많다. 특히 어려운 가정 출신으로 고시에 매달리는 사람들은 자신이 힘이 없어서 겪은 온갖 멸시와 억울한 일에 대한 기억과 원한의 감정이 동기로 작용하기 때문에 권력욕을 채우기 위해 고위 관료나 판검사가 되려 하기도 한다.[47]

산업화가 시작된 지 반세기가 흘렀지만 아직도 한국의 일부 기업가들은 직원들을 자신과 계약을 맺은 노동자로 보기보다는 자기 마음대로 부려도 좋은 종이나 머슴과 같은 존재, 신분상 자기 아래에 있는 사람으로 대한다. 또 일부 목회자는 자신의 일을 소명이나 직분으로 이해하지 않고 스스로를 특별한 신분 지위를 가진 사람으로 여긴다. 교수들도 자신을 연구자·교육자라고 의식하기보다는 일종의 신분 지위를 가진 존재라 생각하기 때문에 조교나 학생들에게 '갑질'을 한다. 오늘의 한국 시민사회에서 직업의식이나 직업윤리는 거의 교과서에만 나오는 용어다. 한국에서 전문적 지식은 전문가로서의 권위를 보여주거나 사회적 책임을 수반하는 명예로운 것이 아니라 권한을 행사하고, 위세를 과시하는 도구로 사용된다.

그래서 오직 실력 하나로 피나는 노력 끝에 법조계·학계 등에 진출한 소수의 고졸자나 비명문대학 출신 들도 각종 채용과정, 조직 내의 인사 및 승진 과정에서 학벌이 신분증처럼 작용하는 쓰라린 현실,[48] 즉 서울대나 최상위권 대학 출신 들이 폐쇄적인 카르텔을 구축하여 그 밖의 사람들을 내치는 것을 뼈에 사무치게 겪는다. 대입 재수, 삼수, 사수를 반복하는 학생들의 경우도 그렇지만, 원하는 대학에 가지 못했을 경우 입학과 동시에 학교 공부를 거의 접어두고 곧바로 고시공부에 돌입하는 청년들 역시 학벌 차별의 냉엄한 경험을 간직하고 있다. "선생님, 우리 학교 출신들은 PD 서류심사에서 그냥 떨어진다고 하는데, 실제로 그런가요. 만약 그렇다면 저는 PD가 되는 것 애초에 포기하려고요"라고 몇 년 전 필자의 수업을 들은 성공회대 학생 H군이 심각하게 질문했다. 학벌주의가 수많은 청년들의 가슴에 얼마나 큰 장벽이자 상처로 작용하는지 보여준다.

'좋은 대학' 졸업장은 이후의 좋은 직업, 권력과 부를 얻을 수 있는 준신분증일 뿐만 아니라, 뜻하지 않은 위험에 처했을 때 도움을 받을 수 있는 일종의 보험이다. 노무현 대통령을 죽음으로 몰아간 검찰 수사나 보수 언론의 무차별적인 공격을 본 많은 사람들은 그가 서울대 출신이 아니었기 때문에 부당하게 당한 것이라고 말하기도 했다. 군대에서도 학벌은 중요하게 작용하며, 심지어 국가보안법 위반 등의 죄목으로 반체제 사범으로 몰려 오랜 수형생활을 하게 되더라도 서울대 출신은 남들보다 편하게 수형 생활을 하는 프리미엄을 누리기도 한다.[49]

이 학력·학벌이라는 지위 폐쇄 구조, 혹은 그것을 취득하는 시험 경연의 병목은 엄격성, 독점성, 보편성 차원에서 그 심각성을 가늠할 수 있다. 한국에서 학력과 학벌은 그것을 가진 사람과 못 가진 사람의 차별과 간극이 매우 크고, 양자 간 사회적 지위의 이동이 매우 제한적이라는 점에서 매우 엄격하다.[50] 또한 그것을 가진 사람의 경제·정치·사회적 지위가 보장하는 특권이 분명하며, 그것을 가진 사람과 갖지 못하는 사람 간의 사회적 대우와 보상의 차이가 매우 크다는 점, 그리고 사람들이 그밖의 다른 방법으로 실력을 입증할 수 있는 길이 거의 차단되어 있다는 점에서 독점성도 갖고 있다. 그리고 모든 사람이 이 병목을 통과해야 지위를 얻을 수 있다는 점에서 보편적 도구로서의 성격을 갖고 있다. 즉 대학입시를 둘러싼 경쟁, 그것과 관련된 모든 사회적 고통은 이 병목의 엄격성, 독점성, 보편성 때문에 생긴 것이다.

한국에서 공식적으로 높은 지위를 얻는 방법은 개방되어 있지만, 그것으로 가는 길에 놓인 병목의 엄격성, 독점성, 보편성이 동시에 작용하면, 그 병목을 통과하기 위한 경쟁은 앞서 본 것처럼 죽기 살기의 일생일대의 전쟁이 된다. 그리고 '내세울 만한' 학력·학벌을 갖지 못한 사람이 달리 대입 실패를 만회할 기회가 없다고 느낀다면(패자부활 부재), 그 자격증을 갖지 못한 사람은 자신이 '엄혹한' 처벌을 받았다고 생각한다. 그래서 학력주의·학벌주의는 권력과 부를 배분하는 원칙이기도 하고, 그러한 배분 질서에 대한 정당화이기도 하며, 그러한 질서가 주는 신호에 맞추어 살아가기 위한 보통 대중들의 '합리적인' 선택이기도 하다.

이미 2000년대 이후 서울 강남의 젊은 부모들이 자녀들의 평생을 지배하는 준신분증인 학벌이라는 문화자본을 미리 쌓아두기 위해 출산 시 병원과 자녀의 유치원까지 고민해 선택한다는 사실이 보도된 적이 있다. 강남의 젊은 학부모의 행동은 바로 학벌을 얻는 것이 돈이 되고 권력이 되며, 결혼시장에서도 유리하고, 사회적 보호막이 되는 이 세상의 기본적인 작동논리를 앞서서 체득한 것이었다.

크레덴셜리즘, 학력주의, 능력주의, 그리고 시험능력주의

신분 사회에서 학력자격 사회로

근대국가에서 세습 신분은 공식적으로 폐지되었다. 그러나 출생과 혈연이 개인적 능력을 무의미하게 만드는 준신분의 벽은 여전히 남아 있거나 오히려 강화되는 경향도 있다. 인종과 성이 대표적이다. 특히 과거의 신분 차별과 매우 비슷한 장벽의 기능을 하는 것이 학력·학벌이다. 신분적 억압과 차별의 굴레에서 인간이 '해방'된 이후 교육 기회와 사회적 이동의 가능성이 열렸지만, 개방된 세상은 동시에 불안정하고 불확실한 곳이기도 하다. 이처럼 개인이 가족과 친족 공동체에서 떨어져 나와 스스로 미래를 개척해야 하는 불확실한 세상에서 신분을 대신하는 '신용보증서'가 학력 이수 자격증이었다.

경쟁률이 100 대 1이 넘는 대기업 공채에서 기업 측이 학력·학벌을 중요하게 참고한 이유도 정보가 부족하고 미래의 업무 능력을 예상하기 어려운 상태에서 장차 일을 잘할 사람을 가려낼 수 있는 가장 중요한 근거가 출신 대학의 서열, 즉 학력이기 때문이었다. 학력·학벌 중시는 이처럼 대기업 신입사원 선발과 깊이 관련되어 있다. 다케우치 요(竹內洋)도 일본의 학력주의를 고도성장기 기업의 학교서열에 근거한 선발제도와 관련시켰다.[51] 김영철은 노동시장을 이중선별 구조(two-staged screening process)로 설명하면서 노동시장 진입 과정에는 1차적 선별(대학입시 단계)과 2차적 선별(입사시험 단계)이 있는데, 학벌은 1차 선별의 기능을 하지만, 2차 선별에서도 학벌, 즉 대학의 평판이 중요하게 작용하기 때문에 사실상 1차 선별인 입시와 학벌이 인생의 진로를 결정적으로 좌우하게 된다고 주장했다.[52]

물론 국가 주도의 수출 산업화의 주역이었던 한국 대기업에서는 정부의 각종 조세 인허가, 법적 문제 해결 등의 업무가 필수였기 때문에 신입사원 채용에서 학벌을 고려했을 것이다. 기업 입장에서는 수많은 응시자 중에서 특별히 두드러진 사람이 없다면, 세상이 인정하는 대학의 서열을 무시하고 굳이 하위권 대학 출신 응시자를 채용하지 않으려 했을 것이다. 그래서 기업에 학력·학벌 자격증은 곧 능력을 보여주는 증서였다. 그래서 공인 학력증서를 '믿고서' 사람을 선발하는 모든 나라는 정도의 차이는 있으나 모두가 '학력사회'이고 능력주의 사회라 봐도 좋을 것이다.

　사회에서 좋은 자리를 얻을 수 있는 자격이 신분에 의해서 결정되는 것이 아니라 개인의 재능과 노력의 결실인 학력(學歷)에 좌우되는 상황, 이 학력이 사회적으로 통용되는 일종의 신용보증서나 물건에 부착된 가격표처럼 간주되는 것을 '학력자격주의' 혹은 '크레덴셜리즘'이라 부른다. 『학력주의 사회』(*The Credential Society*)를 집필한 랜들 콜린스는 현대사회에서 교육은 산업에 필요한 기술을 제공하고, 교육 연한, 학업성적은 기술·기능의 차이와 같은 것으로 받아들여져 직업세계에서의 지위와 성공을 보장한다고 말한다. 그는 미국은 교육기관이 제3차 산업부문이 되어, 학교가 제공하는 졸업장이라는 자격증이 일종의 상징적 문화화폐로 활용되는 세계 최대의 학력자격주의 사회라고 말한다.[53]

　콜린스는 크레덴셜리즘이 근대국가가 시민권자들에게 제공한 평등한 교육 기회, 시험 응시의 기회를 전제로 나타난 것이므로 학력을 갖춘 기술자, 전문 직업인은 예전의 세습 신분과 다르고, 경제력에 의해 좌우되는 계급과도 다르다고 보았다. 그는 학력 취득을 위한 무한경쟁, 경쟁에 의한 사회이동의 신화가 미국에서 일종의 국가종교가 되었다고 말한다. 이 경우 학력자격증이 물적 자본은 아니라 하더라도 어떤 일을 할 수 있는 권한을 특정 자격자들만이 독점하도록 법이 규정하고, 그 자격증은 곧 시장에서의 수입을 보장하기 때문에 일종의 지위자본이자 독점적인 시장 접근권이라 본다.

　한국에서 이런 자격증을 가진 전문직은 판사·검사·변호사라는 소위 법조 3륜과 회계사·외교관·교사 등이 있고, 의사·약사·변리사 등도 들 수 있다. 위르겐 코카(Jürgen Kocka)는 이들은 "비육체적·전업 직업으로, 전문화되고 체계적인 학문적 수련을 필요로 하고 정교한 시험을 거쳐야 하며 타인의 통제로부터 자유롭고 서비스를 독점한다"고 말한다.[54] 학력자격증은 전문가로서 인정받을 수 있는 신용보증이며 그 힘은 전문적 지식을 갖고 있다는 사회적 인정에서 나온다. 전문직의 지식은 그의 권위(authority) 혹은 권력과 연결된다. 그들의 힘은 지식에서 나오고, 권위는 전문지식 사용에서 책임성과 윤리가 있어야 자연스럽게 보장받을 수 있다.

그러나 콜린스가 미국을 크레덴셜리즘이 지배하는 사회로 주장하기 훨씬 이전에 이미 프랑스는 대혁명 후 그랑제콜(Grandes Écoles)이라는 최고 고등교육기관을 설립하여 엘리트들을 국가 요직에 등용했고,[55] 일본은 메이지유신 이후 신생 도쿄제국대학 등 국립대 졸업생을 시험을 거쳐 고등 관료로 등용했다. 메이지유신 이후의 일본이야말로 전형적인 학력자격주의 사회였다. 근대 일본은 계급보다 학력이 사람들의 운명을 좌우한 사회였다는 평가도 있다.[56] 한국은 제국주의 일본의 모델을 그대로 계승했다. 이러한 일본과 한국의 학력주의는 콜린스의 크레덴셜리즘과는 약간 거리가 있다. 크레덴셜리즘은 노동시장에서 통용되는 신용장, 숙련증명서, 기술능력보증서의 성격이 있지만, 일본과 한국의 학력주의는 특정한 기술교육 혹은 전문 숙련 이수를 보증하는 자격증의 성격을 갖는 것이라기보다는 국가가 인증하는 명문고·명문대 시험 통과 이력을 존중하는 것이기 때문이다.

크레덴셜리즘은 불안한 현대 자본주의 시장경제에서 통용되는 자격증 우대, 문화화폐 일반을 말하기 때문에, 크레덴셜리즘이 학력주의보다 더 포괄적이다.[57] 또한 콜린스는 교육이라는 신용장, 즉 학력 이수 자격증이 물질 생산뿐만 아니라 문화적 생산물의 통제를 둘러싼 계급투쟁, 즉 이데올로기적 지배와 깊이 관련되어 있으며 학력을 얻기 위한 투쟁은 일종의 정치노동이라 본다.[58] 이러한 점에서 그의 생각은 교육이 이데올로기 재생산의 중요한 기능을 한다는 그람시(Antonio Gramsci)의 지적 영향권 아래에 있는 알튀세르(Louis Althusser),[59] 부르디외 등 유럽 신좌파의 입장과도 내용적으로 통하는 점이 많다. 그리고 근대국가의 공교육과 학력자격증 발급이 주로 국가의 지배질서 유지나 지배 엘리트 양성과 깊이 연관되어 있다는 점에서 일본과 동아시아의 학력주의도 그런 틀에서 이해할 수 있다. 그래서 프랑스건 일본이건 한국이건 국가가 수립한 학교는 그 자체가 "교육제도가 아니라 가장 핵심적인 정치·사회제도"[60]이고 지위 배분의 기제다.

학력주의는 '불확실한 사회'에서 출신배경이 어떠하건 명문대 시험을 통과한 이력이 가장 '믿을 수 있는' 능력이라고 보는 것이다. 그래서 학력주의는 분명히 능력주의의 전제 위에 서 있고, 교육은 능력주의를 보증하는 가장 중요한 기관차다. 『능력주의의 발흥』(The Rise of Meritocracy)을 쓴 마이클 영(Michael Young)에 따르면, 가족주의, 귀족주의, 연령 서열, 금권주의, 정실주의와의 투쟁을 거쳐 만들어진 근대국가와 근대사회는 지능(IQ)과 노력을 능력으로 보는 능력주의에 기초해 있다.[61] 신분·계급이 아닌 개인의 지능과 노력, 높은 교육 수준과 기술을 갖춘 사람을 선발하는 방식이 바로 20세기의 능력주의라고 영은 말한다. 그는 능력주의라는 유토피아를 찬양하면서도 그 비극적 결과를 예언한다. 지능검사라는 가장 '공정한' 능력 평가, 필기시험에 의한 능력 평가 방법이 능력자의 지배를 영구화할 것이라고 말한다. 정실주의와 세습주의에 대한 사회주의자나 진보세력의 비판들이 지능검사라는 가장 극단적인 평가 방법으로 대체되는 디스토피아가 올 것이라고 말했다.[62]

이렇게 보면 근대 자본주의의 모국이었던 영국과 신분제의 굴레 없이 자수성가의 성공신화가 지배하는 미국보다도 지적 재능이 뛰어난 사람을 혹독한 경쟁을 통해 국가의 중앙정부 엘리트로 충원한 일본이야말로 가리야 다케히코(苅谷剛彦)와 로널드 도어가 말한 것처럼 메리토크라시의 개척지(meritocracy frontier)일지 모른다.[63] 특히 일본은 국가가 앞장서서 일거에 보통교육을 전면화했고, 따라잡기 근대화를 위해 학력자격을 국가적 표준으로 설정했다. 물론 일본의 식민지였던 한국은 일본의 제도와 관행을 따랐다. 그래서 한국인들은 학교서열을 능력의 척도로 본다. 사실 과거시험을 통해 등용되는 관리라는 신분과 학력자격을 '지위자본', 지위재(positional goods)로 본 막스 베버 역시 맑스의 경제, 소유권 중심주의와 구별되는 자신의 계급론의 단초를 중국 사례를 연구하면서 얻었다는 점을 기억할 필요가 있다.[64] 물론 그는 동아시아의 근대 이전의 과거시험은 인문 교양인의 훈련, 선발인데 비해 서양의 신용(credit)은 전문 기술자의 자격증이라는 것이 다르다는 점도 강조했다.

무엇보다도 근대국가 중에서 일본과 한국에서 꽃을 피운 학력·학벌주의 혹은 넓은 의미의 크레덴셜리즘은 영국과 미국 등 선진국의 근대화를 따라잡으려는 국가전략의 일부였다. 전국민적인 동원의 필요 속에서 단기간에 선진국에 근접하고자 하는 성장지상주의 혹은 기술관료적 지배체제의 산물일 것이다. 앞서 언급한 가리야 다케히코와 로널드 도어는 일본을 OECD 국가 중에서 '능력주의' 최첨단 국가라 할 때, '아마도 한국을 제외하고는' 이라는 단서를 붙였다.[65] 그렇다면 한·일 양국을 동시에 볼 수 있는 우리로서는 능력주의에 관한 한 한국이 제일 앞머리에 있는 나라라고 말해도 좋을 것이다.

그런데 로널드 도어, 가리야 다케히코, 다케우치 요가 앞서 말했듯이 일본의 '능력주의'는 사람을 선발하는 기업이나 조직이 출신 학교의 서열을 가장 중시하는 것이다.[66] 수치화된 성적과 등급으로 특징지어지는 능력주의는 객관적인 분류를 통해서 등급별로 승리자에게는 보상과 지위를 주고, 성적이 뒤떨어지는 사람은 탈락시키거나 심지어는 탈락자라는 낙인을 찍어 평생 실패자로 만드는 처벌체제다.[67] 이런 능력주의에서는 부모의 경제력, 세습 지위, 정실, 연령 등의 요소는 무시되고, 오직 지적 능력을 보여주는 성적 등급을 통해 극소수의 승리자와 대다수의 탈락자가 만들어질 수밖에 없다.[68] 그래서 다케우치 요가 토너먼트식 선발 방식이라고 말했듯이, 즉 최소의 (대학) 입학이 이후의 노동시장에서의 지위 획득에 누적적인 증폭효과를 낳게 된다고 말한 것처럼 이런 능력주의는 소수의 승리자와 거대한 패배자를 만들어낸다.[69]

그런데 '좋은 학교'에 입학했다는 것은 앞으로 출세할 사람을 친구로 둘 수 있다는 것이고, 그 학교의 동문이 된다는 것이다. 그래서 시험능력주의는 학위주의(diplomacracy)를 포함하고 있으나, 앞에서 강조했듯이 학벌이라는 준신분적 자격을 얻는 것이다. 크레덴셜리즘은 문화·정치적 지위와 도구적 효용성 중 후자에 무게가 실려 있지만, 일본과 한국의 학력주의는 앞의 것, 즉 대학서열상의 '위치'에 무게가 실려 있다. 한국에서 명문대학 출신들은 동기들이 설사 졸업을 하지 않았더라도 동문으로 끼워주는데, 학업 이수 여부가 아니라 시험 합격 능력을 가장 중시하기 때문이다. 한국에서 학력(學歷, 學力)이란 능력주의의 일종이며 능력주의를 전형적으로 보여주지만, 동시에 현대판 신분증명서이자 지위재의 일종이다. 여기에 한국 시험능력주의의 보편성과 특수성이 있다.

학력·학벌은 곧 능력인가, 아니면 능력과 배치되나?

한국의 학력·학벌주의는 주로 명문고·명문대 '졸업'을 우대하는 것이지만, 정확하게 말하면 그 '어렵다'는 명문고 혹은 명문대 상위권 학과에 '합격'한 것을 사회적으로 인정하는 것이다. 학력(學歷)을 학력(學力)으로, 즉 졸업장을 지적 능력으로 보는 것인데, 사실 재학 중의 학습이력보다는 '좋은 대학', '좋은 학과'에 시험을 거쳐 입학한 사실이 중요하다. 한국에서 학력주의는 졸업장을 얻기 위한 학습과정의 충실성을 거의 고려하지 않는다. SKY 대학의 전형에서도 고등학교 내신성적, 학생부 등이 고려되고는 있으나, 이들 대학의 입시 책임자들은 고교 내신성적의 급간을 줄이는 등의 아주 교묘한 방법으로 외고를 비롯한 특목고와 자사고 등의 고교 출신을 우대하는데, 그건 '좋은 고등학교'에 입학할 수 있는 지적 능력을 인정하기 때문이다. 이것이 일본과 한국에서 나타난 시험능력주의의 실제 내용이다.[70]

오늘날 유교적 관료주의, 엘리트주의 지배의 전통을 이어받은 중국을 메리토크라시 사회라고 정의하는 대니얼 벨(Daniel A. Bell)은 능력주의, 즉 메리토크라시를 두뇌와 공적을 갖춘 사람들의 지배, 혹은 실적주의와 유사한 개념으로 사용한다. 그의 저서 한국어판 번역자들은 현능(賢能)주의, 즉 '똑똑하고 능력 있는 사람들의 지배'로 번역하기도 했지만, 그는 중국의 메리토크라시를 미국이나 서방의 선거민주주의와 대비하였다.[71] 즉 미국을 비롯한 오늘날의 대부분의 나라는 선거를 통해 다수를 점한 정당이나 지도자가 지배를 하는데, 중국의 최고 권력자 선발방식은 관리로서 재임지방의 현안을 해결하는 데 능력을 보여준, 특히 빈곤 퇴치와 경제성장 등에서 그 실적이 입증된 지도자들이 최고의 지위에 오르는 것이며, 이것은 선거를 통한 선발이라는 원칙과는 배치되지만, 플라톤이 말한 철인(哲人) 지배와 유사한 탁월한 지도자들의 지배라는 것이다.[72] 지금 중국의 최고 지도자이자 당 총서기인 시진핑(習近平) 같은 사람이 대표적인 예다. 그는 혁명가 시중쉰(習仲勳)의 아들로 푸젠성(福建省)·저장성(浙江省) 등에서 경제발전에 혁혁한 공로를 세워서 정치국 상무위원을 거쳐 최고 지도자로 등극했다.

대니얼 벨은 중국의 능력주의는 좋은 통치, 유능한 지도력, 시민의 요구 충족이라는 성과를 달성한 '최고 중의 최고'를 선발하는 정치시스템이라고 칭찬한다. 그래서 그는 링컨의 이상인 '인민의, 인민을 위한, 인민에 의한' 정부를 수립하기는커녕 '1%의, 1%를 위한, 1%에 의한' 통치체제를 수립함으로써 미국의 실패한 '선거민주주의'를 넘어서는 대안을 중국에서 찾을 수 있다는 것이다.[73] 만약 능력주의를 이렇게 지배체제 혹은 정치체제로 정의하면, 한국은 분명히 중국의 정치체제와는 다른 미국식 선거민주주의 제도를 택하고 있기는 하나 시험에 의해 가장 우수한 자를 선발해서 관료와 판검사로 일하게 한다는 점에서 중국과 유사한 점이 많다. 북한 역시 최고 권력이 세습되기는 하나, 김일성대학 등 최고 명문대 출신들이 당과 정부의 요직을 차지하는 점에서 중국과 유사한 점이 더 많다.

전후 일본과 한국의 학력주의는 국가가 관장하는 시험에 합격했는지를 인증 기준으로 한다는 점에서 콜린스가 말하는 전문직 세계, 시장에서 통용되는 화폐의 성격을 갖는 크레덴셜리즘과 거리가 있고, 또한 사회에서 공인된 실적이나 성취보다는 20세 전후 나이에 결정된 명문대 합격 여부를 근거로 한다는 점에서 중국식의 현능주의와도 다르다. 후카야 마사시는 일본의 학력주의, 곧 능력주의는 외세의 압력에 의한 근대화의 결과이며, 인종·종교 등의 차별이 심하지 않고 매우 단일한 일본사회의 특성과 관런이 있다고 보았다. 또 일본의 능력주의는 관립이 우위에 있는 관립/사립의 상하 위계구조에 바탕해 있으며, 이공계나 상과 등의 실업교육을 경시하는 법문(法文) 중심주의의 특징이 있다고 보았다.[74] 한국은 정치문화적 전통에서도 이웃 일본과 공통점이 많지만, 미국이 지원했던 동아시아 경제권의 틀 내에서 국가 주도의 추격 발전의 길을 걸었기 때문에, 능력주의 면에서도 일본과 유사한 점이 많다.[75]

일본과 한국에서 학력은 학교를 '일류, 이류, 삼류'로 분류하는 등급화·수직서열화 속에서 개인이 차지하는 위치를 말한다.[76] 그리고 일본과 한국에서 능력자란 일류고·일류대 입시에 합격한 사람이다. 메이지 이후 일본의 일류학교는 그 재학생 혹은 졸업자가 관직에 등용되기 위한 예비시험을 면제받을 수 있는, '제국'이 인가한 고등학교, 대학교였다. 한국에서는 정부 수립 이후부터 고교 평준화 이전인 1970년대까지 대표적인 공립 고등학교인 경기고, 서울고, 경복고 등이 일류학교였고, 서울대학교나 지방의 몇 국립대학교가 정부의 독점적 지원을 받았던 시기까지 국립대학이 사립대학보다 우위에 있었다. 한국도 일본과 유사하게 국·공립학교 입학을 중시하는 학력주의이고, 이공계보다는 통치의 학문인 법학, 정치학, 상경계 합격 점수가 높았다는 점도 일본과 유사하다.

그래서 일본과 한국의 능력주의는 오랜 경험과 수련으로 획득된 실력, 성과를 통해서 입증된 실력, 혹은 '능력'과는 배치될 수 있다. 학력, 즉 '시험능력'을 실력이라고 오인한 것일 수도 있기 때문이다.[77] 학력은 시험이 아닌 다른 방식의 노력과 성취, 실용적인 문제 해결 능력을 알려주지 않는다. 학력은 재능과 노력, 즉 분명히 능력을 드러내주지만, 그것은 '실력'은 물론 향후의 실적도 보증해주지 않는다. 학력(學歷)이 있는 사람이 학력(學力)은 모자랄 수 있고, 이 시험을 통해 얻어진 학력(學歷)도 문제 해결력이나 성취 능력과는 전혀 별개의 것일 수 있다. 앞의 후카야는 학력 취득 이후 새롭게 개발되지 않는 단순한 이력이 일을 처리해온 업적을 포함하지 않는다면, 과거의 학력이 최신의 능력보다 우선하는 것이므로, 학력은 '실력'과 배치된다고 보았다. 도어와 마찬가지로 그도 이런 식의 학력주의에 대한 과도한 집착은 사회적 병리 현상이며 그래서 없애야 한다고 보았다.[78]

한국인들은 직장이나 사회에서 학력·학벌을 자랑하는 사람들이 '능력'은 없으면서 윗자리만 차지하고 보상을 독차지하는 사례를 아주 많이 겪어왔다. 지금까지 한국의 기업들이나 주류 보수세력도 대체로 학벌이 실제 능력, 기업이 필요한 생산성과는 배치된다고 보기 때문에 학벌주의 비판에는 동의하기도 한다. 학력주의, 혹은 크레덴셜리즘에 대한 비판은 실적이나 실력도 없으면서 학력자격증을 갖고 있다는 이유만으로 정치·경제적 이익을 취하는 상황을 주로 문제삼는다. 특히 한국이나 일본처럼 학력·학벌이 회사나 여러 조직에서 실력 이상의 프리미엄을 보장해준다면 확실히 심각한 문젯거리다. 이렇게 보면 20세 전후의 대입 시험성적이 평생 유효한 자격증으로 통용되는 한국에서 크레덴셜리즘의 미국보다 학력·학벌과 실제 능력 간에 심한 괴리가 있을 가능성이 크다. 일본과 한국의 학력주의는 실제 현장의 문제 해결 능력, 조직 지도력, 공감 능력 등과는 거리가 멀거나 심지어 는 심각하게 배치될 수 있다.

박근혜 정부가 국가직무능력표준(NCS) 제도를 도입하거나 2017년부터 공기업에서 블라인드 채용 등을 도입하고, 일부 사기업도 이를 적용하고 있는 것도 이러한 학력·학벌이 회사에서 필요로 하는 직원의 역량과는 별개의 것일 수 있다고 보았기 때문이다. 콜린스도 크레덴셜리즘, 즉 학력자격증이 훈련 경력이나 숙련도, 실제 실적과는 무관한 지위재의 일종이라는 점을 인정한다. 즉 그도 미국 유명 대학의 졸업장이 하나의 산업이 되어버렸고, 그래서 실제 교육의 성과나 실력을 보여줄 수 있는 믿을 만한 증서인지 의심한다.

그럼에도 불구하고 부당한 카르텔로서의 학벌이라는 요소를 배제하면, 학력·학벌은 지적 능력을 보여주는 가장 중요한 지표임은 분명하고, 그것이 학력·학벌주의가 강력한 호소력을 가진 중요한 이유다. 한국직업능력개발원의 조사에 의하면 일반 국민과 기업의 인사 담당자는 대체로 학벌보다 능력이 중요하다고 말하지만, 능력과 학벌은 어느정도 일치한다고 실토하기도 한다.[79] 청소년기 한두번의 시험으로 사람의 능력과 잠재력을 평가해서 그 점수를 평생 써먹는 것은 부당하지만, 그것 외에 달리 개인의 능력을 판별할 대체 방법이 존재하지 않기 때문에 학력·학벌주의의 사회적 정당성이 공고해진다.

마이클 영이 주장하는 것처럼 타고난 재능을 곧 능력이라 볼 수는 없고, 재능과 노력 중에서 무엇이 능력이 결정되는 데 더 영향을 미치는지는 논란의 여지가 있으나, 타고난 재능이 거의 없는 사람이 학습과 노력만으로 능력을 발휘하기 어렵다는 것도 분명하다. 그래서 한때 한국에서도 지능검사가 크게 유행했는데, 1963년 서울 사대부속국민학교는 입학 지원자가 20 대 1이라는 높은 경쟁률을 보이자 지능검사로 학생을 선발했고, 이대 사대부속국민학교도 지능검사로 입학생을 선발했다.[80] 제비뽑기 추첨으로 선발해도 될 일을 지능검사로 한 것인데, 이런 '말도 안 되는' 선발 방식에 대해서 탈락한 학생들의 부모들이 항의를 하지 않았다는 것이 오히려 더 의미심장하다. 이런 우생학적 선별까지도 항의 없이 받아들일 정도로 한국인들은 이 순수 능력, 즉 '재능'을 존중한다.

그래서 박남기는 학력주의는 능력주의(그는 '실력주의'라고 부른다)이기 때문에 학벌주의를 비판해온 운동들은 실패할 수밖에 없었다고 지적한다.[81] 부모의 경제적 부나 동문 여부에 따라 유명 사립대학 입학의 길도 열려 있는 미국과 달리, 한국의 서울대나 명문대 학력은 치열한 경쟁적 시험을 통과한 사람에게 주어지는 것이다. 따라서 학력이 곧 능력이고, 이를 갖춘 이들이 사회의 좋은 자리를 독차지하는 것은 능력주의를 위배한 것이 아니라 오히려 능력주의가 잘 작동하는 것이라는 점을 강조한다. 그래서 그는 학벌주의를 능력주의와 대비하며 능력대로 하자고 말해서는 안 되고 오히려 능력주의 자체에 문제가 없는지 살펴봐야 한다고 말했다.[82] 이것은 '학벌 없는 사회'에 몸담았던 채효정이 스

스로 고백하는 한국 학벌주의 극복 운동의 한계와도 통한다.[83]

그러나 서울 대치동 사교육 시장의 광적인 교육열을 체험한 조장훈은 우리 사회에서 능력주의가 제대로 실현된 적이 한번도 없다고 말하면서 학벌주의는 능력주의와 정반대편에 있는 우생학적 결정론과 연고주의라 비판한다. 그는 자신의 노력을 제대로 평가받고 싶은 청년들에게 학벌주의가 문제이니 그것을 극복해야 한다고 말하면 울고 싶은 놈 뺨 때리는 것이라 말한다.[84] 실제 오늘의 청년들이나 기업 등의 조직에서 생활한 경험을 가진 기성세대 한국인들의 상당수도 여전히 준신분제로서의 학력·학벌주의의 폐해를 더 심각하게 생각하고 있을 것이다.

학력주의는 분명히 능력주의에 바탕을 두고 있지만, 둘을 같은 것으로만 보면 능력주의의 한국적 특징, 학력·학벌이 '지위재', 준신분적 차별화의 수단으로 사용되는 점을 간과할 수 있다. 기업의 직원 채용, 엘리트 충원 과정에서 작동하는 학력주의는 학벌주의가 되어 오히려 잠재력 있고 실력을 발휘할 수도 있는 적임자를 선발하지 못하게 하는 경우가 많고, 이것이 그동안 학벌타파 담론이나 운동이 사회적 공감을 얻었던 이유이기도 하다. 그러나 반대로 학력·학벌의 준신분적인 측면만 강조하면서 비판하면, 학력·학벌은 사회에서 사람들이 인정하는 가장 중요한 능력이며, 국가 외의 신뢰집단이 없는 한국에서 선별과 평가를 위한 거의 유일한 잣대라는 점을 무시할 수 있다.

지금까지 논의한 한국의 학력·학벌주의, 즉 한국의 시험능력주의가 능력주의 일반, 크레덴셜리즘, 혹은 실적주의와의 관계 속에

그림 2 다양한 유형의 능력주의

세습신분제
　　　　　　　학벌주의　　준신분주의

능력주의(meritocracy)
　순수 능력주의(IQ)
　　　　　　　시험능력주의　　학력주의　　학위주의
　크레덴셜리즘(학력자격주의)
　　　　　　　현능주의
　실적주의

서 어떤 특성을 갖는지를 그림으로 그려보면 그림 2 '다양한 유형의 능력주의'와 같이 제시할 수 있을 것이다. 우선 능력주의를 순수한 형태의 능력주의, 즉 지능(IQ)으로 사람을 평가하는 방식과 크레덴셜리즘, 즉 학력자격주의로 구분해볼 수 있다면, 한국의 시험능력주의, 즉 학력·학벌주의는 재능과 노력이 결합되어 있으니, 크레덴셜리즘과 순수 능력주의의 중간 형태 정도라고 볼 수 있고, 중국의 현능주의는 재능에다 실적을 강조하기 때문에 능력주의의 여러 범주 중에서는 훈련과 실적을 크게 강조하는 메리토크라시에 가깝다고 볼 수 있다. 여기서 타고난 재능의 비중을 더욱 축소하면 실적주의 혹은 업적주의가 될 텐데, 이 역시 능력주의의 한 범주에 속한다고 볼 수 있다. 이처럼 앞에서 거론한 유형들은 능력주의라는 점에서는 공통되지만 재능, 노력, 훈련, 실적 등에서 어떤 점을 가장 중요시하는가에 따라 약간씩 편차가 있다. 시험능력주의는 물론 실적주의도 큰 틀에서 보면 능력주의의 틀 내에 있지만, 준신분주의인 학벌주의와의 거리는 가장 멀다.

그렇다면 우리는 능력주의의 틀 내에서 시험능력주의를 실적주의로 나아가게 하는 길을 우선 모색해야 하고, 더 나아가서는 능력주의 자체를 넘어서는 대안적인 평가, 선발, 채용, 승진, 인력 배치, 지위 부여나 보상의 방법을 고민하지 않을 수 없다.

신자유주의 시대의 시험능력주의

'브랜드'로서의 학력과 학벌

신자유주의 시대의 양극화, 교육, 그리고 능력주의

신자유주의 시장질서가 세계 경제를 지배한 이후, 서유럽 복지국가가 위기에 빠지고, 유연화된 생산방식이 확산되며, 정보기술(IT) 혁명에 기초한 새로운 정보산업이 경제를 주도하자, 이제 지식이 자본의 중요한 생산요소가 되는 신경제의 시대가 열렸다.[85] 지구화가 본격화된 이후 전세계를 무대로 한 투자, 기술개발, 노동력 동원, 판매망 구축에 나선 글로벌 기업과 지구적 네트워크를 가진 초국적 부르주아지는 엄청난 부를 축적할 수 있게 되었고, 그 결과 각 나라에서 자산과 소득은 양극화되었다. 금융자본의 지배, 거대기업의 지구적 경쟁, 디지털 자본주의의 확산과 더불어 기업들은 간접고용을 확대하였고, 전문직, 대기업, 공기업 등 좋은 일자리를 갖지 못한 대다수 피고용자들은 심각한 고용불안 상태에 빠졌다.

IT, 지식산업이 주도하는 새로운 자본주의 질서하에서 이제 경제력 집중, 경제 양극화는 더욱 심화되었고, 숙련 제조업 일자리가 사라졌으며, 중간층은 축소되었다. 노동시장에서도 안정된 고용조건 아래 있고 높은 보상을 받는 내부자와, 만성적 저임금과 고용불안에 시달리는 외부자 간의 격차가 심화되고, 직업분포에서도 전문직과 단순노무직으로 이원화되는 현상이 두드러졌다.[86] 자산 불평등과 임금 불평등의 확대는 주거, 교육, 문화, 건강 등 모든 영역에서 큰 격차를 낳았다. 소득격차가 교육격차를 낳고, 교육격차가 또다시 소득과 자산의 격차를 강화하는 상호연쇄 효과를 낳는다.[87]

한국처럼 개발주의와 서구 따라잡기 성장주의의 길을 추구해온 나라들은 이제 같은 링에서 세계 최강자들과 맞서지 않으면 안 되었다. 1993년 6월 7일, 삼성의 총수 이건희는 "국제화 시대에 변하지 않으면 영원히 2류나 2.5류가 될 것이다. 지금처럼 잘해봐야 1.5류다. 마누라와 자식 빼고 다 바꾸자"라고 선언했다. 이 '신경영 선언'은 대한민국의 사회경제 질서, 보통 사람들의 사고와 행동에 대통령의 국정방침보다도 심대한 영향을 주었다. 경쟁과 효율은 그 이후부터 삼성이나 기업만이 아니라 정부를 포함한 한국사회 거의 모든 영역에 적용되는 현대판 준종교 교리가 되었다. 이건희가 강조했듯이 최고의 질을 자랑하는 상품을 만들어내지 못하면 기업은 지구 차원의 시장에서 퇴출된다. 삼성의 신경

영은 한국 경제 전반, 더 나아가 사회 전반에 경제 제일주의, 능력주의를 전면화하는 일종의 계엄 선포였다.

이와 같은 새 경제질서하에서 지구를 떠다니는 자본은 모든 사람들의 일상을 식민화하고 재교육한다. 그래서 바우만(Zygmunt Bauman)은 이 시대에는 유연성(flexibility), 자유화의 이름으로 인간의 삶이 액체 상태에 놓이게 된다고 말한다.[88] 기업이 사용하는 유연성이라는 말 그 자체는 참 좋게 들리지만, 노동자들에게는 기업 구조조정과 정리해고가 일상화된 만성적 계엄 상태를 뜻하는 것이다. 안정적으로 보장된 것이 아무것도 없어진 세상에서 고용불안은 유령처럼 세상을 떠돈다. 지구화로 인해 시간과 공간이 삶의 현장에서 분리되거나 압축되기도 하고, 모두가 서로를 비교대상으로 삼게 되었다. 지멜(Georg Simmel)은 돈은 등가성과 교환 가능성, 그리고 신에 대한 표상과 결부되어 있다고 보았으며, 베냐민(Walter Benjamin)은 자본주의를 제의(祭儀)가 없는 종교라고 보았는데, 금전이 온갖 근심과 고통, 불안을 잠재우는 역할을 하기 때문이라는 것이다.[89] 돈은 인간의 고통을 영구적으로 없애지는 못하지만, 생명을 제외한 거의 모든 것과 교환할 수 있는 보편재이자 만능의 열쇠가 될 수 있다.

신자유주의는 학문자본주의(academic capitalism)의 시대, 즉 정부의 고등교육 지원이 축소되자 대학들이 살아남기 위해 외부의 지원금을 끌어들여야 하는 '대학 산업체' 시대를 열었다. 지식경제하에서 대학은 기업의 생산성 향상에 봉사해야 하는 조직이 되었다.[90] 그리하여 대학은 이제 사기업과 유사한 경영형 대학

(entrepreneural university)으로 변했고, 대학 운영과 지배구조도 기업의 모델을 따르게 되었다.[91] 그리고 기업화된 대학은 연구비를 주는 대기업과 자산가들, 그리고 교육 소비자들인 학부모들을 더 만족시키기 위해 브랜드(brand) 가치를 놓고 경쟁하게 되었다. 미국·중국 등의 최고 부자들도 교육의 질보다는 브랜드에 끌려 미국의 아이비리그 대학에 자녀를 보내기 위해 사활을 건다. 이들 명문대학들은 부유층 수험생을 선호하며 갖가지 전형 방법을 동원해 이들을 선발한다.[92]

신자유주의 지구화 시대에는 효율과 생산성, 그리고 능력주의가 경제뿐만 아니라 사회 영역까지 지배한다. 모든 인간이 자본시장의 투자자와 소비자로 호출되는 이같은 사회는, 기업은 모든 조직이 닮으려는 모델이 되고, 모든 사람이 상품 소비자의 정체성을 갖는 소비자본주의 사회다. 이런 세상에서 명문대 학력이나 학벌은 하나의 매력적인 브랜드 혹은 '기호'가 되고, 각 대학은 세계의 모든 대학과 비교선상에 놓인다.[93] '좋은 학교' 졸업장은 여전히 지위재의 성격을 갖고는 있으나, 이전에 비해 브랜드의 성격을 더 강하게 갖게 되었다. 그래서 강준만은 "한국의 명문대학은 신호를 팔아먹는 기업이다"라고 일갈했다.[94]

대학이 브랜드가 되면, 그 대학 재학생이나 졸업생 들은 자신의 브랜드를 시장에서 고가로 판매하려 한다. 외환위기 이후 동네 병원, 치과 등의 간판에 의사의 출신 학교 로고가 붙기 시작했다. 유명인사, 즉 셀러브리티(celebrity)들과 의사, 변호사 들은 TV에 자주 출연해야 지명도가 높아지고 수입도 높아지지만, 명문대 졸업장이 있어야 더 큰 성공을 거둘 수 있다는 것도 안다. 모든 학생과 학부모, 모든 환자, 모든 소비자 들은 자신이 이용하고자 하는 대학과 병원의 교수, 의사 들의 출신 대학을 인터넷에서 금방 확인할 수 있게 되었다. 이 소비자본주의 시대에는 입사 이력서에 학력과 더불어 '한남 더힐'처럼 자신이 거주하는 아파트 이름까지 써서 자신의 상품가치를 내세우는 청년들도 있다고 한다. 조선시대에 수첩형 족보를 들고 다니면서 자신이 어떤 집안의 후손인지를 과시했듯이 이제는 출신 대학과 거주 아파트라는 기호로 자신의 존재를 알린다.

지금 시대에 학력·학벌이라는 기호 혹은 브랜드는 국가나 기업 차원에서만 사용되는 것이 아니라 생활에서 확산되기 시작했다. 서울 강남 출신의 일류대 학생들의 멋있는 몸과 세련된 말과 행동은 지방대 학생들에게는 심각한 소외감을 갖게 만들었을 뿐 아니라, 청년들의 정신세계를 지배하는 강력한 문화권력이 되었다.[95] 그래서 학력·학벌은 이제 취업시장에 필요한 자격증이 아니라 청년들의 정체성을 좌우하는 보이지 않는 자본이 되었다. 그리고 서울, 강남, 상류층, 일류대학은 하나로 연관되는 기호가 되었다. 신자유주의 시대에 시장은 교환의 장소가 아니라 브랜드끼리 비교하는 경쟁의 장소가 되었다.[96] 마크 저커버그(Mark Zuckerberg)처럼 성공한 창업자가 능력자의 모델이 되는 시대, 경쟁만능 시대에 학력·학벌은 교환 가능한 화폐의 성격을 더 강하게 갖게 되었다.

이 무한경쟁의 시대에 학력·학벌주의는 사라지지 않고 능력주의라는 큰 우산 아래 들어가서 그것의 일부가 되었다. 경쟁을 자연법칙처럼 숭배하는 신자유주의 논리가 재산상속 제도를 옹호하는 것이 모순인 것처럼, 노동시장이 양극화되고, 노동시장의 외부자가 내부자로 진입하는 것이 거의 힘들어진 시대에 오히려 능력주의가 창궐하는 역설이 발생한다. 아무런 재산이나 학력이 없이도 나름대로 경제적으로 성공했거나 자신의 세계를 구축한 사람들의 사례도 언론에 가끔 보도되지만, 그것은 예외일 따름이다. '있는 사람들'은 할 수만 있다면 모든 경제력을 동원해서 학력 신분증을 구매하여 자식을 '능력자'로 만든다.

학교보다는 학원, 투자자이자 소비자인 학부모

큰 인기를 끈 드라마 「SKY 캐슬」은 2000년대 한국 중상류층이 자녀 교육에 관한 욕망을 실현하기 위해서 수단과 방법을 가리지 않고 그들이 가진 사회·문화·경제 자본을 총동원하는 모습을 보여주었다.[97] 상류층 전문직 가족은 자신의 '신분'을 세습하기 위해 자녀를 '서울대 의대'에 보내려고 억대의 돈을 빌려 입학사정관 출신의 입시 코디네이터까지 고용한다. 이들 '컨설턴트'는 고등학교 1학년 때부터 졸업할 때까지 아이들의 성적을 관리하는 역할을 하면서 과목별 강사를 소개해주거나, 소논문 및 체험활동 보고서까지 작성해준다.[98] 실제로 한국에는 대입 매니저, 유학 대리모까지 등장했다.[99]

미국에서는 국내에 '미국판 스카이캐슬 사건'으로 알려진 대학 입시 부정 스캔들이 발생해서 학부모와 대학 관계자 53명이 기소되기도 했다. 로리 로클린(Lori Loughlin) 부부는 두 딸을 서던캘리포니아대학(USC)에 입학시키려고 입시 브로커에게 50만 달러를 건넨 혐의로 기소되었다.[100] 그들은 입시 컨설턴트 겸 브로커에게 뇌물과 금품을 제공하고 아이비리그를 포함한 미국 내 유수의 명문대학에 자녀들을 부정 입학시킨 혐의를 받았다. 미국뿐만 아니라 중국에서도 갑자기 억만장자가 된 부자들이 상상할 수 없는 돈을 사교육에 투자한다. 방학 중 비밀 특별과외, 별장 과외 같은 사교육이 창궐한다고 한다.[101]

헬리콥터 부모(helicopter parent) 혹은 미국의 아시아계 극성 학부모를 지칭하는 '타이거 맘'처럼 한국의 일부 학부모는 자녀의 모든 일정을 관리, 감독하는 매니저 역할을 하는 것에 더해 교육정책이나 학교, 학원 운영에 가장 강한 영향력을 행사하고 개입하는 프로슈머(프로듀서와 컨슈머의 합성어)가 된다. 1950년대 치맛바람에서 시작된 열성 학부모는 지금까지 교육부나 정치권의 결정에 영향을 미친 교육정책의 실질적 주도세력이었지만, 이제는 가장 강력한 교육 투자자이자 소비자가 되었다.

외환위기 이후 대학 진학은 대중화 단계를 지나 주류화, 즉 생존의 기본조건이 되었다.[102] 2005년 전후 대학 진학률은 80%를 넘어서 정점에 도달했다. 국민소득이 늘어나고 사교육이 허용됨에 따라 거의 온 국민이 교육 투자자가 되었다. 백다례의 조사를 보면 1990년대 이후 대기업의 생산직 노동자들도 사교육과 대학 진학의 대열에 들어섰다.[103] 최상위권 대학 정원은 그대로인데, 이들 대학에 들어가기를 원하는 학생 수는 크게 늘어났기 때문에 상위권 대학의 경쟁은 더 심해졌다. 김창환·변수용도 대학 진학의 확대로 교육이 노동시장에서 갖는 가치가 떨어졌을 것이라는 가설은 맞지 않는다고 주장한다. 그들은 대학교육이 노동시장에서의 높은 보상과 여전히 관련이 매우 깊고, 다른 사회적 가치와 삶에 대해서도 교육의 효과는 여전히 강하게 작용한다고 본다.[104] 그래서 부자들은 더 많은 돈을 사교육 시장에 뿌려서 학벌자본을 구매하려 하였다.[105]

농업이 경제의 주축이던 시대에는 '자식 농사'라는 말이 사용되었지만, 금융자본주의 시대인 오늘날에는 교육이 확실히 '투자'가 되었다. 학부모들은 사설학원이 마련하는 입시 설명회에 장사진을 치면서 각 대학이 설명하는 입학전형 방법에 온 신경을 곤두세운다. 입시가 다양화되면서 SKY대학에 자사고의 내신 5등급 학생이 합격했다는 소문이 돌자 중학생 자녀를 둔 강남의 학부모들은 경악한 나머지[106] 자사고에 너도나도 몰려갔다. 이들은 참여정부가 도입한 서울대 지역균형선발에 대해 극도로 불편한 심기를 드러냈다.

강남에서 아이 셋을 키웠어요. 둘째가 삼수, 막내가 재수해 대학입시만 여섯번 치렀어요. 산전수전 다 겪었죠. 그런데 요즘 천불이 나요. 지역인재 의무채용? 어떻게 보낸 대학인데 이런 개악을 저질러요. 많이들 땐 애들 사교육비로 한달에 1000만원도 써봤어요. 뼈 빠지게 벌어 투자하면 뭐 해요. 열심히 가르쳐봐야 보상이 돌아오지 않는데, 어느 부모가 애 뒷바라지를 하겠느냐고요.[107]

신자유주의 시대의 중상층, 전문직 학부모들, 특히 어머니들은 교육을 자녀의 삶을 디자인하는 데 필요한 연장통(toolkit)으로 사용한다. 그 자녀들은 부모의 엄청난 관심 속에서 세상에서 살아가는 게임의 법칙을 체화하며 치밀하게 양육되어 경작된 아이(cultivated children)가 된다.[108] 이들은 부모가 원하는 대로 강남의 학원, 고액 사교육 시장을 거쳐 의대나 명문대 경영학과, 로스쿨 진학의 경로를 따른다. 서울과 수도권의 여러 지역은 물론 지방 주요 도시의 고학력 상류층도 자식들에게 일류대 간판과 의사 자격증을 주기 위해 서울 대치동 학원가로 몰려들었다. 사교육 1번지 대치동은 전국에서 몰려든 학생들로 북적이는데 집을 가진 사람(대원족·연어족), 전세 사는 사람(대전족), 학원 원정 오는 사람(원정족)으로 계급이 구분되기도 했다.[109]

대학의 입시전형이 복잡해지면 구매력 있는 소비자인 상류층 학부모들은 더욱 유리한 위치에 서기 때문에, 대학이라는 브랜드 구매 능력도 양극화된다. 특히 학교나 교사는 극히 복잡한 입시전형을 완전히 파악해서 소비자인 학부모의 기호에 따라 맞춤형으로 서비스하는 일에서는 사설 교육기관과 학원강사를 절대로 따라갈 수 없다. 수능 대비에서도 학원과 사교육 강사는 수백, 수천개의 기출문제와 예상문제로 학생들에게 반복학습을 시켜 최고의 시험선수로 민드는 전략으로 투자자이자 소비자인 학부모의 지갑을 연다. 입시 기술로써보다는 그래도 최소한 교육적 관점에서 학생을 대할 수밖에 없는 학교 교사는 절대로 '일타강사'

와 같은 서비스를 제공할 수 없다.

수시의 비중이 높으면 스펙을 쌓는 데 부자들이 유리하고, 수능의 비중이 높으면 맞춤형 시험 준비를 할 수 있는 재수생이 유리하다. 그래서 N수생(재수 이상)이 거의 모든 의대 입학생의 80% 내외를 차지하고, 2022년 서울대 입학생의 60% 정도도 N수생이 차지한다(삼수생 이상이 20%). 시험이 투자가 되면, 학교가 아닌 학원이나 개인교습 등을 통해서 입시 전문가의 조련을 받은 사람들이 이 시대 시험능력주의의 승리자가 된다.

이과계 최우수 학생의 의대 진학 현상은 외환위기 이후에 본격화되었다. 1990년대 초반까지는 의대가 모든 대학의 커트라인 최상위권을 차지하지 않았는데, 외환위기 이후부터 이런 현상이 발생했다. 자립형 사립고(자사고)인 상산고의 한 학년 졸업생 360명 중 76%인 275명이 의대로 진학하는 극히 '성공적인' 성과가 만들어지기도 했다.[110]서울대 공대 수시 합격자 중 10% 정도가 등록을 포기하기 시작했고, 일부 의대의 수시 경쟁률은 300 대 1, 심지어 400 대 1을 넘어서기도 했다. SKY대학 재학생 중 2%가 넘는 1624명이 더 높은 대학이나 의대를 진학하기 위해 도중에 학업을 포기한다고 한다.

2020년 기준으로 4년제 대학생 5만 7313명이 재학 중 자퇴를 하고, 반수생은 5만명 이상이라고 한다.[111] 고용불안 시대에 의사, 법조인, 공기업 직원, 공무원, 교사 등 평생 보장 자격증의 가치는 더 커졌다. 세상 사람들이 경제적 부와 안정적인 수입을 최고의 가치로 여기기 때문에, 투자 대비 최대의 성과를 얻으려면 안정된 수입이 보장되는 의사, 약사 등 전문직 자격을 주는 학과, 취업이 잘 되는 경영학과 진학이 목표가 되었다.[112] 서울대 인문계 학생들 중 거의 절반이 부전공으로 경영학을 한다는 이야기도 들리고, 경영학 부전공 문턱이 아주 높아서 타 전공 학생들은 학점이 거의 만점이 되어야 한다고도 한다. 브랜드와 취업이 절대적으로 중요해지는 세상에서 대학과 학과의 특성을 찾자는 것은 한가한 소리다.

SKY대 학벌만으로는 안 되고 자격증까지 겸비해야만 살아남을 수 있는 세상에서는 학력과 학벌은 성공을 위한 보증이 아니라 시장에서 자신의 상품성을 지속적으로 보장받기 위한 최소한의 안전판 혹은 '방어적 수단'이 되었다.[113] 학벌은 불안사회에서 신경안정제 기능까지 한다. 이제 부잣집 자녀들은 장차 부모 정도의 지위를 유지하면서 살기 어렵다는 것을 의식한다. 한국 중상층이 자녀의 학벌 자격증 따기에 과잉 투자하는 목적은 자녀가 자신 정도의 지위라도 유지할 수 있도록 하기 위해서다.[114]

세습 자본주의와 교육 불평등 강화

경제발전이 일정한 단계에 올라서면 기술혁신을 통해 새롭게 경제 생태계를 주도하는 기업이 드물어지고, 계층이동도 둔화될 수밖에 없다. 그런데 경제성장률이 하락하면 사람들은 오히려 인적 자본에 대한 투자를 더 강화하는 경향이 있다. 저성장이라는 조건이 오히려 인적 자본의 가치를 높이기 때문이다.[115] 세대 간 사회이동이 점점 더 힘들어지면, 학력자본을 통해 어느정도의 경제자본을 갖춘 전문직이나 중상층은 사교육에 돈을 쓰는 것을 아끼지 않고, 사교육에 크게 의존하는 한국의 대입 경쟁에서는 입시제도가 어떻게 바뀌더라도 부모의 경제력과 문화자본이 자녀의 학업성취에 미치는 영향은 강력하다.

최고 부자(슈퍼리치)들뿐만 아니라 자신의 생애 내에서 지위 상승의 경험을 한 한국의 베이비붐 세대는 직접 상속, 자녀 학력 자본 취득의 방법으로 경제적 부와 문화자본을 자식들에게 이전하려 하고, 능력주의라는 신흥종교 교리로 자신을 포장하고 정당화한다. 조선시대에 관직은 절대로 세습될 수 없었지만, 오늘의 자본주의 사회에서 토지, 주택, 금융자본 등은 상속, 증여에 의해 자식에게 이전될 수 있다. 그래서 자본주의 사회인 지금 한국은 신분제 사회인 과거 조선시대보다 세습 지위를 더 쉽게 유지할 수 있는 사회가 되었다.[116] 경제적 부는 능력이다. 박근혜 권력 농단의 주역인 최서원의 딸 정유라가 말한 것처럼 '부모 잘 만난 것도 능력'이 되었다.

김영삼 정부 말기부터 시작되어 노무현, 이명박 정부에 와서 교육 불평등은 더 확대되었다. 이명박 정부는 고교 다양화의 이름으로 삼불정책의 하나인 고교등급제를 부분적으로 허물었다. 이 경우 '다양화'는 사실상 고교 '서열화'를 달리 표현한 것이었고, 그때부터 고교입시 대비 성적 경쟁은 초등학교까지 내려갔다. 서울 강남의 고학력 중상층, 즉 의사, 변호사, 대기업 고위직 등의 부모들이 이러한 변화에 가장 재빠르게 움직였다. 이들은 자녀들을 국제학교나 외고, 과학고, 자사고 등에 보낸 다음 명문대학의 상위권 학과 입학을 위해 최대한 정보와 인맥을 동원하여 유리한 고지를 점하려 하였다. 학생들의 학업성취 능력, 명문대 진학과 부모의 경제사회적 지위 간의 상관성이 더 커졌다.[117]

노무현, 이명박 정부에서 확대된 특목고, 국제고, 자사고 등 비일반고 출신들이 서울대 입학생 중 차지하는 비중은 2006년의 20%에서 2021년에는 48% 정도로 확대되었다.[118] 이들이 이제 의료계, 법조계 등에 진출하여 과거 비평준화 시대의 경기고 등 명문고에 버금가는 학벌집단이 되었다. 노무현 대통령처럼 고졸자가 사시에 합격한 예는 과거에도 거의 없었지만, 이제 고졸 출신이 대통령은커녕 국회의원, 아니 지방의원 되는 것도 거의 불가능하게 되었다. 한국에서만 이런 현상이 나타난 것은 아니다. 프랑스의 고등교육기관인 그랑제콜은 이제 부자 자녀들이 독차지하고, 우체국 말단 공무원 아들이었던 부르디외 같은 사람이 프랑스에서 가장 권위 있는 고등연구교육기관인 콜레주드프랑스 교수가 되는 것은 불가능한 일이 되었다.[119]

부자들의 강력한 투자 의지가 결합되면, SKY대학이나 의대는 점점 더 부잣집 자녀들로 채워진다. 김세직에 따르면 서울 25개 자치구 가운데 강북구에서는 2014년도 서울대 합격생이 학생 100명당 0.1명이었지만 강남구에서는 100명당 2.1명이 나왔다. 구로·금천구는 100명당 0.2명꼴이었고 중랑·도봉·성북·관악·동대문·강서·동작·영등포·성동·은평·중·서대문·용산구 등 13개 자치구에서는 100명당 0.5명에도 미치지 못했다.[120]

2014년 조사에 의하면 아파트 매매가와 서울대 합격자 수는 거

표 2 서울 구별 아파트 매매가와 서울대 합격률

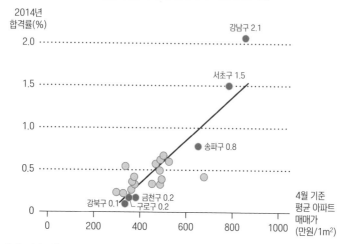

* 출처: 김세직 「경제성장과 교육의 공정경쟁」, 『경제논집』 53권 1호, 2014.

의 비례하는 것으로 나타났다. 이미 2000년 이후부터 이러한 현상은 두드러졌다. 2012년 조사에서 서울대 신입생 부모의 학력은 아버지가 대졸 이상인 경우가 83.3%로 전국 남자평균 대졸 이상 학력 비율인 41.4%의 2배에 달했다. 또 어머니가 대졸 이상인 신입생 역시 72.7%로 전국 여자평균인 30.6%의 2배를 넘어섰다. 월평균 가계소득이 500만원 이상인 가구에 속한 신입생도 47.1%로 전국 평균 25.5%보다 높았다.

출신 지역, 출신 고교별로 서울대 합격률은 극명한 차이를 보이는데 이는 부모들이 서울대 합격률이 높은 동네, 즉 집값이 비싼 동네로 '무리해서' 이사했기 때문일 것이다. 그래서 서울대 입학은 '진짜 인적 자본'이 아닌 부모의 경제력이 겉치장된 '겉보기

인적 자본'이 평가된 결과라는 지적도 있다.[121] 변수용·이성균의 최근 연구에서도 부모의 사회경제적 지위가 자녀의 학업성취에 미치는 영향은 2000년에 비해 2018년에 더 커진 것으로 나타났다. 이것은 사회자본, 문화자본, 사교육 중에서 사교육 기회가 학업 성취에서 더 중요한 변수로 작용하고 있기 때문일 것이다.[122] "돈이 있어도 똑똑한 자손은 살 수 없다(有錢難買子孫賢)"는 말도 있고, 삼성 창업자 이병철은 자식을 서울대에 보내지 못한 것이 한이 되어, 마음대로 안 되는 것 세가지 중 하나로 '자식 농사'를 들었지만, 그것도 이제는 옛날이야기가 되었다.

과거에도 부자가 아니면 자녀를 의대에 보내기 어려웠지만, 지금은 그 정도가 더 심해졌다. 부모 한달 소득이 920만원이 넘는 소득 상위 20% 학생이 전체 의대 입학생의 80%를 차지한다. 2017년의 경우 의대 입학생 중 국가장학금 수혜자인 1~8구간 학생의 비율이 25%였으나 2020년에는 19.4%로 줄어들었다.[123] 의대를 진학하려는 N수생이 유명 기숙학원에 가려면 월 400만원 이상의 비용이 필요한데, 이 정도의 비용을 지불하려면 부모가 의사, 변호사 등 전문직이거나 기업 임원, 사업가 정도는 되어야 한다.

물론 학생들의 타고난 재능, 학습의욕, 그리고 학교교육 등 다양한 요인이 학력과 성취에 크게 작용한다. 부모가 아무리 돈이 많아도 별 지적 능력이 없는 자녀를 서울대나 의대에 보낼 수는 없을 것이다.[124] 그러나 부유층이나 문화자본을 가진 고학력 전문직 부모들이 온갖 방법을 동원하면 학력도 돈으로 살 가능성은 커질 수밖에 없다. 이것은 앞에서 피시킨이 윌리엄스의 책을 인용해서 말한 전사사회에서 전사가족 출신의 소년들이 어릴 적부터 전사가 되기 위한 수련을 할 기회가 많기 때문에 선발시험에서 훨씬 유리한 위치에 서는 것과 같다. 형식적으로는 동등한 기회가 제공되지만 실질적으로는 공정하지 않다. 도구재 병목(instrumental-good bottleneck), 즉 목표한 바를 얻게 해줄 도구재가 경제력으로 단일화될 경우 돈이 없는 사람은 아예 시험 준비를 제대로 할 수 없게 되기 때문이다.[125]

"돈이 없으면 영재도 키우기 힘들다"는 하소연이 나온다. 영재학교 준비는 보통 초등 5·6학년 때 시작하는데, 4~5년 기간 한국수학올림피아드(KMO) 등 대회를 제외하고도 총 6000만~7000만원의 사교육비가 기본적으로 들어간다는 게 사교육을 경험한 영재학교 학부모들 얘기다. 여기에 학원에서 대회 특별대비반 등까지 챙겨 수강한다면 비용은 최대 1억원 안팎까지도 불어날 수 있다고 했다.[126]

물론 1980년대 이전에도 서울대에는 부모가 관리직이나 전문직이거나, 경제력이 있는 중산층 출신의 학생 비율이 높았다.[127] 서울대 입학과 부모의 학력, 계급, 계층의 연관성은 이 당시에도 높았으나, 1990년대 이후 그 경향은 더 심해졌고, 2000년 이후에는 신입생의 절반이 전문직과 관리직 부모를 둔 학생들로 구성되었다.[128] 교육 불평등이 최근의 현상은 아니지만, 지금은 그 정도가 심해졌다고 봐야 할 것이다.

한국의 기득권층과 보수언론의 계속되는 비판에도 불구하고 한국정부의 삼불정책은 미국 명문대학의 기여입학, 동문 특혜 입학 같은 노골적 지위 세습을 막는 마지막 편의 역할을 하고는 있다. 그러나 지금처럼 심화되는 불평등과 계층별 사교육 투자 격차의 확대로 인해 부모의 경제력과 문화자본이 의대나 SKY대 입학에 더 크게 영향을 미치면, 삼불정책이나 입시 다양화 정책이 교육 불평등을 완화하는 효과는 크지 않을 것이다.

신자유주의 시대의 '공정', 능력주의가 낳은 차별과 혐오

한국 헌법 제31조 1항은 "모든 국민은 능력에 따라 균등하게 교육을 받을 권리를 가진다"라고 되어 있다. 그런데 여기에 '능력에 따라'가 포함되어 있다는 점이 눈길을 끈다. '균등하게 교육받을 권리'는 의무교육, 혹은 초·중등 교육에 대한 국가의 책임을 강조하는 말이 될 수 있으나 '능력'은 해석의 여지가 있다. 이 조항이 들어간 1962년 5차 헌법 개정 당시에 이 '능력'에 경제력까지 포함되는가에 대한 논란이 있었다. 이 조항을 포함하자고 주장한 박일경은 "능력에 따라 균등하게 교육을 받을 권리가 있다고 한 것은 신헌법이 신설한 조항인데, 이러한 규정이 없으면 모든 국민이 재능 여하에 불구하고 균등하게 교육받을 권리가 있는 것같이 오해될 염려가 있기 때문에 이를 신설한 것이다. 이런 의미에서 그 능력이란 재능 기타 일신상의 능력을 말하는 것이고, 재력 기타 능력은 포함하지 않는다"고 말했다.[129]

그렇지만 부모의 경제적 능력이 없어서 사교육을 받을 수 없었고, 그래서 자신의 재능을 발휘하지 못해 '좋은 대학'에 들어갈 수 없게 되었다면, 헌법의 이런 조항은 공허한 것이다. 지금 학생들은 '능력'을 주로 시험성적으로 보지만, 부모의 경제적 능력까지 '능력'으로 간주한다.[130] 집안 형편이 어려워 학원 강의를 수강하거나 개인과외를 받지 못하면 학업이 뒤떨어지게 되기 때문에, 공교육에 대한 정부의 재정 지원이 증대되지 않고 입시 위주의 교육이 변하지 않는 한, 헌법상의 '균등'의 취지는 의미를 상실하게 된다.

문재인 정부의 교육부는 정의당 장혜영 의원이 제출한 차별금지법안에 '학력'을 포함하자는 제안에 대해 사실상 반대의견인 '신중 검토' 입장을 표시했다. 학력을 "개인의 선택과 노력에 따라 상당부분 성취의 정도가 달라진다는 점에서 합리적 차별 요소로 보는 경향이 강하다"는 것과 "학력을 대신해 개인의 능력을 측정할 수 있는 표준화된 지표의 사용이 일반화되지 않은 상황에서 학력에 의한 차별을 법률로 규제할 경우 과도한 규제라는 반론이 제기될 수 있다"는 것이 그 이유였다. 이는 교육부의 신중론, 사실상 반대론이었다.[131] 즉 학력에 따른 차등 보상은 '합리적'인데 이것을 법적 제재 대상인 '차별'로 볼 수 없다는 것이다. 교육부의 입장은 한국 주류 보수의 시각을 대변한다. 즉 학생들의 학력과 성취의 중요 배경인 부모의 경제력이나 구조적인 불평등은 고려하지 않겠다는 것이다.

오늘의 세계에서 신자유주의의 전도사들은 시장 혹은 경쟁이 마치 건드리면 더 망가지는 자연질서인 것처럼 간주한다. 이들은 세상에는 오직 경쟁하는 '개인'만 존재하고, 개인이 개입하고 참여한 모든 일의 결과는 개인이 책임을 져야 한다고 말한다. 회사에서 능력에 따라 차별대우를 하는 것이 자연법칙처럼 당연한 것으로 여겨지면, 경력에 따라 호봉이 올라가는 '연공서열' 임금제보다는 능력급이 선호된다. 이러한 생각을 가진 사람들에게 '실적'과 능력도 없으면서 높은 연봉을 받는 회사의 간부들이 물러나지 않고 버티는 것은 용납할 수 없는 부당한 일이다. 경쟁의 무풍지대에 있는 사람들, 모두가 죽기 살기로 자리를 차지하기 위해 노력하는데, 별다른 공로나 능력 없이 높은 보상을 받는 사람들이 그들이다. 청년 노동자들은 다음과 같이 말한다.

아무런 노력도 하지 않고 근속연수를 채웠다는 이유로 정규직이 되는 것은 부당하다고 생각한다. (…) 철도공사노조가 투쟁을 해서 협력업체 소속 비정규직들이 다 정규직이 되었는데 본인을 포함한 주위 젊은 동료들은 모두 불만이다. 2010년대 이후 입사한 정규직들은 기술력, 자격증, 공부한 것들 모두 뛰어나고 치열한 경쟁 속에서 정규직이 되었다. 그들은 단지 하청업체에 일했다는 이유만으로 아무런 노력도 하지 않고 정규직이 되었다.[132]

"소득 불평등은 정당할 뿐만 아니라 오히려 경쟁을 통한 자극과 생산성 향상을 위해 필요하다"는 것, 예를 들어 의사나 변호사 등 지적 능력도 필요하지만 오랜 희생과 고통을 요하는 직업을 택하는 사람들에게는 당연히 높은 보상이 주어져야 한다는 것이 과거 기능주의 계층이론의 요체인데,[133] 지금 시대의 능력주의의 핵심논리도 여기서 나왔다. 그래서 이준석은 능력과 실적도 없이 자리를 차지하고 있거나 과거 민주화운동의 훈장을 자랑하면서 기득권의 일부가 된 586세대와 민주당을 이제 밀어내자는 취지에서 능력주의를 아예 '시대정신'이라고 까지 말한다.

이전 시대와는 다른 시대정신을 가진 정치인이 리더가 될 것입니다. 저는 그런 시대정신은 다름 아닌 실력, 실력주의리 생각합니다.[134]

한국에서도 미숙련 저학력 노동자들이 받는 최저임금 이하의 저임금과 정규직 노동자가 받는 임금 사이의 비상식적인 격차는 매우 부당한 것이라는 주장이 지금까지는 어느정도 공감을 얻었다. 저임 노동자들의 불리한 처우나 비정규직 차별이 지속되는 것을 두고 그들이 능력이 없기 때문이라고 말하지는 않았다. 그러나 이준석의 주장처럼 이제 한국이나 세계에서 이런 저임금과 임금 불평등은 '능력주의'의 이름으로 정당화된다. 즉 능력이 없어서 그런 처지에 있을 수밖에 없는 사람들을 어찌하겠느냐는 것이다.

과거 조선 말, 일제강점기에 일본이 사용했던 '일류, 이류, 삼류' 학교라는 말은 해방 후에도 그대로 남았으니, 사람들은 '일류' 학교 출신자들을 사회적으로 우대 존경하거나 '삼류'로 분류된 학교 출신자들에게 낙인을 찍을 때 사용했다. 이제 언론이나 사회에서도 '일류 기업'이라는 말이 공공연하게 사용되자 한국의 엘리트들은 세계 무대에서 선방하는 삼성 등 한국 기업을 일류 기업으로 규정하고, 그런 '잘나가는' 기업을 비판하거나 공격하는 것은 루저(패배자)들의 시기와 질투에 불과하다고 본다. 즉 한국의 주류 엘리트 집단은 시장이 기업의 '능력'을 판정하는 가장 확실하고 공정한 무대이므로 세계 최상위권에 있는 삼성이야말로 한국을 대표하는 일류 기업인데, 좌파들이 시기심 때문에 삼성을 끌어내리려 한다고 비판을 하였다.

마코비츠가 말한 것처럼 능력주의는 불평등을 정당화할 뿐만 아니라, 그것에 도덕적 포장까지 해준다. 능력주의는 분명히 기득권자들이 '양심에 부끄럼 없이' 자기의 지위를 옹호하는 것이다.[135] 한국에서는 외환위기 이후 공기업의 도덕적 해이가 자주 거론되었는데, 즉 공기업이 생산성과 이윤을 증대해서 기업을 키우고 고용을 촉진하지 않으면 도덕적 해이에 빠진 것이라고 보았다. 이때부터 능력주의는 자주 사용되었고, 여기서 능력은 곧 경영 능력, 이윤을 남기는 능력, 생산성을 올리는 능력을 의미했다. 이때부터 능력 없는 사장, 능력 없는 총장, 능력 없는 가장은 단순히 무능한 존재가 아니라 도덕적 비난의 대상이 되었다.

사회학자 오찬호가 말하는 것처럼 2000년대 이후부터 20대 학생들에게 아파트 가격과 수능점수는 유사한 방식으로 서열의 기준이 되었고, 특히 수능점수는 거의 신앙적 표식이 되었다. 이들은 대학서열을 신분제 사회의 위계처럼 받아들이고 대학서열의 굴레에 혼연일체가 되어 살아간다. 그들에게 수능점수는 가장 가시적이고 공신력 있는 성과 지표다.[136] 이제 불평등이라는 배후의 구조, 자본주의의 소유권 질서는 보지 않은 채, '공정 경쟁'만 가시화되었다. '쉬운 수능'은 변별력이 없다고 공격하는『조선일보』『중앙일보』『동아일보』의 보수적인 논조와 능력에 따른 차별을 강조하는 오늘날 청년들의 생각은 거의 일치한다.

박권일은 "능력주의는 개인의 '측정 가능한 능력'에 의해 불평등이 고착화되는 사회를 풍자적으로 가리키는 말"이라며 "좀 냉소적으로 말하자면 '능력에 따라 제대로 차별해달라'는 요구"라고 했다.[137] 그런데 앞에서 분교 차별의 사례로 거론된 고려대 학생들은 자신의 능력과 노력의 결과로 대학에 합격해서 사회적으로 대접을 받는 것이 당연하다고 생각하고, 그들이 누려야 할 지위와 보상을 특혜나 편법을 동원해서 자기 학교 동문이 된 이들이 나누어 갖는 것에 분노한다. 그들은 자기보다 공부를 못한 학생들이 자기보다 불리한 대우를 받는 것이 당연하다고 생각하고, 그와 동시에 자기보다 공부를 더 잘한 서울대생들이 유리한 대우를 받는 것도 당연하게 생각한다.

마이클 샌델(Michael Sandel)은 오늘날의 능력주의는 승리자들을 오만하게 하고 못난 사람을 멸시하게 할 뿐만 아니라 패자들을 굴욕과 분노로 몰아간다는 점에서 과거의 능력주의와도 그 성격이 다르다고 보았다.[138] 그런데 패자들은 자신을 멸시하는 사람이나 세상을 향해 분노를 표시하기는커녕 자기 자신에게 책임을 돌린다. 이들은 재산 상속, 학벌주의를 비판하기보다는 오히려 자신이 '능력'을 갖지 못하는 데서 오는 불만을 자기보다 '아래에 있는' 사람들을 멸시 혐오하는 것으로 표출한다. 그래서 은수저 출신은 금수저로 '태어나지 않는 것'에 대해 한탄하고 좌절하지만, 금수저에 대한 특혜를 비판하거나 그런 차별 질서가 왜 생겼는지 묻지 않은 채 동수저나 흙수저를 혐오한다. 일부 서울대 학생들은 자신의 출신 고등학교의 로고가 찍힌 상의를 입고 다니면서 지역균형선발로 들어온 동료 학생들을 멸시하고, 서울 소재 대학생들은 '지잡대'라는 표현을 사용해서 지방대생 일반을 멸시하고 차별한다.

애초에는 기득권 세력과 명문대 학생들이 견지하던 능력주의는 이제 사실상 모든 사회 구성원들에게 확산되었다. 특히 청년들은 자기와 지근거리에 있는 사람들 중에서 경쟁 상대가 된다고 판단하거나 약간이라도 자기보다 못났다고 생각하는 사람들을 하나의 집단으로 범주화하여 차별하거나 혐오한다. 대기업의 최고 경영자와 평사원의 과도한 연봉 격차를 문제삼는 것이 아니라 상대적으로 안정적이고 높은 보상을 받는 사람들과 그보다 약간 낮은 지위를 가진 인근 집단 사람들 간의 작은 차별을 극도로 민감하게 받아들인다.[139] 가진 자들의 능력주의와 달리 청년들의 능력주의는 지위 불안이라는 그들이 처한 상황에서 온 것이다.

치열한 경쟁을 거쳐 공무원이 되거나 공기업에 들어간 사람들은 자신이 힘겹게 통과한 시험이라는 병목이 더 확대되는 것을 원치 않고, 열심히 공부해서 일류대 입학에 성공한 학생들은 자신이 장차 차지하게 될 자리를 학교에서 성적이 자기보다 낮았던 친구들과 나누어 갖기를 원하지 않는다. 경쟁이 격화되고 자리는 제한되어 있기 때문에 이 제한된 자리를 자기 혼자, 자기가 속한 집단이 모두 차지하지 못하지 않을까 하는 두려움이 이들의 차별의식 심지어 혐오표현으로 나타난다. 이렇게 보면 한국에서의 '공정' 담론의 실제 내용은 불안한 노동시장에서 내 밥그릇을 지키겠다는 지위 폐쇄 의식을 거칠게 드러낸 것이라 볼 수 있다. '지방 특혜 반대'를 외치는 수도권 상위권 대학 학생들의 구호 역시 마찬가지다. 당장 자신의 임금이 깎이지 않는데도 불구하고 공기업 정규직 노동자들이 자기 회사 내 비정규직의 정규직화를 반대하는 이유도 그들이 느끼는 고용불안과 깊은 관계를 갖는다.

오늘의 능력주의는 지위 상실의 불안을 감추기 위한 심리적 기제로 작용한 것, 혹은 거시적 현실을 보지 않거나 보지 못하는 데서 기인한 것일 가능성이 크다.[140] 강준만은 청년들에게 나타나는 능력주의는 커뮤니케이션 환경의 관점에서 접근해야 한다고 주장한다. 그는 '능력주의 커뮤니케이션'을 떠받치는 심리적 기제를, 1) 인정 투쟁, 2) 사회정체성 이론, 3) 시장신호이론, 4) 노력 정당화 효과, 5) 내성 착각 등 5개의 이론 또는 개념을 중심으로 탐구했다. 그는 능력주의가 결코 정의롭지 못한데도 불구하고 그 옹호자들은 능력주의를 불의에 대한 '의도적 눈감기' 방식으로 받아들인다고 말한다.[141] SKY대학 청년들은 자신의 노력의 댓가를 보상받고, 자신의 정체성을 과시하며, 자신의 지위를 인정받기 위해 학력과 학벌을 '물 타기' 하려는 담론이나 자신의 자리를 나누어 갖자고 요구하는 '지잡대' 학생들을 혐오한다.

특히 SKY대학 학생들은 대학 입학을 이후 '좋은 자리'로 나아가는 예선전 통과로 생각하기 때문에, 예비 기득권자의 정체성을 갖고서 행동한다. 그래서 조국의 딸처럼 자격을 갖추지 못한 사람이 자신이 속한 무리에 들어오는 '작은 불공정'은 격렬히 거부하지만, 검찰이나 사법부의 극히 편향된 수사나 기소 등 사회정의를 뒤흔드는 큰 불의나 재벌 대기업의 갑질과 같은 심각한 불공정과 부정의, 매일 신문 지상을 도배하는 동문 선배 정치가나 판검사들의 비리, 대학 자체의 입시 부정, 재벌의 편법 상속 등에는 침묵한다. 정규직 교사나 공기업 정규직의 시험능력주의는 형식적인 기회 개방과 공정성을 옹호하나 실제로는 '자격 없는' 사람이 자신과 같은 지위를 갖는 것을 거부하는 일종의 '사회적 폐쇄'의 발현이고 아주 노골적인 보수적 태도다.

과거의 노예처럼 오늘날 세습 자본주의 혹은 신봉건주의 사회에서 '노예'로 살아야 하는 사람들은 자신의 계급적 처지에 맞게 진로를 생각한다. 샌델이 지적하듯이 미국에서 고소득층 출신의 아이비리그 학생과 중간 소득층 출신의 주립대학 학생, 그리고 작은 아이비리그로 분류되는 명문 사립대학 학생 들이 각각 다른 가정 배경과 생각, 그리고 인생의 진로에 대한 희망을 갖고서 자신들만의 좁은 개인주의적 세계에 머물러 있다.[142] 한국의 청년들도 이미 그렇게 되었다.

극심한 경쟁사회에서 능력주의는 별다른 생산적 기여나 실력 없이 높은 임금과 복지만 챙긴다고 여겨지는 주변 집단을 혐오하도록 사람들을 부추긴다. 이러한 혐오는 이미 10년 전 일베(일간베스트) 청년들의 호남 비하, 광주 5·18 비하, 여성혐오 등에서 시작되었다. 586세대 운동권을 비롯한 진보세력을 '깨시민'이라 부르며 비하하는 등[143] 당시 극우 청년들은 여성, 호남, 민주화운동 인사들을 '능력'과 기여가 없는데도 불구하고 부당하게 특권을 향유하는 집단으로 몰았다. 이들은 이주노동자를 혐오하는 독일의 극우 신나치 청년들, 일본의 재특회(재일 조선인의 특권을 용납하지 않는 시민 모임), 미국의 극우 인종주의자들과 마찬가지로 사회의 소수자들이 능력과 사회적 기여가 없으면서 오히려 특권을 누린다고 생각한다. 박권일은 일베 등 청년 우익들이 보여주는 약자나 여성에 대한 혐오는 모두 '강자 선망'과 '피해자 의식'의 특징을 갖고 있는데, 그 기저에는 능력주의가 깔려 있다고 본다.[144]

소수자·약자에 대한 혐오는 문화적 파시즘의 전 단계다. 그것은 심각한 언어폭력으로 나타난다. '지잡대' 같은 신조어는 모욕을 위해 구체적 대상을 범주화한 것이고, 줄임말 형식을 띠면서 그 폭력성을 은폐한다.[145] 즉 만성적 고용불안 시대의 '능력주의'가 어떻게 대중적 파시즘의 기반이 될 수 있는지 보여주는 사례들이다. 학력·학벌주의 자체가 원래 상징적인 폭력이었지만, 그것을 포함한 시험능력주의 역시 그 피해자들에게는 심각한 폭력이다.

시험능력주의의 약화?

　일본에서는 고도성장 시대가 종료되고 신자유주의 질서가 가속화되면서, 학력주의 자체가 냉각되는 현상이 나타나고, 경제적 자본과 문화자본이 풍부한 중상류층과 하류층 사이에서 학력과 학교를 대하는 태도가 차별화되었다는 지적이 있다.[146] 물론 한국에서도 중하층의 교육열이 식거나 생계 압박 때문에 사람들이 당장의 일자리에 관심을 가지는 경향도 나타났다.[147] 그러나 신자유주의 이후 한국에서 최고 명문대 학벌에 대한 집착은 다른 방식으로 더욱 격화되는 양상을 보인다. 급격한 사회변동의 기간이 지나가고 부나 지위의 세습화가 더 강화되면서, 직장을 가진 사람들도 더 심한 고용불안을 느끼게 되었고, 그로 인해 중간층의 자기보호적 계급 전략, 즉 학력·학벌 자격증에 대한 과도한 집착, 의대 편중 현상이 나타난 것이다.

　학벌주의가 허물어지는 현상은 이미 기업에서 시작되었다. 이건희의 신경영 선언 이후 삼성의 인사 및 조직 관리에서도 학벌이나 연공서열이 아닌 성과주의 원칙이 자리잡기 시작했다. 업무 성과를 측정하기 어려운 공기업 사무직 등을 제외하면, 대체로 이런 추세는 일반화되었다. 외환위기 이후 일반 기업에서도 신입사원 선발에서 학력보다는 경력을 중시하기 시작했고, 대규모 공개 채용보다는 수시 채용 방법이 일반화되었다. 중소기업중앙회에 따르면 기업들이 인력 채용 시 가장 중시한 것은 실무 경험(75.7%)이었고, 학력이나 나이는 부차적인 고려사항(15.3%)이었다.[148]

사기업의 직원 채용 및 승진에서도 조직 운영, 리더십 등 다차원적 능력이 중시되면 학력보다는 '능력'이 중시될 것이다. 기업의 신입사원 선발에서도 학벌주의는 크게 완화되었다. 특히 현장의 기술이 필요한 제조업이나 이공계 직원의 선발이 필요한 기업에서 출신 대학, 즉 학벌을 덜 참고하는 경향도 이런 판단에서 나온 것으로 보인다.[149]

기업의 임원 구성을 보면 명문대 출신 비율은 관료, 법조계 등 다른 직종에 비해 크게 낮고 그 추세는 더 강화되고 있다. 우리나라 100대 기업 CEO 중 서울대 출신이 차지하는 비중이 1994년엔 53.9%에 달했지만, 2017년에는 24.6%로 크게 하락했다. 1000대 기업으로 이를 확장하면 2007년의 경우 SKY대학 출신 CEO가 59.7%에 달했지만, 2020년 현재 29.3%로 확연히 낮아졌다. 기업들은 정치권, 관료집단과의 네트워크에서 유리한 CEO의 학벌 브랜드보다 실적을 중요하게 생각한다는 점이 뚜렷해졌다.[150]

대졸자의 과잉 공급, 취업시장의 한파, 좋은 일자리의 축소 때문에 청년들은 그 어느 때보다도 미래에 대해 불안해하기 시작했고, 불안한 노동시장에서 생존의 압박을 받게 되자 4년제 대학의 학력 자체는 거의 무의미해졌다. 그리고 "문송합니다"(문과 출신이라서 죄송합니다)라는 표현처럼 이제 명문대의 상표 자체도 취업을 보장하지 않게 되었다. 1차 선별(대입)을 통과해도 2차 선별(취업)은 보장되지 않았다. 그래서 한국보다 10년 정도 앞서간 일본에서는 1990년대 들어서서 학력주의 담론이 거의 사라지게 되었다.[151] 한국에서는 여전히 학벌주의가 작동하기 때문에 학벌에서 약점이 있다고 생각하는 청년들은 그나마 취업 기회의 평등이 보장되는 공무원 시험 등 자격시험에 더 매달리게 되었다.[152]

학력 인플레, 대졸자 취업난의 결과이기는 하나 4년제 대학을 졸업한 뒤 전문대, 그리고 노동부 산하의 직업훈련 기관인 폴리텍대학에 진학하는 사람도 해마다 늘어나고 있다. 2016년 이후 대졸자의 폴리텍대학 입학자는 1391명에서 1700명으로 늘어났지만 지원자는 2배 이상 증가했다. 지금은 폴리텍대학에 입학하는 사람 중 50% 이상, 어떤 학과는 거의 전원이 4년제 대학을 졸업한 사람들이다.[153] 학벌주의는 건재하지만 4년제 대학 졸업을 기준으로 삼는 학력주의는 거의 허물어지고 있다는 것을 말해준다.

'전문대 유턴 입학자' 수의 증대는 고용불안이 심해지면서 시험능력주의가 약화되고 현장에서 적용할 수 있는 기술이나 능력을 취업 희망자들이 선호하는 경향이 커진다는 것을 보여준다. 최상위권 대학의 학생들은 여전히 학력·학벌에 매달리고 있으나, 하위권 대학 졸업자들은 실제 취업을 중시할 수밖에 없기 때문에 이들에게 학력 간판의 효력은 점점 떨어질 것이다.

오늘날과 같이 금융자본이 생산자본을 지배하는 세상, 즉 투기가 곧 투자와 다르지 않고, 주식이나 부동산으로 큰돈을 번 사람들의 이야기가 직장에 열심히 다녀서 월급을 모아 집을 사려 하는 사람들을 힘 빠지게 만드는 세상에서는 사실 학력·학벌의 호소력도 희미해질 수 있다. 비트코인에 투자해서 7억 원을 번 재수생이 수능을 포기한다고 선언한 것도 작은 뉴스거리가 되었다. 오늘날의 청년들은 너도나도 주식과 비트코인에 투자를 한다. 가장 투기성이 높은 금융자본이 시장을 지배하면 노동뿐만 아니라 학력·학벌의 가치도 약화된다. 최고 부자까지는 아니어도 부모가 어느 정도의 재력을 가진 강남의 아이들도 이제는 대학과 학벌에 별로 매달리지 않는다. 대학에 못 가면 아빠가 가게나 건물 하나 정도는 물려줄 건데 아등바등 공부할 필요가 있겠느냐고 말하는 고등학생들도 있다.[154]

부의 세습이 과거보다 심해지고 경제적 양극화가 심화되면 이런 경향은 더 강화될 것이다. 통계로 나타나는 것은 아니지만 한국의 최상위 부자들과 전문직들도 자녀를 한국의 명문대에 보내는 데 이제 그다지 집착하지 않는다. 서울 압구정동의 세습 부자들은 전문직이 많은 대치동 사람들처럼 학원 쇼핑을 하거나 자녀 학벌에 매달리지는 않는 편이다.[155] 대치동은 국내 명문대를 준비하는 입시생, 압구정동은 해외 명문대를 준비하는 입시생으로 차별화되었다. 압구정동 학원가에 유독 토플이나 SAT(Scholastic Aptitude Test, 미국 대학에 지원하는 데 쓰이는 표준화 시험) 학원이 많은 것도 대치동과 다른 점이다.[156] 전국의 모든 도시에서 해외 입시, 특히 미국 입시에 관심이 있는 사람들이 이곳으로 몰려든다. 여름방학이면 유학 준비 중인 이들이 몰려와 토플 강의와 SAT 집중반이 성황을 이루기도 한다.

판검사나 변호사, 의사, 고위 관료, 그리고 기업 임원의 상당수가 1990년대 이후 자녀를 미국으로 유학을 보냈다. 예를 들어 나경원 전 국회의원의 아들은 초등학교 졸업 후 미국으로 조기유학을 했고, 미국에서 중·고등학교를 졸업한 후 예일대에 입학했다. 아이비리그 준비에 부모의 경제자본과 문화자본이 크게 작용을 했다. 민족사관고, 용인외대부고 등 일부 자사고에서도 국제반을 운영해서 일부 학생들은 국내 경쟁을 피하고 아예 외국 대학으로 가려 한다. 물론 자녀의 명문대 진학에 신경 쓰지 않는 세습 부자나 자녀를 아예 초등학교부터 미국의 학교에 진학시키려는 학부모는 많아야 수천명 정도일 것이기 때문에 이들의 선택이 한국의 학벌주의를 흔들지는 않을 것이다.[157] 그러나 한국 대학의 졸업장만 가진 사람들은 이제 영어능력과 국제 감각, 그리고 미국 유명대학 브랜드를 가진 동년배 청년들과 경쟁해야 한다는 점은 분명하다.

사실 크레덴셜리즘이나 학력주의는 명문대 졸업장을 가진 사람이 실제 취업에 훨씬 유리하다는 전제에서 통용되는 것이기 때문에, 고용불안이 심해지면 사람들은 졸업장이 아니라 시장에서 사용 가능한 자격증을 주는 쪽으로 몰려가게 될 것이다. 서울대 이공계 입학을 포기하고 지방 의대로 가는 학생들이 바로 그 예이다. 성과와 이윤의 압박에 언제나 시달리는 기업으로서도 신입사원 선발에서 학벌 간판을 중시할 이유가 없다. 기성세대 학부모가 대학 브랜드에 아무리 집착해도, 그들을 채용할 기업들은 점점 출신 학교 브랜드를 무시하게 될 것이고, 자녀들도 부모의 말을 듣지 않을 것이다. 실제 재단법인 '교육의봄' 측의 조사에 의하면 한국의 공기업과 대기업 들은 이제 경력직 채용, 직무 중심의 수시 채용에서는 지필고사나 학력 스펙보다는 인턴 경력이나 면접의 비중을 높인다.[158] 일반 기업들도 수시 채용 비율을 점점 높여가고 있고, 신입사원 채용에서도 '간판'보다는 실력을 더 중시한다고 한다.

일부 학생들이 스스로 학력·학벌주의를 벗어던지는 일도 오래되었다. 특히 2000년대 이후 '명문대 입학이 곧 성공'이라는 공식을 거부하면서 대학 진학을 포기하고 자신이 좋아하는 삶을 추구하는 청년들이 많이 나타났다. 1989년 전교조 가입 교사 대량해직 사태의 충격 속에서 평소에 존경하던 교사들이 해직되는 것을 지켜본 일부 고등학생들은 대학 진학을 포기하기도 했다. 서울대 등 명문대를 다니다 성공회대로 편입한 학생들도 있었다. 고려대생 김예슬의 대학 포기 선언은 사회적으로 잔잔한 충격을 주기도 했다. 대학입시를 거부하거나 학교를 자퇴한 '투명 가방끈들'의 모임도 있었다.[159] 대학 진학을 거부한 청년들이 『대학거부 그후』라는 책을 펴내기도 했다.[160] 최근 도배사가 된 연세대 출신 청년의 경우도 학력 프리미엄에 편승해 살기를 거부하는 경우에 속한다.

개인 차원의 이러한 용기 있는 실천에도 불구하고 대다수의 학생이나 청년 들이 이 길을 따라갈 가능성은 크지 않고, 이러한 개인들의 결단이 다른 청년들에게 큰 자극을 주기도 어려울 것이다. 세속적인 성공과 출세를 향한 인간의 욕망을 제한하는 것은 쉽지 않고, 모든 청년들이 주체적인 삶을 살 수 있을 것이라고 기대하기도 어렵다. 그러나 대입 시험을 거부하는 것은 개인의 자유이고 커다란 용기의 표현인 것은 분명하다.

학력주의나 능력주의는 애초부터 모든 계급·계층 출신의 청년들에게 동일한 설득력을 갖지도 않았을 것이다. 시험능력주의는 실제 계층이동이 활발하게 일어나고, '개천에서 용이 날 수 있다'는 구호가 경제적 중하층의 경험적 현실과 부합할 때 설득력과 효력을 가질 수 있었지만, 부의 양극화와 세습화가 더 노골화되면 청년들은 이제 그런 구호를 거의 받아들이지 않을 것이다. 그들은 학력주의나 능력주의는 애초부터 자신과 무관한 '그들의' 게임이었다는 것을 그전부터 알면서도 말하지 않았을지 모른다.

3장

시험능력주의의 앞면:
지배체제와 그 승리자들

'능력자'들의 지배?

지식·정치계급과 시험능력주의

고시 출신의 지배

누가 오늘의 한국을 다스리는가? 많은 사람들이 대통령이라고
답할 것이다. 1980년대까지 남자아이들의 장래희망 1순위는 대통
령이었고 그다음은 국회의원, 판검사, 고위 공직자였다. 이들은
모두 정치권력을 행사하는 사람들이다. 이들은 과거 안보와 국방,
외교, 경제정책, 기업활동에 대한 지원 및 인허가, 조세 등을 통해
국민들의 운명과 복지, 심지어 삶과 죽음까지 좌우했다. 그래서
한국에서 이 중앙권력을 장악하거나 권력과 선을 대기 위한 투
쟁, 헨더슨(Gregory Henderson)이 말한 것처럼 위를 향해 상승하
는 회오리바람은 그 어떤 협동이나 연대와 같은 수평적 인간관계
를 모두 집어삼킬 정도로 강력했다.[1]

대통령이야 사실 '하늘이 내리는 자리'라고 볼 수 있으니 누구나 꿈을 꿀 수는 있어도 실제 도전하기는 어렵지만, 권력을 상징하는 국회의원이나 판검사, 부를 상징하는 의사는 물려받은 재산은 없어도 지적으로 뛰어나고 야심이 있는 청년들이라면 한번 도전해볼 만한 자리다.

플라톤은 이상적인 통치는 가장 지혜로운 자, 즉 학식과 오랜 기간의 실무를 바탕으로 능력을 두루 갖추고 있으며 물욕에서 초월하여 이데아(사물의 근본)를 볼 수 있는 자가 담당하는 것이라고 생각했다.[2] 그러나 플라톤이 말한 철인, 즉 높은 학식과 지혜를 갖춘 자가 통치자가 되어야 한다는 생각은 고대 로마가 아닌 근대 이전 중국에서 실현되었다. 중국의 17세기 유학자 황종희(黃宗羲)는 후한시대의 최고 관료 교육기관이던 태학의 학생들이 정치적 역할을 한 예를 들면서, 태학의 좨주(祭酒), 즉 당대 최고의 석학이 재상과 동등한 권한을 갖게 하고, 일종의 '학자들의 의회'가 통치에 개입하도록 하자고 제안했다.[3] 고려 이래 조선 초기에 설치된 집현전은 통치기관이 아니라 자문기관에 가까웠지만 지식인 지배를 제도화한 것이다.

그래서 대니얼 벨도 관료제도와 과거시험의 전통이 있는 싱가포르와 중국은 지적으로 최고 우수한 인물들, 가장 똑똑하고 실력 있는 사람들이 통치세력이 된다고 강조했다. 현대 중국은 학교에서부터 가장 우수하고 지도자적 소양을 가진 사람을 선발해서 육성하고 이후 엘리트 행정조직, 혹은 당에서 훈련을 한 다음, 경제·과학 등에 전문성을 갖추게 해서 국가 대사를 집행하는 통치자로 만든다는 것이다.[4] 전통시대에 소농 중심의 경제를 유지한 나라에서 소농과 관료체제는 긴밀히 연결되어 있다. 친후이(秦暉)와 쑤원(蘇文)은 중국 화베이(華北)지방의 소농체제는 대토지 소유자와 소작인이 계급적으로 대립하는 사회가 아니라 권귀(權貴)와 소농이 수직적으로 연결되는 정치경제 체제를 형성했다고 보았다.[5] 대혁명 이후 프랑스의 나폴레옹(Louis Napoléon Bonaparte)과 같은 독재자, 이승만 같은 국부(國父)와 거미줄과 같은 관료제가 이런 개인적이고 뭉치지 못하는 소농들의 요구를 집약하고 대표한다. 한국에서 중앙집권적인 정부와 관료를 숭배하는 빈농·중농들은 평균적인 지적 능력을 가진 자녀를 말단 경찰, 공무원이라도 되게 하고, 공부를 뛰어나게 잘하는 자녀는 '일류 학교'에 보내서 중앙정부의 관리로 만들어 출세(出世)하게 하려고 했다.

한국에서 학력자격증, 즉 명문대를 입학하고 고시에 합격하여 대통령, 법관, 관료, 학자, 전문가가 되는 것은 콜린스가 말하는 '정치노동', 즉 손발을 움직여서 생산활동을 하는 사람을 지배하게 되는 것을 의미한다. 시험에서 최상위권 '석차(席次)'에 오른 사람이 곧 최상위의 '앉는 자리'를 차지할 수 있다는 생각은 중국을 중심으로 한 동아시아의 오랜 전통에서 비롯한 능력주의의 가장 전형적인 표현이다.[6] 우리는 이들 현대판 권귀, 즉 관료-법조인-정치가 집단을 정치계급(political class)이라 부를 수 있을 것이다. 그 정치계급의 중요 구성원이 관료-검찰을 포함한 기술관료(technocrats)들이다. 원래 '계급'이란 자본 등 생산수단의 소유/비소유와 관련된 개념이나, 여기서 정치계급은 국가권력을 움직이는 엘리트, 즉 입법, 법 해석, 그리고 법 집행 권한을 가진 집단을 말한다.[7] 후발국가의 근대화와 산업화를 주도한 세력이나 사회주의 국가에서 권력을 장악한 세력들이 바로 이들 정치계급과 기술관료들이다. 이들의 지배 방식을 기술관료주의라 부를 수 있다. 메이지 이후 일본, 그리고 박정희 정권 이후의 한국은 정도의 차이는 있으나 기술관료 집단이 지배체제의 중요한 특징이었다.

앞에서 필자는 한국에서 능력주의란 주로 명문대 입학이나 고시 합격 이력을 선제로 한 시험능력주의를 의미한다고 말했다. 최고 권력기관인 입법부·사법부·행정부의 최고위직을 어떤 사람들이 차지하고 있는가를 통해서, 이 능력주의와 지배질서의 상관성을 알 수 있을 것이다. 물론 앞에서 20대 대통령 예비후보의 면면을 통해서 이미 확인했다.

현대 일본의 경우는 어떨까? 일본의 현 총리 기시다 후미오(岸田文雄)와 전 총리 스가 요시히데(菅義偉), 아베 신조(安倍晉三), 아소 다로(麻生太郎) 등은 대체로 전범 족벌 정치세력의 후손이자 자민당 실세들의 얼굴 마담이다. 일본은 세습 우익세력이 지배하고 있다면, 한국의 경우 반독재 투쟁 경력을 가진 직업정치가(김영삼·김대중)나 명문대, 고시 출신들이 주로 대선 후보였다.

국회의원의 면면에서도 드러난다. 표 3 '19, 20, 21대 국회의원 직업 분포'에서 19대 이후 한국 국회의원의 출신 직업 분포를 보면 법조인과 관료 들이 과대 대표된다는 것을 확인할 수 있다.

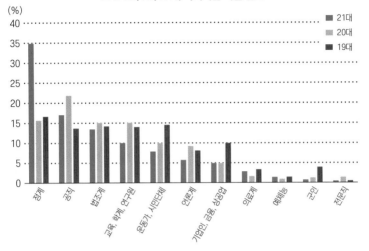

표 3 **19, 20, 21대 국회의원 직업 분포**

* 출처: SBS 조사(제19, 20대 국회의원 선거), KBS 조사(제21대 국회의원 선거)[8]

19대 이후 지역·비례를 모두 포함한 국회의원의 전직 직업 분포를 보면 기성 정치인 외에는 거의 공직자, 법조인과 교육계, 언론계 사람들이 큰 비중을 차지하는 것을 확인할 수 있다. 특히 법조인, 고위 공무원은 대체로 명문대학 졸업과 사법고시, 행정고시 합격이라는 지식자본, 지위재를 갖고 있다. 이 시험 합격이라는 상징자본이 곧 정치자본으로 연결된다. 관료와 법조인에 대한 물신적 숭배가 남아 있는 농촌지역 선거구에서는 서울대와 고시 출신이 더 유리하다. 한국에서 학력·학벌 자격증 소유자, 고시 합격자 들의 '사회적 공간'(espace social)은 부르디외가 말한 사법부·행정부와 같은 '권력의 장'(champ du pouvoir)을 의미하는데, 그래서 이들은 입법부라는 상위 권력의 '장'으로 가장 손쉽게 이동

표 4 **15~21대 국회의원 중 법조인 비율**9

	15대 (1996년)	16대 (2000년)	17대 (2004년)	18대 (2008년)	19대 (2012년)	20대 (2016년)	21대 (2020년)
법조인 수	41명	41명	54명	59명	42명	49명	46명
비율(%)	13.7	13.7	18	19.7	14	16.3	15.3

* 출처:『대한변협신문』(2016. 4. 18)과 『법률신문』(2020. 4. 20)에서 작성.

할 수 있다.[10] 권력 3부인 사법부·행정부·입법부는 정치학 교과서에서는 분리, 견제하게 되어 있지만, 이들 각각의 장에 속한 고위직들은 거주지 술집이나 골프장에서 대학 동문과 고시 선후배 사이로 만난다.

표 4 '15~21대 국회의원 중 법조인 비율'에서 볼 수 있듯이 21대 국회에서 사법시험이나 군법무관 시험을 거친 법조인 출신 국회의원은 46명으로 전체 300명 중 15.3%, 즉 6명 중 1명꼴이다. 2019년 말 기준 49명(16.3%)이었던 20대 국회와 비슷했다. 19대 국회의 법조인 비율은 14%로 20대 국회(16.3%)에 비해서는 낮았다. 18대 국회 때만 해도 10명 중 2명꼴(19.7%)이었고, 17대와 16대에도 각각 18%, 13.7%였다. 한국 인구가 5천만명 정도인데, 변호사 3만여명을 포함하여 법조인 수는 3만 5천여명이므로 법조인은 전체 인구의 0.07%를 차지한다. 그런데 인구의 0.1%도 안 되는 법조인이 국회의원의 15% 정도를 차지하고 있다면 법조인이 200배 이상 과대 대표되고 있는 셈이다.

국회의원 중 행정고시 출신 관료들의 비율도 매우 높다. 20대 총선 새누리당(현 국민의힘) 지역구 당선자 중 공무원 출신이 46명이었다. 이는 새누리당 전체 지역구 당선자 105명 중 절반 정도에 해당한다. 이 중 행정고시 출신이 22명이다.[11] 21대 국회에서도 의원 직전 직업을 보면 행정고시 출신이 27명으로 가장 높은 비율을 차지한다.[12] 선거로 선출된 전국의 모든 지방자치단체장의 출신배경을 조사하면 행정고시, 혹은 고위 관료 출신 비율은 더욱 높을 것이다.

한국과 가장 비슷한 일본은 어떨까? 일본의 경우 2021년 중의원·참의원 713명 중에서 법조인 출신은 5%를 넘지 않는다.[13] 2019년 참의원 당선자 중에서는 지방의회 의원 출신이 16.9%, 국회의원 비서가 8.9%, 중앙관료가 8.9%를 각각 차지한다.[14] 지난 2017년 중의원 선거에서 자민당의 당선자 중 세습 의원은 83명으로 전체의 29%를 차지했다. 집권 자민당의 경우 대략 40%가 세습 정치인이다. 특히 일본은 내각제 국가이므로 내각 각료의 반 정도를 이들 세습 족벌 정치가들이 차지한다고 봐도 좋을 것이다.[15] 일본에서 직업 정치가는 중앙관료보다는 비명문대 출신의 세습 인물이 많고, 도쿄대 출신 등 학교의 '석차'에서 가장 앞에 있는 사람들은 주로 경제 부처에 들어가서 국가 운영을 좌우한다.[16] 보수정치의 세습 구조가 강고해서 명문대 출신들이 주로 행정부를 장악한 일본에 비해 한국에는 사법고시·행정고시·외무고시 출신들이 권력의 장을 주로 차지한다. 그러나 한국과 일본 모두 '정치노동' 세력이 '생산노동' 집단 위에 군림하는 강력한 엘리트 과두정치 체제라는 점에서는 공통된다.

한국 국회에서 여야를 막론하고 고시 출신 비중이 이렇게 높은 것을 보면 한국에서 시험능력주의가 얼마나 강력하게 작용하는가를 알 수 있다. 일본에서 세습 정치인이 많은 이유는 이들이 지명도와 정치자금 동원에서 유리하기 때문인데, 한국에서 법조인은 학벌·고시라는 지위자본을 지닌데다 선거를 치를 수 있는 경제력에서, 즉 부자 친구들의 수에서 남들보다 앞서기 때문일 것이다. 막스 베버가 말한 것처럼 변호사들이 현대사회에서 직업 정치가가 되기에 유리한 이유도 정당정치란 것이 원래 이익집단 정치이기 때문이며, 평소 변호사의 법률적인 지식이 이해관계에 얽힌 고객의 입장을 유효적절하게 대변해주기 때문이다.[17] 고시 출신이여야 모든 정당에서 공천을 쉽게 받는 이유도 한국 유권자들이 어려운 시험을 통과한 '엘리트'들을 지지한다는 판단 때문이다.

한국인들은 선거로 선출한 대통령이나 국회의원에 대해서는 아주 가혹하게 비판하면서도 비선출 권력인 검찰의 편향적 수사나 법원의 비상식적인 판결에 대해서는 항의를 하지 않거나 하지 못하는 편인데, 그 까닭은 자신과 관련되지 않는 복잡한 사건의 수사나 판결에 대해 잘 알지 못하기 때문이기도 하겠지만, 판검사들이 이해가 충돌하는 사안을 가장 중립적으로 잘 판단할 수 있는 '머리 좋은' 사람들이라고 생각하기 때문일 것이다. 그러나 실제 한국의 판검사들 상당수는 복잡한 사회 이슈에 대한 지식도 높지 않고 심한 정치적 편향성을 갖고 있으며, 대체로 약자들의 고통이나 공익에는 별로 관심이 없는, 자신의 출세에만 관심을 갖고 살아온 사람들이다.[18]

정치계급은 '지배'세력인가?

시장에서 통용되는 자격증, 즉 의사, 변호사, 변리사, 약사 등은 언제나 수입을 보장해주지만, 이와 달리 국가에서 통용되는 학벌 자격과 고시 자격증은 임명권자가 정한 임기(관료나 판검사), 국민이 선출해서 활동하라고 정한 임기(국회의원) 동안에만 주로 효력을 갖는다. 그래서 민주주의 국가에서 학력자본, 지위자본을 가진 사람들의 권력은 제한적이다.

한국, 중국 등 동아시아의 과거시험 제도는 기본적으로 국가 관료-정치가를 선발하는 제도였다. 물론 근대 이전 군주가 절대 권력을 가졌던 왕조국가를 오늘날의 국민국가와 같은 것으로 볼 수는 없을 것이다. 유럽의 자유주의나 맑스주의 사상가들은 대체로 근대국가는 근대 산업이나 시장경제, 시민사회가 형성되면서 시민계급이 주도하여 만든 것으로 본다. 즉 시민사회나 시장이 먼저 생겨났고 국가가 나중에 형성되었다고 보았다. 이 경우 시민계급 혹은 자본가계급이 근대화를 추동했다고 볼 수 있다.[19] 그러나 후발국의 자본주의 발전은 대체로 제국주의 침략에 의해서나 위로부터 국가에 의해 추진되었다. 그래서 후발국의 근대화를 추진한 주체는 지주-자본가-군부-관료의 연합세력이었고, 이 경우 관료집단과 그들의 새로운 전문지식이 곧 국가건설과 권력 행사의 중요 기반이었다.[20]

프랑스는 대혁명 이후 근대 고등교육 제도를 수립하여 엘리트를 양성했다. 중앙집권적인 국가가 여러 개의 엘리트 양성기관을 만들어 관계(官界), 사법부, 학계에 엘리트를 배출했다. 근대 이전 일본은 중국, 조선과 달리 유럽식 봉건제에 가까운 경제체제를 가졌으나, 서구의 충격을 받은 변방의 사무라이 세력이 메이지유신을 주도하고 이후 천황제 군사관료 국가를 수립하는 과정에서 근대식 군사·교육제도는 독일과 프랑스의 것을 받아들였다.

해방 후 한국에서 실시된 고시제도는 일제의 유산이다. 독일, 일본을 비롯한 19세기의 후발국처럼 2차대전 후 산업화의 길을 간 한국은 새로운 교육제도를 아래로부터의 근대화·산업화의 요구에 부응하여 점진적으로 수립하기보다는 서구의 것을 학습하여 급히 만들었다.[21] 일본과 한국 등 동아시아 국가들의 근대화 과정에서 정치계급이 큰 역할을 한 것은 전통시대의 국가주의의 유산 때문이기도 하겠지만, 국가가 재벌 대기업을 파트너로 삼아서 서구 따라잡기 산업화를 추진했기 때문이다. 사실 동아시아뿐만 아니라 20세기 중반 이후 세계의 모든 후발국에서 산업화의 주역은 군부, 관료 등 정치계급이었다. 그리고 군부독재정권에 학생과 지식인이 맞섰기 때문에, 사실 지식엘리트는 후발국의 근대화와 사회혁명의 주역이라고 봐도 과언이 아니다. 그러나 군부관료가 지배하는 이 근대화 과정은 엄연히 자본주의 시장경제 수립의 과정이었고, 신흥 자본가들이 실제 국가경제를 이끌어가는 주역이었다.

한국에서 1987년 이루어진 군부독재의 종식은 혁명에 의한 것은 아니었다. 즉 1987년의 민주화는 독재정권에 가장 전면적으로 맞섰던 민주화운동가들에게 권력을 가져다준 것이 아니라 독재정권하에서 탄압을 받던 두 야당 정치가에게 권력을 가져다주었고, 학생운동이나 민주화운동에 몸담았던 사람들 중 일부가 제도권 정치가들에 의해 선별적으로 발탁되었을 따름이다. 그래서 군부의 퇴진은 언론, 검찰, 사법부 등 민간 엘리트 출신들의 입지를 더욱 확대하였다. 반독재의 담론이 사라지고, 자유와 민주의 시대가 열리자 기업, 언론, 검찰이 정치나 사회의 선두에 섰다. 아마 한국의 정치적 민주화 국면에서 사회주의 붕괴, 지구화, 정보화 등이 감당할 수 없을 정도로 닥쳐오지 않았다고 하더라도, 정치나 사회의 주도권은 기업이나 사법, 검찰, 언론 쪽으로 옮겨갔을 것이다. 그러나 신자유주의의 지구화가 대기업과 금융자본의 지배를 더욱 강력하게 만든 세계적 환경이었던 것은 사실이다.

자본주의적 민주주의 국가에서 형식적인 최고 권력자는 선출되는 대통령, 국회의원, 그리고 선출되지 않는 고위 경제관료, 판검사 등 정치계급이지만, 이들의 정치·행정·사법적 결정은 국내의 모든 경제 행위자들에게 심대한 영향을 미치는 국제경제 질서, 지구적 금융자본의 흐름이나 대기업의 투자 결정을 거슬러서 행사되기는 어렵다. 특히 기업은 투자와 시장 개척, 일자리 창출, 조세 납부 등을 통해 사실상 국가재정을 뒷받침하고 국민의 삶을 좌우한다. 1987년 한국 30대 재벌 총자산은 GDP의 55%에 불과했으나, 2010년에는 이미 GDP와 맞먹는 수준이 되었다.[22] 거의 모든 사람이 피고용자, 주식 투자자, 소비자가 된 오늘날의 시장자본주의 시대에 학력자본과 문화자본을 가진 정치계급은 물론 국민 모두가 국내외 자본의 움직임으로부터 심대한 영향을 받지 않을 수 없다.

그래서 2000년 이후 『중앙일보』의 '파워 집단' 조사에 의하면 언제나 1위는 삼성이었으며, 1위에서 10위까지는 삼성, 현대, SK, LG 등 재벌기업이 순서대로 들어 있다. 2002년 삼성의 총수 이건희가 대학생들이 가장 닮고 싶은 인물 1위로 올라선 이후 한국에서 사실상 가장 영향력이 있는 인물은 5년 단임의 대통령이 아니라 이건희-이재용으로 이어지는 삼성 총수들이었을지 모른다. 박근혜 정부 시기 삼성의 뇌물 의혹 사건을 수사하던 검찰은 삼성의 장충기 미래전략실 사장이 받은 수많은 문자를 발견할 수 있었다. 그에게 각종 청탁 및 안부인사 문자를 보낸 사람들의 면면을 보면, 국회의원, 기획재정부 장관, 국정원 기조실장, 전 검찰총장, 청와대 정책실장, 여러 보수언론의 간부, 부장판사, 서울대 교수 등 주로 판검사 및 고위 관료 경력을 갖고 지식자본을 획득한 정치계급에 속한 사람들이었다.[23]

일개 삼성 임원인 장충기에게 한국의 최고 권력기관의 고위층이 거의 아첨에 가까운 문자를 보낸 것이 무엇을 의미하는가? 이 수사에 참여한 한 검사는 "삼성공화국의 대통령은 이재용이었고, 비서실장은 장충기였다. 박근혜와 김기춘은 들러리처럼 보였다"고 말했다.[24] 정치권력, 사법·문화권력이 어떻게 경제권력에 봉사하는지 보여준 대표적인 사건이다. 한국의 정치가-관료-법관-검사-언론인-학자 들은 결국 삼성 등 재벌이 가진 경제력 앞에서는 작아진다. 이들 중 정치·문화 권력자들이 자신의 법, 경제논리 등 전문지식과 지역 연고 등 인맥을 동원하여 재벌 대기업의 집사의 역할을 해온 사실은 잘 알려져왔고, 이 문자는 그것을 확인해준 것에 불과했다. 국회의원은 4년 내에 교체되는 '임시직'이고, 검찰과 법원의 명문대-고시 출신 엘리트들은 고위직에 임명되더라도 그 임기 내에만 권력을 행사할 수 있으나, 재벌의 힘은 정권의 교체와 무관하고, 세습까지 된다.[25]

물론 한국의 4대 재벌, 10대 재벌 대기업도 삼성을 제외하면 몇 배나 큰 자본력을 가진 글로벌 기업들의 맞수는 되기 어려운데, 이들도 치열한 글로벌 경쟁체제에서 생존하기 위해 총력을 다하는 것이 사실이기 때문이다. 아무리 대마불사(大馬不死)라 해도 끊임없이 기술혁신을 하지 않으면 재벌 대기업도 무너질 수 있다. 그러나 한국의 경제 생태계에서는 미국처럼 혁신 기업가가 크게 성장한 사례보다는 세습 부자의 비중이 더 크다. 물론 2021년 개인별 최고 부자 순위를 보면, '흙수저' 서울대 출신인 카카오의 김범수가 1위를 차지했다. 20위까지 순위를 살펴보면 10명 정도는 재벌가의 세습 부자에 속하고, 나머지 반은 자수성가형의 부자들이다. 2016년 미국 피터슨국제경제연구소의 조사에 의하면 2014년 기준 자수성가형 부자는 74.1%였다. 2015년 블룸버그가 세계 부호 400명을 발표했는데 한국인 5명이 포함되었지만 모두가 재벌 2, 3세들이었다. 2014년 상장사 주식부자 100명 가운데 창업한 사람은 25명뿐이었다.

IT 분야에서의 자수성가형 부자들의 성공은 그들의 학력·학벌에 힘입은 것이라기보다는 그들이 IT 등 산업 생태계를 혁신하고 그 변화를 이끌 '능력'을 가졌기 때문이다. 한국에서 세습 부자의 비율이 상대적으로 높은 이유는 한국이 제조업 비중이 매우 높은 나라이고, 재벌의 경제력 집중이 매우 심하기 때문이라고 볼 수 있을 것이다.[26] 결국 한국은 경제나 사회 분야에서 혁신 창업자의 '능력'보다는 여전히 세습 자본가의 자본력이 더 우세한 나라다.

민주화 이후 정치계급은 군부세력 대신에 자본이라는 새로운 '권력'에 다가갔다. 그래서 정치계급의 모든 판단과 결정은 언제나 경제질서, 특히 재벌 대기업과의 관계 속에서 살펴봐야 한다. 특히 한국 검찰은 자본주의 질서가 더 착근한 이후 재벌 대기업 가족, 최고 경영자 들과 스폰서 관계를 맺기도 하고,[27] 골프 회동, 최고 경영자 과정 등을 통해 친교를 쌓고 선물 교환을 한다. 거대한 부패 카르텔이다.

그래서 정치계급에 속한 사람은 자산소유에서도 대체로 한국의 상위 10%에 속한다. 수천억원대의 재산을 가진 최상위 의원을 제외한 20대 국회의원의 평균 재산신고액은 24억 8천만원이었고, 21대 국회의원의 평균 재산신고액도 22억원이다. 국회의원은 대체로 재산에서 한국 상위 2%에 해당한다. 고위 공직자들도 주로 서울의 강남에 집을 갖고 있다. 국토교통부와 기획재정부 고위 공직자 17명 중 60%인 10명은 강남 3구(강남구·서초구·송파구)에 있는 아파트를 소유한 것으로 나타났다.[28] 고위 공직자 398명이 신고한 재산 내역을 바탕으로 보유 주택을 보면, 이들의 보유 주택이 가장 많은 지역은 '강남 3구'와 '마용성'(마포구·용산구·성동구) 지역이다. 서초구가 52채로 가장 많고 이어 강남구 45채, 송파구 26채로 강남 3구가 123채이며 서울 전체(228채)의 절반 이상을 차지했다.[29]

명문대와 고시 합격 이력을 가진 시험선수들은 분명히 '출세'를 위해 입법·사법·행정부를 돌면서 주요 직책을 맡고, 퇴직 후 정부 자회사나 로펌 등에 들어가 수십억원의 수입도 얻는다. 그러나 5년 단임제에서 한국의 대통령은 '권불십년(權不十年)'이 아니라 '권불오년'이다. 20대 대선에서 불거진 '대장동 50억 클럽'에 전직 판검사들도 포함되어 있지만, 잘나가야 차관급 정도의 월급으로 살아가는 공무원인 대다수 판검사들은 그 자신의 월급만 갖고서는 강남 집 한채 마련하기도 어렵다. 재테크에 신경을 많이 쓴 관료, 법조인이라 해도 그의 부는 재벌 대기업의 임원은 물론 중소기업 사장 정도에도 미치지 못할 것이다. 고위 공무원, 검찰과 사법부 고위직, 대기업 CEO 등 '전문직'(profession)은 중간층 출신의 공부 잘하는 청년들이 꿈꿀 수 있는 자리인 것은 맞지만, 유럽 봉건 시기 세습 귀족에게 봉사하는 가신(家臣)과 같은 역할을 하지 않으면 경제적 부까지 얻기는 어렵다.

　삼성의 내부자였다가 비리를 고발한 검사 출신의 변호사 김용철은 검찰은 삼성이 관리하는 여러 작은 조직 중 하나에 불과하다고 보았다. 흥미롭게도 그는 여러 권력기관이 벌이는 불법적인 로비, 그런 권력기관의 일원이 되려는 욕망이 망국적인 입시경쟁의 원인이라 진단한다.[30] 즉 그는 정치계급에 속해서 자본권력에 접근하는 것이 사람들이 명문대와 고시에 몰려가는 중요한 이유라는 점을 지적했다. 그러니 '머리 좋고' '시험 잘 본' 사람들의 실제 경제적 '능력'은 혁신 기업가는 물론 세습 부자의 '능력' 앞에서도 초라해진다. 한국은 자본주의 국가이기 때문이고, '공부 잘하는' 사람이 돈도 잘 벌 수는 없기 때문이다. 학력 경쟁은 최고 권력자나 최고 부자가 되자는 것이 아니라 최고 부자들의 마름, 즉 재산 관리자가 되자는 것이다. 원래 중세 유럽에서도 성직자나 법률가와 같은 지식인은 봉건 영주나 귀족들의 이익을 대변해 주거나 그들의 '재산'을 관리하는 사람, 즉 가신이 아니었나?

학교와 지배질서

'가족 개인'의 상승 기회로서의 교육

학력·학벌 자격이 과거의 '신분'을 대신할 수 있는 보증서가 되고, '좋은 학교' 졸업장이 지위를 보장한다면, 입시경쟁은 1차 선별, 즉 지위 경쟁 1라운드가 될 것이다.[31] 학력자격증을 발급하는 '일류 학교'는 현대사회에서 지위 경쟁에 나서는 선수들 간의 1단계 경합의 장이지만 이 경합은 이후의 경합에서 누적효과를 낼 결정적인 기반이 된다. 그런 사회에서 교육, 지식은 사람들이 높은 지위를 차지하여 지배자의 일원이 될 자격을 얻는 길이다. 그런데 지배는 복종이라는 동전의 다른 면이다. 그리고 지배자가 되려는 사람은 그것을 위해 필요하면 더 높은 곳의 누구에게든 복종할 준비가 되어 있는 사람일 수도 있다. 학교는 교육의 장이지만, 지배(자)를 위한 가장 중요한 제도이고, 가장 중요한 국민 훈육기관이다. 일본 교육의 진짜 목적은 교육 그 자체가 아니라 복종의 습관을 기르도록 하려는 것이라는 지적도 여기서 나온다.[32] 그래서 그람시는 근대 학교가 이데올로기적 지배기구임과 동시에 학생들에게 일종의 사회적 순응주의를 형성하는 현장이라 말했다.[33]

입시 성공, 입신출세의 신화 역시 시험과 학교라는 제도를 통해 유인책을 마련하여 사회적 갈등이 폭발하는 것을 막는 통치술일 수 있다.[34] 그렇게 지위 이동의 가능성에 목을 매는 사회는 집단 저항과 혁명의 가능성이 차단된, 매우 안정적이고 보수적인 사회다.[35] 이 점에서 학교는 사회이동을 열망하는 시민의 자발적 동의를 이끌어내는 기구이며, 교육을 통해 기존 체제의 정당성을 이끌어내는 가장 중요한 이데올로기 기구라고 볼 수 있을 것이다.

근대 이후 학교는 공교육이 이루어지는 특별한 장소이자, 부르디외가 말한 것처럼 졸업장이라는 공인된 문화화폐를 발급한다는 점에서 학교 이외의 다른 여러 사회제도나 조직이 교육에 손을 대는 것을 단념하게 만들 수 있는 독점기관이다.[36] 근대 산업사회의 학교는 짧은 시간에 많은 수의 학생들을 효율적으로 가르칠 수 있는 제도이고, 문해력과 초보적인 기술을 갖춘 대규모의 노동인력을 육성하는 곳이다. 그래서 오늘날의 학교는 산업화 시대의 공장, 특히 포드주의 대량생산 공장을 모델로 한다. 학력자격증이 희소가치가 있다면 그것을 얻기 위해서는 학교교육이라는 과정을 통과해야 하는데, 그 교과과정이나 평가방법을 국가가 정한다. 학교교육은 체제논리를 확산, 전파하기 위한 장치, 혹은 계급 재생산 기제이기도 하다.[37]

볼스(Samuel Bowles)와 긴티스(Herbert Gintis)도 학교라는 제

도는 상승의 기회를 제공하기보다는 기존의 지배체제를 오히려 강화하는 측면이 크다고 비판했다.[38] 마이클 애플은 학교에서 가르치는 공식 지식과 교육과정은 곧 권력 유지와 관련되어 있고, 지배이데올로기를 집약한 것이라고 말한다.[39] 물론 학교가 통치기구의 일부로만 존재하는 것은 아니고, 교육이 언제나 공식 지식의 전달 창구로만 기능하지는 않는다. 어떤 나라의 어떤 경우에서도 학교는 사적 욕망을 충족시켜주는 학력 이수 자격증 발급소의 기능과 '교육기관'으로서의 기능을 동시에 수행한다. 과거나 현재나 학교에서 학생의 교육적 성취를 평가하기 위한 시험도 필요했고 상급학교 '선발 시험'을 준비하는 훈련이나 시험도 동시에 필요했지만, 시험보다는 교육이 중시되어야 한다고 생각하는 '소신 있는' 교사들은 정답 맞히기를 가르치는 기능을 하는 학교 시험에 대해 회의하거나 때로 거부하기도 하면서 교육자로서 자신의 본분을 다하려고 몸부림쳤다.

과거 조선의 각 지방의 향교나 고등교육기관인 성균관이 제공하는 교육과 여러 단계로 치러지는 과거시험은 주자학적 세계관과 지식으로 무장한 지배자를 길러내는 과정이었고, 일제의 수신 교과서의 '품행(品行)이 방정(方正)한 모범생'은 천황에 충성하고 부모에 효도하는 학생을 이상으로 했다. 현대 한국의 학교 규율에 순종하고, 입시에 성공해서 미래의 좋은 직업과 자리를 얻으려 애쓰는 학생들도 이러한 기존의 가치관과 질서를 내면화한다. 입시가 사람들이 사회적 지위를 얻기 위한 도정에서 반드시 통과해야 할 1차 선별이고 이후의 지위 획득에서 누적효과를 낼 수 있는 결정적 토대라면, 그 경쟁은 매우 치열할 것이고, 학교교육은 입시 준비에 치중할 것이다. 한국에서 입시와 입시 준비는 합격/불합격이라는 포상과 처벌의 과정을 통해 수험생을 길들이는 훈육 과정이기도 하다.

학교와 입시는 일차적으로 학생과 수험생의 의식과 행동을 규율하나, 더 나아가 사회 일반을 규율한다. 부르디외는 "학교제도를 이용하지 못했던 집단이 학력자격을 획득하기 위한 경주와 경쟁에 뛰어들게 됨에 따라 이제까지 주로 학교를 통해 스스로를 재생산해온 계급분파들이 자신들의 학력자격의 상대적 희소성을 유지하고 또 그것과 관련해서 계급구조에서 자신들이 차지해온 위치를 유지하기 위해서 교육 투자를 강화하지 않을 수 없었다"고 말했다. 그래서 "학력자격증은 교육제도가 미치지 못한 영역까지 강력한 영향력을 행사"하고,[40] "학력자본을 누가 갖는가가 근대사회에서의 지배계급의 지위를 차지하기 위한 가장 중요한 경쟁의 장, 계급투쟁의 한 형태가 되었다"[41]고 보았다.

콜린스도 특정 명문학교 졸업장이라는 문화화폐를 획득하기 위한 교육 경쟁은 지위 독점을 향한 계급투쟁의 한 형태라 보았다.[42] 그러나 그 교육 경쟁은 맑스가 말한 계급투쟁이라기보다는 사실상 '기득권 유지와 획득을 위한 경쟁',[43] 혹은 개인들의 권력 획득을 위한 '경쟁'에 가깝다. 현대사회에서 학생과 학부모가 명문대 입학에 사활을 걸고 온 가족의 자원을 동원해 투자하는 것은 국가나 사회 전반으로 보자면 콜린스가 말한 것처럼 고소득 직업, 제한된 권력과 지위를 차지하기 위한 정치노동이다. 그가 말한 전문직 자리라는 것은 생산활동이 아닌 정신노동을 하는 지배자의 지위를 의미한다. 이것은 아리스토텔레스나 맹자가 말한 노심자(勞心者), 즉 머리를 쓰는 사람과 노력자(勞力者), 즉 힘을 쓰는 사람 간의 관계를 말하는 것이니, 정신노동을 하는 사람이 육체노동을 하는 사람을 다스리게 되는 것이고, 공부는 지배자 수련, 즉 정치노동임을 강조한 것과 같은 이야기다.

앞의 37면의 그림 1 '아래와 위에서의 지위 상승의 힘의 작용과 그 통로의 병목'에서 볼 수 있듯이 아래에서 밀어올리는 압력과 위에서 끌어당기는 힘이 맞닿은 병목에 바로 입시가 있다. 한국에서는 학력·학벌을 획득하기 위한 거대한 경쟁 러시 때문에 통로가 거의 막혀 있거나 심각하게 과부하가 걸려서 여러곳이 터졌다. 이 러시는 힘세고 돈 많은 사람들에게 인간 취급을 받지 못하고 살았던 중하층 출신들이 '개인적'으로 강자들에게 '복수'하려는 것, 혹은 한풀이기도 하다. 그들에게 한풀이와 복수를 위한 가장 효과적인 길은 일류 학교와 고시에 합격해서 정치계급의 일원이 된 다음 보란 듯이 권력을 휘두르는 일이다.[44] 일제 교육 당국의 질책을 받은 시골 초등학교 초임 교사 박정희가 자신을 옥죈 관리자와 그 식민지 질서에 저항하기보다는 '군수보다 힘이 센' 장교가 되어 그들의 코를 납작하게 해주려고 만주국 군관학교와 일본 육군사관학교에 들어간 것이 그 좋은 예이다.

억압적인 국가, 냉전의 극우정치하에서 살아온 한국인들은 권력집단을 향해 분노나 원한을 개인적으로든 집단적으로든 표출하는 것은 매우 위험하다는 것을 잘 안다. 그래서 권력과 맞서기보다는 우회하는 전략을 택한다. '아래'에서 억울한 일을 당하면서 살아야 하는 사람들은 힘센 사람들이 자신들의 삶을 언제나 내리누르니, 그들과 정면대결을 하는 모험을 감행하기보다는 좀 더 안전한 옆길로 비껴서 오르려 하는 것이다. 이는 입시 열기와 입신출세 욕망은 힘없는 이들이 그동안 당해온 억압과 서러움을 다른 길로 우회 돌파하려는 일종의 풍선효과임을 말해준다.

결국 기존 지배체제하에서 차별과 억압을 당해온 사람들이 그들끼리 단결해서 권력 교체를 감행하는 것(사회운동이나 혁명)이 매우 어렵거나 불가능할뿐더러 대다수는 그런 길이 있다는 것을 알지 못하기 때문에, 사람들은 공식 허용된 통로, 즉 지위를 얻을 수 있는 공인 자격(학력) 경쟁에 몰려가는 것이다. 사실 거대한 변혁의 시기가 아닌 바에야 보통 사람들은 기존 질서가 허용한 틀 안에서 개인적 상승의 길을 추구할 것이다.[45] 이것은 허시먼 식으로 말하면 사람들이 기존 체제에 대한 '집단적 저항'(voice)을 통해서 상황을 돌파하려는 것이 아니라 그것에 복종(loyalty)하면서 '개인적' 지위 상승을 추구하는 것이다.[46] 학력·학벌 자격을 따려는 것, 즉 과잉교육열의 기반은 이것이다.

부르디외나 콜린스도 학력 경쟁은 '개인화'된 권력투쟁, 계급투쟁이라고 말했지만, 그것은 정확히 말하자면 '지위 경쟁'(status competition)일 것이다. 결국 학력·학벌이라는 지위자본을 얻기 위한 사투는 계급투쟁, 권력투쟁 그 자체라기보다는 그러한 정면투쟁의 길을 피해서 실현 가능한 개인적 경쟁으로 몰려간 것이라고 말하는 편이 정확하다. 맑스는 헤겔의 『법철학』을 비판하면서 그의 서구의 정신사, 그리고 국가, 법, 정치, 가족 등의 관념은 대중들의 경제적 삶과 고통의 역사를 '거꾸로 세운 것'이라고 강조했는데,[47] 고시열·입시열이야말로 신분 차별이나 노동 천시의 현실을 '거꾸로 세운 것'이다. 빈곤 탈피, 차별에 대한 분노, 세속적인 지위 추구욕, 권력욕이 이 시험 열기의 동력이다.

1970년대 말까지 한국의 치열한 명문고·명문대 입시경쟁은 앞의 김용철이 말한 것처럼 판검사 정치계급의 일원이 되기 위한 1단계 경합의 성격이 강했는데, 그 경합은 개인이 아니라 '가족들 간의 전쟁'이었다. 한국에서 학력자본·지위자본을 얻기 위한 시험장에 나선 전투 단위는 개인이 아니라 '가족 개인'이다.[48] 한국전쟁을 겪으면서 원자화된 가족 외의 사회적 연대가 거의 해체되었고, 여기서 수직 상승을 위한 열정은 가족 단위에 내장되었다. 집단적인 사회적 갈등으로 폭발할 수도 있는 용암은 '가족 개인'들의 거대한 입시 전쟁으로 분출하였다.[49]

그래서 한국의 시험공부는 고립된 개인들의 전투인 것처럼 보이지만, 실제로는 "어머니의 코디, 아버지의 무관심과 할아버지의 재력"이 결합된 가족 단위 총력전이다.[50] 특히 한국에서는 전업주부 어머니들이 학력 경쟁의 주역이다. 어머니들이 가정에서 자기 자리를 구축하기 위한 '인정투쟁'이 자녀 교육열로 드러났다. 필자가 한국 근대를 '가족 개인'의 형성사이자, 차별받던 여성들이 가족 내 전업주부로서의 지위를 확보하는 과정이자, 개인주의체제에 순응하는 과정이라 본 것은 이런 이유 때문이다.[51] 조선시대에 양반들만 주로 응시할 수 있었던 과거시험도 개인들의 경쟁이 아니라 사실상 가문·가족 단위의 시험이라는 성격을 띠었는데, 일제강점기 이후 시험은 근대와 전통, 즉 개인화와 가족화가 결합되었다.

　교육이 가족사업이라면, 당연히 자녀를 변호사나 의사로 만드는 일도 가족 투자다. 문재인 정부에서 공공의대 반대에 나선 젊은 전공의협의회 회장은 '교과서 사는 데 10원 한푼 보태준 적이 없는' 정부라는 표현을, 그리고 김대중 정부에서 의약분업에 반대했던 의사들은 '3억을 투자해서'라는 표현을 노골적으로 했는데,[52] 어느정도 부모의 재력이 뒷받침되어야 의대를 갈 수 있는 환경, 교육을 사적 재화로 인식하는 이들의 정신세계가 드러난 거친 표현이었다. 의사들의 이러한 표현에는 '가족 투자'의 과실인 학력자격증은 가족이 전유해야 한다는 생각이 암암리에 깔려 있다. 의대에서 감당해야 하는 엄청난 양의 공부나 전공의가 되기 위한 시험과 수련 과정은 모두가 개인의 능력과 노력의 몫이다. 그러나 부모의 강력한 기대와 높은 관심, 그리고 투자 여력이 한 사람의 의사를 만들어낼 수 있다. 그래서 시험능력은 개인의 것이지만 동시에 가족이 발휘하는 것이기도 하다. 여러 시험의 수석 합격자들이 소감 발표에서 언제나 부모에게 감사를 돌리는 이유도 여기에 있다. 시험능력을 보여주는 합격증은 개인에게 발급되나, 그 뒷장에는 부모의 이름이 적혀 있다.

명문대 출신의 지배

　정당정치가 제도화되어 있고, 노조가 사회민주당 등의 진보정당에서 정치가의 배출 통로가 되는 북유럽 국가에서는 고등교육을 받지 않은 화이트칼라, 노조 출신 정치가들도 많다.[53] 그러나 한국은 대표적인 시민단체나 진보정당을 대표하는 의원들까지도 주로 서울대 등 명문대 출신자들이 차지하는 매우 특이한 나라다. 2004년 국회에 입성했던 진보정당인 민주노동당의 의원 구성을 보면 10석의 의원들 대부분은 명문대 출신들로서 학생운동에서 시작해 노동, 농민, 빈민운동을 거친 사람들이 많았으며, 순수한 현장 노동자 출신이었던 사람은 단병호 1인, 농민 출신은 강기갑 1인에 불과했다. 당시 민주노동당 의원들도 민주노총을 대표하는 사람들은 아니었다. 이 점은 과거 일본의 사회당의 경우, 1958~79년 동안 중의원의 43%, 참의원의 66%가 총평에서 파견한 노동운동가였던 것과도 극히 대조적이다.[54]

그래도 국회의원처럼 선출직 정치계급은 비선출직인 임명직 공무원에 비해 명문대 출신의 비율이 상대적으로 낮은 편이다. 청와대 비서관, 안기부장, 감사원, 사법부와 검찰의 고위직에는 서울대 출신의 비율이 압도적으로 많다. 김영삼 정부 정책 참모의 80%가 서울대 출신이었고, 김대중 정부 때는 40%, 노무현 정부 때는 84.6%, 이명박 정부 때는 55.5%가 서울대 출신이었다.[55] 장관의 경우 김영삼 정부의 67%, 김대중 정부의 49.5%, 노무현 정부의 54.5%, 이명박 정부 초대 내각의 50%가 서울대 출신이었다. 2003년 자료에 의하면 전체 법관 중 서울대 출신은 59.1%였지만 고위 법관은 83.6%가 서울대 출신이다. 이렇게 서울대 출신이 대통령 참모진을 독점한 것은 이들이 뛰어난 사람이라는 평판이 있

어 추천되었겠지만, 추천자와 동문 선후배 관계로 얽혀 학벌 프리미엄도 작용했기 때문일 것이다.[56]

역대 행정부의 고위직도 거의 서울대나 행정고시 출신들이 차지해왔다. 2008년 7월 정부 고위 공무원단(1~3급) 1480명 중에 서울대 출신이 30.6%를 차지하였고, SKY대학 출신이 거의 반을 차지한 것으로 드러났다.[57] 박근혜 정부 당시인 2013년, 청와대와 정부 1급 이상 고위 공무원 256명 중 191명(74.6%)이 고시 출신이었고, 장·차관급 공직자 83명 중 52명인 63%가 행정·기술·외무고시 또는 사법시험 합격자였다.[58] 촛불정부를 자임하는 문재인 정부에서도 변화는 없었다. 2018년 12개 주요 부처별 1급 인사 65명을 조사·분석한 '1급 공무원 고시별 현황'에 따르면 행시 출신 비율이 80% 정도나 차지한다. 이 중 서울대 출신이 47%로 압도적으로 많다.[59] 문재인 정부 국세청의 경우 본청과 지방청 전 직원 중 고시 출신은 전체의 0.9%이지만 고위직 중에서는 75%를 차지한다.

앞서 말한 것처럼 서울대 등 최상위권 대학의 졸업장은 일차적으로는 문화자본이지만, 연고주의가 강하게 작용하는 한국사회에서는 학벌이라는 사회자본의 성격을 갖기도 하고, 그들의 '시험능력'은 국민을 대표할 능력, 즉 정치자본이기도 하다는 점이 중요하다. 즉 한국에서 명문대 학력과 고시 합격은 뛰어난 재능이나 지식의 소유자임을 보증하기 때문에, 그같은 이력을 갖춘 이들은 어떤 조직에 속하더라도 그 조직을 대표하는 사람으로 이름을 올리거나 결정권을 행사하는 등 일종의 정치적 발언권(voice)을 갖게 된다. 명문대 학벌은 한국에서 권력이나 부와 교환될 수 있는 화폐의 역할을 할 뿐만 아니라 그것의 소유자는 권력 정치의 주역으로 언론에 나타나서 영향력을 행사할 수 있는 자격증이기도 하다. 이들은 선출직 정치가로 입문하기에 유리한 자격증을 갖고 있는 것이다.[60]

그래서 과거 경기고, 서울고, 경복고 등의 명문고, 그리고 서울대 법대의 학벌과 고시 합격 이력까지 갖추고 있으면, 한국에서 누구도 겁낼 필요가 없는 강고한 엘리트 카르텔의 구성원이 됨으로써, 설사 범죄사건에 연루되어 정치적으로 곤경에 빠지더라도 보호받거나 구제받았다. 학벌이 준신분증의 성격을 갖는다는 것은 이런 사실을 통해 확인된다.

학력·학벌자본의 소유자들도 앞의 고시 출신들과 마찬가지로, 전문적인 지식을 무기로 대체로 대기업 오너의 가신 역할을 한다. 이처럼 학력·학벌 자격은 문화자본·사회자본·정치자본의 성격을 갖기 때문에, 경제적 부까지도 어느정도 보장해준다. 가난한 집 출신의 수재가 좋은 대학을 나오고, 관직이나 법조계로 들어가는 등 출세를 해서도 소신과 양심을 지키며 월급만 갖고서 살다보니 여전히 가난하다는 것은 거의 옛날이야기다. 지금의 강남의 명문고나 특목고 출신의 젊은 법조인이나 관료 들은 대체로 경제자본 소유자 혹은 전문직 부모를 둔 사람들이므로 어릴 때부터 가난과 억압의 세상이 있다는 것을 모른 채 자라났고, 그것을 알 필요도 느끼지 않은 채, 밑바닥층의 삶에 심대한 영향을 미치는 각종 결정을 마구 내린다.

지위 폐쇄를 통한 지위 세습

극히 경쟁적인 시험에 통과하여 학력자본이나 전문직 자격증을 얻는 사람은 자신의 시장을 더 많은 사람이 나누어 갖게 하지 않으려고 서비스 공급자 수를 통제하고 특권과 독점 지위를 유지하려 한다. 이것이 파킨, 머피 등이 말한 사회적 폐쇄다.[61] 학교, 시험에서 우수한 성적을 거둔 사람은 이후에도 응분의 보상을 받을 자격이 있는 능력자로 자임하고, 정치나 법이 이런 성적 우수자, 학벌 자격 소유자 들이 '이념적·물질적 재화나 기회를 독점'하도록 법, 제도, 관행을 만들면 그것이 불평등을 확대하게 된다.[62] 즉 관료나 전문직이 누리는 권한과 특혜, 자격증을 가진 집단이 그 집단 밖의 사람들이 자신의 먹거리를 손대지 못하도록 '거리를 두거나' 그들을 배제하면 학교나 시험은 기회의 장이 되기보다는 불평등 확대의 통로가 된다.

검찰이 수사권과 기소권을 독점하는 제도는 민주화 이후 검찰을 무소불위의 권력집단으로 만들었고, 급기야 검찰은 검찰총장 출신의 대통령까지 배출하였다. 법과 관련된 모든 일은 변호사의 독점권한에 속한다고 보기 때문에 대한변호사협회가 '노동법률사무소'라는 명칭을 사용한 노무사를 고발한 사건도 지위 독점의 대표적인 예에 속한다. 세무공무원 출신은 세무사 시험에서 일부 과목의 시험을 면제받음으로써 상대적으로 쉽게 세무사 자격증을 획득할 수 있다. 이 역시 관료들이 시장에서 특혜를 확보한 예에 속한다.

국가공인 전문직 자격증 보유자의 수가 적으면 적을수록 그들이 누릴 수 있는 특권과 지위는 올라가고, 특권이 크면 당연히 그것을 통해 얻을 수 있는 경제적 이득도 커진다. 이런 특권을 갖는 전문직에게 능력주의는 가장 효과적인 자기이익 보호논리다. 모든 사회에서 우세집단은 보통 승자독식, 기득권 진입장벽 높이기, 참여 기회 차단, 조직 내의 민주적 절차 무시 등의 방법을 동원해서 '열등'집단을 배제함으로써 이익을 독점하려는 경향이 있다. 학력, 인종, 성 차별이 존재하는 모든 사회에서 우세집단은 언제나 열등집단을 차별한다. 거리두기와 차별은 우세집단의 기득권 지키기 전략이다.[63]

과거에 의대 증설 방침이 거론되자 의사협회는 '의사 수가 늘어나면 (능력 없는) 돌팔이 의사가 양산되어 각종 의료사고가 계속 발생해서 결국 국민의 건강권이 침해될 것'이라고 반발했고, 코로나19 팬데믹으로 공공병원과 공공의사 수가 턱없이 부족하여 공공의대 설립 법안이 추진되자 의대생들은 "지방의 공공의대가 확대되면 시민단체 사람들이 추천한 사람이 의사가 될 것"이라는 식의 사실 왜곡을 하면서 의사 국가시험을 거부하는 등 집단적으로 저항했다.

한의사를 의료인으로 인정하지 않으려는 의사협회 등의 끈질긴 로비와 저항, 2000년 의약분업 당시 공익활동을 해온 인도주의실천의사협의회 소속의 동료 의사들을 배신자로 몰며 의료수가 인상을 요구하면서 응급실을 비우는 것도 대수롭지 않게 여겼던 의사들의 파업[64] 등은 의사의 독점적 특권을 유지함으로써 이익을 지키려는 행동이었다. 의약분업 당시 의사들이 "십수년 동안 공부를 하기 위해서 '자유를 희생한 댓가를 받아야 한다'"고 신문에 대대적인 광고를 낸 적이 있다. 그들은 자신들처럼 능력도 없고 노력도 하지 않았으며, 자격을 얻기 위해 오랜 세월 희생하지 않은 사람들은 자신들과 같은 수준의 보상을 받을 자격이 없다고 주장했다.[65] 당시 의사협회는 의사의 이익을 지키는 일에는 거의 체면도 내던졌다. 이들은 전문직이 통상 그렇듯이 약사, 한의사 등 자신보다 학교 성적, 즉 능력이 떨어진다고 생각하는 사람들을 멸시했다.[66] 그래서 무면허 돌팔이 의료인으로 지목되어 의료법 위반으로 치료공간까지 폐쇄당했던 침구사 김남수 옹이 "돈벌이는 장사치의 몫이지 의료인의 몫이 아니다"[67]라고 일갈하기도 했다.

국가에서 로스쿨 제도를 도입하려 했을 때 변호사의 공급을 제한하려 했던 변협 등의 저항, 과거에 고시 합격생 수를 제한하려던 변호사단체의 집단행동도 지위 폐쇄를 통해 전문직의 독점적 권한을 유지하기 위한 것이었다.[68] 그들은 '변호사 수가 늘면 없는 시장을 만들어내려는 온갖 사기꾼 변호사들이 늘어나 결국 시민들에게 피해가 갈 것'[69]이라고 하면서 변호사 증원 반대 논리를 펼쳤다. 판검사들도 마찬가지다. 한국의 검사들이 1인당 연간 1천 개의 사건을 처리하고, 판사들이 연간 처리해야 하는 사건 수는 464건으로 독일의 5배에 달하는 등 판검사들이 살인적인 격무에 시달리면서도, 판검사 수 확대에 극렬히 반대하는 이유도 여기에 있다. 민주당이 밀어붙인 소위 '검수완박' 법안에 대한 검사들의 강력한 반발 역시 그들의 권력지키기 전략이다.

'나는 노력하고 갖은 고생을 거쳐 지금의 자리를 얻었다'는 오늘날의 의사, 변호사, 교사, 그리고 공기업 정규직 노동자들의 자기보호 논리는 시험이 지위 폐쇄의 가장 효과적인 수단임을 보여준다. 자격증을 가진 사람만이 서비스를 제공하도록 제한하고, 자격증 소지자 수를 제한하는 전략이다.

서울대나 고려대 학생들이 주장하는 '공정'론도 이들 시험능력주의 승리자들의 사회적 폐쇄 전략의 일종이다. 공무원, 교수 등의 전문직 모집 요강에 전공을 명시하거나 공식화하지 않는 경우에도 모집 주체 측이 기존 구성원들과 같은 전공자들만 선발하는 것도 일종의 지위 폐쇄다. 타 전공자들을 배제해야 특정 전공자들이 자리를 독점할 수 있기 때문이다. 대법원 판사 구성에서의 서울대 법대 순혈주의는 철옹성처럼 깨기가 어렵고, SKY대학 대부분의 전공에서 기존 교수진이 자기 대학 해당 전공 출신들로만 후임 교수 자리를 채우는 것도 그 예에 속한다.

가시적 성과를 검증할 수 있는 기업에서는 상대적으로 이런 자격 폐쇄가 심각하지 않다. 그러나 관료조직, 특히 경제부처나 외교부, 법무부의 고위직, 검찰의 공안부, 대법원 판사, 법원 행정처 등의 요직은 이러한 학력, 학벌, 고시에 의한 폐쇄성이 매우 심하다. 서울대 의대나 법대 출신들의 순혈주의 역시 학력자격증에 의한 지위 폐쇄가 심한 경우로 볼 수 있다. 이들은 '능력주의' 논리로 자신들보다 학력과 학벌이 떨어지는 사람은 자기 조직의 구성원으로 받아들이지 않으려 한다. 그렇게 되니 여러 조직에서 통상의 대학서열에서 '아래에' 위치한 대학 출신자들도 힘만 있으면 자기 후배들로 새 자리를 채우려 하는 방어적 학벌주의가 나타난다.[70]

현대사회에서는 교육과 시험의 기회가 모든 사람에게 개방되었지만, 졸업생과 합격 동기들끼리 패거리를 형성하여 권력을 행사할 수 있는 자리를 독점함으로써 외부 출신의 진입을 사실상 차단하고, 일류 대학 입학에서 특정 계층, 특정 학교 출신자들에게 유리하게 전형이 이루어지기 때문에, 학벌은 지위 세습을 가져오는 강력한 폐쇄체제가 된다. 예를 들어 미국의 아이비리그 대학교는 부모가 동문이거나 경제력이 있다면 훨씬 들어가기 유리하다. 엘리트 집단이 학력이라는 개방된 기회를 활용하여 자신의 지위를 자식에게 물려준다. 특히 이런 학교의 졸업장이 지배 엘리트 진영에 들어갈 수 있는 결정적인 관문이라면 경제자본과 문화자본을 갖지 못한 학생들에게 개방된 교육 기회라는 것은 허구에 불과할 것이다.

앞에서 살펴본 것처럼 사교육비 투자가 서울대나 의대 합격 확률을 크게 높인다면, 서울대 입학에 필요한 학종 점수, 즉 인턴, 자원봉사, 논문 게재가 문화자본을 가진 부모들끼리의 품앗이에 크게 좌우된다면, 서울대 입시 요강에 나온 고교 선택과목이 오직 자사고나 특목고에서만 개설되어 있어 일반고 학생들은 들을 수 없다면, 서울대 입학의 문은 경제자본과 문화자본을 가진 학생들에게만 열려 있는 셈이다. 로스쿨 3년 학업을 이수하는 데 최소 1억 정도가 들고, SKY대 학부와 서울의 최상위권대 로스쿨의 졸업장이 변호사시험 성적보다 더 중요하다면, 결국 경제자본과 학력자본을 갖춘 집의 자녀들이 아니면 대형 로펌과 법조계에 들어갈 수 없을 것이다. 시험은 분명히 모두에게 개방되어 있으나, 입학 가능성, 즉 능력 면에서 재산, 기회를 독점한 사람들이 결정적으로 유리한 셈이다.

지위 폐쇄는 앞의 피시킨이 말한 자격 병목과 도구재 병목 두 차원에서 동시에 발생한다. 물론 국가가 전문직 자격증을 남발할 수는 없다. 그러나 그런 지위를 얻기 위해서는 자격 병목인 학벌과 도구재 병목인 경제력, 둘 다를 갖추어야 한다면, 즉 경제력이 있는 사람들이 학력, 전문직 자격증을 딸 가능성이 크다면, 그것이 최악의 상황일 것이다. 신자유주의 시대의 시험능력주의가 이렇게 세습주의가 된다.

시험의 '개인화' 효과와 능력주의

배제, 선별, 차별 승복의 과정으로서의 시험

　입시, 그리고 학교에서 반복 시행되는 시험과 상대평가, 그리고 명문대와 의대 입학 자격증 부여는 개방성, 합리성, 공정성, 투명성, 그리고 사회적 지위 이동성을 특징으로 한다. 그래서 학교가 그렇듯이 지식을 테스트하는 시험과 입시는 사실상 강제력을 발동하지 않는 규율이기도 하다.[71] 학교에서의 상대평가, 특히 성적의 순서를 정하는 시험은 학생들의 몸과 정신을 지배한다. 그래서 학교는 일종의 감시·훈육 조직이다. 푸코(Michel Foucault)는 학교는 감옥과 마찬가지로 근대사회의 가장 중요한 규율공간이며, 시험은 바로 '유순한 신체'(docile bodies), 서열과 위계를 만들어내는 가장 중요한 제식활동이라 말했다. 그는 시험은 "시선이며, 자격 부여, 분류, 그리고 처벌을 수반하는 감시"이자 학교의

규율권력이 행사되기 위한 일상의 의례라고 말했다.[72]

　시험은 감시와 규제를 위한 모든 기술과 결합해서 모든 인간을 경쟁 상태로 몰아넣고, 개인화하고 서열화한다.[73] 교육의 성과를 확인하기 위한 시험이 아니라, 좋은 학교 입학을 위한 시험, 지위나 공인 자격증을 주는 시험은 선별 그 자체가 목표다.[74] 입시, 고시 등과 같은 경쟁적 시험은 자격을 갖춘 사람, 최적임자를 뽑기 위한 것이지만, 동시에 어느정도 자격이 있어도 성적 순위에 들지 못하는 대다수 응시자를 탈락시키는 과정이다.

　순서를 정해서 대다수를 탈락시키는 시험이 모두가 선망하는 학교의 입학, 혹은 전문직 지격증 취득에 성공하는 데 반드시 필요한 피할 수 없는 병목이라면, 이런 시험은 그것을 준비하는 전단계, 학교와 학원의 각종 학습, 그리고 시험 과목에 들어가는 교과서의 내용 등 학습의 전과정을 사실상 지배하게 될 것이다. 과거 본고사가 있던 시절의 서울대 입학시험 문제, 학력고사가 있던 시절의 시험 문제가 그랬듯이, 지금 수능시험은 고등학교 교육과정이나 수업시간에 교사가 가르칠 모든 내용과 학생과 학부모가 준비할 모든 것을 사실상 지배한다. 시험이 학교교육을 사실상 식민화하여 교사와 학생들을 이 규율체제에 종속시킨다. 이 경우 시험의 방식(지필고사냐 면접이냐), 시험과목이나 배점이 특정 학교, 특정 계층의 학생들에게 유리하게 작용할 가능성이 있거나, 출제자의 선정과 답안 채점, 면접시험 등의 평가 과정이 특정 계급 출신 혹은 문화자본을 가진 학생들에게 유리하게 이루어지면, 시험은 사회적 부정의를 재생산하는 통로가 되고, 이 시험의 공정성에 의문을 품는 학생은 학습의욕을 상실하거나 극도의 분노감을 품을 것이다.

학교 시험, 내신성적, 수능성적은 모든 수험생을 점수로 부호화하고 객체화한다. 정답이 있는 시험, 특히 지필시험은 정형화된 지식의 습득 여부에 대한 확인이다. 수능시험도 도입 당시의 원래 취지는 그렇지 않았지만, 선다형 지필시험이 모두 그렇듯이, 비판적 사고력과 이해력을 길러주기보다는 객관화되고 표준화된 지식을 축적하는 공부를 필요로 한다.[75] 표준화되고 정형화된 교과서적 지식은 대체로 논란이 되는 쟁점에 대한 다양한 해석과 학생 개인의 독자적 판단을 배제한다. 사실 인문학이나 사회과학 지식은 언제나 논란의 여지가 있고 중립적이지도 않은데도 불구하고,[76] 학교의 시험 특히 사지선다형 객관식 시험은 정답을 요구한다. 논술도 마찬가지다. 교육학자 이혜정은 서울대에서 A+를 받는 학생은 교수의 강의 내용이 완전히 옳다는 전제하에 교수의 강의를 완전히 반복해서 적은 학생들이라고 지적하기도 했다.[77]

시험성적, 석차, 대학서열은 학생들로 하여금 다른 사람들과의 관계를 객관적으로든 주관적으로든 서열관계로서 위치짓도록 한다. 석차라는 꼬리표를 갖게 된 학생들은 주변의 동급생들을 성적 서열상의 상하관계로 파악한다. 물론 사람들은 다른 사람들의 인격, 정신, 그리고 행동에 대한 나름의 평가를 내리고 좋고 싫음의 감정을 갖지만, 이러한 질적인 평가는 모든 사람에게 점수를 매겨야 하는 경쟁적 시험에서는 반영될 여지가 거의 없다. 학교 교사들도 점수를 통해 그리고 오직 점수에 의해 만들어진 학생들

간의 서열을 통해 학생의 위치, 지위, 권력을 부여하는 경우가 많다.[78] 최근에는 초등학교에서 급식을 성적에 따라 배급하는 일도 있었다. 아산의 한 초등학교에서는 성적 향상을 목적으로 학생들을 점수에 따라 체벌하고 귀족과 천민 등 5개 신분으로 구분한 정말로 어이없는 일도 있었다.[79]

판검사들이 동년배의 법대 교수를 무시하는 것은 교수들 중 다수가 애초부터 고시에 관심도 없고 응시도 하지 않았던 법학 전공자임에도 고시에 실패해서 교수가 되었을 것이라고 보기 때문이다. 법대 교수 조국이 법무부 장관으로 임명되었을 때, 고시 출신 판검사들 사이에서도 이런 이야기가 흘러나왔다. 자기들보다 '능력'이 떨어진다는 것이다.

학교에서의 성적이나 등수는 일종의 권력이다. 그래서 일류 대학 출신, 고시 합격자들은 자신이 특별대우를 받아야 하는 존재라고 언제나 의식한다.[80] 그들은 가정에서나 학교 교사들로부터 이미 특별하게 대우받아왔기 때문에,[81] 졸업 후에도 자연스럽게 자신이 최고의 대우를 받아야 한다고 생각한다. 학교 시험성적에 의한 서열의식은 학교 밖 사회로 연결된다. 학벌사회에서 권력 행사, 지배와 복종은 학교 시험에서의 우열, 그리고 성적 서열화를 통해서 이후 권력관계의 문화적 기반을 만들어낸다.

그런데 시험 결과인 학력은 곧 '능력'의 등급과 서열이라고 얘기되기 때문에, 그것이 권력 작용의 일종이라는 사실은 잘 드러나지 않는다. 부르디외는 시험과 학력에 의한 차별과 배제는 서열에서 뒤처진 사람들의 복종을 강요하는 '상징폭력'이라고까지 말한다.[82] 그는 학교가 지배의 도구인 것은 학교가 무슨 일을 하느냐에 의해서가 아니라 '학교가 무슨 일을 한다고 믿게 만드느냐'에 의해 결정된다고 말한다. 즉 학생과 학부모들은 학교를 시험을 통해 언제나 학생의 성적과 석차를 부여하는 기관이며, 그것을 통해 대입 성패와 이후의 지위 상승의 기회까지 가져다준다고 믿기 때문에 학교는 지배질서의 기둥이 된다.[83]

이런 시험과 상대평가, 석차와 탈락, 배제의 경험은 최상위 극소수의 승리자를 제외한 대다수의 탈락자들에게 평생토록 심각한 상처를 남긴다. 사람들이 극도로 긴장을 요하는 결정적인 평가와 시험에 더 오랫동안, 더 많이 참가할수록 점수와 경쟁이라는 규율은 그들의 정신을 더욱 피폐하게 만들고, 그 전투에서 깊은 상처를 입은 사람들의 고통은 사회에 짐을 남긴다. 학교 시험에서 엄격한 등급과 순서를 매겨서 학생들을 차별하고, 선발시험인 입시가 이후 큰 보상과 처벌로 연결되며, 사회에서의 지배와 복종의 문화를 생산·재생산하는 중요한 기반이 된다. 그리고 석차, 시험점수, 입시에서의 합격 여부를 통해 승리자들이 갖는 우월감과 패배자들이 갖는 좌절감이나 열등감은 개인에게는 물론 그들이 살아가는 사회에도 큰 주름을 남긴다. 학력주의가 일종의 상징폭력이라면 학력·학벌을 갖지 못한 사람은 발언권, 즉 정치자본이라는 지렛대를 갖지 못하는 것은 물론이고,[84] 트라우마까지 안고 살아간다.

정신과 전문의 김현수는 가족 내에서도 교육은 주로 성공을 향한 투자로 보았기에, 형제자매 가운데 '투자' 대상에서 빠진 자녀들은 큰 상처를 입은 채 자란다고 말한다.

'쓸모 있는 사람이 되어라.' 이런 말도 아이들한테는 굉장히 큰 충격인데, 쓸모 있는 사람의 스펙트럼이 우리 사회에서는 너무 좁기 때문입니다. 한편으로는 성공하면서도 화나고, 실패하면 버림받을 것 같아 불안하고. 결국 어떤 경우에도 자기가 '케어(care)'를 받지 못했다, 가족으로부터 상처받았다, 이런 얘기들을 흔히 합니다. 명문대까지는 부모의 힘으로 왔지만 부모가 기대한 만큼 대학 와서 잘하고 있지 못하다는 생각 때문에 우울해지는 경우도 많습니다. 부모가 지금까지 투자한 돈을 어떻게 갚나, 이런 호소를 하는 아이들도 있어요.[85]

학생들이 '좋은 학교' 입학을 열망하면서 시험경쟁에 들어가는 것은 시험제도의 변별 기능과 그 정당성을 인정하며, 그 결과 나타날 차별적 대우나 보상을 받아들이겠다는 것을 의미한다. 부르디외도 "경쟁은 지배자들이 제시한 내기에 거는 돈, 즉 투쟁의 목표를 피지배계급 성원들이 수락할 때만 진행될 수 있다. (…) 이것은 상대방을 통합시키기 위한 투쟁이며 (…) 패배할 것이 예정되어 있는 경주에 참여하는 사람들은 단순히 참여하고 있다는 사실만으로 앞서 달성한 사람들의 목표의 정당성을 이미 받아들이고 있는 것이다"[86]라고 학교 시험의 체제 승복 효과를 강조하였다.

지배와 승복, 우월감과 패배감, 서열과 등급화 등 계속되는 상대평가 방식의 시험에 수반되는 인간 간의 관계 설정은 그 과정을 통과한 사람들을 경쟁적 개인으로 호명한다. 시험사회는 능력주의에 기반을 두고 있는데, 이 경우 권력은 훨씬 더 손쉽게 시험과 경쟁에 몰두한 대중을 장악하고 그들의 복종을 이끌어낼 수 있다. 전쟁과 같은 치열한 입시는 사회적 연대와 도덕성을 파괴한다. 사회적 유대가 파괴되면 기존의 권력은 더 쉽게 유지될 수 있다. 원자화된 개인, 경쟁의 게임에 들어간 개인들은 사회를 '구조'로 받아들이지 않을뿐더러,[87] 이 경우 사회적 응집성이 형성되지 않고, 사회적 연대가 파괴되면 정의롭지 못한 권력에 대한 집단 저항의 기반이 없어지기 때문이다.

시험의 반(反)교육적 성격

오로지 시험 합격만을 자나깨나 목표로 의식하면서 살고 있는 수용자들을 감시, 통제, 훈련하는 학교는 공장, 군대, 그리고 감옥과 같다. 벤담(Jeremy Bentham)이 고안한 파놉티콘(panopticon)은 원래 감옥과 같이 모든 사람을 쉽게 감시할 수 있는 건축물이었지만, 공장이나 학교에도 그대로 적용되었다. 과거 군사정권 시기에 학교에서 실시하는 (반)강제 자율학습, 고시원 등이 시험 준비를 위한 집단 수용소 혹은 감옥과 유사한 것이었다면, 대입 N수생을 위한 학원이나 기숙학원은 '교육적' 가치와는 거리가 먼, 공장이나 감옥 그 자체다.[88]

특히 기숙학원은 수험생이 자발적으로 선택한 감옥이자 '시험선수'를 만들어내는 공장이다. 기숙학원은 감옥, 군대와 마찬가지로 모든 입소자가 제복을 입고 명찰을 목에 걸고 다닌다. 죄수들처럼 번호를 달고 있지는 않으니 감옥보다는 군대에 가깝다고 해야 맞을지 모른다. 철저한 감금, 군대와 같은 규율, 감시·보안요원 배치, 식사 및 화장실 출입 통제, 각종 벌점제도, 무조건적 복종의 문화 등이 바로 그러한 점을 보여주는 것이다.[89] 기숙학원의 규율은 시간 통제, 일거수일투족 통제가 기본이다. 어느 학생은 한 인터넷 커뮤니티에서 그 실태를 폭로했다. '6시 30분에 일어나서 10분 안에 소집에 응해야 하고, 늦으면 기합 받고, 수업시간에 숙제는 '엄청나게' 많이 내주고, 그걸 안 하면 맞는다. 이 모든 계획은 위로부터 일방적으로 정해서 내려온 것이다. 자습시간이 평소 하루에 6시간 정도이고, 자습을 해야 하는 시간에 딴짓을 하거나 자거나 멍 때리면 기합을 받는다. 억지로 감금된 한 학생은 어떻게 빠져나갈 것인가만 생각하고 수십번 자살을 생각했다'고 한다.[90] 학생들은 이 '감옥'에서 탈출하다 바위에 떨어져 다리가 부러지기도 하고 아예 돌아오지 않기도 한다.

한국의 감옥과 군대, 1970~80년대 학교나 공장 기숙사, 그리고 2000년대 이후 자살자가 가장 많이 나온 중국의 아이폰 생산공장 폭스콘의 규율과 한국의 기숙학원의 규율은 거의 동일하다. 그런데 이 기숙학원이 바로 최고 명문대와 의대 입학생 생산 공장이다.

이미 입시교육과 시험경쟁에 불이 붙기 시작한 1950년대 말, 감옥과 같은 학교에서 스파르타식 전사를 만들어내는 한국 학교는 창의성과 호연지기가 없는 지도자, 학문에 무관심한 사회, 공부하지 않는 성인을 만들어낼 것이라는 우려가 제기되었다.

  어릴 때부터 좁은 문을 뚫고 들어가는 시련을 받아야 하기 때문에 우리나라 젊은이에게는 순진성과 유유자적하는 호연지기가 모자라게 되는 것이니, 우리 한국 사람이 일생 동안에 제일 많이 공부하는 것은 중학입시를 준비할 때이고 다음에는 고교입시를 준비할 때이고 다음에는 대학입시를 준비할 때라고 해도 과언이 아니다. 이와 같이 어렸을 때 많이 공부하고 나이 들도록 새 공부를 게을리하기 때문에 사회에 나오게 되면 학문이라는 것 자체가 지긋지긋해져서 공부란 돌보지도 않게 된다.[91]

입시가 학교 운영과 교과내용을 실질적으로 관장하는 교육환경에서 공부한 학생들이 구성원이 된 사회는 반지성적·반학문적으로 될 수도 있다는 우울한 예측이자 경고다. 국민의 48%가 1년에 책 한권도 읽지 않는 한국은 비슷한 경제력을 가진 나라들에 비해서 성인의 연간 독서량이 크게 적다.[92] 그뿐 아니라 평생교육 참여율, 각종 사이버대학 및 대학원, 원격교육 등의 형식학습(formal learning) 참여율이 일본과 더불어 OECD 국가 중 가장 낮은 것도 입시가 교육을 집어삼킨 학교, 자발적인 학습에는 관심이 없고 오직 입신출세를 위한 학력 취득을 주요 목표로 하는 학교교육의 부정적 결과일지 모른다.[93]
대학생이 초등학생보다 학습시간이 짧은 것 역시 입시를 통과한 이후에는 자발적으로 학습할 필요성을 느끼지 않기 때문이다.

통계청의 조사에 의하면 2019년 한국 초등학생의 학습시간이 4시간 46분, 중학생이 5시간 57분, 고등학생이 6시간 44분, 대학생은 3시간 29분이다. 대학생의 공부시간은 고등학생 공부시간의 절반 수준이었다.[94] 대학생들은 취업을 위한 학점을 잘 받기 위해서가 아니면 자발적으로 공부를 하지 않는다는 것을 보여준다. 이렇게 되면 대학 이후의 성인의 지적인 능력과 문해력, 미디어 해독력, 나아가 시민으로서의 정치적 판단력도 떨어질 수밖에 없다.

이명박 정부가 전국의 모든 학생들 대상으로 일제고사를 실시하고, 고교 다양성과 자율성이라는 명분하에 자사고 1백개를 설립하는 정책을 펴자, 모든 고등학교는 점점 더 서열화되었고 일부 학교는 사실상 대입 준비 학원처럼 되었다.[95] 고교서열화가 진행되자 이제 중학교, 더 나아가 초등학교, 심지어 유치원 때부터 노골적으로 입시 준비를 했다. 수월성과 학부모 선택권의 이름으로 도입된 고교 다양화 정책은 학생의 자율성을 높여주기는커녕 모든 학생들을 그전보다 더 심한 시험의 노예로 만들었다.

시험성적, 대학 진학이 학교교육의 유일한 성과 지표가 되면, 서울대와 의대 합격자 수가 각 고등학교의 순위다. 그래서 한국의 학교는 학생들에게 한 사람의 시민, 직업인으로서 어떻게 살아가야 하는가에 대해 가르쳐줄 시간과 여유가 없다. 박정희 정권 시절의 '반공도덕' 과목은 물론 박근혜 정부가 도입한 인성교육 역시 학생들이 시민적 권리, 의무와 책임을 갖게 하는 교육과는 거리가 멀다. 의사, 변호사 등 전문직을 양성한다는 각 대학의 전공과정에서도 직업윤리 과목이 과거에 비해서는 많이 개설되

어 있으나 실질적인 시민윤리 교육 과목은 없다.[96]

현대 한국의 학교에서 학생들에게 전달되는 암묵적 지식 혹은 기대하는 인간형은 경쟁에서 승리하여 출세한 '유능한' 인간이다. 학교는 명문대에 입학해서 출세한 졸업생이면 비록 그가 범법자일지라도 그를 자랑스러운 동문으로 학교 건물에 게시하는 경우도 있다.[97] 집안이나 학교에서도 공부 잘하는 자식과 학생은 다소 비도덕적인 행동을 하더라도 부모나 교사들에게 면죄부를 받는다. 그래서 공부 잘하는 아이들은 자만심을 갖게 되고 이후 전문가로서는 물론이고 시민의 일원으로서 어떻게 살아야 하는가에 대해 알지 못한 채 살아간다.

학교에서는 성적 하위권 학생들을 패배감이나 열등감 속에 살도록 내버려두거나 노골적으로 무시한다. 심지어 서울대나 명문대 합격자, 의대 합격자 수를 학교의 교육적 성패나 서열을 가늠하는 가장 중요한 지표로 보는 학교장이나 교사들은 상위 5% 아니 SKY대학에 진학할 가능성이 있는 학생들의 학생부 기록을 위해 각종 경연대회, 동아리 활동 등에 나머지 학생들을 참여하도록 하는 반교육적인 행동을 서슴없이 한다. 대학 진학을 하지 않으려 하거나 하지 못하는 성적 하위권 학생들은 최상위권 학생들을 위한 입시교육의 들러리, 아니면 그들의 내신등급을 올려주기 위한 불쏘시개로 도구화된다.

물론 이러한 교육정치 혹은 시험을 통한 국민 훈육과 지배가 아무런 저항 없이 순조롭게 진행된 것은 아니었다. 이런 시험을 거부하는 교육자나 학생 들도 계속 있었고, 교과서의 지식을 그대로 가르치기를 거부하고, 자신의 소신대로 교과서를 만들어 학생을 가르치거나 국가 교육과정을 거부하는 교사들도 있었다. 일제하에서 1990년대 초까지 지속된 한국의 줄기찬 학생운동은 대체로 정치투쟁의 성격을 갖고 있었지만, 동시에 기존의 성적지상주의와 국가주의 교육을 거부하고 새로운 학교를 만들기 위한 교육운동의 성격도 갖고 있었다. 과거 1970~80년내 한국의 학생운동, 교수들의 저항도 경쟁교육, 국가의 학교교육 간섭, 대학 졸업정원제 등이 통치의 일환이라고 판단하고 그러한 교육에 반대하였다.[98] 많은 교사나 학부모나 학생 들도 시험공부가 아닌 공부, 공부와 교육을 분리하려는 시도를 꾸준히 해왔다.[99] 1990년대 이후 여러 형태의 대안학교 운동 역시 기존의 시험, 평가, 입시제도에 대한 저항의 일환이었다.

시험, 내신 평가가 학교교육을 지배하지 않는 교실, 한국에도 그런 곳이 있다. 전문직 부모를 둔 중상층 이상의 우수한 학생들이 진학하는 몇몇 자사고나 특목고 국제반이다. 학생들은 대체로 미국 명문대학 진학을 준비하기 때문에 한국의 수능시험에 신경을 쓸 필요가 없다. 학생들이 지적 호기심을 마음껏 발휘할 수 있는 곳은 바로 여기다. 심각한 역설이자 슬픈 현실이다.

시험형 인간의 아비투스

특권 집단인 국가관료, 법조계

시험이 훈육한 한국의 '엘리트'

2014년 세월호 참사가 발생했을 때, 한 고교 1학년 학생은 거의 비명에 가깝게 다음과 같이 외쳤다. "공부는 왜 하는가", "모든 사람이 침통해하고 있는 이 사건을 나는 오늘에야 알았다. '중간고사' 기간이었기 때문이다. 우리 학교는 소위 말하는 SKY대를 많이 간다. 이렇게 공부해서 외교관, 기자가 되면 뭐 하겠느냐. 어른되기가 무섭다." 이 학생은 아이들을 포함해 300여 명이 찬 바다에 빠져서 죽어갔는데, 그 사건의 원인을 제공한 사람들, 구조가 실패했는데도 전혀 책임을 인정하지 않은 정부의 고위 관료, 정치가, 기업가, 거짓 보도를 한 언론인들, 그리고 그런 일은 신경 쓰지 말고 시험 잘 봐서 '좋은 대학' 가라는 학교의 현실을 참을 수 없어했다.

2015년 진주 지역의 학교를 돌면서 1인 시위를 하는 여학생이 있었다. 그는 "나는 꼭두각시가 아니다. 그렇기에 실을 끊겠다"고 대자보에 자신의 생각을 밝혔다. 그는 학생들의 생각과 사고를 멈추고 재능을 짓밟는 주입식 교육과 수험생을 죽음으로 내몬 내신-수능-논술, 이 아름다운 삼각형에 분노를 느낀다"면서 "각자 재능이 다른 친구들을 누가 더 주입이 잘되고 말을 잘 듣는지 평가하는 시험을 폐지하기를 요구한다"면서 시위를 했다. 그리고 "정답 있는 공부를 해야 갈 수 있는 대학 진학을 포기한다"고 자퇴를 선언했다.[100]

시험이 교육을 지배하는 학교에 대한 극소수 학생들의 저항에도 불구하고 학교는 잘 굴러간다. 모든 학생들은 그 규율 아래에서 부모와 세상이 시키는 대로 길을 간다. 그렇게 대학을 가고 사회에 진출하고, 그런 학생들이 또 사회 구성원이 된다.

한국의 입시교육, 시험제도가 만든 엘리트는 어떤 사람들일까? 120여년 전 조선에 두번 방문해서 1년도 안 되는 짧은 시간 동안 여행하면서도 놀라운 통찰력을 보여준 영국 지리학자 이저벨라 비숍(Isabella Bird Bishop) 여사는 다음과 같이 말했다.

10년 또는 그 이상 걸리는 이러한 교육은 1894년까지 서울에서 실시된 국가고시(과거)에 응시할 수 있는 능력을 주었다. 그러므로 이런 교육은 관직에 이르는 첫 단계로 간주되었다. 관직은 한국인들의 가장 큰 야망이요 목적이었다. 그러나 이같은 교육은 사고력을 개발하거나 학생들로 하여금 그들이 사는 현실적인 세계를 이해하도록 하지 못했다. (…) 이같은 교육은 학생들에게 협소하고 편협하고 독단적이고 건방지고 잘못된 자존심을 심어준다. 그리하여 그 자존심은 노동을 경시하는 개인주의적 에고를 만든다. 공공의 선을 생각하는 정신을 파괴하고 사회적 신의를 파괴하며, 행동과 사고를 2천년간의 진부한 관습과 전통으로 옥죄고, 좁은 지적 견해, 낮은 도덕적 감각, 그리고 여성에 대한 경멸을 초래한, 그 원흉은 기본적으로 퇴보적이고 경직된 한국의 교육제도이다.[101]

당시 망해가던 조선은 여전히 과거시험에 합격한 관료, 그것도 경화세족(京華世族)이라 불린 노론 세력이 지배했다. 그러나 이미 과거시험이나 관직 임명 자체가 집권 노론 세력에 의해 말할 수 없을 정도로 혼탁해졌다. 국가 재정이 바닥이 나서 매관매직은 거의 일상화되었다. 그래서 뜻있는 선비들은 아예 과거시험 응시를 포기했다. 청년 김구(金九)도 양반이나 부자 들이 사람을 사서 대리시험을 치르게 하는 것을 보고 분개하여 과거시험과 벼슬길에 대한 뜻을 접었다.

주자학을 국가의 통치이념으로 삼은 조선은 정치, 학문, 교육이 하나로 결합된 일종의 정교일치의 국가였다.[102] 원칙적으로는 유교 경전을 학습한 양반층 독서인, 즉 선비들이 시험을 거쳐 관료 그리고 정치 지도자가 되었다. 양반에게 과거시험은 입신출세의 길이기도 했으나 가족의 생계 유지를 위한 거의 유일한 방편이었다. 그러나 교육, 즉 학문과 과거시험 공부 간에는 상당한 괴리가 있었다. 그래서 과거시험에 9번이나 장원급제를 했던 시험의 달인 율곡(栗谷) 이이(李珥)도 과거시험이 학문을 망치고 선비들의 정신을 망친다고 지적했다. 그는 "과거시험과 학문은 별개의 것이라 보면서 과거시험 공부를 한다는 핑계로 학문을 멀리해서는 안 된다"(人言科業爲累 不能學問 此亦推託之言 非出於誠心也)고 경고하기도 했다.[103]

비숍 여사가 조선을 방문하기 200여년 전 반계(磻溪) 유형원(柳馨遠)이 부안의 초야에 묻혀 집필한 『반계수록(磻溪隨錄)』의 가장 핵심적인 개혁과제는 토지개혁과 과거시험 폐지였다. 그가 과거시험 대신 추천제로 관리를 뽑자고 주장한 가장 중요한 이유는 과거시험 자체가 공정하지 않기 때문이 아니라 과거시험으로는 지도자의 덕목과 실력을 갖춘 사람을 선발하지 못한다는 점 때문인데, 비숍 여사 식으로 말하면, 공적 책임의식을 가진 리더나 전문가를 충원하지 못한다고 봤기 때문이다. 유형원의 후계자인 실학자 성호(星湖) 이익(李瀷)도 과거시험의 폐해를 지적했다.

후세 조정의 귀족들은 모두 교만하고 게으르고 안일한 부유층에서만 나오기 때문에 여름철에 땀 흘리면서 농사짓는 괴로움을 알지 못한다. 그러니 사람의 행동과 세상의 풍속이 어찌 무너지지 않을 수 있겠는가? 나는 늘 이렇게 된 것은 모두 사과(문예 중심의 과거시험)와 벌열 때문이라고 생각한다.[104]

중국과 조선처럼 시험으로 관리를 선발하는 제도는 유럽의 세습 귀족제에 비해 훨씬 선진적이라는 평가도 있지만, 과거의 폐해에 대한 비판 역시 일찍부터 제기되었다. 당나라의 조광(趙匡)은 과거시험 공부는 원리 이해보다는 고전의 몇 구절에 대한 암기에 치중하도록 만들고,[105] 탐욕과 야심을 자극하고 고위 관원에게 구걸하며 경쟁에 살아남기 위해 학생들을 허위로 중상하게 만드는 제도라고 보았고, 당나라의 육지(陸贄)는 "시험으로 사람을 뽑는다면 사람들이 잘 보이기 위한 잔재주에 몰두할 것이고 원칙을 지키는 올바른 사람은 뽑히지 않을 것이다"[106]라고 비판하기도 했다. 송나라의 개혁 정치가 왕안석(王安石)은 아예 시작(詩作)을 과거시험 과목에서 없앴다. 그가 보기에 당시 중국의 공무원 시험은 오늘의 지능(IQ) 테스트, 암기력 시험에 가까운 것이었다. 그래서 과거시험으로는 복합한 정책 현안을 처리하는 능력을 갖춘 사람을 선발할 수 없으며, 더구나 선발된 사람들은 국가의 미래를 대비하는 데는 거의 무능력하다고 비판했다.

비숍 여사가 조선의 과거시험과 엘리트들의 실상에 대해 위와 같은 진단을 한 지 몇년 후 조선은 일본의 식민지로 전락했고, 지배층의 대다수는 제국주의 일본의 작위를 받아서 호의호식하며 살았다. 그후 일제가 물러가고 대한민국 정부가 수립된 지 70여년이 지났다. 그런데 일제하의 고등문관시험 사법과 시험은 해방 후 한국에서 사법고시(고등고시 사법과)로 연장되었고,[107] 일류, 이류로 서열화된 중·고 입시, 대입, 그리고 그것을 준비하는 중·고등학교 학교교육의 기본 성격은 달라지지 않았다. 특히 한국은 여러 고시를 통해 법조인, 관료, 외교관 등을 선발했고, 아직도 행정부의 5급 이상 관료는 행정고시를 통해 선발한다. 앞에서 보았듯이 고시제도를 통해 다양성, 전문성, 국제경쟁력을 갖춘 법조인을 양성할 수 없다는 판단 때문에 사법고시가 폐지되었으나, 또다시 사시 부활론이 슬금슬금 흘러나온다.

한국의 60~70대 중에는 최상위권 고교 입시나 각종 고등고시를 통과한 경력, 학교 성적에서 최선두에 섰던 이력을 언제나 의식하면서 사는 사람들이 있다. 정도의 차이는 있지만 한두번의 빛나던 합격의 기억을 갖고 있는 고시 출신이나, 서울대 출신들도 어느정도 그렇다. 이런 사람을 '시험형 인간' 혹은 '입시형 인간'이라 부를 수 있다.[108] 실제 고시공부 하는 사람들 자신도 스스로를 '시험인'이라 부르기도 했다.[109] 시험이란 시험에는 거의 합격한 사람들, 삼시(행정·사법·외무고시)를 모두 패스하거나 1등을 도맡아 한 신화적 존재, 학부 때 고시에 합격한 소년등과(少年登科) 등의 이야기의 당사자에 대해 우리 사회는 최고 능력자로 여기며 존경을 아끼지 않는다.

그런데 이와 같은 시험형 인간은 강한 자부심과 더불어 자신의 지적인 능력에 합당한 사회적 지위를 누려야 하고 그만큼의 대우를 받아야 한다고 생각한다. 그리고 자신의 능력을 언제나 의식하면서 다른 사람에게 인정과 칭찬과 높은 대우를 받으려는 아비투스(habitus)를 갖는 경향이 있다. 여기서 아비투스는 부르디외가 사용한 개념인데, 인간이 세상에 대해 갖고 있는 지각(perception)과, 그것에 기초한 행동(action)으로서 사회구조 혹은 시스템 작동에 대한 판단이 특정의 사회적 공간(l'espace social) 속에서 활동하는 집단의 행동 패턴으로 반복되는 것이다.[110] 즉 시험형 인간은 시험의 승리자에게 높은 대우와 보상이 주어지는 사회제도와 관행이 하나의 '구조'라고 전제하고, 자신도 그런 조건에 맞게 행동함과 동시에 타인에게도 그런 대우를 요구한다. 시험형 인간이 주로 활동하는 장은 법조계, 의료계, 관료집단, 학계, 교육계 등 전문가 집단이다.

현대 한국에서 고시 등 전문직 자격 획득을 위한 공부는 주요 교과서를 반복 학습하며 대체로 정답과 오답이 있는 문제를 푸는 것이다. 이런 공부는 학습자의 질문 제기를 막고, 그들 스스로 답을 찾도록 유도하지도 않는다. 여기서의 지식은 주어진 것, 정형화된 것이다.[111] 즉 정답이 있는 시험은 비판의식을 마비시킨다. 조선시대의 과거시험은 암기력과 문장력, 인문학적 사고력을 테스트하거나 정책적인 대안을 제시하도록 하는 경우도 있었기 때문에 오늘의 고시와도 달랐다. 플라톤이 통치자 즉 철인의 자격으로 거론한 철학적 사유는 이데아 즉 이상과 비전을 추구하고, 지식과 판단력과 지혜, 오랜 경력, 그리고 도덕성과 공감 능력까지 포함하는 것이었다. 시험형 인간은 플라톤이 말한 철인과는 아주 거리가 멀다.

교과서적 지식이 사법 행정의 판단의 무기가 되면, 지식권력이 되어 강자의 의지를 대변해주는 수단이 될 수 있고, 사회적 약자의 생사여탈권을 좌우할 수도 있다. 사실 마이클 애플이 말한 것처럼, 공식 지식, 특히 국가가 권력의 힘으로 표준화한 교과서적 지식의 생산과 유포 자체가 매우 정치적인 것이고,[112] 학생이나 수험생들이 공식 지식을 반복적으로 암송하게 하는 것은 지적 자유를 박탈하고 창의성을 말살하며, 지식권력에 순응하도록 유도한다. 이러한 주류적 시각이나 교과서적인 지식에 지속적으로 의문을 품는 사람은 고시공부를 견딜 수 없어하면서 포기할 것이고, 시험형 인간이 되지 않을 것이다.

그래서 오늘의 시험형 인간은 순수한 사유, 철학적 고민, 공공 사안에 대한 관심, 그리고 사회문제나 자연현상을 바라보며 질문을 계속 제기하는 일과는 의도적으로 거리를 두는 것이 바람직하다고 생각하고, 사회문제에 대해서도 그 사상적·이론적·정책적 대안을 찾기보다는 실용적·공학적 문제 해결, 지식의 도구성을 중시한다.[113] 그래서 이들은 높은 성적을 얻기 위해서는 시험지 앞에서 자신을 출제자의 의도에 맞춰감으로써 스스로를 '판단정지' 상태로 동결시켜야 한다는 것을 안다.[114] 이들은 출제자가 요구하는 주류적 해석이나 정답에 자신을 맞추지 않으면 오히려 시험에 불합격할 가능성이 커진다는 것을 잘 알고 있다.

전형적인 시험형 인간은 학교, 학원, 고시원, 기숙학원 등과 같은 감옥에 오랜 기간 스스로 감금되어 오로지 문제풀이 공부만 하는 사람들이다. 질문을 하는 공부, 문제를 제기하는 공부를 하는 것이 아니라 주어진 문제의 답을 찾는 데 온 정신이 곤두서 있기 때문에, 중·고교, 대학, 고시 준비 등을 십수년 반복하면 세상이 정답과 오답으로 이분화되어 있다고 본다. 학교와 학원이라는 이중 감옥에서 지적인 '자유'를 맛보지 못하고 길러진 '인재'가 '배운 사람', 배우고 묻는(學問) '자유인'의 정신을 가질 수 없고,[115] 시험공부 자체가 '배움을 조용히 죽이는 킬러'(Assessment: The Silent Killer of Learning)일 수 있기 때문에,[116] 이러한 시험형 인간은 '배운 사람'으로 살고 행동하기 어렵다.

지식을 도구로만 여기면서 자격증 따는 시험공부에만 수년간 몰두한 사람들은 자신의 생존과 승리를 위해 사활을 걸어야 하는 시험이라는 전투에서 너무 지친 나머지, 이웃에 무관심하고 자기 밖의 사회에 대해 조그만 관심도 두지 않는 이기주의자가 되기 쉽다. 존 듀이(John Dewey)가 말한 것처럼, 시험 준비를 위한 학교는 "오직 공부꾼, 즉 이기적인 전문가를 만들어낼 뿐이다."[117] 교과서를 반복 암송하는 공부는 시민으로서의 기초적인 교양의 습득, 세상에 대한 질문이나 포괄적인 이해를 추구하지 않기 때문에, 그런 공부에 몰두한 이들은 그 지식이 무슨 소용이 있는지, 그리고 세상을 위해 그것을 어떻게 사용해야 할지에 대한 문제의식을 갖기 어렵다. 이런 이유 때문에 시험 준비에 너무 오래 심하게 시달리면 '인간성의 파괴'로까지 나아갈 수 있다.[118]

시험은 인간을 극히 '경쟁적 개인'으로 호명한다. 수십, 수백 대 1을 넘는 경쟁에 들어서는 것은 "내가 성공하기 위해서는 상대를 실패하게 만들어야 하는" 가혹한 상황 속으로 들어가는 것이다. 근대 시장경제가 원래 사람을 그렇게 만들지만, 마틴 트로(Martin Trow)는 "대중교육의 보급은 개인주의를 강화한다"[119]고 지적하였다. 사람들이 고립 상태에서 오래 훈련을 받거나 개인들 간의 경쟁에 시달리면 불안은 극대화되고, 자신의 생존과 승리만을 극도로 민감하게 의식하지 않을 수 없다. 모든 수험생에게 점수와 등수를 부여하고, 그것으로 당락을 결정하는 시험사회에서 수험생은 합격만을 바라보면서 친구들을 경쟁상대로 본다. 특히 내신 도입 이후 학교의 상대평가는 동급생 친구를 적으로 만든다. 경쟁이라는 것이 노력과 성취를 추동하는 강력한 자극제가 되는 것도 사실이지만, 무도덕적인(amoral) 개인주의, 반사회적 아비투스를 만들어낼 가능성도 크다.[120]

1945년 이전의 일제하에서나 그 이후 학교에서 전교 '석차'를 매겨서 모든 사람들이 볼 수 있도록 건물 현관에 게시하는 일을 보면서 학교생활을 했던 한국의 기성세대들, 즉 등급에 따라 '앉는 자리'를 정하는 학교에서 고등학교 시절 자신의 학교 등수를 뽐낸 사람들, 각고의 고행을 거친 후 고시에 합격해서 상위 석차에 올라 판검사 발령을 받은 사람들은 이 모든 것이 자신의 재능과 노력 덕택이라 생각한다. 이처럼 '석차'를 매기는 교육과 시험에서 최상위 석차에 오른 시험형 인간은 자신의 모든 성취는 오직 자신의 능력의 결과라 생각한다.[121]

시험 준비 과정에서 고생과 고립 상태를 더 심하게 겪을수록, 주변 사람들과의 의사소통의 힘은 더 약해지고, 성적이 뒤떨어지거나 탈락한 사람들의 고통에는 전혀 공감하지 못할 것이다. 고행을 받아들이는 것, 즉 수험(受驗)은 19세기 말 일본에서 나온 용어인데, 시험형 인간은 수년 동안 불확실한 미래에 대해 심각한 스트레스를 받으면서 고행과 훈련을 감내한 사람들이다.[122] 선별을 위한 시험은 배움의 즐거움을 느끼기보다는 고통과 고난을 감내하도록 하는 것이다.[123] 오랜 고통과 고난을 거치고서 영광스러운 합격의 통지를 받으면, 고통과 고행 그리고 자신의 재능과 노력에 대한 인정이나 적절한 보상을 요구하는 심리를 갖게 되고, 자신은 특별대우를 받을 자격이 있다고 생각한다.

그래서 오늘날의 한국에서 입시, 고시공부는 비숍 여사의 주장처럼 "학생들에게 협소하고 편협하고 독단적이고 건방지고 잘못된 자존심"을 심어주기 쉽고, 이들의 자존심은 자신의 능력에 대한 과도한 자만심과 "노동(자)을 경시하는 개인주의적 에고를 만든다." 그래서 시험형 인간은 특권의식과 엘리트의식, 우월감과 자만심, 노동 천시 관념, 약자나 소수자를 무시하는 아비투스를 갖기 쉽다. 이런 시험능력주의 사회의 승리자들이 관료사회를 주도하면 모든 인간관계를 서열 질서 속에서 바라보는 아비투스를 갖게 된다.[124] 행정고시 출신 교육부 관료 나향욱의 취중 발언 "백성은 개돼지"도 그러한 사고가 드러난 것이다.

이들은 학교에서 1, 2등이 된 것을 일종의 지위라고 생각하기 때문에 그 자리에서 내려갈까 언제나 불안해한다. 사회에 나온 이후에도 학교 시절의 성적과 명문대 입학의 신화 같은 이력을 언제나 과시하려 해서 틈만 나면 그 이력을 주변 사람들에게 자랑한다. 이들 시험형 인간은 '남이 자신을 알아주지 않는다고 화를 내지 않는다(人不知而不慍, 不亦君子乎)'[125]는 군자(君子)의 반대편의 태도나 아비투스, 즉 전형적인 '작은 인간(小人)'의 모습을 지니기 쉽다. 그래서 이들은 주변의 힘 있는 사람들, 특히 권력자나 재력가가 자신들의 '능력'을 알아주지 않는다고 생각할 경우,[126] 그들의 코드에 맞추어서라도 인정, 즉 보상을 받으려 한다.

시험형 인간이 모험을 감행하기보다는 지위를 안정적으로 보상 받는 생애 경로를 선택하는 이유도 여기에 있다.

물론 학교 성적이 최우등인 학생, 특히 암기력, 수리력, 어학능력이 뛰어난 사람들이 모두 시험형 인간의 아비투스를 갖는 것은 아니다. 문학, 인문학이나 수학, 과학에 천재적인 자질을 가진 사람들이 활동하는 문화, 예술, 학문, 과학 등의 사회적 장은 주어진 매뉴얼 속에서 실력을 발휘하는 관료나 법조인의 활동의 장과는 성격이 다르다. 인문학이나 자연과학 분야에서 탁월한 업적을 낸 사람들도 시험형 인간과는 거리가 멀다. 사실 암기력, 수리력, 어학능력은 사람의 지적 능력 중에서 일부에 불과하다. 직관, 상상력, 공감 능력, 모험심이 이러한 지적 능력 이상으로 중요한 '능력'이고, 이미 수많은 교육학자들이나 교사들이 주장했듯이 지필고사 중심의 시험제도와 학교교육을 거부한 사람들 중에서 자신의 영역에서 혁신을 감행한 사람이 많다. 대입 경쟁이 지금처럼 치열하지 않던 1980년 이전까지만 해도 입시공부에 영혼을 빼앗기거나 사교육에 의존하지 않고도 지적 능력만으로 명문고교나 명문대학에 너끈히 합격한 수재들도 많았다.

뛰어난 지적 능력을 갖추고도 감성, 용기와 정의감을 겸비한 지도자들도 많았다. 김대중의 평생에 걸친 치열한 독서와 어학 공부, 지칠 줄 모르는 '자기주도적' 학습은 귀감이 될 만하다. 그가 국내외 정세와 사회경제적 현안에 대해 높은 식견을 갖고, 반독재 투쟁을 펼치는 것은 물론 대통령이 된 후에도 큰 지도력을 발휘할 수 있었던 것은 역설적으로 명문고나 명문대 입학시험을 준비했던 시험형 인간이 아니었기 때문일 수 있다. 노무현 역시 정규 대학을 다니지 않았고, 빈곤과 좌절을 통해 세상을 깊이 이해하고 변화의 필요성을 절감했기 때문에 시험형 인간에게는 찾아보기 어려운 분노와 열정을 가질 수 있었을지 모른다. 현대를 세계적 기업으로 키워낸 정주영 역시 정규 학교교육과 거리가 멀었기 때문에 기업 창업자로서 남다른 용기를 보이며 실험을 감행할 수 있었을 것이다. 남다른 헌신과 지도력을 보여준 많은 종교 지도자들, 사회사업가들, 노동운동가들도 모두 시험형 인간과는 거리가 먼 사람이었다.

한국 근현대의 시험형 인간

일제강점기 경성제국대학 졸업 후 고등문관시험, 사법과 시험 등을 거쳐 관리가 된 한국인들, 해방 후 서울대 법대 등을 졸업해서 고시에 합격한 후 정부의 고위 관리가 되거나 판검사가 된 한국인들이 전형적인 시험형 인간인데, 이들은 애초부터 국가, 민족, 사회 등 정치공동체의 미래에 대한 가치지향보다는 권력, 지위 획득과 경제적 보상을 추구한 사람들이었고, 전형적인 기술관료 성향 혹은 현실순응적 아비투스를 갖고 있었다.[127]

경성제대 등을 졸업하여 고등문관시험에 합격한 한국인들은 당시 최고의 수재들이었고, 그런 이유 때문에 스스로 대단한 자부심을 가졌으며 사회적으로도 부러움을 샀다. 그런데 이들은 한국인으로서의 자의식보다는 도쿄제국대학 등 명문대 학력을 가진 일본인들과 같은 부류에 속해 있다는 정체성을 더 강하게 갖고 있었으며, 졸업 후 일본인 상급자 아래에서 일하면서 차별대우를 당해도 자신의 출셋길에 장애가 될까봐 항의하기는커녕 그들의 편을 들었다.[128] 미국인들이 일본인을 '명예 백인'이라고 했듯이 이들은 '명예 일본인'의 자의식을 갖고 있었다.

한국에서는 경성제대 법문학부나 서울대 법대 등 최고 우수한 학생들이 들어가는 학교나 학과에 합격하는 것 자체가 일종의 예비권력이었다. 일제하 경성제대 내에서도 반제동맹과 같은 항일조직에 가담한 극소수 학생들이 있었으나, 경성제대 재학생들은 대체로 '미래의 권력'을 앞당겨 생각하면서 '현재의 권력자'로 행동하기도 했다. 그래서 이들은 버스에서 운전사와 차장이 "경성제대 다니면 제일이냐?"라고 모욕하자 그들이 있는 합숙소에 60명이 몰려가 돌멩이로 때려 부수는 행동을 할 정도로 사무라이식의 엘리트의식을 발휘했다. 일제의 지배에 대해서는 대체로 동화와 소극적 저항 사이에서 방황했지만, 한국인 하층민에게는 곧바로 집단폭력을 가할 정도로 자신을 비웃고 모욕하는 것에 대해 참지 못했다.[129]

정부 수립 이후 지금까지 이들 시험형 인간의 행태는 일제하의 그들 선배들의 아비투스를 그대로 답습했다. 일제강점기 이후 1987년까지 한국 군사정권의 지배질서는 '법'보다는 폭력에 의존했고, 이러한 군사주의 불법폭력을 교묘한 법 논리로 정당화해온 세력이 소위 육법당(六法黨), 즉 판검사들이었다. 그래서 일제 시절부터 "유식한 사람, 많이 배운 사람, 학력·학벌을 가진 사람이 주로 나라를 팔아먹었다"는 비판은 세간의 정서였다.

글을 알면 쓰일 데란 왜놈 종노릇 더 잘하는 것밖에 더 있냐? 종노릇해도 무식한 놈은 죄라도 덜 짓지 유식한 놈은 유식한 만큼 죄를 더 짓는 것이고 나라를 더 잘 팔아먹더라.[130]

사실 나는 무식한 사람을 좋아하고 존경한다. 유식한 사람이 싫다. 우리 사회에 유식한 사람이 얼마나 많은가? 그 유식한 사람들이 세상을 망쳤다고 본다. 나라를 팔아먹은 사람도 모두 유식한 사람들이었다.[131]

노자가 말한 것처럼 임지치민상도(任知治民上盜), 즉 "많이 아는 사람에게 세상일을 맡기면 세상을 속이는 최고의 도둑이 된다"는 경고는 중국뿐만 아니라 과거의 조선시대에서 일제강점기, 그리고 오늘까지 여전히 유의미하다. 똑똑하다는 사람들을 믿지 말라는 경고이지만, 명문대 출신, 고시 출신, 엘리트 등 지식과 재능이 많은 이기적 시험형 인간이 권력자나 재력가에게 붙어서 더 큰 도둑이 될 가능성이 크다는 것을 경고한 것이다.[132]

고시 출신들 대부분은 일제강점기 이후 군사정권 시기까지 지식 '자격증'을 무기로 권력과 부를 누려왔다. 1985년 서울 남영동 대공분실에서 고문을 당해 몸이 걸레처럼 만신창이가 된 김근태가 재판정에 선 적이 있다. 그는 피고인석에서 지옥과 같은 고문을 당한 이후 자신의 몸에 남은 상처를 보여주어도 그것을 의도적으로 외면하면서 정치 군부의 충실한 하수인이 되어 중형을 선고한 경기고-서울대 선배이자 사법고시 수석합격자인 판사 서

성, 그리고 서성과 함께 서울대 법대 출신이자 공안검사의 대명
사로 악명이 높았던 검사 김원치에게 거의 노리개처럼 당한 일을
부끄러워하면서 신음하듯이 부르짖었다.

　　출세를 하라. 출세를 하라. 그리하여 출세를 하라.[133]

　1960년대에 유행한 대중가요 「회전 의자」에는 "빙글빙글 도
는 의자, 회전의자에 임자가 따로 있나, 앉으면 주인인데, (…) 아
아아 억울하면 출세하라, 출세를 하라"라는 가사가 있다. 여기서
"임자가 따로 있나" "억울하면 출세하라"가 현대 한국과 시험형
엘리트의 행태를 이해할 수 있는 코드다. '임자가 정해져 있지 않
으니' 기회는 열려 있다는 것이다. 그리고 억울하면 '항의하라'가
아니라 '출세'해서 보란 듯이 복수하라고 말한다.
　출세란 무엇인가? 조선시대의 출세란 입신출세(立身出世)이니,
그것은 국가의 공공사무를 담당하는 인물이 되어 가문을 빛내고
나라도 빛내라는 것이었다. 그러나 실제 세속적 의미는 과거에
합격해서 남을 다스리는 귀한 존재가 되고, 부자도 되는 것이다.
현대사회에 와서 '입신'은 빠지고 '출세'만 남았다. 일제 시기 이
후 한국인들에게 출세는 벼락부자가 아니라면 고등고시에 합격
해서 판검사 되고, 장차 국회의원이 되는 것이었다. 이 말을 더 세
속적으로 해석하면 출세하는 것은 권력과 돈의 힘으로 남을 부릴
위치에 서는 것이다. 강준만은 『개천에서 용 나면 안 된다』에서
이것을 '갑질의 실천'이라고 말했다.[134]

가난한 가정에서 자라나서 세상의 무시와 천대를 받아 이를 악물고 공부해서 출세한 사람들이 과거 어려울 때의 자신과 비슷한 처지에서 힘겹게 사는 사람들에게 '갑질'을 하는 경우를 종종 목격한다. 그런데 한국에서 '없는 사람'이 출세하는 데는 고시를 패스 해서 판검사가 되거나 고위 관리가 되는 것만 한 것이 없다. 없는 사람이 출세하기 위해서는 아주 운이 좋은 경우가 아니라면 결국 '머리'가 좋아야 한다. '유식한 사람' '학력이 높은 사람' '경쟁적 시험에 통과한 사람'이 민족과 국가를 지키는 데 앞장서지 않는 것을 넘어, 제국주의의 폭력적 지배와 군사독재의 각종 불법을 묵인하거나 체제의 충실한 하수인이 되어 교묘한 법 논리로 체제를 정당화해주면서 권력과 부를 얻었다면, 이는 시험능력주의의 모순이 가장 적나라하게 드러나는 일이다. 교육의 공적 이상이 시험이라는 지위 상승의 사적 열망 앞에 무너진 결과다.

그러나 학교교육과 시험이 일종의 통치과정이라면, 학교의 최고 우등생, 시험을 제일 잘 본 사람들이 자라나서 체제의 충실한 대변자가 되는 것은 사실 교육, 즉 시험이 지배질서의 재생산 기능을 제대로 수행한 결과일지 모른다. 지독한 역설처럼 느껴질지도 모르나, 비극적 진실이 아닐 수 없다.

물론 일제하에서 경성제대, 고등문관시험에 합격하거나 고등관으로 임용되어 일본 제국주의 통치의 첨병이 된 사람들은 지주나 친일 부호층의 자녀들이 많았기 때문에, 그들이 제국주의 지배체제의 기둥이 된 것은 이미 그들의 애초의 시험 준비 동기나 출신 계층과 관계가 있다고 볼 수도 있다. 해방 이후에도 이들의 처신은 일관성을 보인다. 이승만 정권 시기 그의 장기집권과 불법선거의 돌격대 역할을 했던 임철호, 한희석, 장경근, 홍진기 등은 일제 때 고등문관시험이나 사법과 시험을 거쳐 관리나 법관을 했던 사람들이다. 이들은 이승만 정부에서 내무부·법무부 등 권력 부서의 장·차관이나 자유당의 최고 책임자가 되어 반공 독재 체제를 지탱하는 이승만 정권의 '순장조'가 되었다. 박정희 정권에서도 대법원장을 지낸 민복기, 부총리를 지낸 신현확, 법무부장관을 지낸 황산덕, 유신헌법의 설계자 한태연, 전두환 정권에서는 이호, 윤길중, 진의종 등이 일제 고등문관 출신들이었다. 이들은 역대 독재정권의 내무부·법무부 등 권력 부서에 들어가 군부 권력의 '참모' 역할을 수행했다.[135]

군사정권 시절 '정치군부의 하수인'의 역할을 충실하게 한 공안검사나 시국사건 판사들도 전형적인 시험형 인간의 아비투스를 갖고 있었다. 1974년 이후 1979년까지 박정희의 명령, 국회를 통과하지 않았던 긴급조치 1호에서 9호까지의 법에 따라 권력이 판결을 내린 '붕어빵' 재판에 동원된 판사는 총 492명이었는데,[136] 이 중 대법관으로 영전한 사람은 23명이며, 고위 법관을 지낸 사람도 101명에 달했다. 긴급조치 9호 위반 사건에서 무죄 판결을 내린 사람은 이영구 부장판사가 유일했다. 그는 이 일로 곧 법복을 벗었다. 박정희 군사정권하에서 권력에 고분고분하지 않았던 일부 판사들이 재임용에서 탈락하기도 했고, 공안검사들이 인혁당 조작 사건에 대해 항명을 한 경우도 있지만,[137] 압도적 다수는 군사쿠데타 등으로 권력의 변동이 극심한 시기에 언제나 정치권력과 중앙정보부의 압력이 두려워, '사법살인'을 저지르고도 죄의식이 없었으며, 그 공로로 이후 국회에 진출하기도 했다.[138] 이들은 법률가로서의 양심이나 직업의식을 포기하고 권력에 복종하는 댓가로 권력과 부를 얻었다. 그래서 김근태는 이들을 "정치군부의 부릅뜬 눈 아래 오금을 펴지 못하는 겁쟁이, 거짓말쟁이가 되어버린 판사, 검사의 모습이 정치군부보다도 더 인류사회와 민족사회의 발전 속도에 뒤떨어져 있는 집단이 어디에 있는가를 웅변적으로 보여준다"고 질타하기도 했다.[139]

1980년대 이전에는 유교적 선비 문화가 약간 남아 있었기 때문에, 조선시대 선비와 같은 인간형, 간혹 소신 있는 판사나 검사 들도 있었다. 1950년대에 김병로 대법원장, 최대교 검사, 1960년대에 유병진, 김홍섭 판사, 1차 인혁당 사건 당시 "증거상으로는 도저히 기소할 수 없다"며 기소를 거부하고 사표까지 쓴 이용훈, 김병리, 장원찬 등 공안부 검사가 있었으며, 1971년 사법 파동을 주동한 홍성우, 최영도 등 소신 있는 판사들의 집단행동도 있었다. 그러나 1990년대 이후 승진에 탈락하여 조용히 옷을 벗는 판검사는 있어도 양심과 소신을 지키기 위해 집단행동을 하는 판검사는 더이상 찾아보기 어렵다. 박근혜 정부 당시 대법원장 양승태의 사법 농단에 연루된 판사 66명 중에서 양심을 버릴 수 없어 내부고발을 하고 옷을 벗은 사람은 이탄희가 유일하다.

그러나 앞에서 말했듯이 학교에서 가장 '공부를 잘한' 학생이 모두 시험형 인간, 혹은 현실순응형, 권력지향형, 관료형, 엘리트주의 인간이 되는 것은 아니다. 조영래 변호사는 경기고를 졸업하고 서울대를 수석 입학한, 당대의 가장 우수한 학생이었으면서도 자신의 지적인 능력을 사회를 위해 던진 드문 사람이었다.[140] 법조인이나 의사 중에서도 시험형 인간과는 거리가 먼 사람들이 많다. 인의협(인도주의실천의사협의회) 의사들, 삼성 백혈병 문제를 의학적 전문성과 결합하여 고발하는 등 공익활동에 나선 의사들, 인권침해 사건 피해자들에 대한 변론이나 공익 법률서비스 활동에 나선 민변(민주사회를 위한 변호사 모임)의 변호사들 모두 지식의 공적 성격을 인식하고, 자신의 전문성을 금전이나 지위와 교환하기를 거부한 사람들이다.

세습 자본주의, 학원에서 '양육된 인간'의 사회, 호기심을 죽이는 선행학습과 사교육, 더 치열해진 대입 경쟁은 이처럼 자기 주도적 학습을 하면서 공감 능력이 있는 인간의 등장을 어렵게 만든다. 일본의 도쿄대학 출신들이 선별 과정 때문에 엘리트가 되었을 뿐 반드시 월등한 재주를 가진 것은 아니며, 그래서 "선진국의 모든 주요 학교를 통틀어서 일본의 도쿄대학만큼 사회적으로 기여하지 않은 학교도 없을 것이다"라는 비판도 있는데,[141] 이 지적은 한국의 서울대학교에 대해서도 그대로 적용할 수 있을 것이다.

시험형 인간들의 세상, 관료 집단과 전문직

'신성가족'의 타락

학교에서 '공부 잘하는' 사람들은 대체로 관료나 전문직이 된다. 그런데 이 전문직의 권위는 지식 행사의 책임성과 직업윤리에서 나온다. 그리고 법으로 보장된 독점적 권한이 보상의 원천이다.[142] 한국인들이 가장 선망하는 직업은 의사, 판검사, 교사, 변호사, 고위 관료 등인데, 이 중 의사, 변호사만 제외하면 모두 옛날 과거시험 합격자들이 얻은 직업들이다. 이 중 법조인은 안정적이면서 높은 권위를 갖고 있으며, 정치적 야심이 있다면 국회의원 출마에도 유리한 위치에 있다. 특히 의사나 법률가 들은 병든 몸을 고쳐주고 갈등 피해자들을 구제해준다는 점에서 사람의 생명과 운명을 좌우하는 극히 중요한 일을 수행한다. 그런데 그런 이유 때문에 이들이 부와 권력 자체를 목적으로 삼아서 자신의 지식, 전문성 행사에서 윤리적인 기반을 갖지 못하면 사회의 도덕규범을 완전히 뒤틀리게 만들 수 있다.

일제 시기 이후 한국 사법부와 검찰의 가장 심각한 문제는 관료 사법인데,[143] 그것은 물론 기존의 법적·제도적 제약에서 기인하는 것이다. 그러나 그 구성원들인 판검사들이 그들이 진정으로 봉사해야 할 일반 국민, 특히 일상적으로 인권침해를 당하면서 사는 보통 사람의 편에 서기보다는 승진과 출세를 지상과제로 삼도록 만드는 관료 사법의 시스템에 잘 순응했기 때문이기도 하다. 판검사들에게도 전형적으로 나타나는 아비투스는 자신에게 권한을 부여해준 국민의 요구를 의식하지 않고, 정치경제적 강자 편향의 수사·재판 관행을 따르는 것이다.

시험형 인간은 앞에서 말한 치열한 경쟁과 개인화, 그리고 상승을 향한 단련과 훈육의 과정을 거치기 때문에 자신의 지위나 편안함을 희생하면서까지 정의를 선언하고 실천할 용기나 기개를 갖기가 쉽지 않다. 이들은 공직사회나 직업집단 내에서 소신을 표현하지 않는 경향이 있는데, 다만 자기의 이익에 반(反)하는 상황이 발생하면 발언을 한다. 판사나 검사 들이 드물게 집단행동을 할 때도 법치나 정의, 법원과 검찰의 중립성과 공정성의 가치를 지키기 위한 것이 아니라 그 조직 자체를 보호하려는 경우가 대부분이다. 이들 집단행동의 기본 동력도 우리는 "사회에서 가장 우수한 존재이므로 외부에서 건드릴 수 없다는 자만심"[144]에 근거하는 경우가 많다.

조선시대 양반의 이데올로기였던 주자학은 인문주의, 기술 천시, 통치 학문이라는 한계를 갖고 있었으나, 정순우가 지적하는 것처럼 인격과 도덕의 수양을 중시했고 자리를 얻을 때도 "나아감과 물러감의 논리"를 강조했다. 오늘날 식으로 말하면 유교는 인격 수련과 직업윤리를 포함하고 있었다. 그러나 오늘날 통치계급이 되는 데 필요한 공부, 특히 법학·행정학·경제학 등의 사회과학에는 "나아감은 있으나 물러감의 내용은 없다".

대학생이 엘리트로서의 사회적 의무나 사명감을 가질 수 있었으며, 군사독재정권에 대한 비판의식이나 공적 대의에 대한 열정이 대학문화를 지배하던 1980년대 초·중반까지 대학 초년생이 고시 준비를 하는 것은 떳떳한 일이 아니었다. 사실 재학 중 고시에 합격했다는 것은 자랑이 아니라 부끄러워할 일이었다. 일제 때 경성제국대학에서도 그러했고, 1980년대 중반까지 서울대에서도 그런 분위기가 남아 있었다. 즉 일반 학생들도 대학이라는 곳이 입신출세를 위한 시험 준비기관은 아니라고 생각했기 때문에, 입학 직후부터 고시공부를 시작하려는 학생들은 이런 따가운 시선을 의식하지 않을 수 없었다.[145] 특히 일제하에서는 항일운동, 유신체제와 전두환 정권하에서는 반독재운동 등 공적인 대의를 위해 자신을 던지는 옆의 동료 학생들의 존재가 강한 도덕적 압력으로 작용했기 때문에, 드러내고 고시공부를 하기는 부담스러웠다. 심지어 1학년 학생이 고시 책을 들고 다니면 선배들에게 야단을 맞거나 뺨을 맞는 일도 있었다. 정치적 민주화가 이루어지고 시장자본주의가 확산되면서 고시공부에 대한 사회적·도덕적 견제도 사라졌다.

즉 법조인·의료인 들은 자신의 지식에 대한 높은 책임감, 진리에 대한 전인격적 고백(personal confession) 위에 전문적인 법적·의학적 견해를 건축해야 전문가로서의 능력과 책임을 다할 수 있다. 여기에는 반드시 직업집단 내의 엄격한 내부규율이 작동해야 하고, 지식권력을 행사할 때, 그 결과에 대한 책임을 방기하거나 비윤리적인 목적으로 자신의 전문적 지식을 사용한 사람에 대해서는 조직 내외부의 엄한 징계가 필요하다. 그런데 실제는 어떤가? 이국운은 한국 법률가의 탄생 공간을 연구했는데, 그는 상징적인 장소인 서울대 법대 강의실, 신림동 고시촌, 사법연수원, 경주의 법조타운에서 법률가 지망생들이 그러한 인격적 통합성을 배양, 검증하는 것은 거의 불가능하며, 오히려 이들 공간은 '무책임과 비합리와 불명예'의 공간으로 타락했다고 지적한다.[146] 반사회적 범죄를 저지른 전문직에 대한 처벌도 거의 없다고 해도 과언이 아니다. 전문가 조직이나 각종 협회는 자체 윤리위원회가 있지만 집단윤리는 거의 발휘하지 못한다. 그래서 한국에서 전문직에 대한 신뢰는 언제나 바닥이다.

대표적 전문직인 법조인·의사 들에게서 직업윤리의 실종 현상이 두드러진다. 지난 2015~19년 성범죄를 저지른 의사는 613명, 경찰이 소위 '4대 범죄'라고 하는 살인·강도·절도·폭력을 저지른 의사는 2867명이다.[147] 일부 의료인들의 보험사기, 과잉진료 등도 종종 보도된다. 한국과 유럽연합의 국민을 대상으로 각 국가의 의사에 대한 신뢰도를 묻는 질문에 한국은 '확신하지 않는다'는 응답이 62.4%를 차지한 반면 유럽은 28%로 나타났다.[148] 2016년 10월 경찰의 물대포를 맞아 사망한 백남기 농민의 사인에 대해 서울대병원 백선하 교수는 "고칼륨혈증에 의한 심정지", 즉 병사라 밝혔고, 서울대병원 측과 의사협회는 여기에 대해 다른 의견을 제시하지 않았다.[149] 정치적 사건으로 사망한 사람들의 부검을 둘러싼 유족, 운동단체와 '소신을 접은' 의사들 간의 갈등은 1980년대부터 불거지기 시작하여 최근까지 계속되었다.

한국법제연구원이 발표한 '2019 국민 법의식 조사연구' 결과에 따르면 국민들의 사법 불신이 매우 높은 것으로 나타났다. 3441명을 대상으로 이루어진 조사 결과, 58.6%는 '재판은 외부의 영향을 받는다'고 응답해 10명 중 대략 6명이 사법 불신감을 드러냈다.[150] 그리고 경제협력개발기구(OECD)가 2019년 회원국 37개국을 대상으로 각국 사법부에 대한 신뢰도를 조사해 순위를 매긴 결과에서는 한국이 꼴찌로 나왔다.[151] 또 2011년 당시 한국

반부패정책학회의 조사에 의하면 법조인이 정치인, 기업인 다음으로 부패한 직업인(15.2%)으로 나왔다.[152] 검사들의 각종 물리적 폭력 행사, 판사들의 언어폭력과 고압적 자세,[153] 많은 불법행위, 변협의 내부 범법 변호사 보호하기는 의사들만큼 심각하지만, 거의 교정되지 않고 지속된다.

자본주의 질서가 심화되어 국가 대신에 경제나 시장이 주요한 조절기구가 되면 검찰과 법원은 이전보다 기업가 혹은 경제를 지원하는 기관의 성격을 더 강하게 띠게 된다. 부르디외의 공간(espace)이론을 동원해보면, 신자유주의 이후 법조인의 활동 공간과 기업, 경제활동의 공간은 그 이전보다 훨씬 가까워졌다. 한국에서도 이제 공안검사 대신에 '특수통' 검사가 검찰 조직의 헤게모니를 쥐게 된다. 기업 전담 대형 로펌이 생겨나고 모든 소송과 재판은 거의 기업 범죄와 관련되기 시작했다. 법원과 검찰 고위직에 있었거나 고위 관료 지위에서 퇴직한 시험형 인간들은 퇴직 후 김앤장 등 대형 로펌에 들어가서 자신이 공직자로 일하면서 얻은 엄청난 정보나 기술적 지식을 사기업의 대변자 로펌에 안겨주고 막대한 보상을 받는다.

1980년 이후 대법관으로 재직했던 판사 69명 중 2019년 당시 변호사로 등록한 사람은 41명인데 이 중 상위 7명이 사건의 69%를 싹쓸이하고 있으며, 이들은 선임계에 이름을 올리고 10억 이상의 연봉을 받는 것으로 나타났다. 이들은 실무 변호사들을 거느리는 하청구조를 형성한다.[154] 대법원 판사까지 지낸 사람이 이런 활동을 하는 것은 구조화된 부패이거나 범죄 응호로 볼 여지도 있다.

이런 현상을 '전관예우'라 부르는 것 자체가 잘못된 것임에도 불구하고 한국의 보수 언론은 그같은 용어로 부도덕한 행위를 중립화하고, 비판의식도 약화시킨다.

검사들의 노골적이거나 비공식적인 범죄는 셀 수 없이 많지만 거의 드러나지 않았다. 스폰서 검사의 경우가 대표적일 것이다. 최근에 알려진 사건 한두개만 들면 건설업자였던 정용재는 2010년 "20여년간 60여명의 검사들에게 향응과 접대를 했고 금품을 건넸다"며 '스폰서 검사' 명단을 폭로했는데, 판사와 경찰 들의 스폰서도 했다고 주장했다.[155] 넥슨과 진경준 검사장의 부당한 주식 거래, 최유정 변호사에 대한 100억원의 수임료 사건, 홍만표 변호사의 무분별한 사건 훑기와 엄청난 규모의 축재·탈세 등도 그 빙산의 일각이다.

검사 출신인 김두식과 사법농단 내부 고발자인 판사 출신 이탄희는 판검사 집단이 공적인 가치를 추구하는 것이 아니라 오직 자기 조직의 이익에만 철저한 특권조직이라는 점에서 이들을 '신성가족'이라 부른다.[156] 그런데 이들 법조인과 의사 들은 모두 자신의 이익이 위협받으면 무섭게 단결한다. 법조계, 의료계, 교수 집단 내부에서의 범법과 불의를 목격한 의로운 개인들이 돌출 행동을 하면, 즉 용기 있는 내부 고발자가 생겨날 경우, 그들을 옹호하기보다는 오히려 조직의 '명예를 훼손'했다고 집단 린치를 가하기도 했다. 사법행정권에 굴복한 66명의 판사를 징계하지 않은 김명수 대법원장의 행동도 제 식구 보호를 우선한 것이라는 비판을 받았다.[157] 검찰이 스폰서 검사, '떡검' 등의 비난을 받는 등 직업적 위신을 심각하게 손상시키는 부패에 연루되고도 스스로 조직을 변화시키려 하지 않는 것도 시험능력주의가 이들을 이익공동체, '가족'으로 뭉치게 만들었기 때문일 것이다.

김두식이 강조하는 것처럼 "오로지 자기 욕망을 성취하기 위해서 수년에 걸쳐서 자기를 채찍질해서 거머쥔 합격증으로 새 언어를 사용하는 신성가족이 된 사람들에게 이웃에 대한 배려를 기대하는 것"은 쉽지 않을 것이다.[158] 그는 시험형 인간이 권력을 가졌을 때, 그 권력을 공공의 목적으로 사용하기보다는 사적인 이익을 위해 사용하게 되는 이유, 그리고 세상의 사안에 대해 무지할뿐더러 온 세상이 자신을 우러러본다고 착각하는 나르시시스트가 될 수밖에 없는 이유가 바로 이 고시제도에 있다고 봤다. 시험능력주의가 그들을 그렇게 만들었다.

부자 선망과 노동자 멸시

2003년 노무현 대통령과의 대화에서 선출직 대통령에게까지 대드는 행동을 했다가 이명박·박근혜 대통령 시기에는 권력 앞에서 고분고분한 태도를 보인 검사들의 행동은 전형적인 강자 추종주의로 설명할 수 있을 것이다. 검사들은 군사정권하에서는 자신이 총칼을 맞을 일은 없어도 그들에게 잘못 보이면 승진과 보상에서 배제된다는 것을 알고 있었기 때문에 권력에 매우 복종적이었으나, 민주화된 자본주의 사회에서는 선출된 권력을 우습게여기고 퇴직 후 자신이 '취업할' 대형 로펌이나 재벌 대기업을 언제나 의식한다. 공무원으로 일하면서도 언제나 퇴직 후 기업 측의 보상을 염두에 두면서 법과 행정을 집행하는 경향이 있다.

앞서 말한 것처럼 시험형 인간은 자신의 이익을 희생하면서 국가나 사회를 위한 일에 모험을 감행할 정도의 아비투스는 갖고 있지 않다. 그런데 현실 순응과 강자에 대한 복종적 태도는 약자에 대한 멸시와 동시에 나타난다. 민주화 이후 판검사들은 회사의 여러 부당노동행위, 특히 노조 설립 방해, 사용자의 업무 방해 및 손해배상 청구, 그리고 산재 피해 등 노사 간 이해가 첨예하게 대립되는 사건에서는 대부분 노동자들에게 가혹했다. 재벌기업 총수를 수사하거나 그들에게 엄한 판결을 내린 판검사는 더욱 찾기가 어려워졌다. 특히 30~40대의 젊은 판검사들, 좋은 가정에서 태어나 학교나 사회에서 다른 세계가 존재할 수 있다는 것을 상상할 기회도 없이 주어진 코스만 충실하게 따라간 사람들은 노동자들이 왜 노조를 만드는지, 노사 대립 과정에서 왜 격한 언어를 사용하고 합법의 경계를 넘어서까지 파업을 감행하는지에 대해 이해하지 않으려 하거나, 그 이유를 아예 상상조차 하지 못한다.

시험능력주의 사회의 승리자들은 학교에서 실패한 사람들, 노동자로 살아가는 사람들의 어려운 처지를 보면서도, 그 어려움은 그들이 머리가 나쁘거나 공부를 안 했거나 게을렀기 때문이라 생각하므로 그들의 고통에 공감하거나 그들을 배려하지 않는다.[159] 그들은 노동이란 능력이 없는 사람들이 하는 일로 간주한다. 2021년 서울대 청소노동자 자살 사건이 발생한 후 "역겹다" "피해자 코스프레" "마녀사냥" "서울대의 명예" "외부세력" 등의 말들로 대응했던 서울대 교수들의 시선과 발언, 손노동은 아프리

218

카 사람들이나 하는 것이라는 국민의힘 대통령 후보 당시 윤석열
의 발언도 노동에 대한 비하를 그대로 보여주었다.

랑시에르(Jacques Rancière)는 약자들을 비하하는 태도를 가진
사람을 '우월한 열등자'들이라고 불렀다. 그는 뛰어난 사람들은
우월감 때문에 세상을 제대로 보지 못한다고 봤다. 이러한 우월
한 열등자들이 권력과 지위를 갖게 되면 자기를 제외한 온 사회
가 열등자로 넘쳐나는 것으로 보인다. 지금과 같은 극히 경쟁적
인 세상에서는 전문직이 일반 사무직을 무시하고, 사무직이 생산
직을 무시하고, 정규직이 비정규직을 무시하고, 비정규직은 시간
제 노동자를 무시한다.[160] 노동자가 농민을 무시하고, 농민이 여
성을 무시하고, 잘난 여성이 이웃의 못난 여성을 무시하는 등 무
한히 이어져 내려간다. 모든 사람은 이 우월한 열등자의 역설 속
에서 자기보다 위에 있는 사람에게는 굽히지만, 자기보다 열등한
것으로 보이는 사람에게는 막 대한다. 서열의식을 가진 시험형
인간은 우월감과 열등의식을 동시에 갖는다.

노동자나 빈곤층 출신들이 학력자격과 일정한 지위를 얻은 후
에는 과거의 자신을 잊어버리려 하고, 과거의 자신과 같은 처지
에 있는 사람에게 더 가혹하게 대하는 이유도 여기에 있다. 파울
루 프레이리가 "피억압자가 해방을 위해 노력하기보다는 억압자
나 아류 억압자가 되기 위해서 애쓴다"[161]고 한 것은 이것을 두고
하는 말이다. 홍준표처럼 가난한 집에서 태어났으나 '머리가 좋
아' 좋은 대학에 들어가고, "권력자의 범죄를 처단하여 억울한 사
람들의 하소연을 들어주고자" 판검사가 된 사람들도 많다.[162] 그

런데 막상 권력을 갖게 되면 달라진다. 홍준표는 말로는 검찰이 억강부약(抑强扶弱)해야 한다고 했지만, 정치에 입문할 때도 보수 정당으로 들어갔고, 정치적 노선도 강한 보수적 기조로 일관했다. 그는 경남지사 시절에는 무상급식 예산 지원을 중단하고 공공병원인 진주의료원을 폐쇄하는 등 보수적인 행보를 보였으며 노조에 대해서도 극히 적대적이었다. 그는 '변방' 의식을 간직하고서 계속 최고 권력, 즉 대권에 도전하기도 했다. 가난했지만 오직 공부로 승부를 건 인간형은 자기 주변의 자유주의 성향의 중간층 출신보다 정치적으로 더욱 보수적인 태도를 갖는 경우가 많다.

그래서 시험 전투의 승리자인 시험형 인간은 시민성을 결핍한 경우가 많다. 지난 20여년간 여러 정부의 장관 후보 인사청문회를 통해 드러난 것처럼, 명문대와 고시 출신의 이력을 가진 후보자들 상당수는 평균적 한국인 정도의 시민의식과 준법의식도 결여한 경우가 많았다. 이들은 시민으로서 갖추어야 할 기본 지식이나 태도도 결여되어 있었다.[163] 유교적 권위주의, 개발독재 이후의 실용주의와 도구주의, 그리고 신자유주의 시대의 경쟁주의가 이들의 시험능력주의적 사고에 복합적으로 섞여서 일체화되어 있다.

4장

시험능력주의의 뒷면:
배제체제와 그 패배자들

'무능력자' 천시와 노동 탈출 부추기기

누구나 피하고 싶은 노동 현실

한국사회의 대다수 임금노동자들은 단지 토지, 건물 등 자산이 없어서가 아니라 학력·학벌이 없기 때문에 차별받고 온갖 억울한 일을 겪는다. 한국에서 고졸자들은 대학 졸업자에 비해 일자리를 구하기 어렵고, 구하더라도 대부분이 저임금 비정규직 자리이기 때문에 일자리의 질도 형편없다. 외환위기 직후부터 본격적으로 확대된 비정규직은 주로 고졸자들로 채워졌다. 실제로 학력별 고용률, 비정규직 비율을 보면 고졸자는 전문대나 대졸자에 비해 비정규직 비율이 매우 높다. 2003년에서 2014년까지 취업률 전체 통계를 보면 고졸자가 대졸자보다 취업률이 높았던 시기는 없었으며, 초기에는 대졸자가 고졸자보다 10% 정도 높았으나 2014년에는 격차가 더 확대되어 거의 17% 이상 높다. 같은 기간

대졸자는 정규직으로 취업한 사람이 50% 내외였으나 고졸자는 40% 정도에 불과했다.[1]

1990년대 초·중반까지 고졸 기능직은 대기업 제조업체에도 취업할 수 있었으나, 그 이후 공장 해외 이전, 생산시스템의 디지털화, 자동화가 급속히 진행되어 엔지니어나 전문직의 수요는 늘어났으나 숙련 기능직의 수요가 급감하는 바람에 갈 곳이 없어졌다.[2] 이처럼 지구화, 자동화, 정보화, 서비스경제 비중 확대는 고졸 기능직의 수요를 줄였다. 결국 고졸 생산직 노동자들은 특별히 잘된 경우라야 대기업의 1차 하청 중소기업에 취직할 수 있었고, 대다수는 매우 열악한 중소기업이나 정부의 일자리 지원금을 받아 버티는 '좀비기업'에 근무한다. 이들은 사무직과 달리 현장의 조장 정도가 승진의 종점이고, 급료는 대졸자의 60% 정도에 불과하다. 자격증 여러개를 따도 월급은 별로 올라가지 않고, 월급이 편의점 아르바이트보다 못한 경우도 있다. 회사에서 오래 일해도 제대로 숙련도가 향상되지 않는다. 그래서 이들은 취업과 휴직을 반복하다가 점점 더 열악한 사업장으로 재취업을 한다. 그래서 고용안정도 연공 인정도 되지 않는 위험한 일터의 노동자나 배달 노동자로 일하게 된다.[3]

OECD 국가 중에서 한국보다 고졸자와 대졸자 간 임금격차와 고용조건의 격차가 큰 나라는 거의 없다. 2016년 기준 한국 성인 (25~64세)의 학력별 임금을 살펴보면 고교 졸업자의 임금을 100으로 봤을 때 전문대 졸업자 임금은 116, 대학 졸업자는 149로 대졸자와 고졸자 간의 임금격차가 매우 크다. 고용, 임금, 승진 등 노동조건 전반에서 학력에 의한 차별이 여전히 심각하다.[4] 전문대 졸업자의 임금이 고졸자에 비해 크게 높지 않은 것도 주목할 만한데, 전문대 출신의 기술, 즉 인적 자본 축적량과 생산성이 높지 않기 때문일 것이다.[5] 대졸자와 고졸자 간의 임금격차가 이렇게 큰 것은 고졸 기능직들이 숙련도가 낮아서 노동시장에서 대체 가능하기 때문일 것이다. 그러나 고졸자가 취업 후 일정한 시간이 경과해도 대졸자와 임금격차가 줄어들지 않는 것은 고졸자들이 회사에서 숙련도를 높일 기회가 없다는 것을 말해준다.[6] 기업 입장에서는 고졸 기술자를 오랜 기간 훈련시키는 것보다 '좋은 대학' 나온 엔지니어가 더 쓸모가 있다고 판단하기 때문에 고졸자의 숙련 형성에 투자할 유인이 없다. 특히 지금 한국에는 직업학교나 도제식 훈련을 통해 우수 기능인을 양성하는 코스가 별로 없다. 결국 영세기업에는 '수준이 떨어지는' 청년들이 남게 되고, 주요 기업들은 더욱더 우수한 실업계 고교, 직업 훈련원, 그리고 4년제 공과대학 졸업생을 선호한다.[7]

한편 한국의 중대재해 사망률이 OECD 국가 중에서 1위를 기록하는 등, 일터가 매우 위험하다는 것은 청년들이나 그들의 부모인 기성세대도 어느정도는 알고 있다. 학력이 낮거나 가정이 어려워 대학에 진학하지 못함으로써 결국 제조업 하청, 재하청 기업의 비숙련 비정규직으로 일할 수밖에 없는 노동자들이 산재를 당할 가능성이 압도적으로 높다. 그래서 언론에서 비극적인 산재사고를 거의 매일 보도하고, 그것을 본 세상 사람들이 분노한다. 태안화력발전소 사망자인 김용균의 사례처럼 28번이나 원청기업에 시정을 요구해도 시정이 되기는커녕, 오히려 요구를 했던 김용균이 사망한 어처구니없는 일도 발생했다. 실제 15세 이상 취업자 중 인구 10만명당 총사망자 수를 보면 대졸 이상은 106.4명인데, 중졸 이하는 그 9배에 가까운 928.8명이고, 주관적 건강 수준을 보더라도 '현재 건강상태가 매우 좋거나 좋은 편'이라는 문항에 대해 중졸 이하는 41%만이 그렇다고 말했으나, 대졸 이상은 82.4%가 그렇다고 답했다.[8] 중산층 출신 고학력자들인 정치권, 주류 언론, 법조계의 시험형 인간들에게 "노동자는 일하다가 죽을 수도 있다"는 외침은 다른 나라 이야기다.

사실 운동권 진영에서도 '신분' 차별이 있다. 과거 군사정권에 맞선 데모대에는 학생도 있었고 노동자도 있었다. 그러나 그 시기에도 반정부 시위로 잡혀간 학생과 노동자 들은 엄연한 '신분' 차별을 겪었다. 경찰이나 공안요원 들은 데모하다가 잡혀온 사람 중에서 대학생과 노동자, 그리고 일류 대학생과 그렇지 않은 대학의 학생들을 차별했다.

수사관들은 나를 무시하는 눈빛과 한심하다는 표정을 내비치기도 하였다. 이것은 마치 지난 시절 노비를 사람으로 취급하지 않았던 그런 느낌과 비슷했다. 데모하고 잡혀온 학생들도 똑같이 빨갱이들이라고 하면서 대학생들에게 대하는 태도와 노동자들에게 대하는 태도가 180도 달랐다. 학생들은 긴급조치로 구속이 되었지만 면회도 할 수 있었다. 그러나 경찰은 나와 조합원들에게는 단 하루도 면회를 시켜주지 않았다.[9]

노동, 혹은 노동자라는 말 대신에 여전히 '근로' 혹은 '근로자'라는 말을 사용하는 정부, 언론, 사법부 등 모든 권력기관은 노동자를 권리의 주체로 보지 않는다. 미래 인재 3만명을 양성한다는 기치를 내세운 대구의 관공서에서는 아직도 '노동' '인권'이라는 용어가 기피 대상이라고 한다.[10] 모든 한국인들은 노동을 천시하고 '개천에서 난 용'을 찬양하는 학교교육을 받고 자라나 성인이 된다.

땀 흘려 일하는 사람, 시간제 등 비정규 노동자, 그리고 위험 작업장에서 일하는 노동자가 더 많은 임금을 받을 필요가 있지만 실제로는 지휘, 관리, 기획 업무를 하는 지식엘리트들이 더 큰 보상과 직업 안정성을 누린다. 자본주의 국가라고 해도 다른 나라들이 한국과 같지는 않다. 관존민비 전통과 노동자 천시, 시험능력주의가 지배하는 한국에서 유독 심하다. 한국에서 임금노동자가 신분적 차별을 받는 것은 학력·학벌이 준신분증인 사실과 맞물려 있다.

유교적인 관인(官人)사회의 전통을 경험하고 일제강점기를 거치면서 '일류'학교 혹은 사범학교를 나오는 것이 '손에 흙을 묻히지 않아도 되는' 직업, 특히 안정적인 공무원이나 교사의 지위를 얻는 길임을 배웠던 한국인들은 명문대 간판의 소지자이거나 고시 합격자인 현대판 '선비'들이 '아랫사람'인 노동자, '능력 없는' 사람들을 마구 대해도 되는 벼슬이라도 하는 것으로 이해하는 경향이 있다.[11] 공부를 잘해서 '좋은 학교'의 진학에 성공하는 것은 곧 '힘을 쓰는 노동자(勞力者)'의 삶에서 벗어난다는 것, '지배할' 능력을 갖는다는 것이지만, 이는 또한 그런 능력을 갖지 못한 사람에게는 이 사회에서 '지배받는 존재'로 살아야 한다는 엄한 선고이자 처벌이기도 하다.

시험능력주의가 지배하는 곳에서 학력·학벌이라는 정치자본을 가진 신분이 (생산)노동(자) 신분 위에 군림하는 것은 전혀 이상하지 않다. 이 점에서 한국 교육사를 연구한 소런슨(Clark W. Sorensen)도 한국의 과잉교육열은 노동 천시와 맞물려 있는 현상이라고 보았다.[12] 노동 비하나 노동 천시는 시험능력주의의 바로 뒷면의 모습이다.

노동의 중요성을 가르치지 않는 학교

고대 노예제 사회에 살았던 아리스토텔레스와 민주주의 사회에서 살았던 존 듀이는 살았던 시기나 철학적 입장은 아주 다르지만, 비슷한 주장을 했는데, 바로 교양교육과 기술교육의 구분이다. 아리스토텔레스는 지배자를 위한 교육과 지배받는 사람의 교육 간에는 구분이 있어야 한다고 말했다.[13] 존 듀이는 '추상적인 이론과 사상, 가치를 가르치는 교육'과 '인간 도구의 기계적 효율성을 높이는 교육' 간의 구분을 강조했다. 두 사람 모두 교양교육은 '자유인'을 위한 것이고, 기술교육은 노동자의 것이라 했다.[14] 물론 듀이가 아리스토텔레스처럼 노동 혹은 노동자를 비하한 것은 전혀 아니었고, 오히려 그 반대였다.

　과거 전근대 시절의 교육은 기본적으로 엘리트교육이었기 때문에 지배자, 즉 선비가 갖추어야 할 윤리·도덕을 기조로 했다. 근대 국민교육이 제도화된 이후 초·중등학교 자체가 대량생산 공장을 모델로 해서 설립, 운영되었고, 교육도 암암리에는 장차 공장에 가서 일하게 될 유순한 노동력의 육성을 목표로 했다. 그런데 중등교육 단계에서 자유인·교양인과 노동자를 이렇게 구분해서 교육하는 것이 타당할까? 아니면 그런 전제를 아예 무시하고 모든 학생들에게 '자유인'에게 필요한 일반 교양교육을 실시해야 할까? 오히려 아리스토텔레스가 말한 '자유인'에게는 노동의 땀과 고통과 보람을 느낄 수 있는 체험교육이, 노동자로 살아갈 수도 있는 사람들에게는 자유인의 정신을 누릴 수 있는 교양교육이 더 필요할지 모른다.

　한국처럼 중등교육이 직업교육과 인문교육으로 구분되기보다는 거의 일원화되어 있을뿐더러 반공주의 개발국가의 특성을 강하게 갖고 있어서 교과과정이 하향식이고 획일적인 나라에서는 노동의 중요성이나 노동자의 권리가 학교교육에서 거의 다루어지지 않으며, 교과서는 주류 경제학의 시장주의 이론에 따라 노동자를 산업전사 혹은 생산성 향상이라는 국가와 기업의 목표에 순응해야 하는 존재로 서술하고 있다. 지금까지 한국의 학교 교과서에서 '노동'이라는 단어는 노동운동, 육체적 노동, 계급 등과 연계하여 사용되고 있었으며, '근로'는 정신적 노동, 회사원, 계층 등과 연관되어 서술되어왔다. '노동'은 언제나 경제성장을 위한

중요한 도구로서만 다뤄져왔다.[15]

1997년의 7차 교육과정 이전에는 생산의 3요소로서 '노동'을 설명했고, 2007년 개정 교육과정에서는 '경제주체의 역할과 의사결정'의 소단원 7개 가운데 1개를 '노동의 사회적 중요성'을 설명하는 데 할애했다. 그러나 2015년 교육과정 시안에서는 이 부분이 사라졌고, 중학교 '일반사회' 과목에서도 노동자의 경제적 역할과 책임을 설명하는 소단원은 삭제됐다. 7차 교육과정 이후 한국의 교육과정은 삶의 모든 영역을 경제적 효용 중심으로 보는 신자유주의 색깔이 강해졌다.[16] 산업현장에 취업할 직업계 고등학교 학생을 대상으로 하는 '성공적인 직업생활'이라는 교과에서도 주로 '성공' 신화를 강조하기 때문에, 정작 그들이 장차 일하게 될 노동사회의 조건이나 사회구조는 언급되지 않았다.[17]

초등학교 사회과 교과서에서는 사회적 기여를 하는 경제주체가 기업가로 국한되고 노동자는 주체로 거론되지 않는다.[18] "시장의 한계나 노동의 가치를 다루는 내용은 빼버리고, 개인 소비나 자산 관리는 자세히 설명한다."[19] 중·고등학교의 도덕·사회 교과서에서는 기업가들이 국가경제 발전에 어떻게 기여했는지는 강조하지만, 이들의 사회적 책임 문제는 거의 빠져 있고, 노동자들의 권리 제기나 사회적 기여는 강조되지 않는다.

고등학교 '법과 정치' 교과서의 노동 관련 서술을 보면 노동인권과 관련된 단원의 분량이 절대적으로 적고, 집단적 노사관계 영역 및 사회적 약자와 관련한 노동문제 영역을 소홀하게 다루었다.[20] 고등학교 통합사회 교과서를 보면 "비록 상대적 약자라 하더라도 권리만을 주장할 수는 없다. 시장경제의 원활한 작동과 발전을 위한 노동자의 역할은?"이라고 질문하면서 "사용자와 맺은 근로계약에 따라 자신의 업무를 성실히 수행해야 한다. (…) 노동자가 자신의 이익만을 추구하다보면 노사관계가 악화되어 시장의 원활한 작동을 저해할 수 있다"고 서술되어 있다.[21] 노동자를 산업전사로 보던 과거와 크게 달라진 것이 없다.

2021년 2월 교육부와 한국직업능력개발원이 발표한 '2020년 초·중등 진로교육 현황조사 결과'를 보면, 초등학생은 가장 희망하는 직업으로 운동선수, 의사, 교사(순서대로 1~3위)를, 중학생은 교사, 의사, 경찰관을, 고등학생은 교사, 간호사, 생명·자연과학자 및 연구원을 꼽았다.[22] 경제활동인구의 3분의 2 이상이 임금노동자라는 사실은 무시한 채, 교과서에서는 오직 전문직이나 관리직만 대표적인 직업으로 부각되고, 또 긍정적으로 서술된다. 교과서에서 가장 많이 기술된 직업인 교사(90회), 의사(61회) 공무원(56회)은 중·고교생의 희망직업 1위(교사), 2위(의사), 3위(공무원)와 정확히 일치했다.[23] 그래서 학생들의 희망직업 중 66%가 관리직과 전문직이다.[24] 직업능력개발원의 학생 대상 직업 선호도 조사에서도 우리나라 청소년의 50% 이상은 교사, 의사, 공무원, 연예인, 전문직 등을 선호하는 것으로 나타났으며, 기술자나 노동자는 학생들에게 피하고 싶은 미래였다.[25]

학생들이 선호하는 이러한 전문직, 공무원, 공기업, 대기업체 직원을 다 합해도 경제활동인구의 10% 정도에 불과할 것이다. 현재나 미래나 대다수의 고졸자는, 그리고 대졸자도 대부분은 사기업에 고용되어 임금노동자가 되거나 프리랜서 혹은 자영업자로 살아갈 것이다. 그런데 학교는 이들이 장차 피고용자로 일하면서 부당한 일이나 재해를 당했을 때 어떻게 대처해야 하는지 거의 가르치지 않는다. 최근 10년 사이에 모든 지자체가 경쟁적으로 청년 창업, 스타트업을 지원한다는 정책을 내세웠는데, 부모의 뒷받침이 없는 청년들의 창업이 과연 성공할 수 있는지는 말하지 않았다. 그렇다면 학교와 사회는 학생들에게 도달할 수 없는 신기루를 제시한 다음, 그들을 좌절시킨 것은 아닌가 생각해볼 일이다. 학생들이 전문직을 선호하는 이유 역시 자신이 갖고 있는 소질과 특별한 재능, 사명감 등 때문이 아니라 사회적 평판, 직업의 안정성, 그리고 무엇보다도 그것이 보장하는 경제적 보상 때문인 것은 분명하다.

학교교육이나 교과서에서 노동의 가치와 의미는 거의 무시되는 반면 기업가나 전문직의 기여가 강조되는 것은 집필자인 교수, 교사들의 편향된 시각에 기인한다고 볼 수 있다. 그러나 기업가 단체의 지속적인 로비도 크게 작용했을 것이다. 노무현 정부 당시 전경련(전국경제인연합회)은 김진표 교육부총리와 합의하여 '차세대 경제교과서'를 출간하기로 하였다. 인적 자본(human capital)론이 그 이론적 기반이었다. 인적 자본의 육성을 통해 경제발전을 추진하고자 하는 논의는 이미 1980년대부터 미국의 주류 경제학과 교육학의 담론으로 등장했고, 한국 학계는 그러한 흐름을 그대로 받아들였다. 그것은 김영삼 정부 이후 전개되는 세계화, 지식정보 사회, 그리고 국가경쟁력 강화의 논리와 정확히 부합하였다. 그래서 교육부가 교육인적자원부로 명칭이 바뀌고, 인재(人才)라는 도구주의 담론이 지금까지 유행한다.

1990년대 일본에서도 기업가 단체는 교육 자유화론의 명분하에 획일적 교육을 비판하고, 학교 운영에서의 자유, 학교 설치에서의 규제 철폐, 공급 측에서의 경쟁을 강조하였다. 학교 선택의 자유, 교육 내용에서의 자율성 확대,[26] 새로운 학력관, 고교 다양화 등의 요구가 제기되었으며, 체험교실, 자유교실 등이 기존의 획일적인 교육의 대안으로 제기되었다. 교육 '자유화'라는 명칭은 그럴듯하지만 사실상 학생들을 시장질서나 기업에 순응하는 경쟁적 인간으로 길러내자는 것이었다.[27]

인적자본론은 학생을 노동시장에서 높은 몸값을 받을 수 있도록 자기경영, 자기계발을 하는 주체로 설정하고,[28] 노동자를 노동력 상품 제공자로서 간주하며, 능력주의를 이상적 가치로 전제한다. 특히 이런 이론에 따라 이명박·박근혜 정부 아래서 노골적인 친기업 세계관이 학교교육에 들어왔다. '창업넷'이라는 게임 프로그램이 보급되어 학생들이 접속만 하면 기업가놀이를 할 수 있게 되었다.[29] 이명박·박근혜 정부의 친기업 논리가 학교나 학생들에게 유포한 자유, 자율, 자기주도성의 가치는 실제 기업의 투자나 창업의 자유, 즉 국가 주도에서 기업 주도로의 사회 변화를 반영한다고 볼 수 있다.[30] 이런 정치사회적 분위기에서 교사는 노동시장이 요구하는 인력을 훈련시키는 트레이너와 같은 위상을 갖게 되었다.[31] '노동'의 가치와 역할, 노동인권에 대한 서술이 빠진 교과서를 배운 학생들은 노동자는 사회에서 존재를 안정받을 수

없기 때문에 노동을 하지 않으면서 살고 싶다고 생각하게 될 것이다.[32]

물론 1990년대 이후 한국에서만 이런 현상이 나타난 것은 아니다. 거의 모든 나라에서 초·중등의 일반 교육과정 자체가 친기업·친시장 방향으로 전환되었다. 이것은 랑시에르 식으로 말하면 불평등을 전제로 한 학교와 교사와 교육이 일반화된 것이다.[33] 즉 노동은 열등한 것이고 생산성 향상에서 노동자의 기여는 미미하기 때문에 노동자는 학력자본이 있는 사람보다 더 많은 보수를 받아서는 안 된다는 전제가 암암리에 작용한다.

한국 학교가 노동 일반에 대한 교육, 특히 노동인권 교육을 기피하는 것은 반공주의·능력주의와 관계가 깊을 것이다. 문재인 정부가 들어선 이후에도 초·중등 교과서나 교실에서 미래의 직업, 제4차 산업혁명이나 인공지능에 대해서는 많이 강조하면서, 노동의 중요성과 노동자의 권리, 일의 보람과 의미를 포함하는 교과과정 개편에는 별로 비중을 두지 않았는데, 이 역시 시험능력주의의 교육기조를 그대로 지키려 했기 때문일 것이다. 그러나 서울시교육청, 시도교육감협의회 등에서 헌법이 보장하는 근로기본권, 노동의 가치와 중요성을 가르칠 필요를 인정하면서 노동인권 교육 활성화 조례를 제정하고, 시범 교과서를 편찬하는 등 변화의 움직임을 보이는 것은 매우 의미있는 진전이다.[34]

노동에서 벗어나라고 떠밀어 올리는 사회

전국의 일터에서 매일 반복되고 있는 노동인권 침해, 중대재해, 노동 차별, 노동운동에 대한 부정적 낙인찍기, 학교에서의 노동 무시 교육은 시험능력주의의 산물이다. 한국 고졸자의 열악한 노동 현실을 생각하면 고졸 이후 직업세계에 뛰어들어 일찍 돈을 버는 것이 '비싼 대학 등록금을 내고' 대학 가는 것보다 현명한 선택이라고 칭찬하기 어렵다. 설사 고졸 정규직 임금이 대졸자에 근접하더라도 고졸자에 대한 각종 사회적 대우에서 심한 차별이 있기 때문에 대학 진학을 쉽게 포기하기 어려울 텐데, 임금이나 노동조건에서 이렇게 큰 격차가 지속된다면, 모든 고등학생이 선택할 경로는 더 물어볼 필요도 없다. 국가나 사회의 모든 기성질서가 고졸자들에게 "너 이래도 대학 안 갈래?"라고 아래에서 엉덩이를 발로 올려 차면서 미는 형국이다.

너네 공부 안 하면 청소부 된다. (영화 「벌새」에서)

대학 가서 미팅 할래, 공장 가서 미싱 할래? (서울 ㅅ여고 학급의 급훈)[35]

부모나 이웃 어른들이 늘 하는 말들, 고3 학급에 걸린 구호는 지배와 피지배, 정신노동과 육체노동의 두가지 길이 학업성취에 달려 있다는 것을 드러낸다. 교사와 부모가 매일 이렇게 말하는 것을 들으면서 자란 한국의 학생들은 당연히 '좋은 대학'으로 가는 것만이 행복하게 살 수 있는 길이라고 생각할 것이다.

지금과 같은 산업전환의 시기, 만성적인 고용불안 시대에 4년제 대학 졸업장도 안정적인 직장을 보장해주지 않는다는 것은 누구나 잘 알고 있다. 그래도 고등학교 졸업을 앞둔 청소년들은 아무런 희망도 찾기 어려운 열악한 기업으로 들어가기를 기피하고, 할 수만 있다면 서울의 4년제 대학에 진학하려고 할 것이다. 대체로 비진학 노동자들은 카페·홀 서빙, 행사 아르바이트, 배달 노동자로 뛰면서, 작은 실수도 용납하지 않는 이 차가운 세상에서 혼자 덩그러니 앉아 모든 일을 스스로 감당해야 하는 외로운 처지가 되고, 친구들과 '노는 풀'이 달라진 것을 체감한다.[36] "고졸자의 열악한 일자리가 대학 진학 필수화를 만들어내고, 이는 대학 과잉 진학으로, 대졸자 일자리 부족으로, 대졸자 하향취업으로 이어지고, 이로 인해 고졸자 취업기회가 감소됨으로써 다시 고졸자 일자리가 열악해지는 악순환이 계속된다."[37]

2015년 구의역에서 젊은 노동자 김군이 스크린도어 공사를 하다 열차에 끼여 사망한 참사에 대해 필자는 다음과 같이 진단했다.

그는 라면으로 끼니를 때우며 144만원의 월급 중 100만원을 저축해서 대학에 진학하려 했다. 그가 자신을 죽음에 이르게 할지도 모르는 위험한 노동조건을 감수한 이유는 생활비와 등록금이 필요했기 때문이며, 메트로 자회사의 정규직 노동자가 될 수 있다는 기대였으며, 대학을 졸업하면 다른 삶을 살 수 있다는 희망이었으리라. 민주노총 조합원이었던 그는 고용불안 때문에 피켓시위도 했다. 그러나 그는 노동자의 권리를 집단적으로 제기할 수 없었고, 임금인상도 요구할 수 없었고, 생명의 위협을 느껴도 작업중지권을 행사할 수 없었다. 손에 공구를 들지 않는 아버지 세대 메트로 출신 간부나 정규직 직원은 400만원의 월급을 챙겨도 자신은 거의 최저임금 수준의 월급밖에 받지 못하면서 밥 먹을 시간도 없이 이 역 저 역 미친 듯이 뛰어다니면서 '노오력'해야 했다.[38]

일터에서 사고로 죽을 수 있는 노동자, 이들을 대학 진학의 길로 떠미는 것은 멸시의 시선을 받거나 매일 언어폭력을 당하면서 살아야 하는 이들의 처지임을 잘 보여주는 사례였다. 김군이 피켓시위 등의 방법으로 비정규직 노동자로서 권리 주장을 계속하기도 했지만, 그가 그러한 위험한 노동조건을 감수했던 중요한 이유는 돈을 모아 대학에 진학해서 학력·학벌을 획득하면 장차 안전하고 인간 대접을 받는 직장을 잡을 수 있을 것이라고 기대했기 때문이다.

학력주의·능력주의는 돈을 모아 학력이라는 신분증을 얻을 때까지 현재의 열악한 조건을 참으라고 요구하는 통치체제이고, 고졸자들에게 무조건 대학 가라고 떠미는 사회적 신호다. 학력자격증과 학벌이 사회적으로 인정받는 준신분증이라면, 그 증서를 얻기 위한 경쟁은 곧 임금노동자로 '전락'하지 않으려는, 노동에서 벗어나기 경쟁이거나 피난 러시다. 이 필사의 탈출, 피난이 성공하기 위해서는 대입이라는 병목을 잘 통과해야 한다. 이 치열한 병목을 통과하는 과정에서 누구는 넘어져 사람들에게 밟혀 다치기도 하고, 누구는 덩치 큰 사람에게 눌려서 기절하거나 죽기도 한다. 이러한 병목 통과의 전쟁에서 영광스러운 승리의 월계관을 쓴 극소수도 있지만, 대다수는 상처만을 안게 된다.

앞에서 필자는 한국의 시험능력주의란 지위의 보장이나 이동이 집단적 투쟁 방식이 아니라 개인화된 방식으로, 가족 개인이 한 팀이 되어 경합되는 거대한 학력 추구 경쟁이라고 말했는데, 그것은 전쟁 같은 일터에 언제나 도사리고 있는 생명의 위험, 사용자나 상급자의 갑질 등 부당한 대우를 겪으면서 모멸감을 갖고서 살아야 하는 신세에서 벗어나려는 탈출 러시이고, 이러한 탈출에 성공한 사람에게 주어진 학력·학벌 자격증은 생명의 위험과 모멸감에서 벗어날 조그만 기회를 얻었다는 보증이기도 하다. 이 탈출의 압력을 완화하지 않고서는, 즉 노동의 인간화가 진척되지 않고서는, 대입이라는 좁은 병목의 압력은 완화되기 어려울 것이다. 그래서 노동문제야말로 거꾸로 선, 혹은 다르게 표출된 교육문제인 셈이다.

시험능력주의와 노동자

노동자들에게 능력주의란?

시험능력주의의 세례를 받은 학생들이 자라나 열악한 노동조건에서 일하는 노동자로 살아갈 경우 그들은 정신적 무장해제 상태에 빠지게 된다. 마이클 영은 "현대 사상의 기본원리는 인간은 불평등하다는 사실이며 여기에서는 능력에 따라 인생의 지위를 부여받아야 한다는 도덕적 권고가 도출된다"고 주장했는데,[39] 반대의 상태, 즉 "능력이 없다고 생각하는 사람들은 자신의 처지를 어쩔 수 없는 것이라고 생각하게 될 것"이라고 보았다. 그는 "부귀를 누리는 자들이 그 부귀를 누릴 자격을 가졌다고 스스로 믿도록 관습이 부추겨준다면 그들은 오만해질 것이며 자기네 이익 추구에 거리낌이 없게 될 것이지만, 보통 사람들이 스스로 열등하다고 생각한다면 소수의 특권층에 비해 능력에 따라 적은 것을 누릴 수밖에 없다고 생각한 나머지 자존심을 잃고 의지가 꺾일 것이다"라고 전망했다.

　그는 능력주의 사회에서 노동자는 '지능이 떨어지고' '생산에 기여한 것이 없다'는 이유로 무시당한다고 말했다. 한국의 바닥 노동자들의 열악한 처지와 중대재해 사고가 중단되지 않는 것은 원-하청 구조와, 사용자를 처벌할 수 없는 법적·제도적 한계 때문이기도 하지만, 사회가 그런 위험한 현장에서 일할 수밖에 없는 사람들의 개인 책임이 크다고 보기 때문이다. 그래서 영은 누군가 임금인상을 얻을 자격이 있다면 그건 노동자가 아니라 능력주의라고 냉소적으로 말한다.[40] 결국 능력주의가 모든 사람들의 정신과 몸을 사로잡으면 열등한 사람은 이제 자존감을 지탱할 버팀목마저 모두 잃어버린다.

　랑시에르는 이런 능력주의 원칙이 지배하는 학교에서 학생들은 해방된 존재의 삶이 아니라 노예의 삶을 배운다고 말한다. 그리스어의 교육, 학문, 지식(scholar)의 어원이 원래 '노동'으로부터 벗어난 '여가'라는 의미가 있지만, 여가로 공부를 하는 학생들은 지배자가 되는 법을 배우는 동시에 '지배받는 능력'을 배우기도 한다는 것이다. 학생들은 학교에서 학식/무지의 대립 구조를 지배/피지배의 구도와 연관해서 배우기 때문이다. 물론 학교에 가서 공부를 하는 순간 학생들은 장차 노동자로 살지 않을 것이라는 희망을 갖는다. 그러나 가정형편이 어려워 고등학교 졸업 후 당장 돈을 벌어야 하는 처지의 학생들에게 대입과 관련된 과목만 가르치고 대학 진학을 위한 수업에 전혀 흥미를 느끼지 못하는 학생들에게 학교에 성실하게 다니면서 공부 열심히 하면 성공할 수 있다고 가르치는 것, 즉 학교의 능력주의는 이들에게 냉정한 현실을 호도하는 거짓 복음일지 모른다.

물론 능력주의 이데올로기의 영향력은 너무 막강하기 때문에 노동자 부모들도 출혈을 해서 아이들을 학원에 보낸다. 이 중에는 간혹 자신의 잠재력을 발휘하는 우수한 학생들도 있을 것이다. 그러나 가정형편이 어려운 학생들은 학교 공부에 흥미를 느끼지 못하는 경우가 많고, 학교와 시험에 적응하지 못하게 되면, 좋은 대학 입학은 꿈도 꿀 수 없다고 생각한다. 그래서 이들은 게임에 빠지거나 '학교 밖 청소년'이 되기 쉽다.

앞에서 언급한 1950년대 한국의 농민들은 학식이 있어서 '출세한' 관료나 정치가 등의 정치계급은 그들(농민)을 대표하거나 지배할 자격이 있다고 보면서, 그들 자신은 공부를 안 했거나 '못했기' 때문에 살다가 이런저런 억울한 일을 당해도 스스로 문제를 해결할 수 없다고 생각했다. 실제 1970~80년대 한국 노동자들의 수많은 수기들을 읽어보면 "배우지 못했기 때문에" 일터에서 각종 부당한 처우나 열악한 처지를 받아들일 수밖에 없었다는 이야기가 언제나 나온다. 즉 그들은 자신이 노동자로 살게 된 것이 공부를 못했거나 안 한 결과라 생각한다. 자기 자신에게 실패의 책임을 돌리면서 자학하는 사람들은 부르디외가 말하는 '상징폭력'의 피해자들이라고 봐도 좋을 것이다.

비정규직 노동자나 영세 자영업자로 힘겹게 살아가는 사람들은 특히 학력주의가 지배하는 학교에서 뒤처졌기 때문에, 혹은 지적인 능력은 있었으나 가정형편 때문에 대학 진학을 하지 못한 처지에 대해 한을 안고 살아간다. 대학을 나오지 못해서 비정규직 노동자나 영세 자영업자로 살게 된 사람들, 대학에 진학하기 위해 재수, 삼수까지 했으나 결국 명문대 진학에 실패한 사람들, 여러번 고시에 도전했으나 실패해서 평범한 직장인으로 살아가는 사람들을 포함한 오늘날 한국인들의 대부분은 시험능력주의의 피해자들이다.

이들은 대체로 스스로 목소리를 낼 능력이 없다고 보기 때문에 자신이 처한 어려운 상황을 집단적 힘으로 바꿀 수 있다고 생각하지 않는다. 특히 학력자본이 없다는 것을 자책하는 노동자들은 일터에서 부당한 일을 당해도 자신의 권리를 주장하지 못한다. 설사 이들이 기술자로서 각고의 노력을 거쳐 자기 분야에서 인정을 받고 나름대로의 경제력을 갖게 되더라도, 자신이 경력을 쌓은 산업의 '장'에서 전문가로서 자긍심과 정체성을 갖기보다는 마음 심연의 트라우마 극복을 위해 자녀 교육에 과다한 투자를 함으로써 자신의 상처를 치유하려 하기도 한다.[41] 한국인들이 석·박사 학력 간판 쌓기에 과도하게 집착하는 것도 이들이 입은 상처가 개인화된 방식으로 표현된 것이다.

지위 이동의 열망이 높고 경쟁이 치열한 나라에서 수평적인 연대와 직업적 자긍심은 매우 취약할 수밖에 없다. 그것은 하층민들 간의 연대가 해체된 것이고, 마이클 영이 말했듯이 노동자들이 능력주의 앞에서 정신적으로 무장 해제된 상태라 볼 수 있다.

능력주의와 노동운동

마이클 영은 "능력주의 이데올로기하에서 하층계급은 이제 상층계급과 구별되는 별개의 이데올로기를 갖지 못하게 되기 때문에 노동운동도 더이상 설 자리가 없어진다"고 말했다.[42] 능력주의를 받아들이면 노동자들은 단결에 소극적일 것이고, 노조활동에 대해서도 관심을 갖지 않을 것이다. 설사 회사 내 노조가 있더라도, 이 노조는 어용화되거나 사용자와의 타협을 통해 임금인상과 노동력의 교환가치만을 극대화하려 할 것이다.

노동자나 빈곤층이 탈정치화하고, 사회적 약자들이 사회정치적 문제에 관심을 꺼버리고 당장의 경제적 보상에만 매달리는 것도 능력주의 통치가 관철되는 것으로 볼 수 있다. 미국, 일본, 한국의 기업별 노동조합의 활동이 대체로 그렇다. 노동자들이 고학력 전문직이나 엔지니어의 지식과 기술이 기업의 생산성 향상에 기여한다고 생각하면, 노조가 정당한 요구를 할 명분이나 활동할 근거는 좁아진다. 그들은 정치권, 사회 일반과 사용자 측의 논리, 즉 어려운 경영 여건, 새 기술 도입 등의 환경에 맞설 논리적 무기가 없다. 즉 노동의 가치나 기여를 그들 스스로가 무시하면, 결국 사용자가 확보한 이윤의 일부를 좀더 나누어달라고 할 수밖에 없다. 이것은 러스킨(John Ruskin)이 말한 것처럼 노동자들이 '생명을 생산하는 노동'[43]으로서의 자신의 활동의 의미를 부여하지 못하는 것이고, 맑스 식으로 말하면 상품의 질서를 넘어서지 못하고 노동력의 상품가치만을 더 인정받으려 하는 것이다.

그래서 영은 당시의 노동당이 이 능력주의에 굴복한 사실을 목격하고서 사회주의나 노동운동의 최대의 적은 바로 능력주의라는 것을 거듭 강조했다. 농민이나 노동자 등 민중의 단결이나 주체화는 능력주의의 논리 앞에서 무력화되기 때문이다. 일본 보수세력의 장기집권의 기반이 되는 후견주의(clientalism)와 민주화 이후 한국 정치를 지배했던 지역주의(regionalism)도 이런 틀에서 설명할 수 있다. 일본과 한국 지역사회의 농민이나 자영업자 대중들, 특히 농민문화를 간직한 고령층은 한번도 정치사회적 주체의 자각을 갖고서 집단적인 행동을 해본 적이 없고, '무식한' 자신은 정치사회적 발언권이 없다고 생각하기 때문에 언제나 자기 지역의 유명 가문의 잘난 사람들, 똑똑하다고 소문난 법조인 출신들이 중앙 정당의 낙하산 공천을 받아 내려오면 그들을 지지하고, '잘난' 그들에게 권한을 위임한다.

사실 다른 각도에서 생각해보면 시험·학벌경쟁의 승리자들뿐만 아니라 노동에서 탈출했다고 생각하는 사람들은 차별과 멸시와 위험의 굴레에서 벗어나 해방되었다고 생각하지만, 냉정하게 말해 그들은 해방되지 않았을지 모른다. 랑시에르는 '앎의 길'과 '해방의 길'은 다르다고 말한다. 지식이 많은 사람은 노동하지 않아도 된다거나 노동하는 사람은 열등한 사람이라는 사회 일반의 능력주의를 받아들이는 사람은 여전히 해방되지 않은 존재다. 그는 인민을 바보로 만드는 것은 지도의 부족, 지식의 부족이 아니라 인민의 지능이 열등하다는 믿음이지만, "열등한 자를 바보로 만드는 논리는 우월한 자를 바보로 만들기도 한다"[44] 고 강조했다.

랑시에르의 이런 주장은 맑스의 계급론, 즉 자본주의 사회에서는 프롤레타리아만 임금 노예로 만드는 것이 아니라 부르주아도 무지한 상태, 즉 정신적 불구로 만든다는 주장을 연상시킨다. 남을 억압하거나 착취하는 사람은 그들 자신도 자유롭지 않다는 논리다. 노동자를 천시하고 남을 지배하는 일에만 익숙한 사람은 자신이 '무지'하다고 업신여기는 사람이 가진 진정한 지능과 지혜를 알지 못하고, 거꾸로 자신이 무엇을 모르는지도 모른다.

일본에서는 보면 경제적으로 상층에 속한 사람의 58.4% 중 60%가 능력주의를 지지하는데 자신이 하층에 속한다고 답한 사람은 66.7%가 능력주의를 지지해서 오히려 상층보다 더 강하게 능력주의를 지지함을 알 수 있다.[45] 한국인도 이런 경향이 있다. 한국인들의 공정성에 대한 인식을 보면 "능력이나 노력에 따른 보수 차이가 클수록 좋다"는 의견에 대해 3백만원 이하의 소득자와 5백만원 이상의 소득자 간의 차이는 거의 없었다.[46] 능력주의는 통상 경쟁의 승리자, 기득권층의 논리이고, 지위 상승을 열망하거나 전문직 지위를 얻으려는 중간층이 그 논리를 가장 적극적으로 따르지만, 하층, 특히 노동자 출신의 자수성가형 사람들도 자기의 조그만 성공을 절대적인 것으로 생각해서 더 강한 능력주의를 견지할 수 있다.

노동하고 기술을 익혀 현재의 노동자 처지에서 탈출할 가능성이 있다고 생각하는 청년 노동자들도 그런 생각을 갖고 있다. 구미의 한 장비 제조업체에서 일하는 김현수(가명·21세·남)씨는 장비 제조기술을 익혀 이 분야에서 장인(명장)에 오르는 게 꿈이다. 그는 장인이 되면 남들에게서 인정받을 수 있고 대우도 더 나아질 것이라고 생각한다.

　　가진 자들은 결국 능력이 뛰어나기 때문에 격이 다른 수준으로 사는 것이죠. 저도 가진 자가 된다면 똑같이 가진 것을 지키기 위해 행동할 것이라는 생각이 듭니다. 돈을 많이 번 사람들은 합당한 능력과 이유가 있는 것이라고 생각해요.[47]

　　결국 상승 지향의 청년 노동자들도 능력주의를 내면화하고 있음을 알 수 있다. 가정형편이 어려웠지만 급격한 산업화와 사회변동 과정에서 노동자로 열심히 일해서 나름대로 경제적 안정을 얻은 50~60대의 기술자들에서 이런 모습을 볼 수 있다.[48] 과거의 명문 실업계 고등학교를 졸업한 정규직 노동자들도 자신의 성공담에 근거해서 능력주의를 견지하는 경우가 많다. 이들은 이런 이유로 비정규직의 정규직화 정책에 대해 반대한다. 이들은 과거의 자신일 수도 있는 비정규직 노동자들과의 유대감이 거의 없다. 한국 대기업 정규직의 노동조합에서 보이는 기업이기주의도 여기서 나왔을 것이다.

　　노동자와 그 자녀들은 학교에서 전달되는 지식이 그들의 알고 싶어하는 것보다는 입시 위주로 서술, 편재되어 있다는 것을 '간파'하기는 한다.[49] 공부를 열심히 해서 출세하는 것은 자신과는 거리가 먼 '그들의 게임'이라는 것을 알아차린 학생들도 있을 것이다. 그러나 그들 대부분은 시험능력주의 질서를 바꿀 수 있다고 생각하지 않는다.

물론 시험 대비 공부, 입신출세를 위한 진학을 위해서가 아니라 오로지 현장에서 자신이 겪고 있는 어려움의 원인을 알려는 열망만으로 야학이나 독서회 등에 참가하여 배움의 기쁨을 맛본 노동자들은 이러한 능력주의에서 벗어난 '해방된 인간'의 모습을 보여주기도 했다. 1970~80년대 한국 여성 노동자들이 도시산업선교회 목사들이나 '위장취업' 대학생들을 만나면서 사회를 비판적으로 볼 수 있는 지적인 시야를 얻게 된 경우가 많았다. 이들은 피지배자의 아비투스를 벗어던지고, 자신의 일에 자긍심을 갖는 주체적인 존재로 다시 태어났다. 1970~80년대 저학력 제조업 노동자들이 주도한 노동운동은 그들이 바로 이러한 시험능력주의를 정신적으로 극복함으로써 가능했던 것이다. 당시 노동자와 학생 들의 교류과정에서 다수 학생 출신들이 조급한 마음을 갖고 노동자들을 의식화하려고 했으나, 사실 더 많이 배운 측은 노동자가 아니라 학생 출신들이었다.[50] 그런데 대부분이 명문대학 출신인 이 학생 지식인들은 거의 전원이 그 노동현장에서 빠져나와 자신이 대우받을 수 있는 자리로 되돌아갔고, 그 자리에 남아 있을 수밖에 없었던 노동자들은 '자기 방식대로' 살길을 찾았다.

노동·교육정책의 사각지대, 직업계고

한국의 산업구조와 직업계고 교육

지금의 직업계고 혹은 실업고는 특성화고, 마이스터고, 직업 위탁고의 세 종류로 구분된다. 특성화고는 1995년의 5·31 교육개혁의 후속편으로 그해 9월 교육개혁위원회가 고교설립 준칙주의의 기치 아래 제안함으로써 설치되었는데, 일반교양 대신 특정 분야의 전문지식을 갖춘 전문인을 양성한다는 취지를 갖고 있었다. 정부는 입시 위주의 획일주의적인 학교교육을 탈피함과 동시에 청소년들이 전문기술을 익혀 취업을 잘할 수 있도록 운영할 것이라고 했다. 사실 모든 학생들이 대학에 갈 필요도 없고, 공부에 특별한 흥미와 재능을 가진 학생은 사실 어느 때든 소수이기 때문에, 고등학교의 직업교육은 반드시 필요하다.

2011년 이후에는 모든 전문계교를 특성화고로 통칭하였으며, 이후 산업수요 맞춤형 마이스터고가 신설되었다. 1998년 당시 1개로 시작한 특성화고는 2011년에는 499개가 되었다. 2019년 현재 전체 고교 중 일반고는 1554개, 특성화고는 489개, 특목고 158개, 자율고 154개다. 즉 특성화고의 수는 일반고의 3분의 1 정도를 차지하게 되었고, 학생 수는 약 25만명으로 일반고의 4분의 1 정도다. 그런데 일반계고 학생 중에서도 대학 진학을 포기하고 취업을 하려는 학생들은 2학년까지는 다니던 학교에서 공부하고, 이후 3학년이 되면 다른 학교에서 직업교육을 받을 수 있도록 했는데, 이런 학교를 직업 위탁고라 부른다.

미국, 일본 등 외국에도 직업교육과 전문인 양성을 위한 대안학교, 자율학교, 전문계 고교가 설치되어 있다. 미국의 '학교 안의 학교', 일본의 종합학교 등의 제도도 아직 진로가 정해지지 않은 고등학생들에게 다양한 선택지의 기회를 주려는 것이다.[51] 직업교육이 가장 체계화되어 있는 독일은 중등교육 단계에서 직업학교와 대학 진학을 위한 김나지움(Gymnasium)이 구분되고, 직업 세계로의 진출을 희망하는 학생은 실업학교(Realschule) 또는 하우프트슐레(Hauptschule)로 진학한다. 직업학교에 진학한 학생들은 여러 종류의 상급 기술학교에 진학한다.[52] 물론 직업교육을 받는 학생들도 대학 진학의 길로 코스를 변경할 수 있다.

『메리토크라시』는 마이클 영이 1944년에 제정된 영국 교육법에 충격을 받아 집필한 책이라는 점을 다시 기억할 필요가 있다. 그는 11세 아동들에게 지능에 따라 진로를 정하게 하면, 아이들의 재능이 평생의 운명을 좌우하게 만들 것이라고 보았다. 한국의 특성화고는 중학생들에게 장차 대학에 갈 것인지, 고등학교 졸업 후 직업을 가질 것인지 선택하라는 것인데, 이는 당사자는 물론 아직 자녀의 적성과 진로를 판단하기 어려운 부모들로서도 쉽사리 결정하기 힘든 일이다. 특히 기술자나 노동자를 천시하는 한국에서 직업계고를 선택하는 것은 학생들에게 낙인 효과를 주기 때문에 매우 조심스럽게 접근해야 할 문제다.

2021년 조사에 의하면 특성화고 출신자 중 71.5%는 3백인 이하 사업장에 취업한 것으로 나타났다.[53] 고졸자 채용에 가장 적극적이던 금융계도 이들을 거의 2년 계약직으로 고용했기 때문에 대졸자는 정규직으로, 고졸자는 비정규직으로 고용하는 관행이 지속되었다.[54] 2019년 경기도 비정규직센터가 경기도의 특성화고 졸업생 3백명(남녀 각 150명)을 대상으로 조사한 보고서에 의하면 취업자 244명 중 86.9%인 212명이 비정규직으로 취업했으며, 정규직은 13.1%에 불과했다.[55] 이들 중 58.7%가 취업현장에서 부당한 대우를 받은 경험이 있었다. 고졸이라서 무시와 차별을 받는다고 응답한 학생이 134명으로 가장 많았고, 잡무(125명), 수당 미지급(107명), 근로계약 미작성 및 미준수(103명), 강제노동(89명)이 그 뒤를 이었다.[56]

한 나라의 경제체제, 산업구조, 임금 및 숙련체제와 교육제도 간에는 깊은 연관성이 있다. 그동안의 조립·가공 위주의 한국 제조업은 고숙련을 필요로 하지 않았을뿐더러, 학교나 현장에서 얻은 중간숙련보다는 4년제 대학에서 얻은 일반 지적 능력을 더 필요로 했다. 한국처럼 '직업특수적 숙련'이 아닌 '일반 숙련체제'

가 강조되는 나라는 강한 자유주의 경제와 학력주의, 크레덴셜리즘과 친화력을 갖는다.[57] 이런 경제, 산업체제에서는 고교 직업교육이나 전문대 등에서 얻을 수 있는 숙련의 질은 떨어진다. 한국에서 웬만한 기술자격증을 갖고 있어도 그것으로는 좋은 직장을 얻을 수 없고, "기능 분야 최고 자격증인 기능장을 따도 수당 5만 원 정도 더 받는 선"[58]에 그친다는 현장 노동자의 한탄도 여기서 나온다. 지금까지 한국 제조업에서 일반적 숙련은 주로 고학력 화이트칼라들이나 엔지니어들이 담당해왔고, 고졸 기능공을 필요로 하는 자리는 점점 없어져왔다.

한국의 학력주의, '일반 숙련체제', 특히 1990년대 이후 제조업 비중 감소, 서비스경제 비중 확대와 지구적 신자유주의체제 속에서 고졸 기능직의 수요는 크게 축소되었는데, 한국만 그런 것은 아니다.[59] 한국 제조업에서는 숙련의 위계, 그리고 중간숙련이 실종되고 고숙련과 저숙련으로 양극화되는 양상이 나타났다.[60] 물론 기존 대기업의 하청 계열 중소기업에 대한 수직적 지배체제는 고졸이나 전문대 졸업 노동자들의 숙련 형성에 매우 부정적인 환경으로 작용한다. 특히 1990년대 이후 한국정부가 체계적인 산업정책, 특히 중소 소재·부품기업의 숙련 형성 정책을 제대로 펴지 않았고,[61] 탈산업화와 자동화, 기업별 숙련체제하에서 나타난 노동의 양극화와 이중구조의 심화는 고교 직업교육과 엇박자를 냈다. 제조업 내부 노동시장의 이중화가 강화되면서, 대기업에서 고졸자는 거의 뽑지 않았고, 이들이 영세 중소기업에 취업했다고 하더라도, 3백인 이상의 대기업으로 이직을 할 가능성은 10% 정

도에 불과했다. 대졸자도 그렇지만 고졸자들의 임금과 복지도 거의 첫 직장이 어디냐에 달렸다.[62]

한국과 같이 거의 모든 고졸자가 대학에 진학하고 학벌사회-'일반 숙련체제'가 일반화된 나라에서는 직업계고, 폴리텍대학, 전문대학 등에서 고숙련 기술자를 양성하거나 회사에서 단계적으로 숙련을 형성시키는 시스템이 작동하지 않을 가능성이 크다. 1995년의 5·31 교육개혁을 기점으로 정부가 고교 직업교육 확대정책을 포기했다는 비판도 있지만,[63] 탈산업화 경향이 두드러진 2000년대 이후 고졸 기능직이 설 자리는 크게 좁아졌다. 그래서 김대중 정부에서는 직업교육의 중심축을 전문대학으로 옮겼다. 노무현 정부에서는 '직업교육 체제 혁신방안'을 마련하여 실업계교를 전문계교로 명칭을 바꾸어 '지식기반사회'에 맞는 맞춤형 인재를 양성하겠다고 했다.[64]

이명박 정부가 학벌이 아닌 능력으로 대접받는 사회를 만들자고 한 것도 일단 취지 자체는 좋았다. 2008년 '마이스터고 육성방안'을 시작으로 '고교 직업교육 선진화방안' '고졸 취업 활성화방안' '선취업-후진학' 정책도 도입하였다.

선취업-후진학 정책에 따라 산업체에 3년간 근무한 후 대학에 진학할 수 있도록 특례제도를 도입한 것도 의미가 있었다. 그런데 20세 전후의 청년들은 극히 열악한 조건의 단순업무 현장에서 3년을 버티지 못했다. 남학생들은 병역특례 기간만 근무하기도 했다. 결국 역대 정부의 실업계교 정책은 취지 자체는 좋았으나, 경제부처와 산업부, 노동부, 교육부가 이를 합심해서 추진하지 않은데다 이들 정책이 노동시장의 변화, 변화된 기술숙련 체계와 잘 부합하지 않았다.

취업 후 1~2년 이내의 이직 비율이 가장 높은 학력층은 전문계고 졸업자(34.2%)와 일반계고 졸업자(22.8%)들이다.[65] 고졸 채용자 90%는 중도에 퇴사한다. 사실 이 고졸 청년들을 그렇게 만든 것은 고졸 노동시장 자체가 매우 불안정하고 열악해서 이들이 인적 자본의 형성에 투자할 여유도 시간도 없기 때문이다.[66] 그래서 지방의 중소기업이나 영세 자영업자들은 청년들에게 높은 보수를 제공할 의사가 있어도 '성실한' 노동자들을 구하기 어렵다. 노동이 양극화되어 있고, 고졸 청년들의 입장에서 보면 대기업 내부 노동시장이 매우 폐쇄적이기 때문에, 중소기업에서 숙련을 축적해도 이런 큰 회사로 이동할 가능성이 없고, 직무능력을 향상시켜도 좋은 보수와 안정된 직장을 보장받을 가능성이 거의 없다.

전체 취업자 수가 2019년에 비해 21만 8천명 줄어든 2020년의 통계를 보면 고졸 출신 취업자 수는 18만명 감소하였는데 같은 기간 4년제 대졸 취업자 수는 9만 1천명 늘었다. 이는 중소기업의 인력난으로 이어지고 있다. 대학에 진학하지도 군에 입대하지도 않은 고졸 청년 가운데 순수하게 취업에 성공한 청년의 비율은 2019년에 24.9%밖에 되지 않았다. 직업계고 졸업생들의 취업률은 더 가파른 하락세를 그렸다.[67] 2021년 직업계고 출신 중 진학자 등을 제외한 취업자는 28.6%였다.[68] 2018년부터 2028년까지 고졸 신규인력 수급 전망치(고용노동부 자료)를 보면 고졸은 수요 대비 공급이 60만명가량 부족한 상태다. 직업계고를 졸업한 사람

중 회사에 5년 이상 근무한 경우는 거의 찾아보기 어렵다.

결국 역대 정부는 "학벌주의를 없애자" "고교 직업교육 강화하자"는 좋은 구호를 내세웠지만, 직업계고 출신의 취업과 노동실태는 학생들에게 "할 수만 있다면 무조건 4년제 대학을 가라"고 그 반대의 신호를 보낸다. 일반 숙련체제, 반숙련 조립 위주의 산업과 수출구조, 학력주의 기조는 1990년대 이후 거의 변하지 않았다.[69] 이명박 정부의 마이스터고 설립을 제외하면 역대 정부는 직업교육의 질 향상, 단계적 숙련 축적에 거의 관심을 두지 않았다. 김대중·노무현 정부,[70] 그리고 촛불정부를 자임하는 문재인 정부도 산업구조의 변화 속에서 숙련체제와 실업교육 체제의 연관성을 고려한 흔적을 찾기 어렵다. 노무현 정부는 김영삼·김대중 정부의 기조를 그대로 따르지 않고 학벌사회 극복 등의 기치를 내걸기는 했으나, 변화하는 경제에 필요한 인력 수급 정책을 수립하지는 않았다. 직업계고의 서열화도 큰 문제 중 하나인데 이에 대한 대책도 마련하지 못했다.[71]

이러한 취약한 취업 훈련, 숙련 축적 기회 제한, 그리고 열악한 고졸 노동시장이 결국 학교 공부에 전혀 흥미를 갖지 않은 학생들까지 포함해 모든 학생들을 4년제 대학으로 가도록 압박하고, 사회적으로 보자면 극히 소모적인 교육비의 지출을 가져왔으며, 대졸 실업자를 양산했다. 생산현장이나 각종 산업 분야에서 고졸자가 제대로 대우를 받으며 살아갈 수 있는 조건이 마련되지 않은 현실은 앞의 구의역 김군 사례처럼 대입 병목의 고통을 가중시켰다.

버려진 직업계고 청소년들

따라잡기 근대화와 맞물려 있는 일본의 교육정책은 철저하게 국가와 자본의 요구에 맞게 인력을 육성하는 방향으로 진행되었고,[72] 한국 역시 일본의 궤적을 그대로 따라갔다.

이명박 정부 이후 교육부는 특성화고 내에서 철저하게 등급과 서열을 매겨서 각종 재정 지원에 이를 반영했다. 교육부는 각 시·도교육청을 평가하는 기준에도 특성화고의 취업률 지표를 포함했고, 우수한 학교에는 인센티브까지 주었다. 그 결과 모든 특성화고는 취업률에 매달렸다. 일선 학교에서는 취업 여부로 학생을 분류한 현황판이 교무실에 설치되고 교문에 취업 학생의 이름과 사진을 담은 현수막을 걸기도 했다.[73] 그래서 대다수 특성화고는 정부의 지원을 받기 위해 취업 가능성이 있는 상위권 학생들에게 학교의 모든 자원을 몰아주었다. 이것은 일반고에서 서울대에 진학할 가능성이 있는 최상위권 학생들에게 유리하도록 각종 경시대회 수상 등 내신성적을 높여주는 조치를 취한 것과 같다. 그런데 지금까지 교육부가 대학평가에서 취업률을 평가항목에 포함한 것도 상당한 문제가 있었고 비판도 많이 받았는데, 그것은 국가에서 학교 간에 경쟁을 하도록 압박한다고 국가 차원의 취업률이 제고될 수 있는 것이 아니기 때문이다. 실업고 학생 전체의 취업 가능성이 높아지는 것 역시 개별 학교가 학생 교육을 잘 시키는 문제와 관련된 것이라기보다는 한국의 산업구조와 경제 상황에 달린 것인데, 교육부와 교육청이 학교끼리 경쟁을 시킴으로써 학교교육이 파행을 겪거나 황폐화되었다.

이미 특성화고 설립 초기인 2001년 당시 임종석 의원실이 낸 『실업고 교육정책 진단자료집』을 보면 당시에도 실업계 고교는 기술자 양성 기능을 제대로 하지 못한다는 점이 드러났다. "애들 밖에서 사고 못 치게 학교에 가둬두고 관리하는 것이 목표"[74]라 고 공공연히 말하던 교사들은 여러 중학교에 문지방이 닳도록 드 나들면서 입학생을 모집하기에 바빴고, 학교는 교육부 지원을 받 기 위해 오직 취업률 제고에 사활을 걸었다.

2011년부터 정부가 특성화고 취업률 목표를 매년 높였기 때문 에 마이스터고 개교 이후 취업률 압박은 더욱 심해졌다. 그러나 실제 전공에 맞는 분야에 취업하는 학생은 소수에 불과했다. 학 교는 학생들에게 '힘들어도 참고 다녀야 한다'고 압박하기도 했 다. 임언 등이 조사한 고졸자 15명의 취업이력 등 생활 관련 조사 를 보면 이들의 직장생활이 이상적인 모습, 예를 들면 "직업계 고 등학교에서 기술을 배우고 졸업 후 이와 연관된 부문에 취업해 서 자신의 역량을 쌓아가는 모습"과는 상당한 거리가 있었다. 고 등학교 졸업 후 4~6년이 지난 시점에 이르면 그동안 잦은 이직을 경험한 사람이 많았고, 마땅한 직장 없이 아르바이트를 하고 있 거나 구직 중인 사람들도 상당수 존재했다.[75]

취업을 목표로 했던 특성화고 출신들이 제대로 취업하지 못하 고, 취업하더라도 일자리의 질이 좋지 않으니, 특성화고 입학생 수는 지속적으로 감소하였고, 각 학교는 학생 모집에 점점 어려움을 겪게 되었다. 결국 2017학년도에도 서울, 울산, 강원 등 전국에서 특성화고 신입생 미달 사태가 빚어졌다. 학령인구가 급감해 일반고 정원에도 모자라는데다 고졸 취업이 예전 같지 않아 특성화고 기피 현상이 심해졌다. 그러자 교육부는 중앙취업지원센터와 함께, 17개 시·도교육청에 취업지원센터를 운영하는 한편, 582개 직업계 고등학교에 취업 전담 부서를 두도록 하면서 취업률을 높이기 위해 노력했다. 또 교육부는 특성화고 신입생 감소에 우려를 표하면서 특성화고 비중을 유지하는 시·도교육청에 인센티브까지 주겠다고 했다.[76]

물론 이들 직업계교 입학생이 감소하는 근본적인 이유는 특성화고, 마이스터고, 폴리텍대학, 그리고 2년제 전문대학을 이수한 학생들이 고부가가치형 숙련을 획득하기 어렵고, 숙련을 습득해도 좋은 일자리를 가질 가능성이 매우 낮기 때문이다. 거의가 사립학교인 2~3년제 전문대학의 경우 교육부 예산자원의 사각지대에 놓여 있다. 전문대학은 사학재단의 수익을 위한 기관의 성격이 강하며, 국가 산업구조와 노동시장의 요청과는 거의 무관하게 대학에 진학하지 못하는 학생들을 위한 청년 수용기관의 성격을 갖고 있다는 비판도 받았다. 폴리텍대학의 경우 일부 졸업생들이 필요한 기술을 익혀 좋은 직장에 취직하는 사례가 있지만, 학생들이 충분한 숙련을 익히기에는 교육과정이 부실하다는 비판도 제기되고 있다. 즉 정부가 제조업과 노동시장의 미래 등을 전반적으로 고려하지 않고 직업교육을 거론하는 것은 입시 위주 교육의 변방에 놓인 청소년들을 달래는 일 정도에 불과할지 모른다.

교육부나 각 시·도교육청도 주로 대학 진학 준비생들이 모여 있는 일반고에 관심을 집중하기 때문에 특성화고는 거의 관심권에서 멀어져 있다.[77] 결국 특성화고 졸업 청년들은 사회는 물론 노동·교육정책 당국에도 거의 투명인간처럼 취급되었다.[78] 학교는 실습보다는 취업률을 올리는 데만 관심을 두고, 현장실습제도나 도제학교 등의 제도는 영세 중소사업장에 저임 노동력을 공급하는 기능을 한다.[79] 숙련 형성을 통해서 장기적으로 양질의 일자리를 찾을 기회나 임금 등에서 좋은 대우를 받을 수 있는 전망도 얻을 수 없어서 졸업생들은 단순 서비스 업무 등을 하는 일터로 갔다. 최근 교육부가 실업계고 출신의 취업, 특히 '유지취업률' 통계를 내는 것은 바람직한 일이다. 그러나 노동부 등 다른 부처와 협력해서 이들이 어디에 취업해서 얼마나 오래 근무하고 있는지, 그리고 어떤 삶을 살고 있는지 계속 추적하지는 않는다.

부모의 경제력과 학력이 특성화고 진학과 깊은 상관관계를 갖고 있다. 월평균 가구소득이 1천만원 이상인 가정의 학생 중 특성화고에 진학한 비율은 4.1%에 불과했지만, 1백만원 미만인 가정의 학생 중 특성화고 진학 비율은 그 10배인 43.7%에 달했다. 아버지의 학력이 중졸 이하일 경우 전문계고에 진학한 학생의 비율은 41%, 고졸일 경우 24.7%, 대졸일 경우 각각 10.3%였다.[80] 특성화고에는 저소득층 자녀가 특목고, 자사고에 비해 10배가 많다는 지적도 있다. 2017년 교육부 보고에서도 생계가 어려워 국가로부터 수업료나 입학금 등 '교육급여'를 받는 저소득층 비율이 특성화고 재학생의 18%(5만 3650명)로 나타났다. 이는 특목고와 자사

고에 재학 중인 교육급여 수급자(5628명)의 9.5배에 해당한다.[81]

이미 가정형편이나 학업성적 등의 이유로 패배감을 갖고서 특성화고에 진학한 학생들이나 일반고에서 2학년까지 마치고 3학년 한해 동안 직업계고에서 위탁교육 과정을 밟는 아이들은 취업의 길을 택했다는 자괴감을 갖기 쉽다. 이들 실습생은 '기능교육'의 이름으로 '교육'은 없이 일반 노동자들과 동일한 노동과정에 일반 노동자들보다 저임금을 받고서 투입된다. 이를 두고 "싼값에 특성화고 학생들을 착취"[82]하는 일이라는 비판이 제기되었다. 또한 현장실습 분야가 학교의 전공과 일치하지 않는 경우가 많아서 학교교육과 산업현장에서 필요한 기술 숙련과는 괴리가 있다. 현장실습생은 노동자도 학생도 아닌 존재로서 인권과 노동권의 사각지대에 있다.[83] 실습생들은 안전 훈련도 받지 못한 채 무방비로 위험한 현장에 투입되는 경우가 많았고 그것이 각종 실습생 산재 사망 사건이나 자살 사건의 배경이다. 그래서 학교와 가정과 사회가 청년들을 사지로 몰아넣었다고 해도 과언이 아니다.[84]

특성화고 등 실업계 고졸자의 사망, 자살 사고는 지난 10여년 동안 한국사회에 큰 충격을 주었다. 2021년 10월 6일 여수에서 특성화고 현장실습생 홍정운군이 사망했다. 어려운 가정형편을 생각해서 대학 대신 바다에서 꿈을 키워보려고 해양레저 전문 특성화고에 진학하여 일자리도 얻고 요트사업을 하겠다는 꿈도 키웠다. 하지만 요트 바닥의 따개비를 긁어 제거하는 작업을 관리 지도하는 사람도 없이 혼자 하다가 사고로 사망했다. 홍군은 석달 동안 주 3시간 최저시급을 받고 실습하는 조건으로 계약했고, 잠수작업은 현장실습 계획에 포함되지 않았음에도 이런 일을 하게 된 것인데, 만일 홍군이 18세 미만이었다면 이처럼 18세 미만인 학생을 잠수작업에 고용하는 것은 근로기준법과 청소년 보호법을 위반하는 것이었다.[85] 홍군이 일한 기업은 교육부가 정한 실습 대상 기업 중 안전기준이 미비한 '참여기업', 즉 노무사의 실사가 없이 학교의 심의만 거치면 되는 기업이었다. 원래 교육부는 안전기준을 충족한 '선도기업' 중심으로 실습을 허용했다가 1년 만에 기준을 낮추어 참여기업도 실습생을 둘 수 있게 하였는데, 이로 인해 관리감독 사각지대가 생기게 되어 이런 사고가 발생한 것이다.

2014년 CJ 진천공장에서 '얼차려' 등 폭행에 시달리던 마이스터고 학생이 자살한 사건이 발생했고, 2016년에는 분당의 외식업체에 현장실습을 나갔다가 취업한 졸업생이 상사의 괴롭힘으로 자살했고, 같은 해 현장실습을 나갔다가 취업한 김군이 구의역에서 전동차에 끼여 사망했다. 구의역 김군 사망 사건을 계기로 파견 현장실습의 운영과 실습기준에 관한 내용을 담고 있는 '직업교육훈련촉진법'이 개정되었다. 이때 현장실습 표준협약서에 포함되어야 할 내용이 구체적으로 정해졌다. 실습 시작 7일 전 표준협약서가 체결되어야 하고 현장실습 시간(1일 7시간, 주 35시간, 합의 시 1일 1시간 연장)이 확정되었다. 초과 및 야간·휴일의 실습 금지 등의 규정을 어길 시 범칙금도 부과했다. 제도 자체도 학생들을 조기 취업시키는 형태가 아니라 실습 지도와 안전관리 등 학습을 중심으로 하는 현장실습제도로 수정되었다.[86] 과거에는 기업이 학생을 바로 생산현장에 투입할 수 있었지만, 이제 직무 능력 등급에 맞춰 최장 12주 동안 학생들을 교육한 뒤 채용하도록 바뀌었다. 이처럼 절차가 까다로워지자 특성화고 학생을 채용하려는 회사가 줄었다.

2017년에는 울산 현대자동차 협력업체에서 현장실습 중이던 또 한명의 특성화고 학생이 사망했다. 그리고 전주의 LG 유플러스 고객센터에서 실적 압박으로 힘들어하던 특성화고 학생 이은주가 자살했고, 11월에는 제주도 음료 제조업체에서 일하던 학생이 프레스기에 눌려 병원에 이송되었다가 사망했다. 사실 특성화고 현장실습은 '교육' 목적으로 실시된 것이 아니라 사업체 측의 값싼 노동력 수요에 부응하는 것이었다. 전주의 실습생 이은주의 자살은 취업률 때문에 그를 정글에 내몬 학교와 교사, 그리고 사회, 즉 오직 실적과 이윤 때문에 어린 학생을 일반 직원처럼 부린 회사, 그리고 콜센터 직원에게 온갖 갑질과 쌍욕을 하는 것을 대수롭지 않게 여기는 한국의 소비자들이 만들었다고 해도 과언이 아니다. 현장실습생에게 실습은 없었고, 학생들은 욕을 먹으면서 곁눈질로 일을 배워야 했다.[87]

이러한 사고가 빈발하자 정부는 직업계고 학생들의 실습 방향을 '근로 중심'에서 '학습 중심'으로 변경했다. 그럼에도 불구하고 이들을 순종적인 저임 노동자로 대하는 영세 중소기업의 관행, 실습생의 희생을 산업재해로 다룰 수 있는 관련법의 미비 등으로 사태는 개선되지 않았다. 2019년 4월 약 3천여명의 특성화고 졸업생들이 모여서 특성화고권리연합회를 결성했다.[88] 특성화고 권리연합회는 현장실습 문제뿐 아니라 취업 후 졸업생이 겪는 차별, 열악한 처우와 비정규직이 될 수밖에 없는 교육구조에 관심을 가져달라고 외쳤다. 이들은 특성화고가 '특정 분야의 인재 양성'을 목적으로 '학생 개개인의 소질과 적성에 맞는 교육을 통해 우수한 인재를 양성하고 좋은 일자리에 취업할 수 있도록 지원'한다는 기치를 내걸고 설립되었음에도 불구하고 실제로는 비정규직 노동자 배출기관이 되었다고 비판하였다.

결국 우리는 진학이 아닌 취업을 목표로 설립, 운영된 실업고의 직업교육이 과연 그 존립의 의미와 근거를 갖고 있는지 심각하게 논의해봐야 한다. 이같은 상황은 디지털화·자동화와 결합된 급격한 산업구조 변화와 노동시장 변화에 부응하지 못한 정부의 직업교육 정책의 한계가 크게 작용한 것이지만, 더 구조적으로는 학력주의·시험능력주의와 그것에 맞물린 노동(자) 천시 정책 속에서 직업교육이 어떤 방향으로 어떻게 가야 하는지 살펴볼 문제다. 특성화고 출신들을 제대로 훈련시켜 좋은 보수와 인간적인 대우를 받을 수 있는 회사에 취업할 수 있도록 체계적인 배려를 하고 아주 섬세한 정책을 펴더라도 대학입시 위주의 교육정책을 극복하는 것이 쉽지 않을 터인데, 학교와 현장 간의 관계가 느슨할뿐더러, 교육부와 노동부도 따로 놀고, 학교도 이들을 버린 자식 취급을 하니 기존의 학력·학벌주의는 더욱 강화되고, 청년들의 무력감과 좌절감은 더 커질 수밖에 없다.

결국 특성화고권리연합회 학생들이 요구하는 것처럼 우선 현장실습생을 노동자로 인정하고, 법적 최저임금을 지급하는 등 실습생의 권리를 보장해주지 않고서는 이런 문제가 해결되지 않을 것이다. "일하다가 죽기 싫어요."[89] 이런 말은 현재의 한국과 같은 경제 규모나 국제적 위상을 갖는 나라에서 도저히 나와서는 안 되는 말이다. 시험능력주의 사회의 '능력 없는' 청년들이 겪는 참담한 현실이다.

학력 인플레와 대졸 청년의 고통

지구화와 디지털화, 그리고 금융자본주의의 전면적인 확산은 제조업 일자리를 줄인다. 양극화가 심화되어 피라미드의 정점에 있는 사람들에게 부를 집중시키지만, 이렇게 축적된 금융자본은 제조업과 달리 일자리 창출에는 별로 기여하지 않는다. 정보기술은 커뮤니케이션 기술이고 그것은 주로 회사나 공공부문에 근무하는 중간계급의 업무에 속한다. 그런데 이런 조건들이 맞물려 대졸 사무직 일자리가 점점 사라졌다. 물론 자동화는 분명히 새로운 일자리를 만들어내지만, 없어진 일자리만큼 새 일자리를 보충하지는 못한다. 인공지능과 로봇이 작동하기 위해서는 그만큼 정보를 입력하는 코딩작업이 필요하지만, 이러한 일은 대체로 단순한 업무이고, 자동화 이전 규모만큼의 고용을 창출하지는 못한다.

금융자본 주도의 지구화된 경제질서에서 경쟁과 생존의 압박이 심해지고 한국 내의 조직노조 활동이 본격화된 이후, 한국의 대기업은 노조의 임금인상 요구로 인한 부담을 줄이고 기업의 경쟁력을 높이기 위해 외주 하청, 자동화, 고용 유연화 전략을 택했다. 그래서 한국 기업의 자동화 비율은 세계 최고의 수준에 도달했다. 물론 삼성 반도체 등 일부 산업 분야에서 한국 기업은 세계 최상의 기술을 보유하고 있으나 자동차, 조선 등 주력 제조업의 경우 여전히 중규모 숙련에 의존한다. 그래서 이들 대기업의 제조업 현장은 대졸 엔지니어와 현장의 반숙련 노동자로 채워지고, 연공임금의 부담은 비정규직과 단기 고용자들에게 전가된다. 이런 조건에서 중간 정도의 지식과 숙련을 가진 대졸 청년의 수요는 줄어들었다.

그러나 한국식 학력주의 아래서, 특히 지난 30여년 동안 인문계 졸업자를 과잉 배출한 한국에서 고학력 실업자의 양산은 예정된 일이었다. "대한민국에서 사회인으로 살아가기 위해 필수적인 학력은 어느 정도라고 생각하십니까?"라고 교육시민단체 '좋은교사운동'이 '사교육걱정없는세상' 소속 학부모 회원 229명에게 질문한 결과 '대졸'이라고 답한 이가 66%(150명), '고졸'이라 답한 이는 33%(76명), '중졸'은 1%(2명)였다.[90] 이 설문의 피조사자들은 주로 한국 교육의 문제점을 잘 알고 있고 대학교육에 대해서도 비판적 사고를 갖고 있는 학부모들인데, 이들조차도 일단 자녀를 대학까지는 보내야 한다고 생각한다. 만약 보통 시민을 대상으로 조사를 했으면 '대졸'이 필수학력이라고 답한 사람의 비율은 더 높았을 것이다. 보수적인 지역, 특히 경상도 지역사회의 교사나 학부모는 여전히 자녀들을 취업이 잘 된다는 직업교육

대학, 즉 폴리텍대학에 보내기보다는 취업이 어려워도 4년제 대학에 보내야 한다고 생각한다.

대표적인 학력주의 사회인 미국, 일본, 한국 등에서 고등교육 이수자가 50%를 훌쩍 넘어서자 과잉교육과 대졸 실업자 문제는 점점 심각해졌다. 과잉교육은 사무·관리직의 공급 과잉, 생산직 인력 부족 문제를 가져온다. 학력자격의 인플레이션으로 자격을 가진 사람이 들어갈 직위의 숫자보다 학력자격 보유자 수가 급격히 늘어나면 학력자격의 가치가 하락할 수밖에 없다. 대졸자가 거리에 넘쳐날 경우, 기업들은 특별한 이유가 없다면 고졸자가 수행할 수 있는 일자리도 대졸자로 채우려 할 것이기 때문에, 고졸 이하의 학력을 가진 사람들은 밀려나게 된다. 과거 일본에서 택시 운전사 모집에서 대졸 학력을 요구한 일이나,[91] 한국에서 환경관리원 지망자의 반이 대졸자인 것도 그런 예에 속한다. 과거에는 가정형편이 어려워 대학을 못 간 고졸자들이 주로 응시한 9급 공무원 시험에 대졸자들이 몰려 경쟁률이 수십, 수백 대 1까지 치솟는 것도 그 예일 것이다. 그래서 학력 과잉 사회에서는 과거에는 저학력자들에게도 개방되었던 자리를 모두 고학력자들이 독차지하게 된다.

그러나 앞에서 본 것처럼 한국의 대학은 간판, 즉 학력자격증 발급기관의 성격을 갖고 있으며, 인문계 전공은 취업과 연관성이 약하다. 대학서열 체제가 강고해서 우수한 학생을 뽑는 일에 역점을 두기 때문에, 학교교육의 내실화를 기할 유인이 거의 없다. 학생들 역시 입학이 직업, 노동시장에서의 지위를 좌우한다고 보기 때문에 학점에는 신경 쓰지만 '시험'과 무관한 자발적인 '공부'는 하지 않는다. 한국 대학은 1960년대 이후 1990년대 중반까지의 개발주의 시대는 물론이고, 외환위기 이후 지금까지 취업 준비기관의 성격을 갖고 있다. 학생들이 애초에 원했던 대학은 최상위권 대학의 최상위권 학과였기 때문에, 원하는 대학의 원하는 학과에 진학하지 못한 학생들은 대학생활에 만족할 수 없고, 대체로 지금 다니는 대학과 전공을 바꾸고 싶어한다.

2011년 조사에 따르면 863명의 학생 중 대학 진학을 후회하는 학생이 76% 정도인 것으로 나타났다. 4년제 대학생들은 주로 원했던 대학이 아니거나 취업이 잘 안 되어서 불만이지만, 2, 3년제 대학생이 진학을 후회하는 이유로는 '취업 시 학력, 학벌이 중요해서'가 46.2%로 1위였다.[92] '편입, 재수를 해서라도 좋은 대학이 낫다'는 문항에 대해 74.6%의 학생들이 긍정적인 의견을 표시했다.[93] 대학 신입생들이 더 상위권 대학에 진학하기 위해 반수를 하거나, 고교 졸업생들이 더 높은 서열의 대학이나 의대로 가기 위해 재수, 3수를 하는 일도 어제오늘의 일이 아닐뿐더러, 이제는 4수, 5수생도 생겨 N수생이라는 말이 나왔고, 30대가 되어서도 대학 편입 준비에 밤을 새우는 사람도 많다. 그래서 오늘날 대학생은 학생이라기보다 그냥 일상적으로 상위권 대학으로의 입학과 편입을 생각하는 수험생, 취업 준비생의 정체성을 갖는다.

사회적 수요와 맞지 않은 과잉 학력자들이 늘어난다는 것은 이들의 교육을 위해 국가나 가족이 쏟아붓는 자원이 엄청나다는 것을 의미한다. 인문계 전공자들은 4년간 3천만원(4년제 사립대 평균)

에 달하는 등록금을 내고서도 IT기술 관련 자격증을 따기 위해 따로 사교육까지 받는 등 취업을 위해 별도로 돈과 시간을 들인다.[94] 4년제 대학 출신 청년들은 약간의 기술을 익히면 높은 보수를 받을 수 있어도, 중소기업의 노동현장에는 가지 않으려 한다. 한국 중소기업의 노동조건이 열악하고 승진 등 미래도 불투명하다는 것을 알기 때문일 것이다. 정부 부문을 확대하여 일자리를 만들어내는 것도 한계가 있다. 자본주의의 서비스화, 자동화, 금융화라는 변화로 인한 중간층 일자리의 축소와 대졸 인문계 졸업자 양산체제는 심각하게 충돌한다.

고학력 실업자의 양산, 학력과 일의 미스매치, 이것은 사실 노동시장에서 발생하게 될 모순을 교육 영역으로 이전시킨 것으로 볼 수 있다. 미국이나 한국이나 사립대학은 일종의 산업인 측면이 있기 때문에 대학의 고용 효과를 무시할 수는 없다. 콜린스는 고학력 실업자의 양산을 감춰진 케인스주의의 모순이라 보았다.[95] 그는 고등교육의 팽창은 사실상 유일하게 합법적으로 용인된 케인스주의인데, 기술혁신에 의해 사라진 제조업 일자리 규모 이상으로 4년제 대학 졸업생이 공급된 데서 이러한 모순이 발생했다고 보았다. 그는 미국의 자유주의(민주당) 정부는 실업자가 될 수밖에 없는 사람들을 체제 안으로 끌어들이기 위해 고등교육체제를 케인스주의 안전밸브로 만들었고, 고용 축소 부문에서 지불해야 할 비용을 이전하는 방식으로 교육비 증대를 이용한다고 비판한다. 미국에는 이러한 크레덴셜리즘이 공교육에 대한 낭비적 국가 재정 지출로 나타나지만, 한국의 경우는 사적 부담으로 짐이 지워진다.

천문학적인 사교육비 지출, 주어진 공부만 했기 때문에 20대가 되어서도 스스로는 아무것도 할 수 없는 청년들의 낭비된 시간, 성적이 좋다고 부모가 강권해서 어렵게 좋은 대학에 들어갔지만 공부가 자신에게 맞지 않아 학교생활에 적응하지 못하는 의대생과 교대생의 고통, 그리고 사람들이 원하는 전문직 자격을 얻었지만 그 일이 자신이 원하는 삶이 아니어서 매일이 고통스러울뿐더러 자신이 봉사해야 하는 고객들이나 학생들에게 엄청난 피해를 주는 의사·변호사·교사 등 전문직의 인생 낭비 등의 엄청난 개인적·사회적 비용 지불을 가져온다.

미국의 과잉교육의 피해를 연구한 버리스(Val Burris)는 과잉교육은 일에 대한 불만족과 정치적 소외를 가져온다는 점을 지적했다.[96] 자신의 능력과 맞지 않는 일을 하게 되니 당연히 일에 대해 언제나 불만족할 수밖에 없고, 이러한 불만 때문에 정치적으로 비판적인 생각을 갖거나 아예 극도의 정치적 소외감을 느낀다는 것이다. 이러한 현상은 한국의 대졸 실업자들이나 입사 후 직장 불일치 때문에 곧바로 퇴사하거나 전직을 하는 한국 청년들, 성적이 좋아서 전문직 자리를 얻기는 했으나 그 길과는 전혀 맞지 않는 청년들에게도 적용할 수 있을 것이다.

사교육이 공교육을 집어삼키고, 부자들이 명문대학을 독차지하는 등 사회적 모순이 교육으로 집약된 결과 2011년 이후 칠레에서는 대학교육의 무상화를 요구하는 학생시위가 여러차례 발생했고,[97] 결국 이 시위의 주역인 가브리엘 보리치(Gabriel Boric)

가 최연소 대통령으로 당선되어 지금 헌법 개정을 통해 교육개혁을 추진하고 있다.[98] 한국에서도 비슷한 시기에 반값등록금 투쟁이 있었다. 대학교육이 사실상 보통교육이 되었기 때문에 이렇게 높은 등록금을 받는 것은 합당하지 않다는 것이다. 결국 대졸 중간층의 일자리가 사라진 데서 오는 모순이 이런 방식으로 표출된 것으로 볼 수 있다.

노동시장 양극화와 좋은 일자리 축소로 인한 취업 스트레스, 불확실한 미래에 대한 걱정은 이 시대 모든 청년들의 어깨를 짓누른다. 지금 서울대 학생 절반이 우울증 증세를 보인다고 한다.[99] 서울대 인류학과 교수 이현정은 "20대 여성을 정신질환 여부나 자해, 자살 기도 여부와 상관없이 무작위로 모집해 인터뷰해도 기본적으로 우울·강박·공황장애 등 정신질환 경험 비율이 굉장히 높다. 이들은 지금 사회에 디스토피아적 관점을 갖고 있다. 삶의 의미를 찾지 못하고 겨우겨우 살아가는 모습이 발견된다"라고 말하기도 했다.[100]

학력·학벌주의를 부추기고 노동을 비하, 천시하는 한국사회에서 학생들은 그러한 시스템이 가르쳐주는 신호대로 명문대 인문사회계를 힘겹게 들어갔지만, 그들은 취업에도 어려움을 겪고 미래 역시 밝지 않다. 그런데 능력주의 한국사회는 이 모든 것을 개인의 책임으로 돌린다. 대졸 청년들의 우울증은 더 심화될 수밖에 없다.

5장

시험능력주의
극복을 위한
사회·교육 개혁

사회구조 개혁의 과제들

기회의 다원화와 실적주의

학력 차별 극복의 방법들

시험능력주의는 모든 사람이 선호하는 '좋은 대학', '좋은 자리'를 위해 시험 석차를 매겨 '자리'를 배정하는 것, 그리고 그 경쟁의 승리자를 능력자로 인정하고 각종 보상과 특혜를 주는 것이다. 그런데 '지구상에서 아이들이 가장 행복한 나라' 네덜란드에서는 의대, 치대 입시에서 일정한 성적이 되는 사람들을 추첨에 의해 선발한다고 한다.[1] 한국의 의대와 로스쿨에서 이런 방법의 선발이 가능할까? 아마 불가능할 것이다.

네덜란드에서도 의대 선호도는 매우 높다. 그러나 전체 인구 대비 의대 정원이 한국보다 많고, 의사가 청년들이 선망하는 직업이기는 하나 최우수 학생들은 오히려 공학이나 수학 쪽으로 진학한다. 무엇보다도 사회복지나 직업교육이 튼튼하기 때문에, 의사가 적성에 맞지 않다고 생각하는 학생들이 무리해서 의대로 가려 하지는 않는다. 즉 한국처럼 전문직에게 상당한 특혜가 주어지고, 물질주의 성향이 강하고 복지 수준이 낮으며, 자리 경쟁이 극도로 치열하면, 비슷한 학업능력을 갖춘 사람들 3~4배수를 뽑은 다음 추첨해서 선발하는 제도를 도입하기 어렵다. 물론 의사가 되기 위해서는 의대 공부를 제대로 따라가고 의사로서의 전문지식을 습득할 만한 지적 능력이 필요하지만, 비슷한 지적 능력이라면 성적 순위보다는 오히려 의사로서의 자질이 선발에서 더 중요하다는 네덜란드 사람의 철학이 깔려 있다는 점도 중요하다.

학력주의 극복의 대안으로 콜린스가 아예 졸업 자격증 폐지(credential abolitionism)를 제안한 것도 나름대로의 고심의 산물이다. 그는 직원을 채용할 때 학력자격 요건을 제시하는 것을 아예 위법한 것으로 해서 금지하고 자유 노동시장에 맡기면 오히려 인종, 성, 학력에 의한 차별을 막을 수 있고 소득평준화에 기여할 것이라고 보았다. 그는 교육 수준, 즉 학력은 계층이동에 거의 기여하지 못했으며, 과잉학력과 사회적 자원 낭비, 불필요한 칸막이만 만들었기 때문에, 학교 졸업장이라는 문화화폐가 아니라 교육의 내재적 산출물인 실력으로 자신을 드러내도록 하자는 문제의식을 갖고 있다.[2] 한국 공기업의 블라인드 채용도 부분적으로는 그런 시도 중의 하나다. 그러나, 법과 행정조치로 사기업이 직원 채용에서 졸업 자격증을 요구하지 않도록 강요하기는 어려울 것이고, 그렇게 추진하는 실적주의도 학력·학벌주의를 표면적으로는 극복할 수 있을지 모르나 능력주의의 틀을 벗어나지는 못한다.

대졸자들이 갖는 일반적 문해력, 교양, 전공지식의 효용성을 무시하고, 사원 채용에서 대졸 자격 요건을 없애면 기업들은 대혼란에 빠질 것이다. 그렇게 되면 기업들은 자체적으로 새로운 선발 방법을 마련해야 하는데, 현재 일부 대기업을 제외하고는 그럴 조건을 갖추고 있는 기업이 많지 않기 때문에, 그렇게 하려면 정부의 상당한 공적 지원이 필요할 것이다. 결국 고졸자들의 숙련이 기업의 요구에 부응하지 않는다면, 정부 차원의 어떤 고졸자 특별채용 압박도 지속적으로 수용되지는 않을 것이다. 특히 학력별, 기업 간, 노동자 내부의 임금격차는 대학 진학을 부추기기 때문에 학력별 임금격차 축소는 필요하지만, 이미 노동시장이 2중, 3중, 다층적으로 균열되어 있고,[3] 저학력 청년들은 저숙련 노동시장에 주로 포진되어 있기 때문에, 이들이 기능을 획득해서 좋은 대우를 받을 수 있는 생애 경로가 제시되어야 한다.

시장경제 질서하에서 학력 차이에 따라 임금 등 보상을 차등화하는 것은 당연하다. 에번스(Mariah D. R. Evans)는 구공산주의 국가를 포함하여 복지국가인 북유럽 국가에서도 학력은 임금 불평등을 가져온 가장 중요한 변수라고 주장한다. 그래서 교육은 소득 불평등을 정당화할 수 있고, 실적에 따라 보상이 차별화되는 것은 강한 정당성을 갖는다는 것이다.[4] 이런 서구 국가들에서도 학력주의, 크레덴셜리즘은 학력과 교육 연한 자체가 보상과 직결되는 것이라고 본다. 상대평가가 없는 교육 선진국인 핀란드에서도 대입 경쟁은 치열하다. 그러나 경쟁이 서열화로 이어지지 않는다. 학력이 높은 사람들끼리 자리를 폐쇄적·독점적으로 갖지 않고, 학력에 의한 차등 보상이 극심하지는 않다.

한국에서 대입 경쟁이 치열한 이유는 '좋은 자리'가 특권화되어 있으며, 명문대 입학이라는 결정적 병목을 통하지 않고서는 좋은 자리를 얻을 가능성이 희박하기 때문이다. 피시킨이 말한 '자격 병목'과 '도구재 병목'[5]이 있기 때문에 그것을 통과하지 않으면 권력과 사회적 인정 등 여러 희소한 재화를 얻을 수 있는 기회가 제한된다. 즉 좋은 대학 졸업장이라는 자격 병목과 이 병목을 통과하는 데 꼭 필요한 부모의 경제적 지원이라는 도구재 병목이 한국에서는 동시에 작용한다. 그리고 병목의 엄격성, 독점성, 보편성이 심각하다. 신분사회인 전사사회에서는 이 시험에서 탈락하면 지배계급, 즉 전사 카스트가 될 수 없는데, 오늘의 한국에서는 이 결정적인 경합인 대입에서 실패하면 성공적인 삶을 살 수 있는 기회가 거의 상실되고, 다음 경합의 기회가 거의 없고, 이후에 부단히 노력해도 처음의 실패를 만회하기가 쉽지 않다.

한국에서 대입은 사회적 지위 배분과 관련되어 있기 때문에, 입시제도를 아무리 정교하게 바꾸어도, 매년 수능문제 난이도 논란이 나오는 것처럼 공정성 시비는 계속될 수밖에 없다. 귤이 회수를 넘어가면 탱자가 된다고, 특목고·국제고·자사고의 설립 취지는 그럴듯했으나 대체로 이들 학교는 명문대 입학을 위한 사관학교가 되었고,[6] 공정과 합리성을 보장하기 위해 도입된 각종 입시제도들, 수능, 논술, 학생부종합전형, 자기소개서, 입학사정관제 등은 학부모와 학생의 고통을 가중시키는 제도가 되었다. 입시의 공정성을 보장하기 위해 사교육을 아예 불법화하거나(전두환 정부), 수능 일변도의 한계를 넘어서기 위해 다른 사회활동 경험을 반영하는 수시 입학 제도를 도입하거나, 한번의 시험으로 당락이 결정되는 것이 불합리하니 여러 학내외 활동을 감안한 학종 제도를 강화하거나, 당장의 성적이 아니라 미래의 잠재력을 주의 깊게 살펴보고 선발하는 입학사정관제를 도입하는(노무현 정부) 등의 정책과 조치 들도 병목의 구조 자체를 그대로 둔 채 진행되었기 때문에 변질되거나 실패했다.

학교를 시험 준비나 평가의 장이 아니라 교육의 장으로 만들자는 수많은 교육자들의 호소와 실천, 특히 대안학교나 혁신학교의 실험들이 이 거대한 바윗덩어리에 바늘구멍을 내는 정도의 변화만 가져온 이유도 대입 시험이 학교 운영을 지배하고, '지위'의 이동 혹은 지위의 재생산과 직결되어 있기 때문이다.[7] 학교교육 정상화를 위해 수능 반영 비중을 낮추려 하면, SKY대 등 최상위권 대학은 특목고와 자사고 출신을 우대하거나 내신 급간을 줄이는 꼼수를 써서 이들을 선발하였고, 서울대는 면접을 본고사처럼 진행해서 그런 정책을 좌절시키려 했다. 결국 변별의 필요 때문에 수능은 킬러 문제를 집어넣는 시험이 되어버렸다.

지금까지 역대 정부와 정치세력은 국가의 장기적인 산업·인력 정책이나 교육의 본래 가치를 제쳐두고 훨훨 타오르는 학부모의 욕망, 주로 중상층의 이해관계에만 사후적으로 반응했다. '입시 = 능력 = 차등적 보상'을 전제로 한 입시정책의 변화는 학생과 학부모의 고통을 전혀 완화시키지 못했고, 교육을 정상화하지도 못했으며, 부모의 계층이 대물림되는 것을 막지도 못했다.

이 두 차원의 병목이 엄존하는 상태에서는 그 어떤 입시제도도, 그 어떤 중등 과정의 학교교육 혁신도 문제를 해결하기는 어렵다. 교육부의 무책임, 학생의 학습 태도, 교사의 불성실, 학교의 권위주의, 입시의 불공정 등을 아무리 비판해도 전혀 문제를 해결할 수 없다. 교육문제의 사회정치적 규정, 즉 시험능력주의, 전문직의 지위 독점과 폐쇄, 노동 천시를 건드리지 않기 때문이다. 지난 60여년 동안 암기식·주입식 교육에 대한 비판이 수없이 반복적으로 제기되었으나, 그것이 전혀 고쳐지지 않는 이유도 기본적으로 이 변별과 배제를 위해 순위 매기는 절차를 피할 수 없기 때문이며, 이 변별의 '객관성'을 보장하는 데는 지필고사만 한 것이 없었기 때문이다. 그러나 기업 채용의 경우는 학력·학벌 외에 개인의 축적된 경력과 공적을 확인할 수 있는 지표들이 있기 때문에 대입과는 달리 확실히 개선되고 있다.

결국 1장에서 제시한 그림 1을 다시 보면서 시험능력주의 극복의 도식을 다시 정리하면, 1) 대학서열을 완화하고, 여러 '좋은 대학'을 만들어서 기존 대입 병목의 크기를 넓히는 것, 2) 전문직의 특권과 독점을 해소하는 것(변수 x의 힘 줄이기), 3) '좋은 자리'에 대한 획일적인 사회적 가치 기준을 극복하는 것, 4) 지위 상승의 길로 몰려가는 상승 압력을 줄이기 위해 아래의 '앉은 자리'를 더 좋게 만드는 것(변수 y의 힘 줄이기), 5) 학력·학벌이 없이도 취업, 승진, 좋은 지위와 보상을 성취할 수 있는 길을 만드는 것, 명문대 졸업장이나 고시 합격증과는 다른 숙련이나 실적을 증명하는 자격증을 제도화하는 것, 즉 병목의 기회를 다원화하는 것 (하나의 z 대신에 $z1$, $z2$, $z3$를 만들거나 패자부활을 제도화하는 것), 그리고 최종적으로는 6) 능력이 곧 지위와 보상을 독점할 자격을 갖춘 것이라는 생각 자체, 즉 능력주의 이데올로기 자체를 극복하는 것 등 매우 다차원적인 방안이 필요하다.

여기서 5)는 시험능력주의 대신 '실적'능력주의를 강화하거나 실력 발휘의 기회를 다원화하는 것이고, 4)는 숙련 형성, 노동 존중, 사회적 연대 등을 통해 병목으로 상승하려는 열망 자체를 식히는 것, 3)은 물질적 보상을 대신할 전문직의 권위, 사회적 존경 및 직업적 위신을 회복하는 것, 2)는 기존의 권력지위 혹은 전문직의 지위 폐쇄를 완화하고 특권을 축소하는 것, 그리고 1)은 대학서열화 극복과 대학교육에 대한 공적 투자를 강화하는 것으로 다시 정리할 수 있다. 여기서 1)은 주로 제도개혁, 특히 교육정책 개혁의 영역이지만, 나머지 모두는 사회개혁의 영역에 속하는, 즉 거시 지배구조, 엘리트·노동력 충원 구조를 바꾸어야 하는 과제다. 이 중에서 1)~5)는 체제 내적 개혁과제이나, 6)은 체제의 근본적 개혁과 연관된다. 제도를 바꾸는 것도 물론 어렵지만 구조를 바꾸는 것은 더욱 어렵다. 그렇다고 불가능한 것은 아니다. 문제를 어떻게 인식하고 어떻게 출발하는가에 변화 여부가 달려 있다.

한번의 시험 대신 실적주의 강화, 기회의 다원화

우선 5)번, 기업의 신입사원 채용이나 임용에서 기회의 병목을 해소하려면 최종 학력 이외의 다른 평가 방식으로 시험만능주의를 보완, 대체할 방안을 찾아야 한다. 실적주의 혹은 잠재력 평가가 그 핵심이 될 것이다. 기업에서 다른 회사에서의 실적을 감안한 수시 채용 등의 방법으로 이전에 비해 입직 통로가 다양화되고 있는 것은 사실이다. 블라인드 채용도 실적주의 혹은 패자부활 방안 중의 하나다. 미국, 영국, 호주 등의 유수 기업에서는 출신 학교를 적어 넣는 항목이 없는 이력서를 받거나 아예 이력서 자체가 없이 선발하기도 한다. 문재인 정부 출범 이후 시도되는 공기업의 블라인드 채용 공약과 정책도 학벌이 능력에 의한 선발을 방해한다는 전제 위에서 학력·학벌주의를 교정하자는 취지를 갖고 있다. 현재 민간기업의 27% 정도가 블라인드 채용을 실시하고 있다. 블라인드 채용이 학력 등을 참고하는 경우와 비교해서 문제점을 낳고 있다는 지적도 있지만, 오히려 공정과 효율의 원칙에서 보면 도움이 된다는 의견도 많다.[8] 실제 공공기관 253곳의 4년간의 채용과정을 분석한 결과 SKY대 출신 비율은 8%에서 5.3%로 줄었고, 비수도권 대학, 여성 채용 비율은 늘었다.[9] 그러나 정부가 기업에 블라인드 채용을 강요하려면 응시자의 실력과 잠재력을 평가할 수 있는 여러 절차가 마련되어야 하고, 기업들 역시 자체의 정교한 선발 방식을 마련해야 한다.

2007년 학력제한 철폐 조치가 이뤄지고, 박근혜 정부에서 국가직무능력표준(NCS) 제도를 도입한 것은 역량 중심 채용 원칙에 따라 학력이 아닌 능력을 평가하여 취업에 활용하자는 취지였다. 전문직과 창의성을 요하는 직종에까지 이를 적용할 수 없다는 한계는 있지만, 학력·학벌주의 극복을 위한 취지 자체는 중요했다.

블라인드 채용, 국가직무능력표준에 의한 채용, 그리고 고졸자 특별전형은 모두 기업의 채용과정에 학벌 변수를 줄여서 절차적 공정성을 확보하고 대입이라는 1차 선별이 취업시장의 2차 선별에 영향을 주지 않도록 하자는 취지를 갖고 있다.

시험성적 만능주의를 넘어서자는 이러한 대안들은 분명히 나름대로 성과를 보이고 있으나, 이관후가 지적했듯이 블라인드 채용은 능력주의를 강화한다는 비판도 있다. 즉 블라인드 채용 정책은 구조화된 불평등을 거론하지 않은 채, 자유주의나 시장주의 기조의 실력주의 틀 내에 머물러 있기 때문이다.[10] 박남기도 이런 점을 강조했는데, 학벌이 실력과 배치된다는 전제하에 별도의 시험을 통해 사람을 선발하다보면, 오히려 학력·학벌이 좋은 사람들이 더 많이 합격하는 일이 발생한다. 이는 학력이나 학벌에는 재능과 더불어 노력의 요소가 분명히 포함되어 있고, 학벌 대신에 평소의 실력이나 공적을 중요하게 참고하더라도, 실력이나 공적 역시 부모의 경제·문화자본에 힘입었을 가능성이 크므로 재능을 배제하고 순수한 노력과 잠재력을 추출하는 것은 거의 불가능하기 때문이다.[11]

학력·학벌주의라는 것은 직무수행 능력이나 과거의 실적보다는 시험 합격 이력을 중시하는 것이기 때문에 객관화된 직무 평가가 힘들거나 실적과 전문성을 계량화하기 어려운 사무직이나 공기업 등에서 더 강력하게 작용한다. 결국 정부기구나 기업이 실력 있는 적임자를 선발하기 위해서는 상당한 선발 비용을 지출해야 하는데, 평가와 선별을 위한 자체적인 노하우를 축적하지 않고 1차 선별 증서인 학력·학벌 자격증을 손쉽게 2차 선별에서 이용하려는 것에서, 즉 앞의 다케우치 요가 말한 1차 선별인 대입 합격의 누적효과가 너무 커서 오늘의 심각한 시험능력주의가 발생한 것이다.[12] 학생과 학부모를 고통 속에 살게 하는 이 대입이라는 결정적 병목은 정부, 기업, 사회가 지불해야 할 여러 형태의 대입 이후의 실력 평가나 변별 비용을 모든 학부모와 학생들에게 전가시키는 것이라 볼 수 있다.

만약 입학성적에 따른 대학서열화라는 사회적 기준이 없다면, 그리고 대학이 지금보다 덜 수직서열화되어 있다면, 신입사원을 선발해야 할 기업들은 필요한 직원을 어떻게 뽑을 수 있을까? 지금처럼 토익·토플 등의 공인 영어능력 평가자료를 활용하거나, 대학의 학점, 각종 이력과 실적을 검토하고, 믿을 만한 사람의 추천에 의존해야 할 것이다. 결국 대학서열이 약화되면 대학은 물론이고 기업도 분명히 신입사원 채용을 위해 더 정교한 방법을 고안하고 그것을 위한 비용을 지출해야 할 것이다. 그리고 평가가 공정하지 못하거나 신뢰를 얻지 못할 경우 사람을 잘못 뽑은 책임도 해당 기업이 져야 할 것이다. 결국 선별과 평가의 부담과 비용을 어떻게 기업이나 사회가 지도록 할 것인가, 그리고 그 평가 주체가 어떻게 평가의 신뢰성을 보장할 수 있을 것인가가 중요하다.

예를 들어 한국과 미국의 대학교수 채용과정을 비교해보면 적임자 선발을 위한 비용 지출의 극명한 차이를 알 수 있다. '좁은 나라' 한국에서는 출신 학부와 학력, 그리고 박사학위를 수여한 대학의 평판 등에 근거해서 이미 응시자 선별 과정의 반 이상을 거친다고 봐도 좋을 것이다. 그러나 통상 미국의 명문대학의 교수 채용에는 한국보다 몇배의 시간과 비용이 들어간다. 별도의 인사위원회를 구성해서 학생을 포함한 여러 구성원이 회의를 하고, 심사과정에서는 학계의 추천서 검토를 포함하여 며칠 동안 공개 발표회, 교수들과의 세미나, 학생 착석의 시범 강의, 식사, 대화 등을 함께한 후에 최종 면접심사까지 해서 후보자의 실력뿐만 아니라 인성까지 다각도로 평가하는 절차를 거친다.[13] 즉 대학과 기존 교수들은 물론 학생들까지 동원되어 신임교수 채용에 엄청난 시간과 에너지를 쏟는다. 아마 한국에서는 신임교수 채용과정에 이것의 3분의 1 정도의 비용과 시간도 지불하지 않을 것이다. 과거에는 연구 실적도 거의 무시하고 학벌, 연줄로만 선발하는 경우도 많았지만, 요즈음에는 논문이나 저서의 편수와 질, 그리고 발표회를 통해 여러 차원의 평가를 하기는 한다.

한국의 교수사회처럼 학력·학벌 프리미엄에 힘입어 교수로 채용된 사람이 평생 보장되는 정규직 교수가 되어 각종 특권을 누리고, 반대로 학계에서 공인된 실력과 실적이 있어도 학벌과 연줄이 없어서 채용과정에서 탈락한 사람이 평생 비정규직 교수로서 이 대학, 저 대학을 전전해야 한다면 이처럼 부당한 일이 어디 있을까? 사실 한국의 기업 등 여러 영역에서도 이런 일이 비일비재하다. 교수 채용에서 박사학위를 필수 요건으로 한다는 자격 폐쇄 관행도 재고할 필요가 있다. 특히 명문대 정규직 교수들이 기업의 사외이사, 각종 자문역을 겸하거나, 이권과 연결된 각종 위원회에 소속되어 여러 특권을 누리는 것도 제한해야 하며, 정규직과 비정규직 교수 간의 보상과 대우의 격차도 획기적으로 줄여야 한다. 그리고 정년이 보장된 정규직 교수들도 교육이나 연구 실적에서 문제가 있으면, 연봉을 삭감하거나 불이익을 주어야 한다.

시험만능주의는 각 직업집단에서 '시험＝공정', '추천과 특채＝불공정'의 도식을 불식할 정도의 믿을 만한 시스템이 없다는 점에 기인하기 때문에, 각 직업군은 사회적 신뢰를 얻을 수 있는 채용 관행을 만들어야 한다. 물론 다면적이고 권위 있는 평가체제, 신뢰집단의 형성은 장기적인 사회시스템의 변화를 통해서만 달성될 수 있다. 현재로서는 채용과 승진 어느 경우나 시험 혹은 실력 테스트가 어느정도 불가피하지만, 가능하면 실적과 해당 분야의 신뢰할 만한 사람의 추천 비중을 더 확대할 필요가 있다. 법조인 선발에서 시험주의 극복을 위해 사법고시를 폐지한 것은 원칙적으로 바람직한 방향이었으며, 같은 논리로 장차 행정고시도 폐지해야 한다. 그리고 외교관 선발에서도 지금처럼 외무고시 대신 국립외교원을 통해 선발하는 것이 낫다. 이 모든 시행과정에서 혼선이 발생한 것은 정부 측의 세심한 준비의 부족과 기득권 세력의 저항에 기인한 것이지만, 오직 절차적 공정 시비를 없애기 위해 시험을 부활하자는 것은 과거로 퇴행하는 것이다.

기회의 다원성을 보장하는 가장 좋은 제도는 개방직 공무원 채용, 이명박 정부에서 시도했다가 유명무실해진 마이스터고 등 실업고 졸업자들의 대기업 특별채용 제도다. 그러나 이명박 정부가 정치권력의 힘으로 숙련이 모자라는 청년들을 채용하도록 압박했기 때문에, 그런 정책은 지속될 수 없었다. 개방직 공무원 채용

역시 선거 공신들이 '낙하산'으로 내려온 사례가 많아서 기존 공무원들이 이들을 따돌렸고, 이렇게 개방직으로 들어간 사람들도 실력을 충분히 보여주지 못한 사례가 많아서 제대로 정착하지 못했다. 마이스터고나 실업계고 출신들이 공공부문 정규직으로 취업하는 길은 이들이 충분한 기능을 익히기 위한 별도의 절차를 마련한다는 전제 위에서 더 확대될 필요가 있다.

개방직 공무원 제도도 더 보완되고 확대되어야 한다. 예를 들어 국제개발 활동가로서 10년 이상 경력을 가진 사람, NGO 활동가로서의 경력과 업적을 쌓은 사람, 의사나 과학자로 일한 사람 등 전문성과 경력을 가진 사람을 관련 행정부나 공기업의 개방직으로 더 많이 채용하고, 이후 재임용이나 정년보장 방식으로 지위를 부여하면, 현재처럼 시험으로만 공무원을 선발하는 제도보다는 기회의 창이 더 열릴 것이다.

최근 사립학교의 연고 채용을 없애기 위해 교육청에서 채용절차를 관장하도록 한 것도 바람직하지만, 그보다는 임용고사를 통해 일률적으로 교사를 채용하는 현행 제도도 재고할 필요가 있다. 물론 정규직 교사들의 반대가 심하겠지만,[14] 기간제 교사 등 비정규직으로 일정기간 이상 일한 교사들 중에서 주변 동료들이나 학교장 등의 추천과 평가를 거쳐 정규직 교사로 채용하는 별도의 교사 입직 경로도 만들 필요가 있다. 특정 전공의 박사학위를 가진 사람들도 교원자격 연수를 거쳐 특별과목 전담교사가 될 수 있도록 하는 방법도 검토할 필요가 있다. 결국 시험성적보다는 적성과 실적을 충분히 고려해서 시험 외의 입직 경로를 개방하면

다양한 사람들이 어우러져 학교의 역동성이 높아질 것이다.[15]

시험과 교육을 분리하고, 실적을 중시하고, 네덜란드처럼 의대 전형에서 추첨제를 도입하려는 이유는 단지 실력 평가를 다차원적으로 하기 위해서가 아니라 시험성적 상위권 순서로 선발된 사람이 해당 업무를 수행하는 데 최적의 인물이 아닐 수 있기 때문이다. 임용고사로 교사를 선발하는 제도 역시 너무 획일적인 점이 한계이며, 우수한 자질을 가진 교사를 선발하기보다는 단편적 지식만을 갖춘 사람을 선발하게 된다는 비판도 있다. 그래서 최근에는 교대나 사범대가 책임의무 발령제를 도입하고 임용고사를 폐지하자는 주장도 있다.[16] 2021년 7월 교육부도 '교원양성기관 역량진단 기본계획'(2022~25)에서 앞으로는 사범대를 졸업해야 국·영·수 교사를 할 수 있도록 제한하고, 일반학과의 교직 이수 과정을 거의 폐지한다는 방침을 밝히기도 했다. 즉 교육이나 수련 이력, 적성과 인성, 현장의 업무 경력이나 성과, 주변 사람들의 추천을 입직과 승진에 더 많이 반영하는 실적주의가 시험주의보다 적임자 선발에 바람직하다.

중국의 송나라나 조선에서도 인문교양을 테스트하는 과거시험 최우등 합격자가 최고의 관료가 된 것은 아니었다. 생산성과 이윤을 지상목표로 하는 사기업이 학력보다는 업무능력을 중시하는 것도 이런 이유 때문이다. 이 점에서 미국의 크레덴셜리즘이 한국의 학벌주의·시험능력주의보다는 더 합리적인 점이 있다. 미국에서 명문대 입학이 부와 지위의 세습을 통해 이뤄지는 것은 심각한 문제이나, 공인된 실력과 실적을 중시하는 실용주의는 존

중할 필요가 있다.[17]

　대니얼 벨이 말하는 중국의 현능주의, 즉 행정가로서의 공적과 경제성장 및 갈등 해결에 어느 정도 기여했는가를 고려해서 사람을 발탁하는 것은 앞의 '다양한 유형의 능력주의'(109면)에서 표시한 것처럼 일종의 실적·능력주의라 볼 수 있다. 물론 지금 중국의 일당지배체제와 엘리트주의는 선거나 감시 등 민주적 제도에 의해 비판, 퇴출될 수 없다는 한계를 갖고 있으므로, 이러한 엘리트주의가 선거민주주의의 대안이 될 수는 없을 것이다. 대니얼 벨이 지적했듯이 낮은 직급에서 적용되는 실적주의가 좀더 종합적인 판단력과 깊은 지식이 요구되는 높은 직급에서도 그대로 적용될 수는 없기 때문에 국가 운영을 책임져야 하는 최고위직 발탁에는 별도의 엄정한 평가가 필요할 것이다.[18]

　사실 직업·직군별로 직무의 내용, 난이도, 직무수행에서의 성과를 제대로 객관화하거나 평가하는 일은 매우 어렵다. 승진과 보상에서 공무원에 대한 다면평가처럼 상·하급자의 평가가 활용될 수도 있으나, 이 경우 개인적 인기나 친소관계가 작용할 가능성이 크기 때문에 결국 시험주의, 객관화된 점수에 근거한 선별 방법으로 후퇴한다. 한국에서 사무직, 서비스직, 생산직에서 연공임금체계가 강고하게 유지되는 이유도 직무수행 능력의 평가나 실적평가의 공정성과 정당성을 확보할 방법을 찾기가 매우 어렵기 때문이다. 그래서 한국에서는 실적평가를 위해 무리한 방법의 수량적 평가제도가 도입되었다. 교수 실적평가에서 논문 편수를 수량화한 항목이 포함된 것이 대표적인 예다. 『파이낸셜뉴스』는 클릭 수라는 정량적인 기준으로 기자들에 대한 투명한 평가체계를 만들겠다고 했다.[19] 이렇게 되면 교수들은 별다른 창의성이 없는 논문의 편수를 늘리는 쪽으로 집중하게 되고, 기자들은 클릭 수를 높이기 위해 질적으로 좋은 기사보다는 자극적인 기사를 쓰는 데 몰두할 것이다. 대학사회에서 학문의 권위가 실종되고, 언론사들은 시청률과 조회 수에 사활을 걸게 되어 신뢰도가 저하되는 것도 수량적 평가 만능주의의 결과이다.

시험능력주의를 극복하자는 논의가 곧바로 능력주의 자체를 거부하는 쪽으로 나아가기는 어렵다. 학벌주의가 능력주의의 틀 내에 있다는 이유로 한국사회에 엄존하는 학력·학벌주의, 각종 패거리주의나 정실, 연고주의 등 부당한 관행을 건너뛰고 능력주의 자체만 정치철학적 차원에서 비판할 수는 없을 것이다. 최적임자를 선발하고 공적이 있는 사람을 승진, 발탁하기 위해서는 절차의 공정성이나 객관성도 중요하지만, 그보다는 기회를 다원화하고, 과거의 실적과 노력을 더 많이 감안할 수 있는 정교한 선발절차를 마련하는 한편 그것을 위한 상당한 사회적 비용을 지출할 필요가 있다.

지위 독점, 특권의 제한과 가치의 다원화

전문직의 특권과 독점 제한

현대 자본주의 사회에서 지배질서의 유지는 일차적으로는 재산권 보장, 둘째는 크레덴셜리즘, 즉 학력자격증의 독점적 지위 보장 원칙을 바탕으로 이루어진다.[20] 자본주의 사회에서는 경제적 자본의 소유 여부, 즉 계급이 사실 가장 심각한 폐쇄구조다.[21] 특히 코언(Morris Cohen)이 말했듯이 재산(property)이라는 법적 용어는 사물이 아니라 권리, 즉 항상 한 사람이나 그 이상의 사람에 대한 권리를 의미한다. 사유재산권의 핵심은 항상 타인을 배제하는 권리라는 점이었다.[22]

그런데 한국처럼 한 가족이 거대 기업집단의 경영권과 모든 의사결정을 독점하고 그러한 권한을 자녀에게 승계까지 하는 한국식 재벌체제의 경우, 재산권의 폐쇄성은 더욱 강고하고 심각하다. (조)부모의 피를 이어받은 (손)자녀라는 이유만으로 거대기업의 자산 10% 이하만을 소유하고도 100%의 경영권을 행사하기 때문이다. 그래서 이러한 가족 소유의 폐쇄구조를 없애지 않으면 기회의 다원화, 지위 상승 통로의 다양화, 공정한 실적 평가체제의 확립만으로 공정을 이룰 수는 없고, 사회적 정의는 더더욱 가능하지 않을 것이다.

현재의 재산권 질서를 인정하더라도, 공익을 위해 그 배타적·독점적 행사를 제한하는 헌법적 원칙을 적극적으로 지키는 것은 공정은 물론이고 정의의 원칙을 보장하기 위해서 필요하다. 특히 한국에서는 한정된 자원이자 생산적 노력의 산물이 아닌 토지나 건물을 기업이나 투기적 다주택자들이 독점하고 배타적인 재산권을 행사하는데, 이는 다수의 집 없는 서민들의 주거권을 심각하게 침해한다. 물론 도시개발의 명목으로 서민들이 누대에 걸쳐

살고 경작해온 집과 토지를 국가가 강제 수용하는 정책도 시정되어야 한다.[23] 그러나 투기·투자로 획득한 토지나 건물의 소유자들이 재산권을 과도하게 행사하는 것도 막아야 한다. 재산권은 '배제의 원리'이므로 토지나 건물의 재산권 행사는 언제나 세입자들의 생존권을 심각하게 위협하기 때문이다.[24] 그래서 20대 대선에서 거론된 토지보유세의 도입도 검토해볼 여지가 있고,[25] 종합부동산세를 장차 재산세로 일원화하여 토지나 건물 소유자들의 지대 추구의 여지를 줄여야 한다.

이러한 경제적 자본의 독점이 상속을 거쳐 자녀들의 '능력'으로 전환되는 것을 최대한 차단해야 정의는 물론 공정도 실현될 수 있다. 사실 재산 상속은 능력주의 원칙을 가장 심각하게 위협한다. 재산 상속은 교육 투자, 즉 경제적 자본을 문화자본으로 전환하는 것보다 더 직접적인 지위 세습이다. 재산권과 상속권은 연동되어 있기 때문에 자본주의 사회에서 상속 자체를 막을 수는 없지만, 자녀들이 어떤 기여나 노력 없이 부모의 재산을 낮은 상속세만 내고 물려받는 것은 바람직하지 않다. 2021년 국민의힘 대선후보로 나섰던 감사원장 출신 최재형이 상속세 폐지를 주장하기도 했는데, 아마도 그의 주변에 있는 부자들이나 기업가들의 볼멘소리를 들었기 때문일 것이다. 한국의 직계상속자에 대한 세율은 최고세율로 보면 높지만, 각종 공제 혜택이 매우 많아서 실효세율은 훨씬 낮다.[26] 재벌들의 온갖 편법을 동원한 증여, 지위의 세습은 재산 상속에 대한 법적 제한의 빈 구멍이 크다는 것을 말해준다.

뒤르켐(Émile Durkheim)이 말했듯이, 재산이 노동, 증여, 상속 등을 통해 획득되지 않는다면 전문직과 시민의 윤리적 타락을 막을 수 없다.[27] 그래서 재산권 행사의 부당성과 독점성은 관료와 전문직의 특권보다 '능력'의 발휘에 더 심각한 장애요인이다.

여기서 재산권 논의는 이 정도로 줄이고, 시험능력주의와 직접 관련된 전문직의 특권과 독점 문제를 더 살펴볼 필요가 있다. 시험능력주의를 완화할 수 있는 장치는 전문직의 규모 확대, 자격 독점과 특권의 완화, 그리고 전문직의 지위 병합, 즉 권력과 부의 동시 획득 기회를 제한하는 것이다. 전문직이 권력과 부를 동시에 소유하는 것을 막는 일은 반부패 차원에서도 중요하지만 시험 능력주의의 타락을 막기 위해서도 중요하다. 민주당 이탄희 의원이 법안을 만들었듯이 판검사의 절대 수를 늘려야 하며, 전체 의사의 수를 늘리는 작업은 앞으로도 지속적으로 추진해야 한다.[28] 자신들의 독점적 이익을 지키려는 변호사·의사 등의 저항을 물리치고 이들의 수를 늘리면, 그 자격을 얻기 위한 지위 경쟁은 덜 치열해질 것이다. 즉 시험 합격이라는 병목의 폭이 확장되면 병목을 통과하려는 경쟁도 약해질 것이다.

그리고 시험이든 업적이든 자신의 장에서 최고의 '능력'을 인정받은 사람이 보상을 독식하지 않도록 하는 것, 자격증 소지를 특권화하지 않도록 하는 것은 그다음의 중요 과제다. 전문직 자격증의 희소가치가 높을수록, 즉 자격을 가진 사람과 그렇지 않은 사람의 지위와 보상의 격차가 크면 클수록, 관료나 전문직 등 학력자본 소유자들의 특권이 더 크면 클수록, 그 카르텔에 들어가기 위한 1차 선별인 대입 경쟁은 치열해질 것이고, 수험생들의 병목 통과 과정의 고통은 더 심해질 것이다. 앞에서 예를 든 윌리엄스의 전사사회처럼 전사시험에 통과한 상위 3%의 전사가 모든 권력과 부를 독점하는 승자독식의 사회라면, 시합의 절차나 방법이 아무리 정교하고 시합의 기회가 여러번 주어져도, 그 시합을 위한 경쟁 자체는 더 격화될 것이고, 자발적 '수험생'의 고통은 사라지지 않을 것이다.

사법·행정 관료들이나 변호사 등 전문직의 권한은 대체로 국가의 법 집행, 정책 결정, 기업의 영리활동에 대한 각종 인허가, 예산 집행, 조세 징수, 기업범죄의 처벌에 대한 해석, 정당화, 결정 등과 연결되어 있다. 이 권한을 행사하는 관료나 판검사, 학자 등 여러 전문가들의 지식권력이 독점적이고 배타적이거나, 이런 활동이 국민들의 참여나 감시 범위에서 벗어나 있을수록, 이들에 대한 유무형의 보상도 커진다. 상급법원의 판결은 거의 '신의 명령'처럼 무조건 수용해야 할 최종 결정으로 간주되어 재심 요건이 매우 까다롭다. 한국 법원은 판결문조차 공개하지 않는다. 그동안 검찰은 수사권과 기소권을 독점하며 무소불위의 권력을 휘두르는 조직이었고, 국민들은 이 검찰의 권력 행사에 어떤 견제력도 행사할 수 없다.

이들 관료·법조인·회계사 등 전문가들이 기업의 이익 실현에 결정적인 역할을 할수록 관료 전문직 세계에서 고위직으로 진출하는 데 매우 유리하게 작용하는 학력·학벌 경쟁은 더 치열해질 수밖에 없다. 관료 전문직 자격 경쟁이 치열한 이유도 지위 연계 때문이다. 즉 권력이 곧 옷을 벗은 이후의 부를 얻는 수단이자 통로가 되기 때문이다. 그래서 출세와 지위 상승의 야심을 가진 청년들이 경쟁적 시험에 청춘을 바쳐서라도 전문직 사람들이 되려는 욕구를 갖지 않도록 하기 위해서는 전문직이 자신의 직업적 권위와 자율성을 헌신짝처럼 포기하면서도 경제적 부를 추구하는 일을 하지 못하게 막아야 한다. 판검사 경로와 변호사 경로를 엄격히 구분해서 판검사가 된 사람은 퇴직 후 상당기간 동안 변호사 개업을 하지 못하도록 제한하면, 고시나 로스쿨에 대한 선호는 현저하게 낮아질 것이다.[29] 그렇게 되면 지금처럼 법조윤리가 타락하지는 않을 것이며, 결국 명문대의 학벌 자격과 명문대 로스쿨 졸업장을 동시에 얻은 다음 법조계에 진출하려는 사람들의 경쟁도 완화될 것이다.

법관, 검찰, 고위 공무원의 '전관예우', 즉 퇴직 후 산하기관에 재취업하여 공직자로서 얻은 지식과 노하우를 사기업에 고스란히 갖다 바치는 일을 엄격하게 차단하면, 법률가로서 사명감과 소신을 가진 사람들만이 로스쿨에 진학할 것이다. 공공병원을 더 많이 확충하고 의대 졸업생 중 상당수가 공공의사, 사회 봉사자, 의학 연구자의 길을 가도록 유도하면, 고교 최우수 학생들이 자신의 적성에도 맞지 않는 의사의 길로 들어서지 않을 것이다. 물론 스폰서 검사, 돈 받는 판사, 의료윤리를 위반하는 의사들에 대한 처벌은 강화해야 한다. 우리가 수십년 지켜보았듯이 이들 여러 전문직협회들에게 자체 윤리강령을 지키라고 요구해봐야 거의 소용이 없는 것으로 드러났기 때문에, 이들의 지식권력의 행사를 민주적으로 통제, 감시하고 전문직 윤리를 위반한 사람은 법으로 처벌해야 한다.

판검사들이 옷을 벗자마자 곧바로 선출직 후보로 나서지 않도록 정당의 미래 정치가 육성장치를 제도화하는 일도 필요하다. 물론 법조인도 얼마든지 선출직 정치가로 입문할 수는 있지만, 여러 유럽 국가들처럼 정당에서 훈련받은 사람이 선출직에 나설 수 있도록 정당정치가 자리잡으면 20대 대선의 윤석열·최재형처럼 평생 검찰이나 사법부에서 공직을 수행한 초보 정치가가 갑자기 대통령 후보로 나서는 일은 없을 것이다. 법조계나 공직에서 일한 사람들이 하루아침에 정치가로 변신하거나 사기업을 위해 봉사하는 나라에서 민주주의가 꽃필 수 없다. 지역사회에서 주민들을 위해 봉사하거나 일해온 활동가·기초의원 들이 아래로부터 정치 경험을 쌓아서 국회에 진출하도록 해야 할 것이다. 명문대학 출신의 고시 합격자들이 정치권에 진출하는 일이 드물어질수록, 국민들은 학력·학벌·고시가 정치를 하기 위한 필수조건이 아니라는 것을 알게 될 것이고, 정치를 공공 봉사로 이해할 것이다.

즉 전문직의 규모를 확대하고, 그들의 독점적 권한을 축소하거나 견제할 수 있도록 만들고, 전문직 집단에서 사기업의 이익보다는 공공적 업무에 종사하는 사람의 비중이 늘어날 수 있도록 제도적 장치를 마련하는 것이 시험 경쟁을 줄일 수 있다. 그러면 최고의 시험성적을 얻은 인물보다는 그 일에 잘 맞는 인물들이 그 자리에 들어가게 될 것이다.

가치의 획일성 극복

　전문직이나 관료들의 지위 독점과 특권을 해소하는 일보다 더 근본적인 과제는 한국사회의 획일적인 사회적 가치 기준을 변형·극복하는 일이다. 한국인은 국제적으로 비교해보더라도 물질주의의 정도가 매우 심각하다.[30] 미국의 여론조사기관인 퓨리서치센터(Pew Research Center)가 발전된 자본주의 국가 17개국을 대상으로 '무엇이 삶을 의미있게 하는가'라는 가치 기준 평가를 했는데, 유독 한국인들만 '물질적 복리가 가장 중요하다'고 답했다. 대만은 '사회'라고 답했으며, 나머지 15개국은 가족, 직업 등을 꼽았다.[31] 한국은 선진 17개국 중에서 물질적 부를 최종적인 성공지표로 보고 다른 가치들을 후순위로 돌림으로써 가치 일원성 혹은 획일성이 매우 큰 나라임이 분명하다.

　한국사회의 이러한 가치 획일성이 대입 시험을 누구나 거쳐야 하는 '보편적' 병목으로 만든다. 사람들이 직업적 만족, 사회성, 친구, 가족 등을 가장 중요한 가치로 여긴다면 출세를 향한 상승의 압력이 이렇게 세지는 않을 것이다. 1992년 14대 대선 당시 김영삼 후보가 정주영 후보를 향해 "돈과 권력을 동시에 가져서는 안 된다"고 일침을 놓은 것처럼, 적어도 한국에서 본격적인 신자유주의 질서가 착근하기 이전에는 돈과 권력을 모두 가져서는 안 된다는 생각이 사회 일각에 남아 있었다. 그런데 외환위기 이후 한국사회의 모든 가치는 경제적 부로 일원화되었다. 외환위기 이후 전국의 모든 의대가 이과계 최상위권으로 평준화된 것도 바로 이 가치의 획일화를 웅변적으로 보여준다.

사회 전반이 가치의 획일화를 극복하여 전문직의 자율성과 보람을 소중히 여겨야 하고, 전문직 스스로도 직업적 위신과 명예를 중시해야 사람들로부터 권력과 돈을 위해 그 일을 한다는 따가운 눈총을 받는 것을 피할 수 있다. 그렇게 되면 사회가 물질적 성공이라는 단일 가치를 향한 격렬한 소용돌이에 휩쓸리지 않을 것이다. 물론 자본주의 사회에서 경제적 부가 권력, 명예, 직업적 자긍심 등과 비슷한 차원의 비중을 갖기는 어려울지 모른다. 그러나 직업적 위신과 사회적 신뢰에 더 높은 가치를 부여하는 장치는 충분히 마련할 수 있다. 개업 의사나 유명 대학병원 전문의 정도의 보상에는 못 미쳐도, 의학이나 순수과학에 종사하는 사람들에 대한 사회적 대우를 좋게 하고, 연구개발에 큰 업적을 낸 과학자들에게 상당한 명예와 포상이 주어지도록 한다면, 의대 선호는 줄어들 것이다.

한국은 민주화 이후에도 여전히 시민사회의 유대가 대단히 취약하고, 과거 이래의 국가주의가 경제만능주의·물질주의와 결합되었으며, 아직도 성장주의 담론이 강력하게 지배한다. 한편 민주화운동 세력은 제도 정치권에 들어가서 집권에 성공하기도 했지만, 그들이 냉전보수세력과 질이 다른 철학과 도덕성을 보여주지 못한 것도 아쉽다. 신뢰할 수 있는 기업가나 정치가, 신뢰할 수 있는 학자나 종교지도자, 그리고 신뢰할 수 있는 공직자들이 모델로 가시화될 수 있었다면, 지금처럼 모든 사람이 지위 상승과 경제적 부를 추구하는 길로 몰려가지 않았을 것이다.

한편 가치 단극성은 수도권 초집중 현상, 대학의 수직서열화 현상 등과도 맞물려 있다. 사람과 돈이 모두 서울과 수도권으로 몰려, 지방의 자율성과 독자성이 사라진 것은 사회적으로 경제적 부라는 단일 가치가 지배하는 것과 연동되어 있다. 한국사회의 학력 추구, 지위 경쟁은 최상위의 서열을 차지하는 수도권 대학 진학 열망과 같은 것이며, 그것은 서울과 수도권에 부와 인재가 집중되어 있기 때문이다. 특히 수도권에 대한 과도한 인프라 투자, 수도권 규제 완화, 대기업 본사의 수도권 이전 등으로 좋은 일자리가 수도권에 집중되자 학벌이라는 신분자격 취득을 위해 전국의 청년들이 수도권으로 몰려들었다.[32]

서울의 대치동은 사교육 일번지이자, 동시에 부동산 투자 일번지이기도 하다. 명문대 출신, 재벌 대기업 임원, 전문직, 상층 엘리트들이 집결하여 입시 정보와 부동산 정보를 공유하면서 그들만의 폐쇄적인 세상을 만들었다.[33] 전문직의 지위 폐쇄는 수도권이라는 공간 폐쇄와 결합되었다. 서울 특히 강남에 집 혹은 거주 공간을 갖고 있다는 사실 자체가 학력자본 취득의 기회를 훨씬 더 많이 가질 수 있다는 신호로 작동하기 때문에 수도권, 서울, 강남에 진입하려는 수요가 커졌고, 결국 부동산 가격의 격차가 벌어졌다. 한국에서 부동산과 교육은 같은 차원의 문제이며, 집을 부의 축적 수단으로 삼는 태도와 교육을 출세의 방편으로 여기는 태도는 동시에 극복되어야 할 과제이기도 하다.[34]

이 점에서 한국은 학력주의 현상에서는 유사하지만 국토의 규모가 커서 여러 거대도시들이 각종 첨단산업과 클러스터를 형성하여 전국에 분산되어 있는 중국, 그리고 간토(關東)와 간사이(關

㉕) 두개의 거점이 있는 일본보다 문제가 더 심각하다. 그래서 한국에서는 몇개의 거점도시를 육성함으로써 서울·수도권 단극체제를 극복해야 하고, 이는 서울에 집중되어 있는 상위권 대학을 향한 입시경쟁의 격화를 완화하는 데 결정적으로 중요하다. 이것은 노무현 정부 이후 공기업의 지방 이전을 확대하거나 여러 행정부처를 세종으로 이동하는 식의 정책만으로는 해결될 수 없고, 첨단산업과 대학의 연구 기능을 결합시키는 장기 전략 속에서 진행되어야 한다. 물론 지금 시행되고 있는 거점 지역의 국·공립대학 졸업자에 대한 입사 가산점 부여 정책은 더 확대되어야 한다. 제조업이 고용 유인 효과가 높고, 양질의 일자리 제공 잠재력도 상당히 높기 때문에 지방 첨단 제조업 활성화는 청년들을 유인하는 데 가장 효과가 클 것이다.[35]

지금의 청년들은 일자리만 있다면 자신의 출신 대학이 있는 도시나 지역에서 정착하려고 한다는 조사가 있다. 즉 그들에게는 좋은 일자리 여부가 거주지를 정하는 데 가장 중요하다. 그러나 일자리가 있어도 의료·교육·문화 등 생활기반 조건이 열악하다고 판단할 경우 그들은 수도권으로 이주하려 한다.[36] 지방대학 출신들이 자신의 출신지에 정착하도록 여러가지 세심한 정책이 필요한데,[37] 그러기 위해서는 지역의 문화·교육 인프라를 확충하여 그 지역을 청년들이 살고 싶어하는 곳으로 만들어야 할 것이다. 가치의 단극성과 수도권 집중 경향은 동시에 해결해야 할 과제다.

노동의 인간화, 숙련체제, 그리고 사회적 연대

노동권 신장과 노동의 인간화

대입 경쟁은 '노동'의 세계에서 탈출하는 전략, 노동자 '신분'이 감당해야 하는 사회적 비하, 저임금, 고용불안, 위험한 일터에서 벗어나려는 몸부림이다. 학생들의 무리한 탈출, 즉 지위 상승의 시도를 오랫동안 관찰한 한 교사는 "우리 사회의 숱한 상것들의 천한 일들이 제 몫을 찾는다면 지금처럼 목숨을 건 경쟁교육은 완화될 것이다"[38]라고 한탄하기도 했다. 대학을 가지 못하고 노동자로 살아온 가톨릭노동장년회장 남명수는 "대학을 나오지 않아도 당당하게 일할 수 있고, 가정을 꾸리고 자신을 실현하기에 충분한 임금을 받는다면, 노동에 대한 인식도 많이 바뀔 겁니다"라고 말한다.[39] 대학 진학의 필요를 느끼지 않는 청소년들이 무리하게 탈출을 감행하고, 그 탈출 러시의 병목에서 수많은 고통을 겪으며 비용을 지불하지 않기 위해서는 그들이 '서 있는' 자리를 좋게 만들어야 한다. 그들이 자신들의 처지를 체념적으로 받아들이도록 하자는 말이 아니라 그들이 그 자리에서도 행복하게 살 수 있는 길을 마련하자는 것이다. 그러려면 적절한 임금, 자기발전의 기회, 인간다운 삶과 자존감 유지 등이 필요하다.

대학 특히 명문대 입학을 사회에서 반드시 통과해야 할 보편적이고 필수적인 통로로 설정한 한국사회에서, 안정된 삶을 누릴 수 있는 다른 통로를 더 만들거나 기존의 통로를 거치는 일 자체를 불필요하게 만드는 것이 바로 시험능력주의 극복을 위해 가장 필요한 일이다. 물론 중상층 계급의 부모는 대안학교 등을 통해 자녀들이 대입 이외의 길을 찾을 수 있는 기회를 제공해줄 수 있다. 그러나 지금도 가정형편이 매우 어려운 아이들은 고등학교를 졸업하고는 곧바로 취업을 해야 한다. 학교 공부에 전혀 흥미를 가질 수 없거나, 가정형편이 극히 어려운 학생들의 경우, 지금 자신이 서 있는 자리에서 일을 하면서 생계를 유지할 수 있고, 기능을 쌓아서 장차 안정된 삶을 누릴 수 있는 기회를 얻을 수 있다면, 이들이 무리해서 대입의 길로 가지는 않을 것이다.

대학 진학이 모든 청소년들의 필수인 양 온 사회와 학교가 대입, 학벌 취득을 부추기면, 그런 기회를 이용할 조건이 안 되거나 이용할 생각을 갖지 않는 사람은 아예 무시당하기 쉽다. 학력 경쟁의 대열에 제대로 설 기회를 갖지 못하거나, '가난의 땅'에 남아 있게 된 사람들도 좋은 삶의 조건을 누릴 수 있어야 한다.[40] 한국의 '개천 용' 신화나 그것을 향한 온 국민적인 열정은 지금까지의 한국사회를 매우 역동적으로 만들기도 했지만, 개천과 용을 구분하여 모든 사람을 용이 되도록 부추기고, 용이 되지 못한 청년들을 좌절시키기도 했다. 청년들이 살고 있는 개천을 지위 상승을 위한 발판이 아니라 맑은 물이 흐르고 온갖 물고기나 벌레들이 즐겁게 노는 개울로 만드는 일이 더 필요하다.

개천이 살 만한 곳이 되기 위해서는 전국의 거의 모든 일터에서 매일 발생하는 성, 학력 등에 의한 차별이 근절되어야 한다. 특히 기업 내 노사관계에서 발생하는 사용자의 부당노동행위, 인권

침해 등 각종 불법적인 권력 행사가 엄격히 제한되고 중단되어야 한다. 노조 조직률이 10%를 조금 넘는 한국에서, 5인 미만 사업장 노동자를 포함한 90%의 노동자들은 단체교섭도 할 수 없고, '중대재해 처벌 등에 관한 법률'(약칭 중대재해처벌법)이 통과되어도 일터의 위험에서 자신의 안전을 지킬 수 없다. 현재 고졸 노동자는 대체로 100인 이하 영세사업장이나 중소기업에 근무하기 때문에 이들 영세사업장의 작업여건을 개선하고, 5인 미만 사업장에 근로기준법을 적용하며, 기업 간 불공정 거래를 시정하는 것도 중요하다.[41]

영세사업장이나 중소기업에서 일하는 노동자들이 매우 열악한 조건에서 일할 수밖에 없는 이유는 그들이 일하는 중소기업이 대체로 대기업과의 1, 2차 하청관계에 있기 때문이고, 중소기업이 독자적인 기술을 개발해도 대기업들이 기술을 탈취하거나 핵심 인력 빼가기 등의 갑질을 하기 때문이다. 그래서 기업 간 공정경쟁의 원칙 준수, 기업 간의 갑을관계 시정이 영세기업 노동자들의 기본권 확대를 위한 선행조건이 될 것이다. 특히 한국 재벌체제와 기업의 수직계열화, 그것과 연관된 노동 양극화는 노동시장에서의 이중구조 즉 '내부자와 외부자'의 구분을 강화했는데, 고졸 노동자는 대부분 외부자 위치에 있기 때문에 이들이 '성' 안으로 지금보다 더 쉽게 진입할 수 있도록 장벽을 낮춤으로써 내부와 외부 간의 노동시장 분단을 완화해야 한다. 즉 비정규직 노동자를 정규직으로 전환하는 것도 중요하지만, 노동의 양극화를 줄이는 것이 그보다 더 필요하다.

지금처럼 영세사업장과 하청기업의 비정규직 노동자들이 산재를 당하거나 사망하는 일이 반복된다면, 시험능력주의 극복을 위한 그 어떤 노력도 힘을 얻지 못할 것이다. 중대재해처벌법에서도 50인 이하 사업장은 유예되는 등 그 제정 과정에서 법률안은 누더기가 되고 말았다.[42] 노동자들이 일터에서 위험에 노출되지 않으려면 그만큼 노동자의 권리가 더 향상되어야 한다.

서유럽이나 북유럽 국가에 비해 미국, 일본, 한국, 중국 등에서 능력주의의 위세가 강한 이유는 미국, 일본, 한국 등의 태평양 연안국가가 시장자유주의가 강한 노동 후진국이자 사회복지 후진국이기 때문이다. 이들 나라는 성장주의의 기조가 강력하게 작동하며, 조직노동의 힘이 매우 취약하고, 특히 신자유주의 이후에는 불평등도 크게 확대되었다. 각국의 학부모 문화를 연구한 미국의 도프케(Matthias Doepke)와 질리보티(Fabrizio Zilibotti)는 미국이나 일본처럼 부모가 자녀에게 열심히 일하라는 압박을 심하게 하는 나라는 불평등이 심한 나라라는 점을 강조하였다. 반면에 스위스, 스웨덴처럼 임금 불평등이 낮으면 자녀들에게 상상력과 독립을 강조한다고 한다. 결국 불평등과 심각한 경쟁이 '타이거 맘'을 나타나게 하고, 과도한 능력주의와 학력 경쟁을 야기한다고 볼 수 있다.[43]

공공복지 수준과 시험능력주의 간에도 상관관계가 있다. 한국의 1인당 GDP가 선진국 수준에 근접해도 여전히 물질주의 지향이 지배적이고 부유층일수록 더욱 물질주의적인 태도를 갖는 것은 개인주의, 성장주의, 그리고 취약한 공공복지의 탓도 크다.[44] 박남기가 능력주의 극복을 위한 대안으로 로버트 스턴버그(Robert Sternberg)의 '근로의욕 고취형 복지사회'를 제안한 것도 이런 문제의식에서 나온 것이다.[45] 그는 청년들에게 기본생활비를 보장하고, 고소득에 대한 소득세 인상을 통해 그 재원을 충당하자고 말한다. 질 높은 공립학교를 만들고, 누진소득세, 최고경영진에 대한 과도한 임금체계 개혁, 고용 보호, 실업보험, 상속세 기부문화 확산 등을 통해 근로의욕은 유지하고 직업 간 사회적 재화 분배 차이를 줄이며, 대기업과 중소기업의 임금격차 축소 등을 통해 실력주의(능력주의)의 그림자를 옅게 하자고 제안한다.

지금까지 필자가 강조한바, 과도한 학벌경쟁, 입시경쟁은 곧 달리 표현된 노동문제, 노동 차별의 풍선효과라는 점을 정치권, 노동부, 교육부의 관료들이 솔직하게 인정하는 것이 중요하다. 대기업 사원, 전문직이나 공무원을 꿈꾸는 중상층이나 성적 상위 10% 정도에 해당하는 학생을 제외한 나머지 청소년들을 위해 정부나 시민사회가 더 많은 관심을 기울여야 한다.

노동자 숙련 축적과 임금 불평등 극복

전문대나 4년제 대학 졸업자에 비해 고졸 노동자들은 현재 하는 일과 관련해 '승진과 보상'에 대한 만족도가 가장 낮다. 학위 및 자격 취득 지원, 사내훈련 등을 통한 경력 교육체계의 부재 혹은 부족도 그 원인 중의 하나다.[46] 이들은 취업 준비나 자기계발을 위한 기회도 대졸, 전문대 졸업자들에 비해 현저히 부족하다.[47]

이런 이유 때문에 이들은 일터에서 버티지 못하고 그만둔다. 정부나 기업은 고졸 노동자들 대상의 질 높은 직업훈련 기회를 제공해서 이들이 기업에서 계속 일할 수 있도록 해야 한다.

지금까지 한국정부는 숙련 축적을 통해 노동자들이 기업에서 보람을 찾을 수 있도록 하기보다는 이들 중 소수가 '노동자 신세'에서 탈출할 수 있도록 지원하는 정책을 폈다. 이명박 정부가 실업고 출신을 대상으로 산업체 3년 근무 조건의 대학 입학 특례제도를 도입한 것은 '개천 용'을 전제하고서 지위 상승의 기회를 주려는 시도였다. 사회적으로 엄존하는 학력에 의한 차별대우는 무시한 채, 소수 고졸자들이 대기업에 정규직으로 취업한 사실을 부각시키며 고졸자들에게 기회가 열려 있는 것처럼 선전하는 것은 대다수 실업고 학생들에게 오히려 좌절감을 심어주었다. 이명박 정부가 마이스터고 학생들에게 공무원, 공사 등의 입사 특혜를 준 것도 그 자체는 의미가 있었다. 그러나 시험능력주의에 철저하게 세뇌된 오늘의 청년들은 마이스터고 출신들이 고졸임에도 불구하고 9급 공무원 공채 등에서 특권을 누리고 있다는 점을 들어서 마이스터고 폐지 청원까지 한다.[48]

기술자로서 경력을 쌓거나 직업세계로 들어가기를 원하는 학생들에게는 한국이 경쟁력을 갖고 있는 제조업 분야에서 단계별 숙련 형성 코스를 제공할 필요가 있다. 노동시장의 새로운 기술 변화에 부응하는 기술자 양성, 새로운 숙련체제의 형성은 사실 국가의 산업정책 전반과 맞물려 있다. 5·31 개혁 이후 김대중 정부도 교육을 인적 자원 형성과 연결시키려는 문제의식을 갖고 있었지만 한국의 산업정책, 제조업의 고부가가치화와 결합되지 않은 '인적자원론'은 공허한 것이었다.[49] 고졸이나 전문대 졸업의 노동자들에 대한 직업적 안정성과 고임금을 보장해주기 위해서는 기업의 기술력과 경쟁력이 확보되어야 하는데, 이 점에서 저임 노동력, 저숙련, 유연화된 노동시장, 노동비용 전가 등의 방식으로 지속되어온 한국 생산체계의 변화가 필요하다.

결국 디지털화, 자동화, 인공지능 확대로 인해 고졸 중·저숙련 일자리 자체가 줄어드는 마당에, 이러한 제조업 생산체계의 변화와 결부된 21세기형 숙련 노동자 공급과 훈련 체계를 어떻게 마련할 것인가가 매우 어렵고도 중요한 과제다. 한국은 여전히 제조업 강국이고, 부가가치 향상을 위해 제조업 고숙련 노동자에 대한 수요는 여전히 크다. 완성장비업체는 주로 지적 숙련을 필요로 하는 대졸 엔지니어들을 필요로 하지만, 부품업체는 손기술을 가진 생산 기능인력을 필요로 하고, 이런 인력은 특성화고, 폴리텍대, 전문대 등의 교육과정을 이수한 기술자들이 채워야 한다. 이들의 직업능력 개발을 위한 지원, 이들에 대한 각종 자격증 보장은 정부의 몫이다.[50] 현장 맞춤형 교육으로 많은 학생을 취업시킨 직업계고 사례들도 참고할 만하다.[51]

일반고나 실업고 출신들이 폴리텍대 등에서 기본기를 익히고, 기업에서 실습을 하고 숙련 축적에 따른 경제적 보상을 얻을 수 있는 길이 있을까? 탈산업화 서비스경제 시대, 인공지능이 점차 손노동을 대신하는 시대, 세계적으로 저숙련자에 대한 수요가 급격히 감소하는 시대에 청년 기능공이 현장에서 익힌 숙련 수준을 계속 높인다고 하더라도 퇴직할 때까지 좋은 삶을 유지할 수 있을까? 과거의 기술자들의 성공 사례가 앞으로 반복되지는 않겠지만,[52] 이 산업구조 변화의 시기에 필요한 기술이나 숙련, 평생학습의 내용이 무엇이 되어야 하는지도 국가 차원에서 심도 있게 논의하고 정책안을 마련해야 한다. 실업고, 전문대는 물론이고 공과대학의 교육과정도 새로운 노동시장의 수요와 관련해서 전면 재검토해야 할 것이다.

최근 조선업계는 해외 조선산업의 수주 물량이 늘어 숙련된 기능직이 대거 필요해졌으나, 이미 현장을 떠난 노동자들을 돌아오게 할 수 없고 현장 기술자들의 숙련 형성 체계도 마련되어 있지 않아 다급하게 인력 훈련을 준비하고 있다고 한다.[53] 고졸자들이 하청기업 등에서 숙련도를 높여 정규직 기능공으로서 제대로 대우를 받을 수 있고, 지닌 숙련도만큼의 대우를 받을 수 있어야 고부가가치 선박 생산이 가능할 것이다.[54] IT산업에서는 어렵지만 제조업에서는 자동화가 아무리 진척되어도 숙련과 손기술의 중요성은 여전히 남을 것이기 때문이다. 숙련 축적을 통한 임금인상과 미래 구상이 결합되도록 해야 학력·학벌 외 다른 인생의 경로를 살아가려는 청년들을 유인할 수 있을 것이다.

정부나 기업이 자체의 기능인력 양성이나 숙련 축적의 길을 추구하지 않게 된 데는 한국의 조직노조에게도 상당한 책임이 있다. 한국의 기업별 노조는 노동 양극화, 다층적인 차별화를 가져온 책임 주체이기도 하다. 외국에서도 그랬지만 한국의 조직노동자들은 사용자가 주도한 성과주의, 능력주의 임금체계를 저지하는 데는 어느정도 성공했다. 그래서 결국 연공임금체계를 강화시켰지만, 역설적으로 그들의 자기 방어 투쟁은 노동시장의 분단을 더 심화하는 결과를 가져왔다. 그동안 한국의 대기업 노조는 직무능력 향상이나 숙련 축적에 부정적이거나 매우 소극적인 태도를 지녀왔다.[55] 대기업 노조의 연공급제 고수는 자기보호를 위한 방어적 선택이라고 이해할 수 있으나, 직무능력 향상과 괴리된 일자리 지키기 전략은 청년 노동자는 물론 노동자 일반과의 격차를 더 확대하였고, 사회 내에서의 노조의 고립을 자초하였다. 결국 사용자들은 조직노조를 달래기 위한 노동비용을 저숙련 비정규직에게 전가하고 외주 하청, 불법 파견을 더욱 가속화했다.[56]

산업화의 역사적 궤적이 유럽과 다른 한국이 독일과 같은 정교한 직업교육-숙련 형성 모델을 구축하기는 어려울 것이다. 그것은 한국의 산업구조 전체의 전면적 개편 문제와 연동되어 있기 때문이다. 그러나 지금과 같은 실업고-전문대로 연결되는 기능인력 육성책은 전면 재검토해야 한다. 좀더 강하게 말하자면 실업고의 존립 자체를 원점에서 재검토해야 한다. 높은 숙련과 높은 보상을 연결하는 단계적 숙련 축적 전략을 구축하고, 비제조업 서비스 분야에서 활동할 기능인력은 별도의 직업교육 경로를 만들어서 고급 인력으로 육성해야 한다

사회적 연대

학력주의나 능력주의는 기본적으로 상층 이동을 꿈꾸는 중간층과 이미 성공한 상층의 이데올로기다. 문재인 정부나 정치권이

능력주의, 공정의 담론을 그렇게 강조한 이유도 상위 20% 정도에 해당하는 중상층의 이데올로기가 사회 전체에 확산되었다는 것을 의식했기 때문일 것이다. 그러나 이미 여러 학자들이 누차 이야기했듯이 능력주의는 시장에서 패배한 사람들로 하여금 그 책임을 자신에게 돌리도록 만들어 결국 경제적 약자를 정신적으로 무장해제시킨다. 그래서 시험능력주의가 강력할수록 사회적 약자나 노동자들의 연대는 힘들어진다. 개인적 지위 상승의 기대를 갖고 경쟁의 대열에 들어선 사람들에게 '머물러 있는' 사람들끼리 힘을 합치자는 요구는 '쇠귀에 경 읽기'이기 때문이다.

　노동자가 자신이 '앉은 자리'에서 권익을 보장받고 복지혜택을 누리기 위해서는 우선은 노조 등 노동자단체가 자신이 속한 기업이나 산업분야 등의 성장을 통해 자기들만의 이익을 극대화할 수 있다는 생각을 바꾸어서 좀더 넓은 사회연대 전략을 추구해야 한다. 지금 누리는 보상과 지위가 '내 능력과 노력'의 결실이라고 생각하기보다는 다른 사람들과 사회 일반의 축적된 노력과 제도적 지원의 총합임을 깨달을 때 사회적 연대가 가능할 것이다. 과거 스웨덴 경제학자 렌(Gösta Rehn)과 메이드네르(Rudolf Meidner)가 제안한 연대임금제(렌-메이드네르 모델)는 조직노동 세력이 임금 및 노동시장 정책에까지 영향력을 확대한 전략이었다.[57] 연대임금 정책은 노조가 동일노동 동일임금 원칙을 기반으로 임금 불평등을 최소화해서 산업구조 조정과 기술혁신을 촉진하는 산업정책의 성격까지 갖고 있었다.[58]

　노동자 내부의 임금과 노동조건의 격차가 너무나 커지고, '능력자'들에 대한 과도한 보상 원칙이 사회적으로 일반화되면, 능력자들도 결국 살 수 없는 세상이 올 수도 있기 때문에, 상층 노동자들도 자신의 몫을 양보할 필요가 있다. 한국의 맥락에서 보자면 한국의 대기업 노조가 어떻게 조합원들의 이기주의를 누를 수 있는가가 관건이다. 산별노조인 보건의료노조가 개별 노조가 있는 병원들의 성격(공공, 민간), 규모 등에 따라 매우 임금격차가 큼에도 불구하고 연대임금 전략을 시도한 적이 있는데,[59] 내부 격차가 있어도 이런 시도가 계속되어야만 노동자들의 개인화와 능력주의를 교정할 수 있을 것이다.

배구 국가대표 선수 김연경이 터키에서의 선수 생활을 정리하고 국내 리그의 흥국생명 팀으로 복귀하면서 자발적으로 연봉을 삭감했다. 그녀는 "샐러리캡 제도 때문에 내가 많이 받으면 후배들의 몫이 줄어들어 다른 선수들 다 나누고 남는 금액으로 연봉을 결정했다"고 말했다. 그가 흥국생명에서 받기로 한 금액은 지난 2018~19, 2019~20시즌 터키 프로배구팀 엑자시바시에서 받은 연봉 추정액 약 18억 원(130만 유로)의 19.4%에 불과하다. 세계 최고 연봉을 받는 선수가 자신의 기존 연봉의 20%만 받겠다고 자발적인 선택을 한 것은 놀라운 일이었다. 물론 그동안 많은 수입을 얻었기 때문에 이 정도의 양보를 할 여유가 있다고 생각할 수도 있다. 그러나, 수십억의 연봉을 받는 한국의 CEO, 그리고 배우나 탤런트 중 최소의 연봉을 받는 동료들을 위해서 이렇게 자발적으로 연봉 삭감을 한 사람은 없었던 것 같다. 그는 조직과 배구계 후배의 생존을 위해 연대를 선택했다. 즉 김연경이 자발적으로 연봉 삭감을 선택한 이유는 자신이 6억 5천만원의 연봉을 받게 되면 팀 내 후배들의 몫이 줄어든다는 것을 알고 있기 때문에, 후배들을 몫을 키워주기 위해서였다.

그런데 이런 식의 연대주의 연봉삭감 안을 회사 임원들이나 50대 중반 이상의 노동자들에게 제안하면, 당연히 그들은 받아들이지 않을 것이다. 우선 첫째로는 회사가 큰 수익을 거두었기 때문에 회사가 더 양보해서 더 많이 분배해야지 왜 피고용자인 우리가 보수를 삭감해야 하는가 반박할 것이고, 둘째로는 본인의 연봉은 자신의 능력에 따른 것이자 응분의 몫이므로 양보할 필요가 없다고 말할 것이다. 기업 경영의 투명성이 매우 낮을뿐더러 기업 신뢰도도 높지 않은 재벌체제하의 한국에서 전자의 반박 논리는 어느정도 타당성이 있다. 일부 기업들은 이윤의 몫을 늘이기 위해 회계 장부를 조작하기도 했고 피고용자의 임금 몫을 줄이려 했기 때문이다. 이것은 회사의 경영, 회계 상황에 대한 검토, 장기 투자 등을 고려하여 판단한 후 제기할 문제다. 그런데 후자의 경우는 좀 다르다. 본인이 가장 뛰어난 능력자이고, 기업의 임원이자 고참 노동자인 자신의 기여가 회사의 생산성에 결정적이라고 하더라도, 그의 연봉이 평사원의 10배가 아닌 100배까지 되어야 한다는 법칙은 없기 때문이다.

한국 노동시장은 심각하게 이중화·양극화되었다. 마이클 영이 말했듯이 연공임금제는 대기업 정규직 노동자들의 능력주의에 대한 방어막이다.[60] 그러나 기업가 단체나 보수언론은 집요하게 그들이 실적과 무관하게 높은 보상을 받는 점을 공격한다. 대기업의 고참 노동자들은 자신이 받는 높은 보수가 그동안의 기여에 대한 당연한 보상이라고 말하고 싶겠지만, 이런 논리로는 대다수의 비정규직이나 능력주의로 무장한 청년 노동자들도 설득하기 어렵다. 사실 그들이 맞선 적은 사용자가 아니라 능력주의일지 모른다. 노동 양극화나 임금격차가 사용자 측의 노무관리 전략일 수는 있으나, 이들이 방어논리로 일관할 경우, 점점 사회적으로도 고립될 수밖에 없고, 노동자 내부의 연대는 불가능해질 것이다. 김연경이 생각한 것처럼 갓 들어온 신참 선수가 최고 기량을 가진 선수의 20% 정도밖에 팀에 기여하지 못한다고 하더라도, 연봉을 최고 선수의 20%만 받고서 뛰라고 하면 후배들은 생존 자체에 급급하여 자신의 기량을 단련할 기회도 갖지 못함으로써 운동을 포기하고 떠날 수밖에 없고, 젊은 선수를 기르지 못한 조직은 무너질 것이다.

흥국생명 배구팀이라는 작은 조직, 1년 예산이 거의 정해진 조직에서 김연경이 자발적으로 연봉을 삭감한 사례를 일반 기업체에 그대로 적용하기는 어렵겠지만, 김연경은 우리 사회에서 어떤 최상위의 능력자들은 물론 한국의 그 어떤 대기업의 정규직 조직 노조도 생각하지 못했던 일을 감행했다. 시험능력주의의 극복은 기존의 지배체제를 비판한다고 해서 가능한 것이 아니라, 우리 사회 구성원, 특히 대기업 정규직 노동자들의 의식과 문화 속에 스며들어 있는 조직이기주의와 정면으로 대면해야 하는 문제다. 이것은 정규직 교수, 교사들에게도 같이 적용할 수 있다. 교수사회의 경우 거의 동일한 일을 하고 있는데 보수가 반도 안 되는 일터의 동료가 있다면 이런 직장, 조직을 정상으로 보기는 어렵기 때문이다.

　장차 조직노조는 기업들이 비용 절감을 위해 아웃소싱을 남발하는 것을 막고, 기업들이 함부로 비정규직을 고용하지 못하도록 규제하는 것도 필요하지만, 동일노동 동일임금의 가치를 관철하고, 숙련 축적을 통한 사회적 임금 보장 전략을 더 적극적으로 추진해야 한다. 한국의 대기업 노조가 동일노동 동일임금, 직무능력 향상을 위한 훈련 강화, 임금격차 축소 요구를 계속 제기할 필요가 있는데, 그렇게 하려면 현재의 연공임금 체계를 완화하여 직무 충실성과 숙련-임금 연계 전략을 추구해야 할 것이다. 사내하청, 혹은 외주하청 기업의 청년 노동자들의 생산성이 모기업 고령 노동자들의 생산성에 결코 뒤처지지 않는다는 것을 알면서도 말로만 연대와 비정규직의 정규직화를 외치는 것은 매우 공허할 뿐더러 실효성도 거의 없다. 시험능력주의는 사회적 연대 파괴의 풍선효과라는 점을 생각한다면, 노동자 내부의 격차 축소, 노동의 기여 부분에 대한 인정을 적극적으로 주장하며 연대를 강화하기 위한 노력을 펼쳐나감으로써 능력주의를 극복할 수 있을 것이다.

　그러나 노동자들이 능력주의라는 정신적 노예 상태에서 벗어나는 것이야말로 더 중요한 일이다.

제도개혁의 과제들: 대학을 중심으로

대학 수직서열 체제 극복

대학서열 체제는 교육 정상화의 걸림돌

　문재인 전 대통령은 대선 당시 공약에서 고등교육의 공공성 확대를 강조했으며 그에 따른 구조개혁 정책으로, 거점 국립대 집중 육성, '공영형 사립대학' 전환 및 육성, 국·공립 전문대학 및 공영형 전문대학 육성, 지역의 강소대학 지원 등의 정책을 추진할 계획을 밝혔다. 그러나 이 중에서 제대로 착수한 것은 물론 힘을 실어 추진하려고 한 것은 아무것도 없다. 몇 대학들은 자구적인 방식으로 거점 국립대학들 간의 학점 교류 협약을 맺고 공동 학위제까지 추진할 의지를 밝혔으나, 정부로부터 몇십억원 정도의 인센티브를 받아서는 시작도 할 수 없다는 내부 반론에 직면했다.[61] 예산부처인 기재부가 지원할 의사를 보이지 않았고, 주무

부서인 교육부도 관련 정책에 대해 용역을 발주하는 것 이상의 구체적인 계획을 제시하시 않은 데서 알 수 있듯이 문재인 정부는 대학의 공공성 강화를 추진할 의지가 없었다.

과도한 대입 경쟁은 사회·경제·정치질서의 규정을 받는다. 앞의 37면의 그림 1에서 대입이 아래 위의 상승 유인 압력이 만나는 병목으로 작용하는 구도를 다시 생각하면 대학의 수직서열 구조가 완화되지 않고서는 지위 상승의 병목에 과부하가 걸려 최상위권 대학 및 의대 입학 경쟁은 격화될 것이다. 지금까지 강조했듯이 이러한 관문의 통로를 넓히지 않고서는 모든 청소년과 학부모의 정신세계를 사로잡고 있는 이 시험능력주의를 극복하기 어렵다.

한국의 대학체제는 취약한 공공성과 대학 수직서열 체제, 이렇게 두가지 특징을 갖는다. 그래서 대입이라는 병목을 해소하는 하나의 대안은 대학 공공성 강화와 대학서열 체제 완화다. 어떤 나라의 대학이 국·공립대학 위주라면 교육과 연구에서 공공적 목표를 중시할 것이고, 사립대학 위주라면 수요자인 학부모나 학생의 지위 상승과 학력이라는 문화상품의 판매에 치중할 것이기 때문이다. 대학이 엄격하게 등급화·서열화되어 있을수록, 최상위권 대학을 향한 입시경쟁은 더욱 격렬해질 것이고, 대입 병목 과부화는 매우 심각해질 것이다.

그뿐 아니라 대학교육과 초·중등교육의 정상화, 그리고 학문 발전과 공공정신을 가진 엘리트나 시민 양성이라는 목표에서 보면 한국 대학의 수직서열화 극복, 수도권과 비수도권의 양극화

구조의 극복은 우선적인 개혁과제다. 교육의 성과보다는 성적 최상위권 학생을 싹쓸이하려는 서울대와 최상위권 대학 측의 입시전형은 도덕적으로 비판할 수 있지만, 이를 교정, 견제할 방법이 마땅히 없다. 한국의 수직적인 대학서열 구조에서 최상위권 대학은 교육의 질 향상을 위해 진력해야 할 유인이 별로 없다.[62] 국제적인 대학평가, 경영 여건 향상의 요청이 압력으로 작용하기는 하지만, 학부생의 성적 서열에 따라 대학의 서열이 정해지기 때문이고 서울에 있는 대학들은 서열의 상위권에 있기에 학생들은 몰려올 터이므로 지방대학이 모두 무너진 다음에야 정원을 채워야 한다는 압박을 받을 것이기 때문이다.

학생들이 대학에서 학점 잘 따는 것 말고 학문과 독서에는 거의 관심을 갖지 않는 이유도 대학서열 체제, 그리고 입학이 곧 졸업을 보증해주고, 명문대 졸업장이 지위를 보장해주는 자격증 역할을 하는 한국의 시험능력주의 때문이다. 물론 대학평가가 본격화된 이후 교수들도 과거에 비해서는 논문이나 업적 평가의 압박을 많이 받고 있지만, 정년이 보장된 교수들은 꼭 그렇지는 않다. 대다수의 학생들도 취업 준비에 치중하기 때문에, 강의나 세미나에서 교수들에게 수업의 질을 높이도록 압박을 주거나 지적 자극을 주는 경우도 거의 없다. 시험능력주의와 대학서열 구조는 대학의 교육, 학문 활동의 근간을 위협한다.

이런 조건에서 대학교육을 정상화하고 교육의 질을 높이기 위해 미국이나 독일처럼 입학의 문은 열어두되 졸업을 통제하는 정책을 당장 택하기도 어렵다. 1982년 당시 전두환 정권이 시도한 졸업정원제도 학사관리를 통해 졸업생 수를 통제하려 한 점에서 나름대로 의미있는 시도이기는 했으나, 신군부의 학원 통제가 주요 목표였기 때문에 결국 실패했다. 당시에도 대학이 서울대를 정점으로 거의 수직서열화되어 있었고, 대학 입학이 지위 배분에 결정적으로 중요한 한국에서, 서울대를 비롯한 명문대가 어렵게 자신들의 학교에 들어온 학생들을 탈락시키면 학생과 학부모들이 가만있지 않을 것이 분명했고, 탈락한 학생들은 사회적 낙인이 찍히고, 이들이 다른 대학으로 자유롭게 이동하기도 어려울 것이 불을 보듯이 뻔했기 때문이다. 특히 사립 위주의 한국의 대학체제에서 대학들이 신뢰할 만한 기준에 기초해서 학생들을 탈락시키거나 교육의 질을 향상시킬 준비가 되어 있지 않았다는 점도 당시 졸업정원제가 실패한 하나의 이유였다. 지금도 대학이 학사관리를 엄격하게 해서 '입학'이 아닌 '졸업'이 곧 학력이자 능력을 보증한다는 등식을 세울 수 있으려면, 학생이나 교수 들의 대학 간 이동이 활발해져야 하며, 정부가 지원하는 학생 1인당 교육비가 어느정도 평준화되어야 한다.

그런데 한국의 대학서열 체제는 민주화 이후 역대 정부의 서울대 등에 대한 예산의 역진적 지원에 의해 오히려 강화되어왔다. 대학별 교육비 격차도 매우 심해서 2018년 학생 1인당 교육비가 서울대학교는 4474만원인 데 비해 국립대인 전남대는 1670만원에 불과해서, 국·공립대학 내에서도 3배 가까이 차이가 나고, 사립대 평균은 1515만원에 불과하다.[63] 특히 중소 규모 사립대학과 SKY대학 등의 격차는 훨씬 더 클 것이다. SKY대학은 학생 수가 전체 학생 수의 2.4%에 불과하나, 국고 지원액의 약 10%를 받고 있다. 지원액을 보면 SKY대학은 평균 3487억원을 받는 데 비해 나머지 439개 대학은 평균 215.5억원을 받아, 최상위권 대학이 나머지 대학의 16배 정도의 지원을 받는 것으로 나타났다.[64] 지금까지 정부의 대학 예산 지원은 대학서열화 극복 움직임과는 완전히 반대 방향으로 진행되었다.[65]

현재 한국 교육부나 정치권의 최대 관심은 대학서열 구조 타파도 고등교육의 질 향상도 아니고 지방대학의 붕괴를 처리하는 일이다. 2014년 1월 28일, 지역인재 육성을 목표로 하는 지방대 육성법이 제정되었고, 2021년에는 의·약학, 법학 계열에서 지역 현지 출신의 중·고·대학 졸업자들이 일정 비율 입학할 수 있도록 하는 선발규정을 의무화하기도 했다. 그리고 '지방대학 및 지역균형인재 육성에 관한 법률'(약칭 지방대육성법)에 "지역혁신체계의 구축 및 지방대학의 지역혁신역량 강화를 위하여 지방자치단체와 지방대학의 협업체계를 육성하는 데 필요한 행정적·재정적 지원을 할 수 있다"는 조항을 추가하기도 했다. 그러나 이러한 법 제정에도 불구하고 수도권 대학과 지방대의 격차는 점점 더 커졌다. 2021년 대학 충원율을 보면, 수도권 4년제 대학은 99.2%의 충원율을 보였으나 비수도권 대학은 92.2%밖에 충원하지 못했으며,[66] 그나마도 지방 국립대의 고학년들은 수도권 대학으로 편입, 이동하기 때문에 지방대는 거의 공동화되고 있다.

교육부는 학령인구 감소에 따른 대학 미충원, 지방대학의 붕괴 문제를 처리하기 위해 대학평가를 실시해서 자율혁신대학과 한계대학으로 구분한 다음 차등적인 지원정책을 실시해왔다. 그러나 배점 비중이 높은 평가항목의 점수는 대학 자체의 노력보다는 대학의 위치, 즉 수도권이냐 아니냐에 결정적으로 좌우되기 때문에, 이러한 정책은 결국 서울에서 멀리 떨어진 대학의 붕괴 시점을 늦추는 정도의 효과밖에 없고, 대학교육의 질 향상과는 무관하다. 교육부는 전국의 모든 대학을 하나의 기준으로 평가할 수 없다는 비판을 받은 이후 권역별·규모별 평가기준을 도입해서 불만을 잠재우려 했지만 큰 틀에서 변화는 없다. 수도권 집중 완화 정책, 수도권 대학의 획기적 정원 축소 등의 변화를 수반하지 않는 대학평가와 대학 구조조정 연계는 미봉적이다. 일부 지방대학에 돈 나누어주기 방식의 지원도 결국 대학과 사회를 연계하지 않은 채 진행되는 자구책의 효과, 즉 문을 닫을 수밖에 없는 대학의 생명이 몇년 연장되는 효과만 가질 따름이다. '한식에 죽느냐 청명에 죽느냐'의 문제다.

물론 수도권 대학이 서열의 최상위에 위치하게 된 것은 국가의 수도권 규제 완화 정책, 자본과 정보의 수도권 집중에 의한 것이므로, 수도권 대학에 서열화의 책임을 물을 수는 없다. 사실 대학 수직서열의 완전한 극복은 어렵고, 또 학과나 전공의 우열도 존재할 수밖에 없고 또 필요하기도 하다. 대학 수직서열 구조의 극복은 학생들에게는 인생의 경로를 개척하고 노동시장에서 성공할 수 있는 여러 다른 기회가 주어지고, 명문대 졸업장이 신분 자격증의 기능을 하기보다는 여러 이력 중의 하나로 자리잡을 때 가능하다. 교육 내적으로 보면, 단극 수직서열 구조를 완화하는 방안을 정책적 목표로 설정하고, 정부는 그러한 개혁 작업에 더 적극적으로 나서야 한다.

대학의 수평적 다양화

그랑제콜, 국립행정학교 등 국가 차원의 엘리트 귀족학교가 있는 프랑스에서는 대입 경쟁이 각 영역의 최상위권의 학생들 간에서만 지속되어왔고 일반대학은 평준화되었지만, 한국의 서울대 입시는 대입을 준비하는 사실상 전국의 모든 고등학교, 그리고 영재고, 특목고 등을 준비하는 중학교 교육에까지 심대한 영향을 미친다. 그래서 대학서열은 온 초·중등 교육을 지배한다고 해도 과언이 아니다. 2001년에는 서울대 교수를 중심으로 서울대 입시가 "고등학교 이하의 교육을 왜곡시킨다"는 진단하에 국립대학교 학사과정 개방화 방안까지 제시하기도 했다.[67] 프랑스 대통령 마크롱은 국립행정학교가 계급세습기관이 되었다는 비판을 수용해서 이 학교의 폐지를 공약으로 내세웠고, 결국 폐지를 단행했다. 그러나 한국에는 국가의 미래, 사회적 형평성과 정의를 위해 대학개혁이 얼마나 중요한지 분명히 알고서 개혁을 실행할 의지를 가진 정치세력이나 대통령은 아직까지 없었다.

대학의 수직서열 구조 타파와 교육의 질 향상을 동시에 이룰 수 있는 방안은 무엇일까? 여기에는 완전한 대학 평준화, 수평적 다양화 두 방안이 있을 수 있다.[68] 대학입시를 없애고 추첨제로 가자는 수장은 전자에 속한다. 그러나 앞서 살펴본 네덜란드 의대의 추첨제가 한국에 도입될 수 없는 것처럼, 현재의 한국과 같은 학벌사회에서 수능시험 폐지, 대학 평준화는 아마 혁명정권이라도 실행하기 어려울 것이다. 추첨제가 현실화될 수 없는 이유는 학부모들의 지위 상승의 열망이 너무나 강렬하고 대학 간의 교육 지원, 교육 인프라, 교수 수 등의 격차가 너무 크기 때문에 학부모들이 추첨의 결과를 도저히 받아들이지 않을 것이기 때문이다. 그러나 지금처럼 4년제 대학이 거의 대중화되어 있고, 최상위권 대학이 교육의 질로서가 아니라 입학생 성적에 의해 서열화되어 있는 상황에서 대학은 평준화되어도 사실 사회적으로 별 문제가 없다. 그 경우 기업이나 정부는 2차 선별인 직원 채용을 위해 1차 선별인 학력과 학벌이 2차 선별에 누적적으로 영향을 행사하지 않도록, 즉 학력·학벌을 대신할 자체 평가기준을 마련해야 하고, 그 비용을 지불해야 한다.

입시라는 병목, 입시에 과도하게 집중된 지위와 권력 재생산의 부담을 완화하려면 국립대학의 성격을 갖고 있는 서울대와 나머지 9개 국립대학의 통합으로 갈 수밖에 없다. 국립대 통합에 서울대를 포함할지 여부는 논란이 될 수 있으나, 일단 지방 국립대학의 통합 전형을 본격적으로 실시하고, 국립대의 질을 높이도록 국립대의 모든 자원을 공유하도록 하며, 학생 등록금 무상화 등의 정책을 실시하여 우수 학생들을 받아들이고, 소득 하위의 성적 우수 학생들이 쉽게 입학할 수 있도록 균형선발제도를 확대하여 공공성을 강화할 필요가 있다.

그래서 서열구조 극복은 수직서열이 완화된 수평적 다양화, 즉 우수한 대학이나 우수한 학과와 뒤떨어지는 대학이나 뒤떨어지는 학과 간의 차별적인 지원정책은 유지하되, 그것이 지금과 같이 단극 수직서열이 아닌 '좋은 대학' 여러개가 전국에 분산되고, 대학이 특성화되고 다양화되는 방향이 바람직하다. 수도권 대학 중심의 서열구조 완화를 위해서는 지방에 서울의 최상위권 대학, 학과 수준과 맞먹는 대학과 학과가 육성되어야 한다.[69] 그래서 그동안 교수 단체에서 주장해온 국립대 통합네트워크는 이들 대학의 대학(원) 특성화와 결합해야 한다. 인문학, 사회과학, 자연과학, 공학 등 기초학문 분야별로 특성화하여 교수, 도서관, 연구소 등을 통합, 운영해야 한다. 현재 정부가 사립대에 대해서는 개입할 여지가 적지만 국립대를 통합하여, 학생 공동선발과 공동학위제를 추진하거나 공유성장형 연합대학을 만들자는 안은 의지만 있다면 추진할 수 있다.[70]

그러나 국립대 정원을 모두 합해도 3만 5천명 정도에 불과하기 때문에, 교육평론가 이범이 주장하는 것처럼 국립대 통합만으로 대학서열 체제의 극복이 어렵고, 수도권 사립대의 반발은 충분히 예상할 수 있다.[71] 그래서 지방의 여러 사립대는 컨소시엄을 구성해서 교육의 질을 높이도록 할 필요가 있다. 실제 한국에서는 수도권 대학의 학부 정원 규모가 너무 크다. 수도권에는 학부생 수가 1만 5천여명이 넘는 대학이 14개나 있고 그중 무려 2만명이 넘는 대학도 8개나 있다. 미국 동부의 아이비리그 대학은 학부 정원이 대체로 4천~8천명 정도에 불과하다. 그런데 한국에서는 1만 5천명 이상의 학부생 수를 가진 수도권 대학이 대학서열에서 거의 상위에 있고, 대학 재정을 등록금 수입에 의존하기 때문에 이들 대학은 자발적으로 학부 정원을 줄이려 하지 않는다. 노무현 정부는 서울대에 학부의 정원 축소를 전제로 한 연구중심 대학, 대학원 중심대학으로 변신할 것을 압박하였으나, 서울대는 약간의 학부 정원 감축으로 응답하여 사실상 정부 정책을 거부했다. 그래서 이들 수도권의 대학이 연구중심 대학으로 변신하거나 학부 교육의 질을 높이기 위해서는 반드시 학부 정원을 줄여야 한다.[72]

한편, 다소 논란의 여지가 있을 수 있으나, 비수도권 사립대학에 등록금, 교수 연봉, 기부금 등에서 일정한 자율성을 허용할 필요가 있다. 지방 사립대학의 질을 높이기 위해서는 정부가 재단의 기반이 튼튼하고 지배구조가 투명한 대학을 몇개 선정해서 우수 교수 초빙, 우수 학생 입학을 위한 일정한 자율성을 부여할 필요가 있다. 말하자면 서울에서 멀리 떨어진 영호남이나 강원 등 지방에 특성화된 자율형 사립대 추진을 생각해볼 필요가 있다. 물론 기업 등의 사회적 기부를 유도하기 위해서는 이들 자율형 사립대의 지배구조의 투명성, 공식성, 그리고 사회적 신뢰 회복이 필수적이다.[73]

이제 주요 대기업들도 지방에서 우수한 인재를 구할 수 없어서 판교 등 수도권으로 본사를 옮겼다. 수도권 집중이 지방대학을 무너뜨리고, 지방대학이 무너짐으로써 지방의 산업 생태계, 지역 문화, 지역의 혁신과 창의력이 무너지는 연쇄 붕괴 현상이 초래된다.[74] 그래서 지방의 이공계 대학원 교육과 지역 산업체의 연계를 더욱 강화하고, 이것을 기반으로 주요 기업들이 다시 지방으로 가도록 해야 할 것이다. 이것은 흐르는 물을 거슬러 올라가야 하는 것처럼 어려운 일인 것은 맞다. 그런데 복지라는 것이 원래 시장이라는 물을 거슬러 올라가는 것이 아닌가? 수도권으로의 과도한 집중을 고려하면 이런 대학은 반드시 수도권에서 멀리 떨어진 영호남, 충청, 강원에 위치해야 한다. 교육부는 사이버대학, 연합대학 등 다양한 대학의 설립이 용이하도록 인허가 규제를 완화해야 한다. 이것은 삼불정책의 근간을 흔들 수도 있기 때문에 많은 논의와 사회적 합의가 필요하다.

서울 수도권 대학의 학부 정원을 줄이고 서울대 등 수도권의 상위권 대학과 일부 거점 국립대학이 연구중심 대학(대학원 대학)의 성격을 분명히 갖게 되고, 비수도권 사립대 일부가 자율화되면, 학부 서열이 완화되고 수평적 다양화로 갈 계기가 열릴 것이다. 정부의 대학 재정 지원이 현재처럼 SKY대학 몰아주기 방식에서 벗어나 핀란드처럼 취약한 곳을 더 밀어주는 방식으로 이루어짐으로써 형평성을 유지하면, 모든 대학은 엄격한 학사관리를 통해 교육의 질을 평가기준으로 해서 제대로 경쟁할 수 있다. 국립대 통합네트워크의 경우 교수들의 이동을 전면화하여 학생들의 학습권을 보장해야 할 것이다. 거점 국립대 혹은 대학 통합네트워크에 속한 대학들의 교육의 질이 높아지면 서울 수도권으로 몰려들 유인이 줄어들고, 서울의 상위권 사립대학들도 선의의 경쟁에 노출될 것이다. 이 경우 서울의 군소 사립대학의 통폐합, 혹은 사립대학 간의 네트워크 구축도 필요하다.

물론 현재 서울대나 지방의 국립대학, 수도권 유명 사립대학의 정규직 교수들이 이러한 서열구조를 타파하는 데 관심이 별로 없고, 학부모나 학생들이 이런 대학체제 개혁에 대해 관심이 크지 않다는 것이 가장 큰 걸림돌이다. 국립대가 통합할 경우 자신의 자리가 없어지지 않을까 불안을 느끼는 교수들이 여러가지 이유를 들이대며 반발할 수 있고, 출신 대학의 이름이 사라지는 데 대한 재학생과 동문들의 저항도 예상할 수 있다. 서울시립대와 서울과학기술대, 부산대와 부산교대의 공동학위제 시도도 학생들과 졸업생들의 반발로 어려움에 부딪혔다. 그럼에도 불구하고 국립대 통합네트워크와 자율형 사립대학이 수도권의 최상위권 대학과 진정한 경쟁자가 되고, 교수와 학생의 자유로운 이동 유인을 촉진하여 교수사회가 고인물이 되지 않도록 해야 하며, 학생들의 학습권을 보장해야 한다.

대학이 수평적으로 다양화되고 교수, 학생 들의 이동이 활발해지면, 입학의 관문은 더 열어두되 학사관리를 엄격히 해서 졸업을 어렵게 하는 일도 가능해질 것이다. 수직서열 구조가 완화되어 졸업이 어렵게 되면 현재의 학력주의, 즉 '입학시험 능력주의'는 점차 '졸업 능력주의'의 성격을 더 강하게 갖게 될 것이다. 사회적으로 명문대 학벌은 여전히 작용하겠지만, 각종 취업 과정에서 지도교수들의 추천서가 지금보다 중요하게 작용하면, 대학생활, 사회봉사, 학업 등을 종합적으로 평가할 수 있는 다차원적인 평가가 가능해질 것이다. 시험, 학력을 능력과 동일시하는 관행을 없애려면, 입학 자격증이 아니라 대학에서의 학습이나 다양한 사회참여 등을 인증하는 졸업 자격증의 비중이 커져야 한다. 그래서 학문적 성취 경쟁은 중등 단계가 아닌 대학과 대학원에서 본격적으로 나타나야 한다. 능력주의를 어느정도 인정하는 범위 내에서 시험능력주의를 극복할 수 있는 대학개혁 조치들이 이런 것들이다.

능(能)보다는 지(知)를 중시하는 교육

능만이 강조되면 지가 죽는다. 함석헌은 한국의 교육을 "지와 능의 충돌, 지성과 물성(物性)의 충돌"로 보았고, 현대사를 '능이 지를 압도한 역사'로 보았다.[75] 지금까지 한국의 공교육은 공식적으로는 공민의 양성을 목표로 삼았으나 실제로는 성적이 우수한 학생들의 '일류'학교 진학 등 '시험능력' 배양에 치중했다. 좋은 일자리를 얻으려는 관심과 지위 상승의 열망 때문에 사교육이 공교육을 압도하고, 모든 고교 교과과정과 선택과목이 대입 위주로 편성되어 있는 한국에서 청소년들은 학교에서 시민으로 살아가는 것이 어떤 것인지 제대로 배우지 못한 채 성인이 되고 투표권을 행사한다. 대다수 학부모들은 교육을 일자리와 사회이동을 목표로 하는 도구, 사적 재화로만 주로 간주하기 때문에, 자녀들이 학교 공부나 지식의 획득을 통해 시민의 덕성과 권리의식을 갖도록 하는 데 별로 관심이 없다.

아리스토텔레스는 "교육은 공공 사안이기 때문에 각자가 제 아이들을 따로 보살피며 자기가 좋다고 생각하는 것을 사적으로 가르치는 사사로운 일이어서는 안 된다"고 말했다.[76] 파울루 프레이리는 "세상을 살아가기 위해서는 자신이 어떻게 태어나서 존재하게 되었는가를 알아야 한다"고 말했다. 그는 "나를 둘러싼 관계와 그 성격을 아는 것이 교육의 출발점"이고, "자신이 먹고 마시고 도구를 이용하게 된 연유를 이해하는 것, 자신이 살아가기 위해 세상에서 땀 흘리며 일하는 사람들에게 어떤 빚을 지고 있으며, 또 어떻게 기여할 것인가를 아는 것, 자신과 확대된 자신으로서의 가족, 이웃, 사회, 국가, 그리고 지구 공동체, 그리고 자신이 앞으로 살아갈 날을 아는 것"[77] 이라고 말한다.

이 점에서 앞의 랑시에르가 말한 '우월한 열등자'들이나 사회적으로 '열등자'로 분류된 사람들 모두에게 시민교육과 노동교육이 필요하다. 지배세력이나 기업의 사용자들이 '아랫'사람들에게 갑질을 계속하지 않으려면 그들의 의식이나 태도가 근본적으로 변해야 하지만, 피지배자들이나 노동자들 자신이 문화자본이나 정치자본이 없다는 이유로 후견주의나 정치적 무관심에 빠지지 않아야 한다.

지금 OECD 국가 중에서 한국처럼 공식 교과나 교육과정에서 시민교육이나 노동교육이 거의 빠져 있는 나라도 찾기 어렵다.[78] 능력주의로 무장한 최상위권 학생들의 자만심, 우월감, 특권의식, 서열의식 등이 학교교육을 통해서 완전히 교정되기는 어렵겠지만, 그래도 학교 시민교육이 활성화되면 학생들도 자기 개인의 이익과 출세만 생각하기보다는 공공적 사안이나 사회에 대한 약간의 관심과 책임의식을 가질 수 있을 것이다. 그리고 이러한 시험능력주의 아래에서 패배감을 갖게 된 학생들도 약간이나마 권리의식과 자존감을 가질 수 있을 것이다.

노동교육의 역사가 긴 독일은 초기에는 노동교육이 직업학교 중심으로 실시되다가 최근에는 김나지움, 즉 인문계에서도 독립교과로 편성되어 실시된다고 한다.[79] 유럽 여러 나라에서 이미 오래전에 노동교육을 실시해왔고, 학교뿐만 아니라 지역사회, 노조, 정당도 일반시민 대상의 노동교육을 실시해왔다.[80] 학생들에게는 노동자들의 권리가 어떤 것인가를 가르치는 것도 중요하지만, 사회가 유지되고 발전하는 데 노동자들이 어떻게 기여했는지 강조할 필요가 있고, 그들이 자신이 하는 일에 대한 자존감과 자긍심을 가질 수 있도록 해야 한다. 그것을 위해서는 노동이 빠진 기존의 교과서를 개편해야 하고 '공부 안 하면 노동자 된다'고 아무 생각 없이 수업시간에 이야기하는 교사들 대상의 연수도 전면적으로 실시해야 한다. 모든 실업고에서는 노동인권 교육뿐만 아니라 일반 교양교육, 시민교육도 강화하여 학생들이 자신이 하는 일이 열등하고 부차적인 일이라고 생각하거나 기업의 이윤추구를 위한 도구에 불과하다는 생각을 갖지 않고 주체적인 삶을 살수 있도록 해야 한다.[81]

경기도교육청은 시민교육 교과서인 '노동과 경제'를 편찬하였고, 서울시교육청과 광주교육청에서도 노동인권 교육 활성화 조례가 통과되고 교재를 개발하는 등 약간의 진전이 있었다. 성공회대 민주주의연구소에서도 각국의 민주시민 교육 사례를 수집하고, 민주시민 교육 제도화를 위한 연구를 진행하고 있다.[82] 지자체 차원의 이러한 시도는 전국의 모든 학생을 대상으로 하는 정규교과로 포함되어 제도화되어야 하고, 노동인권을 담당할 수 있

는 전문교사가 별도로 육성되어야 한다.[83]

　존 듀이가 강조했듯이 중등과정에서 기술교육을 받을 학생과 진학을 위해 교양교육을 받을 학생을 분리하여, 미래의 노동자들에게 오직 기술, 기능만 가르쳐서는 안 될 것이다. 노동자나 기술자로 살아갈 청년들이야말로 자신의 일에 대한 긍지를 가질 수 있도록 풍부한 일반교양 교육을 받아야 할 사람들이다.[84] 아리스토텔레스가 말하는 '자유인', 오늘날의 관점에서 보면 전문가가 되고 싶어하는 학생들에게도 노동하는 삶의 가치와 중요성을 깨달을 수 있는 교육이 이루어져야 하고, 가능하다면 모든 학생들이 직접 다양한 방식의 노동을 체험할 수 있도록 교육과정을 편성할 필요도 있다.

　학교 시민교육이 기존의 공교육의 한계를 보완하기 위해서는 학교 주변 지역사회의 여러 일에 학생, 학부모가 참여할 수 있는 기회가 확대되어야 할 것이다.[85] 학생들은 지역사회의 예비 주민, 미래의 시민이나 현재의 시민으로서 참여해야 할 것이다.[86] 지역에서 공공성, 자율성과 자치, 내 권리 주장과 타인의 권리 존중, 그리고 사회 구성원으로 살아가는 것이 무엇인지를 배우는 것이 시민교육이다.[87] 대부분의 시간을 학교나 학원에서 보내는 한국 학생들의 실정을 생각해보면, 이것은 아직은 먼 이상일 수 있다. 특히 한국에서는 아직 지방자치, 지방정치의 활성화 수준이 낮기 때문에 주민들조차 자신이 사는 곳의 문제에 관심을 가질 기회가 별로 없다. 그래도 학생들이 학교 수업에서 사회정치적 쟁점을 접하고 지역의 역사와 사회를 배우도록 함으로써, 교실에 지역사

회 그리고 지역정치를 들여와야 한다.[88]

　앞서 강조한 것처럼 사적 출세 욕망은 넘쳐나 공적 정신은 거의 없지만, 암기력이나 재능이 뛰어난 시험형 인간이 관료, 판검사, 정치가가 되어 국가와 사회를 다스리게 되면 '큰 도둑'이 될 위험성이 크다. 능력주의는 언제나 엘리트주의·전문가주의를 수반하기 때문에, 삶의 현장에서 나온 요구나 민주주의 원칙을 위협하게 된다. 그래서 대중들이 복잡한 사안을 무조건 전문가에게 위임하려는 태도를 벗어나, 공공적 지식인의 판단이나 시민의 집단지성을 중시하고, 언론보도를 제대로 읽어내면서, 선거 국면에서 누가, 어떤 정당이 자신의 요구나 이익을 대변하는지 구별할 수 있는 안목을 갖추어야 한다. 이런 정치적 문해력은 입시 공부를 통해서는 거의 획득되기 어렵고, 단순히 관련 지식을 얻는다고 자동으로 얻어지는 것도 아니다.

　학부모 대상의 시민교육도 필요하다. 급속한 중산층의 형성, 불평등의 확대, 낮은 여성의 권리와 자기실현 기회의 제한, 1~2명의 자녀를 두는 현상이 복합적으로 맞물려 자녀에 대한 학부모들의 관심은 과도해졌다.[89] 특히 자수성가형 부모들은 "자녀를 소유물로 보고 자식에게 모든 것을 해주는 것이 부모라고 여긴 나머지, 사교육 중독증에 걸린 사람들이 많은데 이 경우 부모와 자식의 관계가 좋지 못하다"는 지적이 많다. 자녀의 명문대, 의대 입학, 자식의 출세에만 관심을 갖는 이런 이기적이고 교양이 부족한 학부모들은 학교 운영위원으로서 혹은 개인 학부모로서 학교장 등 관리자들에게 강력한 압력을 행사하는 경향이 있다. 공교육이 학부모들의 이러한 사적 욕망을 쉽게 무시하기는 어렵지만, 학부모 교육을 통해 이들이 당장의 자식의 성적과 입시뿐만 아니라 자식이 살아갈 이후의 세상도 걱정할 수 있도록 해야 한다. 이들이 자기 자식만 사회에서 인정받는 능력자가 된다고 해서 그들의 행복과 안전이 보장되지 않는다는 것을 깨달을 수 있도록 해야 할 것이다. 교육이라는 것이 언제나 욕망을 일정하게 억제하는 것이지만, 학부모 대상의 교육은 이 점이 더욱 강조될 필요가 있다.

학교에서 시민교육이 제도화·활성화되기 위해서는 현재의 학교 지배구조, 운영의 모든 과정이 민주화되어야 하고, 집필자인 교수들의 관심을 주로 반영한 개념 학습 중심의 교과서, 과목별로 지나치게 세분화된 기존의 교과과정이 전면 개편되어야 한다. 그리고 헌법상의 '교육의 정치적 중립' 규정이 넓게 해석되어 교실에서 정치사회적 의제가 토론될 수 있어야 한다.[90] 가능하면 기존의 여러 교과에 시민교육의 내용이 포함되어야 하며, 새로운 독립교과로서 '시민'도 신설되어야 한다. 현재와 같은 입시교육의 제약 속에서 시민교육이 어느 정도 제도화될 수 있을지는 의문의 여지가 있으나, 시민교육이 강화되면 학교에서 시험능력주의 극복의 중요한 기반이 마련될 수 있다.

능력이 필요한 부문, 능력주의가 적용되어야 할 영역

앞에서는 능력주의, 특히 시험능력주의의 부정적 측면을 강조했고, 그것을 극복하기 위한 정책적 방안에 대해서 주로 언급했다. 탁월함의 추구는 통상 엘리트주의와 결합되기 때문에 보수·반동적 사고로 연결되는 경향이 있지만,[91] 능력주의, 즉 탁월성의 원칙이 분명히 적용되어야 할 영역이 있다. 스포츠나 예술, 순수 학문 분야가 그렇다. 특히 기초학문 분야의 학부, 대학원에서는 우수한 학생들을 선발해서 최고의 학자나 전문가를 배출해야 한다. 즉 입학 혹은 학사관리, 학위획득 과정에서의 경쟁의 원리는 대학원에 적용되어야 하고, 지금의 학부는 교양 기초교육, 그리고 일부 전문분야는 직업교육 중심으로 가야 한다.

지금까지 필자는 '학문 없는 교육', '교육 없는 시험'만을 주로 이야기해왔다. 그러나 가르쳐야 할 그 무엇, 교과서의 기초가 되는 학문 자체에 대해서는 언급하지 않았다. 사실 지식의 생산, 재생산 체제 내에서 더 근본적인 것은 교육이 아니라 학문이다. 대학은 학력자격증 지위 부여 기관이기 이전에 교육기관이어야 하고, 교육기관이기 이전에 학문 생산기관이어야 한다. 그런데 후발국 한국의 교육과 대학에서는 출발부터 그런 기반이나 정신이 취약했다. 개발주의 시기는 그렇다고 해도, 최근까지도 일본, 유럽, 미국에서 배워온 학문적 내용이 교과서에 반영되었을 뿐, 한국 학문의 독자적 구축에 관한 논의는 매우 빈약했고, 정치권이나 기업은 물론 학자들도 별로 이 점에 대해 문제의식을 갖고 있지 않다. 독자적인 학문과 이론의 정립은 학교교육 과정, 교육의 내용을 직접 좌우한다. 그래서 지식이론 체계의 재편과 수립 없이 교육개혁과 사회개혁을 말하기는 어렵다.[92]

지금까지 한국 정부, 특히 교육부는 대학교육의 기초가 되는 인문사회과학 생산과 재생산에 대해 거의 외면해왔다. 정치권과 정부가 대학의 수직서열 체제의 극복, 대학교육의 공공성 강화, 대학교육의 질 향상이라는 상호 긴밀하게 연결된 이 세 차원의 문제를 인정하고 개혁의 길을 모색하지 않는다면, 모든 대학이 국내외 대학평가 기관의 평가점수를 높이는 데만 연연할 것이다. 더 나아가 이 이데올로기의 근거가 되는 대학 경쟁력 강화론은 한국의 대학을 변화시킬 수도 없고, 한국의 학력·학벌주의 구조개혁에 기여하지도 못한 채, 한국의 대학은 여전히 학력 신분증 발급기관으로 남을 것이다.

한국의 모든 대학은 교육중심 대학, 즉 학부중심 대학이고 학벌주의의 정점에 있는 서울대조차도 그렇다. 지금까지 한국에서 대학에 자리를 잡거나 엘리트로 인정받으려면 SKY대학 대학원에서 학위를 딸 필요가 없었다. 한국 대학은 미국에서 양성된 학자들을 주로 교수요원으로 충원해왔기 때문이다. 예를 들어 한국 경제학자 1599명 중 해외에서 박사학위를 받은 사람은 1162명이다. '사회과학의 꽃'인 경제학의 학문적 자생력이 없다고 해도 과언이 아니다.[93] 이런 나라의 대학이 국가의 지식 거점이 되기는 어렵고, 국제적인 위상을 갖는 것은 더욱 요원하다. 학문은 외국에서 수입하고, 그것을 가공해서 교육자료로 사용하는 후발국가의 주변부 대학의 모습을 그대로 갖고 있다. 교육중심 대학인 한국의 대학은 학문과 연결되지 않고 정치, 즉 지배구조와 결합되어 있다.

이미 1970년대 말부터 서울대학교는 대학원대학을 지향한다고 밝혔으나 이는 지금까지도 현실화되지 않았다. 1999년에도 학부 정원 축소를 포함한 서울대의 장기발전 계획을 세웠다. 당시 서울대 중견 교수로 구성된 서울대발전 자문위원회는 학부 정원을 2만명에서 1만 5천명으로 줄이고, 대학원 석·박사 과정을 통합 운영하되 대학원 정원을 늘리며, 타 대학 학생의 편입 등 입시전형을 다양화하자는 안을 제출했다. 그러나 이러한 제안은 불발로 그쳤다. 서울대 학생이나 교수나 최고 명문대학부의 학벌 자격증 발급기관 이상으로 나아갈 필요를 느끼지 않았다.

학부 대학, 즉 교육중심 대학의 관성을 극복하고 학문과 연계된 새로운 모습의 대학원이 운영되려면 교수나 학생이 연구에 전념할 수 있는 환경이 조성되어야 하고, 순수학문에 대한 지원이 확대되어야 하며, 학문적으로 탁월한 교수진을 유치해야 한다. 한국의 산업이 기술혁신을 통한 고부가가치 산업으로 전환하기 위해서는 독자적인 과학기술, 특히 순수학문의 생산기반이 마련되어야 할 것이다. 그동안 조립가공과 중숙련을 바탕으로 수출을 해온 한국 경제의 체질 극복이 필요하듯이, 다른 나라에서 만들어지고 통용되는 이론과 정책이 한국에 제대로 적용될 리 없다. 미국 사회과학은 보편의 이름을 띠고 있지만 미국식 세계관과 이해를 반영하고 있다. 한국적 시각으로 한국이 처한 구체적인 사회경제적 과제를 바라보고 적절한 대안을 제시하는 학자, 연구자, 전문가의 풀이 없이 국가나 사회를 제대로 변화시킬 수 없다.

교육이 원래 그렇기도 하지만, 특히 서울대는 학문 생산기관, 교육기관이기 이전에 정치적 지배기구의 성격이 강하다. 서울대가 국가의 엘리트를 양성하기 위한 교육기관이 되기 위해서는 학부중심이 아니라 제대로 된 대학원대학이 되어야 하고, 대학원교육은 반드시 이론의 구축과 연결될 수밖에 없다. 서울대는 인문·사회과학 분야 학부의 기득권을 버려야 한다. 그리고 서울대 외의 별도의 권위있는 학문기관을 설립해야 한다. 과학, 예술 분야는 이미 그렇게 되었다.

사실 능력주의가 제대로 작동해야 할 영역은 로스쿨, 경영대, 의대가 아니라 순수학문 분야다. 자연과학, 인문학과 철학, 사회과학, 예술에 특별한 재능을 가진 청년들이 자신들의 재능을 충분히 발휘할 수 있도록 지원이 이루어져야 하고, 이후 일자리뿐만 아니라 높은 보상이 보장되어야 한다. 왜냐하면 이들의 탁월성이야말로 개인적인 것이 아니라 공적 자산인 것이고, 그들이 제대로 재능을 발휘할 경우 개인뿐만 아니라 국가와 사회가 장차 큰 혜택을 입을 것이기 때문이다. 이러한 재능을 가진 청소년들이 부모들의 압력과 세속적인 인기에 편승하여 법학, 의학, 응용학문 등 실용적 분야로 가기보다는 순수과학을 전공할 수 있도록 해야 교육의 공공성이 제대로 빛을 발할 수 있다.

지속적인 교육개혁을 위해서는 거시적인 청사진과 매우 정밀하고 구체적인 정책 대안이 필요하지만, 무엇보다도 교육의 전제가 되는 학문 생산기반이 있어야 가능하다. 산업생산에 결정적으로 기여할 수 있는 핵심기술과 그 기초가 되는 과학적 지식은 수입될 수 없다. 국가와 사회의 정신적 기초가 되는 인문학 역시 수입될 수 없다. 조립가공과 저임금으로 수출을 신장하는 경제 체질이 한계에 봉착했듯이, 아무리 지구화 시대라고 하더라도, 다른 나라에서 만들어진 일반화된 이론과 정책이 한국에 제대로 적용된다는 보장이 없고 외국이 원천기술을 한국에 거저 줄 리도 없다.

능력주의 그 자체와 대면하기

능력주의라는 이데올로기

노력은 능력의 중요한 부분이기 때문에, 사람들이 능력을 제대로 발휘하기 위해서는 학벌주의가 타파되어야 한다는 주장은 한국의 진보개혁 진영에서 크게 설득력을 얻어왔다. 그러나 사람들이 학벌이 곧 능력이라고 생각한다면 이런 학벌타파 운동은 동력을 상실하게 된다. 2021년 20대 청년 520명 대상의 조사에서도 청년들은 능력주의에 대해 긍정적인 이미지를 갖고 있으며, 한국에서 능력주의가 구현되어야 한다고 답했다. 특히 부모가 대체로 부유한 수도권 4년제 대학생들이 능력주의가 잘 구현되고 있다고 답하는 비율이 약간 높았다.[94] "학벌주의는 해체되지 않고 능력주의 담론을 통해 더 강하게 재구성되었다"[95]라고 채효정이 말한 것처럼, 이제 학력·학벌주의 비판은 능력주의 자체를 문제삼지 않고서는 설득력을 갖기 어렵다.

시험능력주의, 아니 능력주의를 긍정적으로 본다면 기존 입시 병목의 통로를 확대해서 경쟁의 과부하를 누그러뜨리거나 다른 지위 획득의 통로를 마련한다고 하더라도, 그 통로를 반드시 거쳐야 생존 기반과 사회적 지위를 얻을 수 있다는 기존 논리는 변하지 않을 것이다. 만약 시험점수나 성적 순위가 곧 능력이라 생각하고, 지필고사 외의 방법으로는 응시자의 능력을 평가하기 어려울뿐더러 다른 뾰족한 선별의 방법도 당장 생각해내기 어렵다면, 능력주의를 넘어서는 대안을 찾기는 어려울 것이다. 최적의 인물 선발이나 교육의 정상화보다 입시에서 시비를 없애는 것이 정치적으로 중요하다고 생각하면, 문재인 정부처럼 수능 강화 정책으로 기울어지게 되고, 홍준표, 이재명 등이 주장하는 것처럼 로스쿨 폐지와 사시 부활론이 세를 얻을 것이다.

학벌주의에 대해서는 비판적이지만 능력주의를 긍정적으로 보는 한국의 자유주의 엘리트 집단은 국가의 규제를 없애 사학에 자율성을 부여하고, 학생의 능력도 다차원적으로 평가해서 외국에 비해서는 여전히 뒤처져 있는 명문대의 국제 경쟁력을 강화함으로써 세계 최고의 엘리트를 육성하자고 주장해왔다.[96] 이들처럼 시험능력주의를 그대로 인정하면, 지금의 수능은 대학에서 학업을 수행할 수 있는 학생들의 '자격'을 확인하기 위한 시험이 아닌, 말 그대로 '수학 능력'을 엄격하게 변별할 수 있는 '최종 고사'로 남아야 한다.

그런데 시험능력주의가 가장 중시하는 절차적 공정성은 앞에서 거론된 모든 입시병, 교육병과 관련된 심각한 사회적 질병이나 학생과 학부모의 고통, 사회적 자원 낭비의 문제를 모두 뛰어넘을 정도로 최상의 기준이나 고려사항이 될 수 있을까? 우리는 지금 유행하는 공정 담론이 기회의 평등을 보장할 수 있는지 물어야 하고, 절차적 공정과 능력주의가 부자들에게 더 많은 부를 합법적으로 가져다주는 지위 세습의 길이 아닌가 물어야 한다. 그러자면 과연 능력이란 무엇이며, 능력은 시험성적 순위를 의미하는 것인지, 그리고 능력을 인정받은 사람은 그렇지 않은 사람에 비해 어느 정도 더 보상을 받는 것이 타당한지 물어야 한다.

이준석은 정치권을 보고서 "이런 세상에서 실력이 아닌 경험과 경륜을 말한다는 게 우스운 일이죠. 경험과 경륜을 많이 들먹이는 정치인은 실력에 자신이 없는 사람들, 연공서열을 통해 기득권을 유지하려는 정치인인 경우가 많아요"[97]라고 말하고, 교육평론가 이범은 "이준석씨가 '정치인 자격시험'을 도입하겠다고 한 것도 '연륜'을 무기로 삼는 기성 정치인들에 대한 도발이다. 그의 능력주의에는 한국의 연령 서열 문화를 깨부수는 통쾌함이 있다"라고 박수를 친다.[98] 즉 연공서열주의, 학벌주의와 능력주의를 분리하여, 능력주의를 더 강하게 밀고 가자고 주장한다. 그러나 이들은 능력 혹은 실력이 과연 무엇인지, 학교 시험성적이 미래의 실력과 성과까지 보장할 수 있는지, 그렇게 실력 있다고 인정된 사람들이 사기업이 아닌 정치 등 공공의 일까지도 담당하기에 적합한지는 묻지 않는다.[99]

한국에서 성공한 IT기업의 창업자나 기업의 최고위 경영자들의 높은 연봉과 성과급, 주식 등 금융자산 인센티브는 이미 그들의 학력이나 경력과는 무관하다. 디지털경제하의 혁신 기업가들이나 국내 기반의 기업에서 오히려 능력주의가 제대로 실현되고 있다. 문제는 정부, 공기업, 교사, 그리고 정치권 등 실적 측정이 어려운 조직의 임원이나 고참 직원들이 '능력'에 맞지 않게 고임금 혜택을 누리고 있다는 사실이다. 대기업은 '능력' 있는 사람을 임원으로 발탁하기 때문에 임원 연령은 이미 40대까지 내려왔다. 일부 노동자, 정당인, 조직의 임원들이 성과에 맞지 않는 대우를 받는 것도 사실이지만, 적어도 기업 영역에서는 능력주의가 발휘되고 있다. 그런데 이준석이 말하듯이 연공주의가 한국사회의 가장 심각한 질곡일까?

이준석이 보지 않으려 하는 것은 대기업 고용사장과 최고 경영자 등은 그 조직의 소유자 혹은 실질적인 결정권자가 아니라는 점이다. 특히 사기업의 최고 경영자라고 하더라도 그들은 대체로 피고용자에 불과하며 그들이 얻는 보상은 기업 이윤의 극히 일부에 불과하다. 임원이 '임시직원'의 준말이라는 말도 있듯이, 이들은 연말이면 언제나 짐을 쌀 준비를 하고, 고참 직원들은 경제위기나 기업의 경영위기가 닥치면 구조조정의 칼날을 피할 수 없고, 하루아침에 실업자로 전락한다. 『임계장 이야기』[100](임시 계약직 노인장)의 주인공처럼 평생 공기업에서 일한 사람도 퇴직 후 돈이 없으면 경비 노동자가 되거나 폐지 줍는 노인이 될 수도 있다. 즉 자본주의에서 자본의 소유/비소유는 개인의 능력 위에 있다.

이준석 등의 청년 엘리트들이 주장하는 능력주의는 한국의 학벌주의, 서열주의나 연고주의, 정규직의 특권을 극복하려는 것이라는 점에서 개혁적인 요소가 있다. 그러나 이 논리는 기업의 소유구조, 상속질서를 외면할 뿐만 아니라, 시험성적 순서로 선발된 공무원, 법관, 전문직 등 기술관료 집단이 누리는 특권과 지위 독점의 현실을 말하지 않는다.

한국의 정치·경제·사회 영역에서 가장 막강한 힘을 가진 조직이나 기관에는 능력주의가 작동하지 않는다. 각종 특혜와 편법으로 획득된 재산에 대한 징세의 미비함, 재벌가의 편법 승계, 일감 몰아주기 등은 능력주의 밖에 있다. 한국의 자산 불평등의 원인인 기업의 부동산 소유, 개인의 부동산 투자에 의한 재산 증식은 정부의 각종 기업 특혜, 특혜 대출, 검찰의 편향적 수사·기소권 행사, 언론과 재판의 편향 등 권력과 자본의 힘에 크게 의존하고 있는 것이지, 개인의 능력과는 거의 무관하다.

이준석 자신도 어릴 적에 상계동에서 힘들게 살았고 목동의 중학교에 가서 경쟁을 거쳐 과학고를 가게 되면서 '열심히 공부하는 자가 이기는 게임'이라 확신을 갖게 되었다고 말하지만,[101] 그가 즐겁게 회고하는 제2의 강남인 목동에서의 중학 시절 학력 경쟁은 이미 그곳에 살 수 있을 정도의 경제자본과 문화자본을 갖춘 집 자녀들 간의 제한적인 게임이었다. 그가 하버드로 유학을 간 것, 그리고 시민단체를 만든 것, 방송 경력을 거쳐 국민의힘에서 정치인 수련을 할 수 있었던 것은 누구나 얻을 수 있었던 기회는 아니었다. 그의 지적 재능이 크게 작용했다고 하더라도, 그가 노력할 수 있는 조건, 기회를 얻을 수 있었던 것은 상당부분 '아빠 찬스'에 힘입은 것이다.

윤석열은 1970~80년대까지 최상층 전문직에 속하는 연세대 교수인 부친이 없었다면 사시에 9번이나 도전할 수 없었을 것이며, 다른 고시생들처럼 집안 식구를 먹여 살리기 위해 고시를 중도에 포기했다면 검사가 되지 못했을 것이고, 검사가 된 이후에도 서울대 법대라는 학벌이 없었으면 검찰총장으로 발탁되기 어려웠을 것이며, 갑자기 대통령으로 당선되는 일도 없었을 것이다.

시험능력주의는 학력, 즉 능력을 얻는 과정에서 교육 기회의 불평등이 매우 강력하게 작용한다는 점과 더불어 인간에게는 자신의 노력과 무관한 온갖 우연과 행운의 요소가 능력보다 더 강력하게 개입하고 있다는 점을 무시한다.

자본주의에서 개인의 능력은 부모의 경제력과 깊은 관련이 있다. 미국의 아이비리그는 학교 성적이 가장 우수한 학생만을 뽑기보다는, 부모의 재력이 감안된 동문 자녀 입학 특전, 기여입학 등의 방식으로 상당수 입학생을 선발한다. 부모의 배경, 권력과 경제적 자본의 소유는 미국 명문대학 입학 여부를 좌우하는 매우 중요한 변수다.[102] 지적 능력만으로 그 어려운 그랑제콜 등에 입학한다는 프랑스 역시 피케티가 말하듯이 상속과 추가 상속(교육투자)이 그랑제콜 준비반 진학을 좌우한다.[103] 미국과 영국은 특히 그렇지만 프랑스의 경우도 사실상 노동자나 농민의 자녀들이 고등사범학교나 시앙스포(Sciences Po, 파리정치대학) 등의 명문대에 들어가는 경우는 거의 없다. 따라서 샌델이 미국의 이런 사례를 들면서 '능력주의의 폭정'(The Tyranny of Meritocracy, 샌델의 저서『공정하다는 착각』의 원제)을 경고하는 것은 부적절하다.

그래서 능력주의는 자본주의의 재산권 행사의 정당성, 능력 발휘의 실질적 기회를 묻지 않는 이데올로기이거나, 이 게임의 승자들의 자기정당화이자 '좋은 양심', '기업가와 억만장자를 찬양하는 언술'이다.[104] 마이클 영 식으로 말하면 능력주의는 '머리 좋은 사람'들이 영원히 지배하는 세상, 과거의 신분제처럼 인간을 철저하게 차등화하는 세상을 만들 수 있다.

'능력주의'와 개인주의의 자기모순과 한계

마이클 영이 살았던 영국을 포함한 전세계에서 능력주의는 자유경쟁의 시대를 열지 않았다. 실제 현실에서 능력주의는 가족 유대, 재산 상속 등 세습주의를 거부하기는커녕 그것과 적극적으로 결합했다. 능력주의는 '선택의 자유' '자유로운 경쟁'을 거의 자연법칙처럼 여기는 듯 보이지만, 누진세나 상속세를 강화하거나 공립학교를 확대하여 기회, 즉 출발선을 같게 하자는 대안은 외면한다. 사실 지금까지의 자본주의의 역사를 보면 지배세력은 필요할 때면 언제나 신분, 인종, 성, 학력 차별을 이용했다. 과거 미국에서 남부의 농장주나 자본가들이 흑인 노예를 두는 것을 당연한 권리로 여겼고, 영국과 프랑스의 자유주의 혁명가들은 식민지 원주민에게 '자유'를 허용하지 않는 식민정책에 모순을 느끼지 않았다.

법 제정과 집행의 계급 편향성, 각종 특권과 독점구조, 상속제도를 인정하는 한, 능력주의는 공공연한 불평등을 호도하는 이데올로기에 불과하다.[105] 신자유주의 이론의 원조인 하이에크(Friedrich Hayek)는 시장을 카탈락시 게임(Spiel der Katallaxie)이라고 부를 것을 제안한다. 카탈락시 게임이란 결국 능력의 게임이고 행운의 게임이다. 하이에크에게 자신의 재산을 자신의 욕구대로 처분해야 한다는 것은 양보할 수 없는 원칙이다.[106] 그러나 재산 상속은 개인의 출발선 자체를 다르게 만들기 때문에 그가 밝히는 것처럼 모든 개인이 동등한 조건에서 경쟁한다는 원칙, 능력의 게임을 허구화한다. 시장주의자들은 완전한 능력 경쟁이 원칙 그대로 실시되는 상황을 만들어낼 수 없다.

물론 자본주의 사회에서 부모의 경제자본뿐만 아니라 문화자본이 자녀들의 노력 의지 발휘, 미래의 직업 모색, 그리고 네트워크의 구축을 용이하게 하는 것을 완전히 차단하는 것은 불가능하다. 시험성적, 고시 합격, 학력은 분명히 개인의 지적인 재능과 노력을 보여주기 때문이다. 기회의 평등을 보장하려고 제도를 아무리 정교하게 만들어도 학생의 '능력'은 가족과 계급 같은 비능력적 요인, 타고난 재능과 같은 우연, 환경적 요인에 크게 영향을 받을 수밖에 없다.[107] 이런 어려움이 있다고 해서 부모의 재력을 곧 능력이라 말할 수는 없고, 부모의 영향력을 최대로 줄이려는 제도개혁을 포기할 수는 없을 것이다.

능력주의는 자유주의, 개인주의, 공리주의에 근거한다. 19세기적 공리주의와 개인주의적 가정은 소유적 개인주의를 비판한 맥퍼슨(Crawford Brough Macpherson)과 같은 참여민주주의론자나[108] 샌델과 같은 공동체 자유주의자들,[109] 거슬러 올라가면 20세기 초 홉슨(John Hobson) 등과 같은 개혁자유주의자들, 러스킨과 같은 도덕적 사회주의자들이 여러 각도에서 비판하였다.[110] 공리주의는 사회적으로 좋은 것은 복지의 총량에 기여하는 것이기 때문에 뛰어난 능력자들이 생산성 향상에 기여하면 그것이 사회 전체의 복리에 기여한다는 전제 위에 서 있다.[111] 그리고 사회의 발전이나 지탱 가능성을 다수의 경제적 복리와 불평등의 완화에서 찾는다. 그러나 과도한 자유는 사회를 파괴하고, 사회가 파괴되면 가장 심각한 억압과 파시즘이 온다.

능력주의가 갖는 문제점도 바로 이러한 능력주의가 자유주의와 개인주의에 기초한 데서 기인한다. 자본주의 사회에서 재산권 행사의 '자유'를 제한하지 않으면 타인의 생존권이 위협받을 수 있다. 자본의 토지 독점으로 인한 다수의 주거권 박탈, 지구적 환경위기가 대표적이다. 강대국과 대기업이 환경을 오염할 자유는 청정한 환경에서 살아갈 시민의 자유를 제한한다. 한강 뷰를 즐길 수 있는 강변 고층 아파트에 살고 있는 사람들의 '자유'는 반지하 방에서 남의 구두 발자국 소리를 들으면서 살아야 하는 사람들의 자유, 한강과 스카이라인을 즐길 대다수 시민의 '자유'를 박탈한다. 자본주의적 민주주의에서 정당에 거액을 기부하거나 로비를 펼칠 수 있는 자유는 그럴 수 없는 사람들의 투표권 행사의 자유를 제한할 수 있다.[112] 그래서 능력주의는 민주주의를 위협할뿐더러, 더 나아가면 독재와 파시즘과도 친화적이다. 능력과 무관한 생명, 건강, 보건은 인간의 생존에 필요한 기본재이고 자유의 기본조건이다.

샌델 등의 공동체 자유주의는 공리주의나 자유선택론을 비판하는 데는 의미가 있다. 그의 저서 『공정하다는 착각』도 능력주의가 정의를 위배할 수 있고, 불평등을 정당화하는 점을 비판한다는 점에서 주목할 만하다. 그러나 그는 오늘날 미국 패권주의, 미국 주도의 세계 경제의 불평등과 부정의에 대해 묻지 않는 것은 물론 기여입학제를 인정하는 미국식 자유주의를 긍정하면서 미국사회와 대학의 비리와 부정의에 대해서는 비판하지 않는다. 샌델은 공립대 정원 증대, 기술교육 지원 등의 대안을 이야기하면서도 마지막에는 공동선, 겸손 등 윤리적 대안으로 결론을 맺는데, 그의 공동체주의가 개인책임론, 즉 개인주의에 기초해 있기 때문이다. 중국의 학자들이 샌델이 자유주의와 개인주의에 기초해 있기 때문에 조화의 가치나 깊은 공동체를 이해하지 못한다고 비판한 것도 그런 이유였다.[113]

공정 담론에 집착하고, 공정한 경쟁을 통해서 능력이 제대로 발휘되도록 해야 한다고 주장하는 오늘 한국의 상위 10%에 속하는 사람들이나 이준석처럼 '잘나가는' 청년들은 자신의 재능과 노력의 결실이 자신의 소유물이라고 주장하지만, 이런 생각은 사실과도 부합하지 않고 정당하지도 않다. 타고난 재능은 일종의 행운에 속한다. 노력은 분명히 자신이 가질 응분의 몫이라 여겨지지만 이상과 목표를 정하는 것이나 노력할 수 있는 여건의 상당부분 역시 가정환경과 무관하지 않다. 신분사회에서는 노력이 무의미하지만 오늘날에도 어릴 적부터 자신의 포부를 생각할 여유가 없는 하층 소년들은 노력 자체를 할 수 없다. 교실에서 엎드려 자는 아이들이나 폭력을 저지르는 청소년들은 노력이 자신에게 무의미하다고 이미 판단할 것이다.

롤스(John Rawls)가 강조했듯이 타고난 천부적 재능의 분배나 사회적 여건의 우연성은 자연적 사실이므로 그것이 주는 보상도 자신의 소유물이 될 수 없고, 공유재의 측면이 있다.[114] 오랜 역사를 거쳐 축적된 지식, 공동자산의 기초 없이 개인이 발휘할 수 있는 능력은 거의 없다.[115] 샌델이나 맥퍼슨도 개인의 능력은 온전히 개인의 소유가 아니라고 주장했다.[116] '신체발부수지부모(身體髮膚 受之父母)' 즉, '신체와 터럭과 살갗은 부모에게서 받은 것이다'라는 유교적 가르침까지 꺼내지 않더라도, 내가 타인과 더불어 살아가는 이 세상에서 발휘할 수 있는 능력은 국가나 사회의 인프라가 깔려 있었기 때문에 가능했고, 더 가까이는 내 조상, 선배와 동료의 기여가 있었기 때문에 가능하다.

재산도 그렇지만 능력도 그것을 '소유한' 개인이 그것을 향유할 권한이 어디까지인지, 능력을 발휘했을 때의 보상이 어느 정도 차별화되는 것이 타당한지, 그리고 능력의 여부와 정도에 비례해서 보상의 격차를 설정하는 것이 타당한지를 정하는 것은 사회의 역학, 특히 지배구조와 지배이데올로기다. 특히 능력자들에 대한 높은 대우나 보상은 개인의 경쟁심과 노력을 유인하는 점이 있지만, 그것이 정의는 물론 사회 전체의 복리에 기여하는지는 의문이다. 외환위기 이후 전국의 모든 의대가 서울대 자연계

이상으로 합격점이 올라갔는데 그렇게 배출된 우수한 의사들 덕분에 한국 의료의 질이 향상되고 국민 건강이 좋아졌는가? 세계 최고의 의술과 보상을 자랑하는 의사들이 있는 미국의 평균수명이 쿠바보다 더 낮다는 것은 무엇을 의미하는가? 학교 성적이 우수한 사람들로 채워진 한국 법조계에 대한 신뢰가 언제나 OECD 바닥권인 이유는 무엇인가?

능력주의는 자유와 기회를 알리는 복음이기도 했지만, 다른 편에서 '능력 없는' 사람들의 박탈감, 희생, 좌절감 위에 존재할뿐더러, 승자독식의 사회시스템과 연결될 경우 피해는 더욱더 크다. 특히 한국의 시험능력주의는 "1등은 2등 이하부터 꼴찌까지의 사람들이 있기 때문에 존재한다"는 사실을 외면한다. 즉 1등의 능력은 2등 이하가 겪는 '무능력'이라는 낙인과 상처를 수반할 수밖에 없는데, 내 자식이 1등을 해야 한다고 신앙처럼 매달리는 사람은 남의 자식에 대한 배려가 전혀 없고, 남의 자식들이 낮은 등급으로 '깔아주기' 때문에 자기 자식이 1등급을 받을 수 있다는 것을 모른다.[117] 마이클 영이 말했듯이 능력주의가 거의 법칙처럼 작동하는 사회에서 노동자들은 인간적인 대접을 받지 못한 채 열등감 속에서 살아야 한다.

능력주의를 넘어서 정의와 형평으로

'능력'은 시대와 정치사회적 조건과 국면에 따라 성격을 달리하는 매우 상대적인 것이다. 능력을 지적 재능과 노력의 합으로 보는 생각이나 능력의 지표인 IQ 역시 현대사회의 발명품이다. 고대 스파르타처럼 체력이 재능인 시대에는 무사가 될 수 있는 사람이 최고의 능력자였으며, 조선시대처럼 주자학 고전 지식과 인문학 소양을 검증하는 과거시험이 출세의 관문인 시대에는 수리능력이 뛰어나도 언어능력이 모자란 사람은 과거시험에 합격할 수 없었다. 무엇보다도 신분과 성의 차별이 존재했던 근대 이전의 모든 사회에서는 여성이나 하층민이 제아무리 두뇌와 체력이 뛰어나더라도 출세하는 것은 불가능했다.

한편 우리는 '개인' 능력의 다차원성을 더 주목해야 한다. 지금 우리가 사람의 '능력'으로 주로 거론하는 것 중에서 지적 능력이 가장 중요한 것은 아니다. 다중지능을 주창한 인지과학자 하워드 가드너(Howard Gardner)에 의하면 말과 논리 같은 지식활동은 두뇌의 작은 부분에 불과하고 소통 능력, 대인관계 등 다양한 영역의 지능이 존재한다.[118] 오늘날 '능력'은 시장에서 교환, 판매할 수 있는 능력, 기업의 생산성에 기여하는 능력을 주로 의미한다. 기업은 자본주의 물질문명을 이끌어가고 삶의 편리함을 주는 기관차이지만, 인류가 처한 문명의 위기를 구해낼 수 없을뿐더러, 국가나 공공의 지속가능성을 책임질 수도 없다. 경제 '능력'은 문명의 위기를 가져온 주범이기도 하다.

사실 OECD가 전파해서 한국 교육에도 지대한 영향을 미쳐온 '역량 중심 교육'(competency-based education)이 강조하는 것처럼 공교육이 반드시 학생 개인의 역량, 즉 능력 개발을 목표로 해야 하는지도 논의의 여지가 있다. 역량을 보는 관점은 다양하지만, 대체로 역량이란 시장경제에서 필요한 개인적 자질로서 능력의 개념과 가까운데, 능력주의는 기술과 기능, 그리고 경제를 절대적 가치로 보기 때문에 이러한 교육철학과 이에 기초한 교육과정은 근본적 반성이 필요하거나 심지어는 폐기되어야 한다는 주장도 있다.[119]

우리는 능력주의가 적용될 수 있는 영역과 그렇지 않은 영역을 구분할 필요가 있다. 기업이나 경제활동에서는 실적이 있어야 생존이 가능하기 때문에 실적에 대한 응분의 보상, 그리고 능력주의 원칙이 적용되어야 한다. 그러나 '정치와 법의 장'이나 대부분의 다른 '사회적 장'에서도 능력주의 원리를 그대로 적용하기는 어렵다. 여기서는 공정과 효율보다는 정의와 형평의 원칙이 적용되어야 한다. 경제 영역에서도 성과와 노력의 몫은 인정되어야 하지만 성과와 노력에 대한 차등적 대우가 너무 확대되지 않도록 해야 할 것이다. 경쟁의 불가피성을 인정하더라도 결과의 차등은 최소화하는 것이 정의의 원칙에 부합한다.

경제 영역에서의 생산성을 확대하기 위해 구성원의 여러가지 역량을 향상시킬 필요성을 인정한다고 하더라도, 모든 구성원의 다양한 역량이 제대로 발휘되기 위해서는 뛰어난 개인의 '행운'

이 그에게 가져다주는 보상이 극대화되는 것을 막아야 하고 동시에 그들에게 돌아가는 보상을 행운이 없었던 사람들에게 보충해 주어야 한다.[120] 돌봄의 사회화를 포함해서 의무교육 기관, 특히 중·고등학교를 양질의 국·공립학교로 만들어 기회의 평등을 보장하고, 학교 시설을 거의 비슷하게 만들어야 한다. 한국처럼 사교육비가 공교육비를 압도하거나, 미국이나 한국처럼 사립대학이 공립대학보다 압도적으로 많은 나라에서 부모의 경제·문화자본이 자녀에게 미치는 영향은 더욱 심대하기 때문에 교육 공공성 확대는 더 강조되어야 한다.

그래서 롤스나 누스바움(Martha Nussbaum)은 모두 재능과 운수의 작용을 최소화할 수 있는 체제를 모색한다. 누스바움은 내적 역량과 결합역량을 구분하였는데, 역량이 자유, 즉 선택 가능한 기능의 조합을 달성하는 자유에 해당한다고 보았다. 내적 역량은 선천적 능력은 아니고 훈련되거나 계발된 특성과 능력을 말한다. 결합역량이란 실질적 자유, 즉 내적 역량이 발휘될 수 있도록 조성하는 정치경제적 조건에서 선택하고 행동할 기회의 총합을 의미한다.[121] 누스바움은 이 두 역량이 결합되어 실질적 자유가 발휘될 수 있도록 제도가 설계되어야 한다고 주장했다.

결국 부모가 상속한 경제적 부나 문화자본, 즉 시험능력을 좌우하는 데 미치는 영향을 최소화하는 것이 정의의 원칙에 부합하고 사회 구성원의 실질적 자유도 확대할 수 있다. 시험능력주의에 따라 선발된 사람과 선발되지 못한 사람의 약간의 격차, 즉 1점의 수능성적 차이가 인생의 기회 격차, 평생 동안 유지될 수도 있는 지위와 보상의 격차로 연결되지 않도록 하는 것이 바람직하다. 신자유주의와 능력주의는 비록 불평등이 확대되더라도 능력 있는 조직이나 개인에게 보상을 몰아주고, 그러한 경쟁시스템을 통해 사회 전체의 효율성을 높일 수 있다고 강조하지만, 이는 제한적으로만 타당하거나 틀린 이야기다. 능력주의의 경쟁 찬양은 탈락자의 좌절, 불평등 확대가 가져오는 모든 사회적 비용을 고려하지 않은 것이기 때문이다.

자유주의나 개인주의에 기초한 능력주의와는 거리를 두고 있는 공동체주의, 공화주의, 사회주의, 연대주의는 소수의 천재가 다수의 인구를 먹여 살릴 수는 없다고 본다. 이들은 집중된 부가 낙수효과를 일으키는 일은 없으며, 다수에게 기회가 주어지고 이익이 골고루 배분되어야 다수자들 중에서 기회를 활용해서 '능력'을 발휘할 사람이 생겨난다고 본다. 그리고 소수의 우수한 사람들의 기여로 사회 전체의 부가 확대될 수도 있지만, 사회적 연대감과 소속감이 주어져야 다수의 집단적인 지혜가 발휘될 수 있다고 본다. 소수만이 선택권을 갖고 다수가 선택의 자유를 갖지 못할 경우, 이 버려진 다수는 사회를 파괴시키는 요인이 되고, '패배자'들의 상처 치유 비용이나 갈등 치유 비용은 엄청나게 증대할 것이다.

모든 생명이 그렇듯이 인간은 태어난 이상 존재할 권리가 있고, 생존에 필요한 기본권뿐만 아니라 사회적 기본권, 즉 인간다운 삶에서 필수적인 것을 누릴 권리가 있다. 교육도 개인 능력 향상만을 목표로 해서는 안 되며, 공동체의 유지 발전을 위해 기여할 수 있는 지식과 감성 배양에 초점을 두어야 하고, 구조적 기회 불평등과 운의 요소를 교정하는 기본 재화로 자리매김되어야 한다. 교육은 선천적 장애나 불의의 사고, 성, 인종, 연령 등에 의한 차별 구조 때문에, 그리고 부모의 빈곤 등 출신 계급과 계층 등의 이유로 자신의 잠재력을 충분히 발휘할 수 없는 사람들에 대한 사회의 최소한의 배려, 즉 사회적 시민권을 부여하는 일이기도 하다.

개혁자유주의 지도자들 특히 클린턴, 오바마 등 미국 민주당 정부의 중산층 강화론, 한국의 김대중, 노무현, 문재인 정부의 교육정책이나 사회정책 역시 이 능력주의의 틀 아래에서 진행된 점에서 한계를 갖는다. 특히 문재인 정부의 여러 사다리론, 즉 주거 사다리, 교육 사다리론, '개천에서 용 나는 사회' 등의 담론은 모두 계층이동, 지위 상승을 당연하고 불가피한 것으로 전제한 중상층 중심의 논리다. 자기 책임과 사회적 상승의 논리, 중산층이 주로 관심을 갖고 있는 공정 담론이 이들 개혁자유주의 정부의 공통된 특징이었다. 물론 사회적 약자나 빈자 들이 희망을 찾기 어려운 세상에서 사다리론 자체를 거부하기는 어렵다. 그러나 그 전제가 되는 공정과 능력주의를 설파하기 전에 먼저 실질적 기회의 균등을 실현하기 위한 구체적인 정책, 즉 불평등의 극복과 사회권의 보장, 정의와 형평에 더 관심을 기울여야 한다.

한국의 모든 세대에게 능력주의가 여전히 강력한 호소력을 발휘하는 이유는 유교적 시험사회의 전통도 있지만 무엇보다도 능력과 실력을 무시하는 각종 불공정과 학벌 패거리주의가 너무 심각했기 때문이다. 물론 개인의 능력 중에서 타고난 재능의 요소를 완전히 거세하는 것은 거의 불가능하기 때문에, 그것이 미치는 영향을 축소할 방안에 대해서는 더 논의할 필요가 있다. 그러나 지금은 실력주의라는 대안으로 학력·학벌주의를 비판·극복할 수는 없다. 시험능력주의가 초래한 학력자본가들의 지위의 독점과 폐쇄, 전문직의 특권을 해소하는 구조개혁이 필요하다. 노동의 인간화, 노동의 가치에 대한 적극적 인정이 필요하다. 능력주의와 그 극복 방안을 둘러싼 더 심도 있는 정치철학적 논의나 사회정책적 논의, 특히 사회정의와 형평을 이루기 위한 방안이 더 논의되어야 한다.

시험능력주의라는 사회병리

이 시대의 가장 큰 화두는 공정과 능력주의다. 그것은 사회의 지위 배분과 보상을 어떻게 할 것인가의 문제다. 능력에 따른 합당한 대우와 적절한 차별이 공정한 것이라는 논리는 거의 신앙처럼 청년들과 기성세대의 정신세계를 사로잡고 있고 일상의 모든 행동을 관장한다. 그런데 여기서 공정이란 곧 절차적 공정이며, 그 절차를 제대로 통과한 사람이 능력자로 인정받는다. 한국에서 공정과 능력주의 사이에는 언제나 시험 합격이 전제된다. 이것을 시험능력주의라고 부를 수 있을 것이다. 그래서 한국에서는 커트라인을 정해서 자격자를 추려내는 시험이 아니라, 순위를 정해서 엄격한 변별을 하는 시험이 능력을 입증하는 매우 일반적인 방법이다. 지금까지의 학력·학벌주의는 이 시험능력주의라는 더 큰

그릇 속에 잠겼다. 그래서 이제 학력·학벌주의 비판은 과거에 비해 호소력을 잃었다.

그런데 한국의 시험능력주의는 일종의 사회병리다. 능력이 모자란다고 생각하는 수많은 학생, 청소년, 학부모를 고통과 죽음으로 몰아넣어왔고, 지금도 한국 어디에선가는 청소년들이 조용히 죽어간다. 이런 중병과 죽음이 수십년째 계속되고 있지만, 그 병의 원인이 무엇인지에 대한 진단은 가지각색이고 처방도 다양하다. 수많은 명의들이 달려들어 나름대로 진단을 하고 처방을 내렸지만, 처방전에 적힌 약이 너무 많거나 구하기가 어렵고, 또 치료에 너무 오랜 시간이 걸리는데다가, 치료된다는 보장도 없어서, 지금은 모두가 거의 포기한 상태다. 대다수 사람들은 이 병이 자신과 무관한 문제라고 생각하고, 일부는 아예 병이 아니라고 생각한다. 병이 아니라고 생각하는 사람들이 한국의 정치경제를 좌우하는 주류 지배세력이다.

입시 공정성, 수능 변별력, 학생 자살, 학교폭력, 탈학교 청소년, 임금 불평등, 대졸 실업, 수도권 집중과 지방 소멸, 대학 수직서열 등은 긴밀히 얽혀 있다. 대부분의 학교나 교사가 씨름하는 문제들에는 학생들의 학업성취, 평가, 학교 운영, 교수법, 교과서, 교과 과정 등 초·중등 학교교육 자체의 고유한 문제도 분명히 있지만, 이 문제들의 저류에는 '교육과 연관된 사회문제'가 화석처럼 굳어진 구조로 깔려 있다. 물론 시험능력주의가 이 모든 교육문제의 유일한 원인이라 볼 수는 없다. 그러나 학교는 사회의 일부이고 교육은 정치, 경제, 노동, 문화 등과 연관되어 있기 때문에, 시험능력주의 문제는 한국의 국가, 지배질서, 사회시스템과 긴밀하게 맞물려 있다.

교육, 시험과 연관된 모든 문제의 성격을 제대로 이해하기 위해서는 사회적 지위 획득, 권력과 부의 배분 구조를 찬찬히 뜯어서 그 회로를 조심스럽게 분리한 다음 다시 짜 맞추어야 하는 고난도의 문제 풀이, 고차방정식 풀이를 해야 한다. 물론 고차방정식이 2차방정식보다는 풀기가 훨씬 더 어렵지만 그렇다고 해서 사람이 풀 수 없을 정도로 난해한 것도 아니고 사실 깊이 생각하면 직관으로도 어느정도 알 수 있다.

그동안 역대 정부의 교육정책은 주로 대학입시 정책이었다. 대학입시 정책을 더 정교하고 합리적으로 변형해서 교육문제를 해결하자는 정책기조는 주로 여론에 영향을 미치는 최상위권 학생들이나 중상층의 이해관심을 반영한다. 그래서 대입 요강, 커트라인, 수능 난이도, 입시 공정성 문제가 언제나 언론의 주요 관심이었고, 정치권도 이들 최상위권 학생들과 중상층 부모들의 펄펄 끓는 욕망만 주로 수용했다. 그래서 실업고를 졸업하고 곧바로 취업전선에 나가거나 2년제 전문대학에 진학하는 학생들, 대학서열 하위권 대학에 진학했거나 다니는 대학이 마음에 들지 않아 반수, 재수, N수를 반복하는 학생들, 좌절감을 갖고서 지방대학에 다니는 학생들의 열패감은 거의 고려 대상이 아니다. 그런데 이 시험능력주의 패배자들이 매일매일, 아니 평생토록 겪어야 하는 고통 속에 총체적 진실이 있다.

대학입시 정책은 서양의학의 시술 방식으로 이 문제에 접근하여 아픈 부위만 도려내려 했다. 그런 처방은 이미 오래전에 실패했는데, 정치권과 정부는 그 실패를 인정하지 않으려 한다. 아니 그것으로 해결되지 않는다는 것을 알면서도 정치권은 면피용으로 계속 그런 정책을 냈을 수도 있다. 이 병은 피가 잘 순환되지 않고 근육이 한곳에 뭉쳐 있으며 몸 전체의 균형이 파괴되어 생긴 것이기 때문에, 한의학의 치료법을 써야만, 즉 몸 전체의 체질을 변화시켜야만 치유될 수 있다. 이것을 사회구조 개혁이라고 불러도 좋을 것이다. 공부하기 싫어하는 아이들을 시험 기계로 만들어서 억지로 대학에 가게 만들고, 중·고등학교와 학원을 시험 전쟁터로 만들고, 학생들을 일타강사와 기숙학원에 의존하게 만드는 것은 학부모가 아니라 이 사회의 권력과 부의 배분 체제다. 이 질병은 결코 한두 정권, 정부의 한두 부처, 뜻있는 교사나 학부모의 노력만으로 해결할 수 없다. 지방대학 문제, 실업고 출신 청년들의 문제만 하더라도 학교, 기업, 지역사회, 지자체, 중앙정부 등 사회 전체가 동원되어야 하는 아주 고난도의 과제다.[1]

이 얽힌 회로를 풀기 위해 시험, 능력, 능력주의를 전면적으로 문제삼아야 한다. 능력 혹은 시험능력주의는 사람들의 가치관이나 태도, 이데올로기 등 관념적 영역에만 관련된 것이 아니라 권력관계와 지배질서라는 엄격한 현실의 일부다. 시험 합격/시험 탈락, 능력 있음/능력 없음의 구도는 한국의 지위 경쟁 체제를 구성하고 지배/피지배 질서를 정당화하는 논리다.

지금까지 이 책에서는 이러한 지위 배분, 지위 경쟁 체제의 역학을 다음과 같이 설명했다. 한국의 대입 경쟁, 그리고 시험능력주의에는 앞면과 뒷면이 있는데, 앞면은 한국의 지배질서, 지배 엘리트 충원 문제이며, 뒷면은 노동 천시, 노동 배제 문제다. 정치 계급, 전문직, 혹은 관료집단의 지위 독점과 과도한 특권에 의한 위로부터의 유인 효과가 있고, 노동 억압과 노동 배제로 인해 아래에 있는 사람들을 제자리에서 버티지 못하게 하고 위로 밀어올리는 효과가 동시에 작용한다. 이 두 힘이 작용하면 대입이라는 1차 선별의 병목, 그리고 고시처럼 순위를 정하는 시험에 많은 사람들이 몰려들어 과부하 상태가 된다. 이 모든 것의 기저에는 학교 전문가 집단 등 시민사회의 모든 평가체계의 부재와 취약한 신뢰 기반이라는 구조가 깔려 있다.

그래서 그림 1(37면)에서 제시했듯이 위에서 당기는 힘(x), 아래에서 밀어올리는 힘(y)이 변수가 되어 병목의 압력(z)이라는 함수에 영향을 미친다($f(x+y)=z$). 이 두 힘 중 하나라도 약화시키거나, 병목 자체를 넓히거나, 다른 통로를 만드는 것($z1, z2, z3\cdots$)은 병목이 터지는 상황을 막기 위한 일차적인 대안이 될 수 있다. 더 근본적으로는 병목으로 몰려가는 것을 당연시하는 통념과 가치관, 즉 지위 상승, 성공, 물질주의라는 단일가치의 극복, 그리고 능력주의 자체에 대한 이데올로기 비판이 필요하다. 아래에서의 상승의 압박(y)과 위에서의 유인의 힘(x)을 약화시키거나 없애기 위해서는 거대한 체제개혁이 필요하다. 우선은 심각한 과부하에 걸려서 온갖 부작용을 낳는 병목의 크기를 확대하고, 병목을 다양하게 만들어내는 제도개혁을 실시해야 한다. 이 세 차원의 개혁을 정리하자면 다음과 같다.

3차원의 개혁과제

제도개혁

- 시험능력보다는 실적(능력)주의 강화, 평가의 다양화와 패자부활 제도화
- 대학서열 구조 완화, 대학 공공성 확대, 수도권 분산
- 입시, 고시 외의 다른 지위 획득이나 지위 이동의 통로 확보

구조개혁

- 정치계급, 전문직, 관료집단의 지위 독점, 지위 폐쇄 극복, 위로부터의 이동 유인 축소
- 노동 존중, 노동권 확대를 통한 상승 압박 완화
- 단계적 숙련 축적 체계 마련을 통한 노동자의 삶의 안정성 보장
- 임금 불평등 극복, 사회적 연대

가치개혁

- 가치 기준의 단일성 극복, 성공지상주의, 물질주의 가치관의 극복
- 능력주의의 이데올로기성 비판과 극복

첫째, 병목의 통로 확대는 대학 공공성을 확대하고 대학서열 구조를 완화하는 것이고, 여러개의 통로 마련은 시험성적보다는 실적에 기초한 평가, 패자부활전, 1차 선별의 이후 누적효과 축소 등을 의미한다. 이러한 제도개혁은 지위 상승의 열망과 지위 경쟁이 어느정도는 계속될 수밖에 없다는 현실론, 그리고 능력주의는 어느정도 인정할 수밖에 없다는 기존의 전제 위에서 논의한 것이다.

둘째, 지배집단과 관련된 구조개혁은 사실 교육문제와 무관하게 여러 시민사회 단체, 전문가, 언론, 그리고 지식인 사회에서 많

이 논의되어온 것들이다. 법조인, 관료, 전문직의 지위 독점과 지위 폐쇄, 각종의 특권을 줄이는 일이다. 여기서 능력주의의 극복은 기술관료 집단의 지배를 넘어서서 민주주의를 실질화하는 문제라고 말할 수도 있는데, 구체적 과제로는 관료 법조인의 특권 철폐, 반부패, 전문직 직업윤리 확보 등이 있다.

셋째, 노동사회와 관련된 구조개혁은 한국의 교육계, 주류 지배 세력, 정치권, 주류 언론 등도 거의 의도적으로 회피하거나 무시하는 사안인데, 노동의 인간화, 노동자들에 대한 처우 개선, 임금 격차 축소, 노동자 단계적 숙련 형성 체계의 형성 등이 그 대안이다. 이는 정치권과 기업이 주로 해야 할 일이기도 하지만, 사회적 연대는 주로 조직 노동운동의 몫이다.

넷째, 가치개혁은 능력주의, 성장주의, 물질주의 이데올로기에 대한 발본적인 비판, 정신적 노예화의 극복이 필요한 지점이다. 이것은 정치철학 혹은 사회경제 정책 수립, 대안적인 체제 구상 차원에서 논쟁해야 할 사안이다. 사실 이것은 자유주의·개인주의 일반에 대한 비판과 관련된 좀더 근본적인 과제다. 대안을 만드는 것은 지식사회나 정치권의 임무이지만, 인공지능이 인간의 노동력을 대신하는 이 시대에 기업가들이 주장하는 효율성의 논리 앞에서 노동자들이 어떻게 자신의 사회적 기여를 인정받을 것인가의 문제이기도 하다.

위의 과제 중 어느 것 하나도 몇년 안에, 그것도 5년 단임제 대통령의 의지나 정치권의 입법 작업만으로 해결되기는 어렵다. 정부는 강한 의지, 장기적 비전과 계획을 갖고서 추진하되, 이 모든 개혁과제를 동시에 추진해야 한다. 교육계, 시민사회, 노동운동도 모두 자신의 방식대로 이 작업에 나서야 하며, 무엇보다도 당사자인 학부모와 학생 들의 주체화가 필요하다. 이 과제들 중에서 구조개혁보다 제도개혁이 좀더 쉽다고 본다면, 우리는 쉬운 순서대로 제도개혁, 구조개혁, 가치개혁으로 나아가야 할 것이다.

이런 개혁이 이루어지지 않으면 교육의 근본이 흔들리고, 장차 국가와 사회의 생존 자체가 위협받을 수 있다. 아니 한국이 이미 그렇게 되었다. 신자유주의 확산 이후 특히 코로나19의 팬데믹 상황이 초래한 사회적 불평등, 그리고 사회적 불평등으로 인한 교육격차에 의해 많은 청소년이 자신의 잠재력을 발휘하지 못하게 되고, 국가와 사회의 미래를 위해 반드시 필요한 전문가나 기술자가 양성되지 않는다. 코로나19 팬데믹 상황에서 '필수 노동자'의 엄청난 기여가 확인되었지만 그들은 여전히 열악한 조건에서 힘겹게 산다. 엘리트나 일반 시민이 시민정신을 갖는 존재로 길러지는 것이 아니라 오로지 반사회적인 사적 이익만 좇는 존재가 된다. 이것은 한국 공교육의 심각한 모순이 이미 곪을 대로 곪아 있음을 보여주는 것이다.

더 논의해야 할 과제들: 교육 그 자체와 구조적 불평등 문제

이 책에서 입시교육, 시험대비 교육은 진정한 교육이 아니라고 계속 비판했기 때문에, '그렇다면 한국의 공교육은 모두 실패했는가'라고 반론을 제기하는 사람도 있을 것이다. 그렇지 않다. 한국 교육은 나름대로 성공했고 국가와 사회발전에 큰 기여를 했다. 오늘날 한국의 경제성장을 가져온 일등 공신이라 해도 과언이 아니다. 노벨상 수상자가 나와야 교육이 성공한 것은 아니다. 교육은 한국인들에게 희망과 가능성을 불러일으켰고, 사회의 역동성을 가져왔다. 이 글의 문제의식은 그러한 성공이 과도할 정도로 학부모의 사적 투자에 힘입은 것이었고,[2] 사적 투자에 기반을 둔 시험능력주의가 학력을 매개로 한 입신출세주의를 강화했으며, 부모나 학생 들을 너무 고통스럽게 했을뿐더러, 공공에 대한 책임감 없이 특권의식으로 가득 찬 엘리트의 타락과 부패를 가져왔고, 노동 천시를 지속시켰다는 점을 강조한다. 그리고 지금 시점에는 한국 교육이나 사회적 지배논리를 집약한 시험능력주의가 미래를 위한 큰 짐이 된다는 점을 강조한 것이다.

교육에 대한 사적 투자는 오늘의 한국을 발전된 국가의 반열에 올려놓았다. 그러나 일류대 진학을 위한 중상층의 엄청난 사적 투자는 대체로 낭비되는 돈이고, 달리 사용되었다면 국민 복지에 훨씬 더 크게 기여했을 것이다. 학력주의와 고용불안이 결합되어 공무원 시험 준비에 들어간 수십만명 청년의 정열과 시간과 돈 역시 대부분은 낭비되는 것이다. 최고로 우수한 청년들이 공무원·판검사·의사가 된다고 해서 한국 경제의 혁신이 일어나지 않고, 한국이 더 정의롭고 살기 좋은 곳으로 변하지 않는다. 공교육이 더 많은 청소년들에게 자신의 잠재력을 발굴할 기회를 제공하고, 청소년들이 학력주의에 치여 좌절하지 않고 자신의 소질을 개발할 수 있다면 한국사회는 경제적으로든 사회적으로든 지금보다 훨씬 더 살기 좋은 곳이 될 수 있을 것이다.

누스바움은 "공부는 교육이 아니다"라고 말했다. 물리학자 장회익은 "'시험공부'라는 말 자체가 모순이다"라고 지적하면서 자신은 시험과 무관하게 공부했기 때문에 나름의 능력을 기를 수 있었다고 말했다.[3] 한국에서 통상적인 공부, 즉 시험공부는 교육과도 학문과도 사실 별개의 것이고, 별개의 논리로 작동한다. 시험형 인간들의 사회에서는 질문, 즉 '배우고 묻는 것(學問)'이 설 자리가 없다. 학문은 공적인 것, 미래를 위한 것이다. 그것은 사상의 자유, 토론과 비판과 반론을 전제로 성립한다. 그런데 학문이 제대로 자리잡지 않으면 교육도 제대로 이루어질 수 없다. 그래서 교육의 정상화는 반드시 독자적 학문의 수립을 전제로 한다. 세계를 지배하는 국가나 문명은 언제나 학문, 대학, 철학을 기저에 깔고 있다. 과학기술과 추상적인 철학과 담론이 그들의 무기였고, 이는 학문적 기반이 있어 가능했다.

공교육을 정상화하고, 시험과 공부를 분리시킬 필요성은 교육계에 몸담은 사람이라면 누구라도 절실하게 느낄 것이다. 우리는 한국과 같은 사교육 주도의 입시교육이 계속되어서는 안 된다는 것을 알고 있다. 교육민주화운동, 대안교육운동, 교원노조운동, 학교혁신운동 등은 모두 약간씩 결은 다르지만 시험능력주의를 극복하고자 한 운동들이었다. 그러나 교육은 사회체제의 재생산 활동의 일부이기 때문에 사회 전체의 작동원리를 전제로 하지 않는 교육운동은 매우 제한적인 변화만을 가져왔다. 학력·학벌주의도 그러했지만, 그것을 모두 흡수한 오늘의 시험능력주의 역시 지배질서 전체의 생산, 재생산과 톱니바퀴처럼 맞물려서 돌아간 다.

교육학자 정범모는 교육개혁의 성패는 "학생에게 얼마나 방과 후와 저녁과 방학을 돌려주었느냐"에 달려 있다고 지적했다.[4] 즉 아이들이 배움을 즐거워하고 행복하면 교육은 성공이고, 아이들 이 학교를 싫어하고 불행하면 학업성취 평가에서 아무리 점수가 향상되어도 대체로 실패한 것이다. 그래서 교육 그 자체를 고민 하는 사람이라면 교육이 사다리를 제공해야 한다는 비교육적 담 론 자체를 거부해야 한다.[5] 계층화된 사회구조 안에서 사다리에 오른 사람과 오르지 못한 사람을 구분하는 것 자체가 잘못된 것 이다. 입시교육에 실패했지만, 자신의 영역에서 땀 흘리며 사는 사람이 자존감을 갖고 살 수 있도록 격려해주는 것이 진정한 교 육일 것이다. 세상에는 존엄한 가치를 가진 인간들이 존재할 따 름이다. 교육자라면 그들을 선별되어야 할 대상, 구제받아야 할 대상으로 보아서는 안 된다.

영국의 문화연구자 레이먼드 윌리엄스(Raymond Williams)는 교육은 오랜 기간이 걸리는 매우 성취하기 어려운 혁명이며, 복 합적 총체성을 지니고 감정적 심층구조와 연관되어 있다고 봤다. 이러한 혁명이 필요한 이유는 특정 계급이 자신의 존재를 부정당 하고 살지 않도록 해야 하기 때문이다.[6] 그래서 교육문제는 언제 나 노동문제, 민주주의 문제와 직접 연결되어 있다. 이 책은 크게 보면 한국의 교육, 시험에 대한 정치사회학적 접근이지만, 교육 그 자체의 개혁과 이를 위한 교육운동의 지난한 노력이 중요하지 않다고 말하지는 않는다. 오히려 정치사회 개혁보다 교육의 개혁은 훨씬 더 근본적인 질문 속에서 진행되어야 하는 큰 과제다. 그러나 이 교육 자체의 과제에 대한 대안적 논의나 정책 방향 제시는 필자의 역량을 넘어선다. 이 척박한 토양 위에서 교육을 바로세우기 위해 애써온 교육계 전문가나 교육운동가들이 더 본격적으로 논의하고 대안을 제시해야 할 사안이다.

물론 앞에서 제안한 여러 체제개혁과 제도개혁이 착수되고 실행된다고 해도 오늘의 한국사회가 처한 불평등과 교육과 관련된 사회적 질병이 쉽게 해결되지는 않을 것이다. 한국인들은 오랜 신분제 사회의 암흑, 제국주의 지배, 노예제의 억압과 굴욕, 군사독재의 터널을 거쳐 이제 형식상으로는 자유롭고 민주적인 사회에 살게 되었다. 그러나 21세기에 들어선 지금도 일년에 수만명이 자살, 산재, 사고로 사망하고, 적어도 수백만명이 경제적 빈곤, 우울증, 낮은 자존감과 자포자기의 심정으로 고통을 겪고 있다. 이 문명사회에서 인간을 여전히 고통스럽게 만드는 가장 큰 원인을 들자면 당연히 권력과 부의 불평등이다. 부의 독점과 권력의 전횡을 막지 못해서 우리는 여전히 불행하다.

정치경제학·역사사회학적으로 보면 일본과 한국의 학력·학벌주의는 미국의 냉전반공주의체제의 전선에 위치해 있어, 극우세력이나 대자본의 힘이 막강하며, 노조가 회사에 완전히 포섭된 기업별 노조 형태로 고착화되고, 피고용자들 간의 격렬한 승진 경쟁이 일상화된 정치사회적 조건의 산물이기도 하다. 오늘날의 다른 모든 국가와 마찬가지로 한국의 심각한 자산격차와 소득격차는 구조적으로는 금융자본주의와 신자유주의 경제가 가져온 결과이자, 더 근본적으로는 피케티가 말하는 것처럼 자본주의 소유권 질서와 세습에 기인한다. 한국사회로 초점을 좁혀보면 재벌-정치권-관료로 연결된 특권과 배제의 구조가 불평등의 주요 원인으로 작용한다. 임금격차는 기업 규모에 비례해 현격하게 벌어지고, 자산격차는 주로 부동산 독점에 기인하는데, 이 역시 재벌 대기업의 토지독점, 금융자본과 결합된 기업 주도의 재개발정책 및 주택정책 등과 관련이 되어 있다. 그래서 이러한 사회경제적 개혁과제와 교육개혁 과제가 결합되어야 한다.

사회복지나 사회적 안전망 등 시스템이 제대로 확립되어 있고 학력별 임금격차가 지금보다 적다면 사람들이 학력자격증과 전문직 자격에 목을 맬 이유가 없다. 지금까지도 그랬지만 지위 배분과 일자리, 이 두가지 조건의 변화가 앞으로의 교육개혁에 가장 중요한 변수로 작용할 것이다. 한반도 내의 변화로는 남북평화, 통일이 있을 수 있고, 국내적으로는 저출산 고령화, 노령화 사회의 도전이 있으며, 외적으로는 디지털화, 인공지능 시대, 기후위기라는 거대한 조건이 있다. 통일과 평화는 불확실한 조건이지만, 저출산 고령화는 이미 심각해진 현실이며, 디지털과 인공지능 시대도 이미 닥쳐온 현실이다. 기후위기는 피할 수 없는 전지구적인 과제이자 한국의 이후 산업과 일자리에도 심대한 영향을 줄 것이다. 이런 변화가 교육, 지위의 배분, 일자리, 청년의 미래에 영향을 미칠 가장 도전적인 과제다.

특히 한국은 이제 공정보다는 정의에 더 집중해야 한다. 사회적 형평, 정의 실현은 공정보다 더 큰 시대적 과제다. 항일운동가이자 중도파 지식인인 조소앙(趙素昂) 선생은 정치·경제·교육의 균등(三均主義)을 장차 독립할 한국의 정치철학의 기본으로 삼았는데, 오늘의 관점에서 보면 경제적 균등이 제일 중요하고, 다음으로 정치와 교육의 균등이다. 자본 독점이나 전문직 특권의 극복, 복지 확대, 제도적 민주주의의 심화 확대, 시민의 참여가 능력주의를 넘어설 수 있는 과제일 것이다. 조소앙 선생이 강조한 세 차원의 균등이 실현되어야, 다양한 잠재력을 가진 많은 사람들이 자신의 '능력'을 제대로 발휘할 수 있을 것이다.[7]

서장

1 「인천국제공항공사의 보안검색요원 정규직화에 대한 청년들의 분노가 식을 줄 모른다」, 『한국법정신문』 2020. 6. 25.

2 「'징역 4년' 정경심 대법원 간다 … 상고장 제출」, 『머니투데이』 2021. 8. 12.

3 「'고려대 불공정의 상징 됐다' … 조민 사태에 분노한 고대생들」, 『중앙일보』 2021. 8. 12.

4 「"학벌 차별 없다면, 누가 밤새워 공부하겠어요?"」, 『오마이뉴스』 2021. 5. 27.

5 과거 한국외국어대 용인 분교와 본교의 통합에 대해 본교 학생들은 비상총회를 열고 본관을 점거하기도 했다. 「"용인캠퍼스와 통합 안 돼" 외대 학생들 씁쓸한 투쟁」, 『한겨레』 2011. 10. 28.

6 「"하버드대 나왔잖아요" 당 대표 선거 결과가 학벌순?」, 『오마이뉴스』 2021. 6. 14.

7 교육학자 강창동이 학력이 능력, 혹은 실력이라는 생각이 지배적이라는 점을 강조했다. 강창동 「학력 개념에 관한 사회학적 연구」, 『교육사회학 연구』 20권 1호, 2010.

8 박권일은 능력주의는 거의 모든 한국 사람들이 견지하는 태도이며, 시험을 통한 지대 추구, 승자독식의 성격을 갖는다고 말한다. 박권일 「한국의 능력주의 인식과 특징」, 『시민과 세계』 38호, 2021. 다른 많은 연구자들도 한국의 능력주의는 시험과 결합되어 있다는 점을 지적했다.

9 대니얼 마코비츠 『엘리트 세습: 중산층 해체와 엘리트 파멸을 가속하는 능력위주 사회의 함정』, 서정아 옮김, 세종 2020, 63면; 소스타인 베블런 『유한계급론』, 김성균 옮김, 우물이있는집 2012.

10 호리오 데루히사 『일본의 교육』, 심성보·윤종혁 옮김, 소화 1997, 50면.

11 David F. Labaree, "Public schools for private gain: The declining American commitment to serving the public good," *Phi Delta Kappan* Vol. 100, No. 3, 2018; David F. Labaree, "Public Goods, Private Goods: The American Struggle over Educational Goals," *American Educational Research Journal* Vol. 34, No. 1, 1997, 43면; David F. Labaree, *How to Succeed in School Without Really Learning: The Credentials Race in American Education*, Yale University Press 1997.

12 Ronald Dore, *Diploma Disease: Education, Qualification and Development*, Institute of Education, University of London 1997.

13 임언·서유정·권희경·류기락·최동선·최수정·김안국 『한국인의 역량, 학습과 일: 국제성인역량조사(PIAAC) 보고서』, 교육부·고용노동부·한국직업능력개발원 2013, 40~42면.

14 토마 피케티 『자본과 이데올로기』, 안준범 옮김, 문학동네 2020, 72~240면.

15 Ronald Dore, 앞의 책.

16 김종영 『서울대 10개 만들기: 한국 교육의 근본을 바꾸다』, 살림터 2021.

17 마이클 세스 『한국 교육은 왜 바뀌지 않는가』, 유성상·김우영 옮김, 학지사 2020.

18 김영철 「"행복은 성적순이 아니잖아요?" 과연 그러할까?」, 『나라경제』 2016년 3월호.

19 유성상 「역자 서문」, 마이클 세스, 앞의 책.

20 앞의 라바리도 교육은 정치적 사안이라고 강조한다.

21 교육과 권력을 연결해서 지배질서를 물질적 자본과 상징적 자본의 동시 작용으로 본 사람은 부르디외였다. Pierre Bourdieu and Jean-Claude Passeron, *Reproduction in Education, Society, and Culture*, Sage Publications 1977; Pierre Bourdieu, *The State Nobility: Elite Schools in the Field of Power*, Stanford University Press 1998.

22 김부태 『한국 학력사회론』, 내일을여는책 1995; 이혜영 「학력주의와 청소년의 삶」, 『한국청소년연구』 20호, 1995; 강창동 『한국의 교육문화사』, 문음사 2002; 오욱환 『베버 패러다임 교육사회학의 구상: 교육현상의 이해와 인본주의 사회의 구현을 위하여』, 이화여자대학교출판부 2010; 성열관 「메리토크라시에서 데모크라시로: 마이클 영(Michael Young)의 논의를 중심으로」, 『교육학연구』 53권 2호, 2015; 박남기 『실

력의 배신: 왜 우리는 열심히 노력해도 여전히 불행한가?』, 쌤앤파커스 2018; 이윤미 외 『비판적 실천을 위한 교육학』, 살림터 2019; 이경숙 『시험국민의 탄생』, 푸른역사 2017.

23 Hans H. Gerth and C. Wright Mills, eds., *From Max Weber: Essays in Sociology*, Oxford University Press 1958. 파킨은 막스 베버의 계급론을 자본-노동의 이분법으로 보는 맑스 계급론과 대비하면서 그것이 부르주아적 비판이라는 부제를 달았다. Frank Parkin, *Marxism and Class Theory: A Bourgeois Critique*, Columbia University Press 1977.

24 랜들 콜린스 『학력주의 사회』, 정우현 옮김, 배영사 1989.

25 이혜정 『대한민국의 시험: 대한민국을 바꾸는 교육혁명의 시작』, 다산지식하우스 2017; 이경숙, 앞의 책.

26 이윤미 「동아시아 교육발전모델의 역사적 구조 탐색: 일본교육의 사례」, 『비교교육 연구』 25권 4호, 2015; 이윤미 「동아시아 모델의 교육적 적용 가능성 탐색」, 『비교교육연구』 22권 5호, 2012.

27 대표적인 연구로 다음을 참고하라. 김동훈 『서울대가 없어야 나라가 산다: 학벌주의의 뿌리를 찾아서』, 더북 2002; 김용일 『교육의 미래: 시장화에서 민주화로』, 문음사 2002; 김상봉 『학벌사회: 사회적 주체성에 대한 철학적 탐구』, 한길사 2004; 장은주 「한국사회에서 메리토크라시의 발흥과 교육 문제」, 『사회와 철학』 21호, 2011; 이관후 「블라인드 채용은 정의로운가?: 메리토크라시와 운평등주의적 검토」, 『현대정치 연구』 12권 3호, 2019; 박권일 『한국의 능력주의: 한국인이 기꺼이 참거나 죽어도 못 참는 것에 대하여』, 이데아 2021; 채효정 「학벌은 끝났는가」, 박권일 외 『능력주의와 불평등』, 교육공동체벗 2020.

28 로널드 도어의 연구도 이런 전제 위에 서 있다. 도어의 연구에 대한 평가는 다음을 참고하라. Yumi Lee and Peter Ninnes, "A Multilevel Global and Cultural Critique of 'Diploma Disease'," *Comparative Education Review* Vol. 39, No. 2, 1995.

29 사회학적 개념은 언제나 관계적이다. 사회현상이라는 것 자체가 관계적인 것이다. Pierre Bourdieu, *Practical Reason: On the Theory of Action*, Stanford University Press 1998, 1~13면.

30 이반 일리치 『과거의 거울에 비추어』, 권루시안 옮김, 느린걸음 2013, 346면.

1장 사회적 질병으로서의 시험능력주의

1 Ronald Dore, "Preface," *Diploma Disease: Education, Qualification and Development*, Institute of Education, University of London 1997.

2 「"한국 입시경쟁, 냉전시대 끝없는 '군비 경쟁' 같아"」, 『동아일보』 2019. 2. 10.

3 「유엔 위원들 "한국 교육 목표는 명문대 입학 ⋯ 돈 벌려고?"」, 『오마이뉴스』 2019. 9. 20.

4 개번 매코맥 『종속국가 일본: 미국의 품에서 욕망하는 지역패권』, 이기호·황정아 옮김, 창비 2008, 233면.

5 같은 책 235면.

6 한국 어린이·청소년의 주관적 행복지수는 2009년 첫 조사 이후 2014년까지 60~70점대를 기록하며 6년 연속 최하위였다가 2015년에는 90.4점(23개국 중 19위) 으로 크게 올랐다. 하지만 2016년 다시 꼴찌의 불명예를 안게 됐다.

7 「한국 '가계 교육비' 비중, 핀란드의 15배」, 『한겨레』 2015. 9. 20.

8 성열관 「핀란드 교육 성공, 그 사회적 조건」, 한국교육연구네트워크 총서기획팀 『핀란드 교육혁명』, 살림터 2010.

9 2019년 5월 14일 한국방정환재단이 연세대 염유식 교수에 의뢰해 연세대 사회발전연구소 연구팀과 함께 조사한 결과. 「아이들 '주관적 행복지수' OECD 꼴찌 수준 ⋯ 언제쯤 오를까?」, 『한겨레』 2019. 5. 14.

10 「엄친아 죽음으로 내모는 '1등 콤플렉스'」, 『동아일보』 2013. 4. 10.

11 청소년 활동가 양말의 인터뷰 내용. 「"지금, 국회에 중졸인 저를 대변할 사람이 있나요?"」, 『오마이뉴스』 2020. 4. 2.

12 필자의 성공회대학교 교육대학원 '교육과 교육불평등' 강의(2002)에서 교사 김○○가 학생 대상의 인터뷰에 기초하여 제출한 학기말 보고서 중에서.

13 「덴마크인 아빠가 이해할 수 없었던 한국 교육」, 『오마이뉴스』 2020. 8. 29.

14 Matt Phillips, "Korea is the world's top producer of unhappy school children," *Quartz*, December 4, 2013.

15 「학생 5명이 자살한 '또 하나의 대치동' 가보니⋯」, 『프레시안』 2012. 6. 27.

16 제니 챈 외 『아이폰을 위해 죽다』, 정규식 외 옮김, 나름 북스 2021, 93면

17 「"코로나 사망 0명, 자살 학생은 몇명인지 아는가"」, 『오마이뉴스』 2021. 3. 22.

18 「초·중·고생 '극단적 선택', 3년간 55% 증가」, 『서울신문』 2019. 10. 6.

19 경향신문 특별취재팀『민주화 20년의 열망과 절망: 진보·개혁의 위기를 말하다』, 후마니타스 2007, 245면.

20 「10대 청소년 자살 충동률 1위 … "성적·입시 스트레스 때문"」,『뉴시스』2013. 7. 17.

21 100% 영어로 이뤄진 강의도 상황 악화에 한몫했다. 강의가 영어로 진행되자 학생들은 기초지식이 있는 전공과목을 주로 듣고 생소한 인문학 교양과목은 피했다. 박수빈·안치용·신다임「"미안, 먼저 가" 그 학교 학생들은 왜 스스로 목숨 끊었나」,『오마이뉴스』2021. 5. 16.

22 서울 강남의 사교육 시장에서 대형 학원을 운영했던 남○○의 인터뷰, 2021. 12. 20.

23 이는 한국개발연구원(KDI) 김희삼의 조사 결과다.「무한경쟁이 불신 키우는 한국 사회 … 대학생 81% "고교는 전쟁터"」,『연합뉴스』2018. 8. 2.

24 「"모의고사 1등급엔 10만원" 황당한 공립고」,『한겨레』2012. 7. 5.

25 「'반칙' 가르치는 일제고사 … 조직적 부정행위 묵인」,『경향신문』2012. 6. 28.

26 「악성 민원에 소송까지 … 교권침해 양상 갈수록 심각해져」,『한국교육신문』2020. 5. 13.

27 정민승「입시는 어떻게 괴물을 만드는가」,『교육비평』40호, 2017.

28 「딸 진학문제 고민 40대 어머니 분신자살」,『연합뉴스』2005. 2. 6.

29 이찬승「'잠자는 교실(EBS 다큐「다시, 학교」⑧부)'의 근본적 해법」,『교육을 바꾸는 사람들』, 2020. 3. 4.

30 조한혜정, 전상진, 조용환 등의 연구. 성열관『수업시간에 자는 아이들: 교실사회학 관점』, 학이시습 2018, 8~9면에서 재인용.

31 「"커닝할 필요도 못 느껴" … 일반고 무기력증 팽배」,『서울경제』2015. 6. 17.

32 「'잠자는 교실' 악순환의 고리 어떻게?」,『교육희망』2021. 2. 18.

33 성열관, 앞의 책 4~29면.

34 같은 책 120면.

35 Albert O. Hirschman, *Exit, Voice and Loyalty*, Harvard University Press 1970.

36 일제하에서 생존해야 했던 지식인들의 '내부 망명'을 다룬 문학 작품이 많았다. 소설가 최인훈도 '내부 유배' 등으로 이러한 정신적 상태를 묘사한 적이 있다.

37 「수업시간에 잠자는 학생 깨우면 '벌금형'…?」,『뉴스프리존』2021. 2. 22.

38 성열관, 앞의 책 163면; 성열관「수업방해 행위 및 방해학생들의 유형과 특징: 중학교 교실 참여관찰」,『교육학연구』, 59권 2호, 2021, 191~216면.

39 「공부 스트레스에 … 학생 40% "학교 그만두고 싶다"」,『서울신문』2012. 9. 4.

40 「학생 3명 중 1명 "학교 내 삶에 도움 안 돼" … 절반은 "그만두고 싶다"」, 『머니투데 이』 2019. 11. 1.

41 「"중고생 절반이 '학교 그만두고 싶다'고 생각한다"」, 『국민일보』 2019. 11. 1.

42 山田昌弘 『希望格差社會』, 筑摩書房 2004.

43 정명근 「원로 교사의 충언 "학교가 학생 인생 망치는 주범이다"」, 『에듀진』 2016. 12. 15.

44 엄기호 『교사도 학교가 두렵다』, 따비 2013, 103~10면.

45 폴 윌리스 『교육현장과 계급재생산: 노동자 자녀들이 노동자가 되기까지』, 김찬호·김영훈 옮김, 민맥 1989, 65면.

46 内藤朝雄 「'いじめ'の社會關係論」(http://d.hatena.ne.jp/izime/20070317/p1).

47 「교육열이 높은 지역이 학교폭력 심각」, 『조선일보』 2012. 12. 1.

48 랜들 콜린스 『학력주의 사회』, 정우현 옮김, 배영사 1989, 107면.

49 사토 마나부 「'시장논리'에 학교가 멍든다」, 『한겨레』 1999. 7. 5.

50 교육부 「2020년 교육기본통계 주요내용」, 2020. 8. 28.

51 서영교 의원실이 교육부에서 받은 '초·중·고등학생 학교급별 학업중단 학생 분석 자료'. 「공교육 이탈 학생, 최근 3년간 15만명」, 『e대학저널』 2019. 9. 29.

52 이정희 「학교보다 태블릿이 더 친숙한 아이 … 그보다 더 충격인 건」, 『오마이뉴스』 2021. 4. 30.

53 문수현 「학교는 우리에게 무엇인가」, 『한겨레』 2021. 2. 18.

2장 시험능력주의의 지배

1 Mark Manns, "The Culture of Testing: Sociocultural Impacts on Learning in Asia and the Pacific," UNESCO Office Bangkok and Regional Bureau for Education in Asia and the Pacific 2018.

2 헌법재판소의 '90헌마196' 결정문.

3 헌법재판소의 '2008헌마370, 2008헌바147'(병합) 결정문.

4 로스쿨 제도 도입에 역할을 한 한상희의 인터뷰. 「현직 로스쿨 교수의 분노 "엉터리 제도가 학생들 허송세월하게 만들어"」, 『경향신문』 2021. 5. 30.

5 신평 『법원을 법정에 세우다: 영원한 내부고발자의 고백』, 새움 2018; 「"휴학 뒤 돌아

온 로스쿨, 고시학원으로 변해 있더라」, 『한겨레』 2019. 4. 20.

6 한상희의 의견. 「현직 로스쿨 교수의 분노 "엉터리 제도가 학생들 허송세월하게 만들어"」, 『경향신문』 2021. 5. 30.

7 이재협·이준웅·황현정 「로스쿨 출신 법률가, 그들은 누구인가?: 사법연수원 출신 법률가와의 비교를 중심으로」, 『서울대학교 법학』 56권 2호, 2015.

8 고졸 사법고시 합격 신화는 과장된 것이다. 정확한 통계는 없지만 로스쿨 도입 이전 고졸 합격자는 전체 사시 합격자의 1%에도 미치지 못했다.

9 「의학전문대학원이 '미운오리새끼'가 된 까닭은?」, 『한국일보』 2016. 6. 27.

10 「조국 딸 다닌다는 의전원은 '실패한 제도' … 2009년 27개→2021년 2개」, 『한국경제신문』 2019. 8. 26.

11 이혜정 『대한민국의 시험: 대한민국을 바꾸는 교육혁명의 시작』, 다산지식하우스 2017 참조.

12 이현은 수능확대론 비판을 반비판했다. 이현 「수능 확대가 사교육비의 주범?: 학종의 거짓말(6) 대입전형 바꾸기로 사교육 문제 해결 어려워」, 『오마이뉴스』 2022. 1. 24.

13 노무현 정부 이후 한번의 시험으로 당락을 판가름하는 수능시험 제도가 많은 문제점을 노출했다는 비판에 따라 입시를 다양화하여 시험 외의 학생부 중심의 대입전형과 대학입학사정관 제도가 도입되었지만, 사교육비는 더욱 증가했으며(안선희 「공교육 정상화를 통한 사교육비 경감정책 주장의 실제적 타당성 분석」, 『교육문화연구』 21권 6호, 2015), 학생부 반영이나 입학사정관 제도는 오히려 중상층 출신 학생들에게 더욱 유리하게 작용하였다는 비판이 제기되었다.

14 조장훈 『대치동: 학벌주의와 부동산 신화가 만나는 곳』, 사계절 2021, 99면.

15 2007년 교육인적자원부는 우수한 교사를 선발하기 위해 논술이나 면접을 강화하는 방식으로 임용고사 방식을 바꾸기도 했으나 수능시험과 같은 1차 시험의 비중이 매우 높기 때문에 시험에서의 변별의 공정성이 중요해지고, 자질과 교육과정의 중요성은 뒤로 밀려날 수밖에 없었다. 「수능형 시험으로 교사의 자질을 평가하는 교육당국」, 『오마이뉴스』 2010. 2. 9.

16 어용치몍 한드수랭 「1980년대 교원임용고시 도입 논쟁」, 한국학중앙연구원 석사학위논문 2021 참조.

17 신현석·이경호 「신규교원 임용의 쟁점과 과제」, 『인력개발연구』 9권 2호, 2007, 70면.

18 「국가교육회의, 임용시험으론 우수교사 못 뽑아 … 필기 폐지-면접 강화되나?」, 『에듀프레스』 2019. 5. 5.

19 신평, 앞의 책 69면.

20 이경숙『시험국민의 탄생』, 푸른역사 2017 참조.

21 Shlomi Segall, "Should the Best Qualified Be Appointed?," *Journal of Moral Philosophy* Vol. 9, 2012. 시걸의 운평등주의에 대한 비판적 검토는 이관후「블라인드 채용은 정의로운가?: 메리토크라시와 운평등주의적 검토」,『현대정치연구』12권 3호, 2019 참조.

22 조지프 피시킨『병목사회: 기회의 불평등을 넘어서기 위한 새로운 대안』, 유강은 옮김, 문예출판사 2016, 2~16면, 29~31면.

23 "South Korea Suneung exam: 'I wanted to cry and quit everything'," BBC, 2021. 11. 18.

24 노무현 정부의 교육혁신위원회의 김민남 위원은 전국 단위 수능시험 폐지를 주장했고, 교육부는 변별을 위해 15등급으로 하자는 제안을 했다. 수능이 없어지면 내신 부풀리기와 학교 간 격차 문제가 발생할 수밖에 없었다. 노무현 대통령은 변별의 필요성을 인정하여 9등급으로 하되, 대학이 창의력, 인성, 사회성 등을 고려하여 자율적으로 선발하자는 제안을 했다. 김성근『교육, 끊어진 길 되짚으며 새 길을 내기 위하여』, 한국미래발전연구원 2012, 123면.

25 「"교과 중심만으론 못 푸는 수능, 수명 다했다"」,『경향신문』 2021. 12. 13.

26 서울대 등 상위권 대학은 입시전형에서 고교 내신을 무시하고, 사실상의 고교등급제를 적용하기 때문에 실제 자사고·특목고 출신들이 더 쉽게 입학할 수 있게 되었다. SKY대 수시 전형의 92.7%는 학종에 의해 선발한다고 한다. 조장훈, 앞의 책 95면.

27 메리토크라시와 계급의 연관성을 강조하기 위해 고등학생들 사이에서 떠도는 말. 「"세월호, 능력중심주의 교육이 낳은 대참사"」,『경남도민일보』 2014. 11. 28.

28 장은주「세월호 이후의 한국 교육: '메리토크라시적 교육'을 넘어 '민주주의적 교육'으로」, 경남대 인문과학연구소 주관 학술대회 '새로운 교육패러다임의 모색과 실천' 발표논문, 2014. 장은주의 교육과 능력주의의 깊은 상관성에 관한 연구는 다음을 참고하라. 장은주「능력주의의 함정에서 벗어나기」,『철학과 현실』128호, 2021; 장은주「한국사회에서 '메리토크라시의 발흥'과 교육 문제: '민주주의적 정의'를 모색하며」,『사회와 철학』21호, 2011.

29 「'차가운 분노'만 남은 고졸 청년들」,『시사인』 2020. 1. 15.

30 「工具서 의사 변신 정동학 인하대 교수」,『동아일보』 2001. 3. 29.

31 이만갑『한국 농촌의 사회구조: 경기도 6개 촌락의 사회학적 연구』, 한국연구도서관

1960, 171면.

32 같은 책 172면.

33 深谷昌志『學歷主義の系譜』, 黎明書房 1969, 14면.

34 대학을 가지 않았던 청년들이 겪은 일들에 대해서는 다음 책을 참고하라. 한지혜 외 『대학거부 그후: 졸업장 없이 살아가는 사람들』, 교육공동체벗 2014.

35 「"덴마크 40년 전에는 '서열의식'이 견고했다"」, 『프레시안』 2008. 2. 20.

36 「"대학생 56% 출신 학교 나쁘면 취업 어렵다"」, 『연합뉴스』 2010. 12. 20.

37 남궁지영·우명숙『한국교육개발원 교육여론조사』, 한국교육개발원 2011.

38 홍훈「학벌·학력의 정치경제학: 시론」, 『한국경제학보』 12권 1호, 2005.

39 한국여성정책연구원의 조사에 의하면 '가장 심각하다고 생각하는 차별 유형'에 대해 2004년에는 응답자의 21.5%가, 2011년에는 29.6%가 학력·학벌 차별이 가장 심각하다고 답했다. 「한국인, 학력·학벌 차별 가장 심각」, 『한겨레』 2011. 9. 2; 「[여론조사] "우리 사회 가장 심각한 차별은 학력 및 학벌 차별"」, KBS, 2019. 1. 3.

40 1996년 노동자 출신 시인 박노해가 감옥에서 출옥한 후 토해낸 발언. 박노해『사람만이 희망이다: 박노해의 새벽에 길어올린 한 생각』, 해냄 1997.

41 박홍기·김재천『학벌리포트』, 더북 2003, 80면.

42 Pierre Bourdieu, *The State Nobility: Elite Schools in the Field of Power*, Stanford University Press 1998.

43 주로 1945년 이전의 학력주의 지배 상황에 대해 일본 학자들이 그렇게 불렀다. 竹內洋『學歷貴族の榮光と挫折』, 講談社 2011.

44 Hans H. Gerth and C. Wright Mills, eds., *From Max Weber: Essays in Sociology*, Oxford University Press 1958, 186~94면.

45 서울과 서울 외, 4년제와 전문대 및 고졸의 경계는 청년들을 위아래로 가른다. 전문대 출신의 한 청년은 한국사회에서 학벌이 얼마나 중요한지 점수를 매긴다면 10점 만점에 몇점이냐는 질문에 지체 없이 10점을 주었다. 「"벚꽃 피는 순서대로 대학 망한다" 지역 청년들 체념하지만…」, 『한겨레』 2019. 12. 2.

46 Frank Parkin, *Marxism and Class Theory: A Bourgeois Critique*, Columbia University Press 1977; Raymond Murphy, *Social Closure*, Clarendon Press 1988.

47 박권일「한국 능력주의의 형성과 그 비판: 『고시계』 텍스트 분석을 중심으로」, 성균관대학교 석사학위논문, 2018, 49면.

48 "내 친구 K군은 집안 형편이 어려워 전액 장학금 받고 K대를 진학해서 박사를 받았

는데, 교수 채용에서는 면접 대상자로 올라가지도 못한다. 우리(고려대)는 그래도 면접 대상자 정도는 된다."(고려대 사학과에서 박사학위를 받은 J씨가 필자와 나눈 대화 내용, 1996. 1.

49 장기수 출신 박○○의 인터뷰, 2021. 10. 28.

50 한국 대졸자 노동시장에서는 학벌과 수능성적 어느 한쪽이라도 낮은 사람은 엄격한 페널티가 부과되는 엄혹한 선별이 이루어진다. 김희삼·이상호『고등교육의 서열과 노동시장 성과』, 한국개발연구원 2008.

51 竹內洋『日本のメリトクラシー:構造と心性』, 東京大學出版会 1995.

52 김영철「우리나라의 입시 위주의 교육과 입시체제의 개편 방안」, WinC 교육 토론회 발표문, 2016.

53 랜들 콜린스『학력주의 사회』, 정우현 옮김, 배영사 1989, 124면; David K. Brown, "The Social Sources of Educational Credentialism: Status Cultures, Labor Markets, and Organizations," *Sociology of Education* Vol. 74, 2001, Extra Issue.

54 *Bildungsburgentum* 서문에 쓴 코카의 주장. Geoffrey Cocks and Konrad H. Jarausch, eds., *German Professions, 1800-1950*, Oxford University Press, 1990, 11면에서 재인용; 케이스 M. 맥도날드『전문직의 사회학: 의사·변호사·회계사의 전문직프로젝트 연구』, 권오훈 옮김, 일신사 1999.

55 https://en.wikipedia.org/wiki/Grande_%C3%A9cole.

56 최은봉「일본 신중간층의 정치사회적 지위: 학력주의와 사회계층과의 관계를 중심으로」, 『아세아연구』 39권 2호, 1996.

57 김안국·이상호「크레덴셜리즘(Credentialism)과 교육-숙련 불일치」, 『교육사회학연구』 28권 2호, 2018.

58 랜들 콜린스, 앞의 책 71면, 99면.

59 L. Althusser, *For Marx*, trans. by B. Brewster, New Left Books 1977; A. Gramsci, *Selections from the Prizon Notebooks*, International Publishers 1971.

60 프랑스 철학자이자 사회학자인 에리봉(Didier Eribon)의 주장. "Les grandes écoles ne sont pas un système scolaire, mais un système social," *Le Monde* 2019. 1. 5.

61 마이클 영『능력주의』, 유강은 옮김, 이매진 2020, 14면.

62 같은 책 245면, 266면.

63 Takehiko Kariya and Ronald Dore, "Japan at the Meritocracy Frontier: From Here, Where?," *The Political Quarterly* Vol. 77, Iss. 1, 2006.

64 Max Weber, "The Chinese Literati," Hans H. Gerth and C. Wright Mills, eds., 앞의 책 416~42면.

65 Takehiko Kariya and Ronald Dore, 앞의 글.

66 苅谷剛彦『階層化日本と教育危機: 不平等再生産から意欲格差社會へ』, 有信堂 2005; 이윤미「동아시아 교육발전모델의 역사적 구조 탐색: 일본교육의 사례」,『비교 교육연구』25권 4호, 2015; 이윤미「동아시아 모델의 교육적 적용 가능성 탐색」,『비 교교육연구』22권 5호, 2012.

67 미셸 푸코『감시와 처벌』, 박홍규 옮김, 강원대학교출판부 1991, 243면; 苅谷剛彦, 앞 의 책 72면.

68 미셸 푸코, 앞의 책 243면; 苅谷剛彦, 앞의 책 72면.

69 竹內洋, 앞의 책 104~108면.

70 苅谷剛彦, 앞의 책 67~96면.

71 대니얼 A. 벨『차이나 모델, 중국의 정치지도자들은 왜 유능한가』, 김기협 옮김, 서해 문집 2017.

72 명말 중국에 온 이탈리아 선교사 마테오 리치는 중국의 문관정치를 보고서 중국이 철인(哲人)으로 불리는 사람들에 의해 다스려진다는 점을 주목했다. 진정『중국 과거 문화사: 중국 인문주의 형성의 역사』, 김효민 옮김, 동아시아 2003, 19면.

73 Zhang Weiwei, "Meritocracy Versus Democracy," *The New York Times* 2012. 11. 9.

74 深谷昌志, 앞의 책 15면.

75 물론 주자학은 일본에 늦게 도입되었으며, 일본에는 과거시험의 전통도 없다. 따라서 유교문화의 전통과 오늘의 학력주의를 곧바로 연결하는 것은 타당하지 않을 수 있다.

76 최은봉, 앞의 글 참조.

77 데이빗 B. 빌스『교육과 일: 사회학적 접근』, 장원섭·장시준·김영실 옮김, 박영스토 리 2017.

78 深谷昌志, 앞의 책 14면.

79 윤양배 외『능력과 학벌에 대한 일반 국민과 기업 인사담당자의 인식 경향』, 한국직 업능력개발원 2008. 단 20대의 경우는 그렇게 보지 않았다.

80 이경숙, 앞의 책 53면.

81 박남기는 '거래 가능하고 수요가 존재하며 부를 창조하는 데 기여하는 실력' 즉 좁 은 의미의 실력이라고 말한다. 박남기『실력의 배신: 왜 우리는 열심히 노력해도 여전 히 불행한가?』, 쌤앤파커스 2018.

82 같은 책 22면.

83 채효정「학벌은 끝났는가」, 박권일 외『능력주의와 불평등』, 교육공동체벗 2020.

84 조장훈, 앞의 책 121면.

85 엔뉘 안데르손『도서관과 작업장』, 장석준 옮김, 책세상 2017.

86 박소현·이금숙「한국 직업구조의 변화와 고용분포의 공간적 특성」,『대한지리학회지』 51권 3호, 2016.

87 전병유·신진욱 엮음『다중격차, 한국사회 불평등 구조』, 페이퍼로드 2016, 34면.

88 Zygmunt Bauman, *Liquid Modernity*, London: Polity 2000, 4면.

89 게오르그 짐멜『돈의 철학』, 김덕영 옮김, 길 2013; 발터 벤야민「종교로서의 자본주의」,『발터 벤야민 선집 제5권: 역사의 개념에 대하여, 폭력비판을 위하여, 초현실주의외』, 길 2007.

90 Sheila Slaughter and Larry L. Leslie, *Academic Capitalism: Politics, Policies, and the Entrepreneurial University*, The Johns Hopkins University Press 1997.

91 Panagiotis Sotiris, "Theorizing Entrepreneurial University: Open Questions and Possible Answers," *Journal for Critical Education Policy Studies* Vol. 10, No. 1, 2012.

92 박강수「민주주의의 요청 "아이비리그를 해체하라"」,『교수신문』 2021. 6. 23.

93 장 보드리야르『소비의 사회: 그 신화와 구조』, 이상률 옮김, 문예출판사 1993, 72~79면, 121~23면.

94 강준만『개천에서 용 나면 안 된다: 갑질 공화국의 비밀』, 인물과사상사 2015.

95 김석수「상징적 폭력과 전근대적 학벌사회」,『시대의 철학』 16호, 2008.

96 미셸 푸코『생명관리정치의 탄생: 콜레주드프랑스 강의 1978-79년』, 오트르망 옮김, 난장 2012, 222면.

97 남미자 외「교육열, 능력주의 그리고 교육 공정성 담론의 재고(再考): 드라마〈SKY 캐슬〉의 담론 분석을 중심으로」,『교육사회학연구』 29권 2호, 2019.

98 「"아파트 한채 값 'SKY 캐슬'의 입시 코디 … 70%는 진실"」,『중앙일보』 2018. 12. 23.

99 대입 매니저는 월 100만원, 유학 대리모는 월 1000만원까지 지출한다고 한다.「월 100만원 대입 매니저, 월 1000만원 입시 대리모 … 성업 중」,『한국일보』 2014. 10. 14.

100 「'미국판 스카이캐슬' 女배우 실형 … 판사 "동화 같은 삶 살면서, 왜"」,『조선일보』 2020. 8. 22.

101 「중국 정부는 왜 고강도 사교육 금지를 내놓았나」,『경향신문』 2021. 8. 10.

102 김태호「한국사회의 학력과 계급 재생산: 대학교육의 의미 변화와 사회구조적 파

장」, 한국사회학회 사회학대회 논문집, 2012.

103 백다례「대기업 생산직 노동자 가족 내 어머니 교육열망에 관한 연구」, 숙명여자대학교 석사학위논문 2011.

104 김창환·변수용『교육 프리미엄: 한국에서 대학교육의 노동시장 가치는 하락했는가?』, 박영스토리 2021.

105 다중격차 사회에서 소득과 교육이 넘나들며 불평등을 강화하는 효과가 있다. 전병유·신진욱 엮음, 앞의 책 31~36면.

106 참여연대는 자사고를 '귀족형 입시학원'이라고 비판하면서 자사고가 사교육 폭증의 진원지가 될 것이라고 비판했다(https://www.peoplepower21.org/StableLife/634868).

107 「"실력차이 전에 구조적인 격차 도전을 許하라" "피땀 흘린 만큼 성공하는 게 공정 아닌가요"」, 『동아닷컴』 2020. 9. 1.

108 김태호, 앞의 글.

109 조장훈, 앞의 책 228~45면.

110 「전북교육감 "상산고 360명 중 275명이 의대 가는 현실 … 잘못됐다"」, 『한겨레』 2019. 6. 26.

111 「지난해 서울대·고려대·연세대 재학생 1624명이 학교 그만뒀다」, 『인사이트』 2021. 9. 8.

112 「도 넘은 '의대 쏠림' 현상, 이대로 괜찮습니까?」, SBS뉴스, 2011. 12. 12.

113 채효정, 앞의 글 116면.

114 조장훈, 앞의 책 221면; Gary Rhoades, "Market Models, Managerial Institutions, and Managed Professionals," *International Higher Education* No. 13, 1998.

115 조귀동『세습 중산층 사회: 90년대생이 경험하는 불평등은 어떻게 다른가』, 생각의 힘 2020, 278면.

116 이정철『언제나 민생을 염려하노니』, 역사비평사 2013, 312면.

117 Lawrence Di Bartolo, "Intercultural Education: The Great Social Justice Hijack" (http://www.cdc.gov).

118 종로학원 등의 집계에 기초한 각 언론사의 보도 참조.

119 "La méritocratie est la ≪bonne conscience des gagnants du système≫," *Le Monde* 2019. 2. 5.

120 김세직「경제성장과 교육의 공정경쟁」, 『경제논집』 53권 1호, 2014; 김세직·류근

관·손석준「학생 잠재력인가? 부모 경제력인가?」,『경제논집』54권 2호, 2014; 「"서울대 합격자, 강남구가 강북구의 21배"」,『한겨레』2014. 8. 14.

121 정진영「문화자본」,『국민일보』2014. 8. 23.

122 변수용·이성균『부모의 사회경제적 지위와 자녀의 교육 결과: 한국에서 교육불평등은 심화되었는가?』, 박영스토리 2021.

123 「'개천의 용' 없었다 … 의대 새내기 80%가 금수저」,『매일경제』2021. 10. 11. 국민의힘 김병욱 의원실이 한국장학재단에서 입수한 자료에 근거하였다.

124 김성식은 소득 계층뿐만 아니라 학교 내 교육 경험, 사전 성취도 등이 학생의 학업 능력에 동시에 작용한다고 보았다. 김성식「한국의 교육불평등 양상과 정책적 시사점」,『2016 서울국제교육포럼 자료집: 교육불평등을 넘어 새로운 교육 패러다임을 향하여』, 서울특별시 교육청 2016, 1028~29면.

125 조지프 피시킨, 앞의 책 33면

126 「영재·과학고 가려면 최소 6천만원 … 상위1% 사교육 판친다」,『매일경제』2021. 6. 11.

127 1980년대에도 서울대 신입생 분포를 보면 대략 신입생 5명 중 1명의 부모는 전문직, 관리직이었다. 김태완「서울대 신입생 40년 연구: 고학력·고소득층 '학력 대물림' 고착화」,『월간조선』2013년 12월호.

128 권선무『서울대는 왜 있는 집 자녀만 다닐까』, 바다출판사 2004.

129 허종렬「교육헌법 개정 논의의 흐름과 쟁점 검토: 헌법 제31조와 제22조의 개정안을 중심으로」,『교육법학연구』30권 2호, 2018.

130 김서영「'능력에 따라 균등하게' … 이 문구를 어떻게 생각하십니까」,『경향신문』2021. 6. 23.

131 이동수「현직교사입니다, '차별금지법'에 '학력' 빼면 안 돼요」,『오마이뉴스』2021. 6. 29.

132 정의정책연구소「지방청년 노동자의 노동과 생활세계, 사회정치의식 조사」, 2020, 8면.

133 데이비스(K. Davis)와 무어(W. E. Moore), 투민(M. M. Tumin) 등의 계층론 논쟁을 참고하라. 국내에는 다음 저서에 일부가 소개되었다. 한상진 엮음『계급이론과 계층이론』, 문학과지성사 1984.

134 이준석『공정한 경쟁』, 나무옆의자 2019, 67면.

135 프랑스의 26세 청년 길보(David Guilbaud)는 자신의 책『능력주의라는 환상』

(*L'illusion méritocratique*)에서 이렇게 말했다고 한다. "La méritocratie est la ≪bonne conscience des gagnants du système≫," *Le Monde* 2019. 2. 5.

136 오찬호 『우리는 차별에 찬성합니다: 괴물이 된 이십대의 자화상』, 개마고원 2013, 99~146면.

137 「"너희 학교 학생들은 뽑지 않아" 말문 막혀도 … 분노보다 실력 쌓기」, 『한겨레』 2012. 2. 20.

138 마이클 샌델 『공정하다는 착각』, 함규진 옮김, 와이즈베리 2020, 52면.

139 오욱환 『베버 패러다임 교육사회학의 구상: 교육현상의 이해와 인본주의 사회의 구현을 위하여』, 이화여자대학교출판부 2010, 174면.

140 박권일 「과잉능력주의」, 『한겨레』 2016. 9. 7.

141 강준만 「왜 부모를 잘 둔 것도 능력이 되었나?: '능력주의 커뮤니케이션'의 심리적 기제」, 『사회과학연구』 55집 2호, 2016.

142 Maynard Seider, "The Dynamics of Social Reproduction: How Class Works at a State College and Elite Private College," *Equity & Excellence in Education* Vol. 41, Iss. 1, 2008.

143 '깨어 있는 시민'의 줄임말. 정치화된 586세대 그룹에 대해 우익 청년들은 자신들을 사회적 기득권의 피해자라고 본다.

144 박권일 「공백을 들여다보는 어떤 방식: 넷우익이라는 '보편증상'」, 박권일 외 『지금, 여기의 극우주의』, 자음과모음 2014.

145 박재연 아주대 국문과 교수의 분석. 제정임·곽영신 엮음 『어느 대학 출신이세요?: 지방대를 둘러싼 거대한 불공정』, 오월의봄 2021, 25면.

146 김진숙 「日本における學歷に對する親の認識の階級差: 中間階級と庶民階級のハビトゥスを中心に」, 『日本文化研究』 40집, 2011, 123~45면.

147 김진숙 「교육열의 계층화 현상: Q방법론과 자유기술형 설문지법을 중심으로」, 한국연구재단 연구과제, 2013.

148 중소기업중앙회 「중소제조업 인력활용 현황 보고서」, 2011(정근하 「공무원시험 장수생들의 사회적 연계단절에 관한 연구」, 『문화와 사회』 19권, 2015에서 재인용).

149 채창균 「한국 청년의 채용시장」, 교육의봄 『대한민국 기업의 채용 어디까지 왔나』, 교육의봄 2021, 210면.

150 「SKY 출신 CEO 비율 뚝 떨어졌다」, 『조선일보』 2020. 12. 3.

151 다케우치 요(竹内洋)의 앞의 책도 주로 1980년대를 대상으로 한 것이고, 1990년대

이후의 일본은 과거처럼 학력에 덜 매달리게 되었다.

152 김태호 「한국사회의 학력과 계급 재생산: 대학교육의 의미변화와 사회구조적 파장」, 한국사회학대회 논문집 2012; 김종엽 「한국 사회의 교육 불평등」, 『경제와사회』 59호, 2003.

153 한 폴리텍대학 학장 강○○과의 인터뷰, 2021. 9. 17.

154 강남의 고교 교사 윤○○과의 인터뷰, 2022. 2. 16.

155 이범의 인터뷰 「스카이캐슬 현실판, 강남에서는…」, MBC 엠빅뉴스, 2018. 12. 24.

156 서울 강남에서 대형 학원을 운영했던 남○○과의 인터뷰, 2021. 12. 20.

157 「민사고 24명 55개교 97건 ⋯ 아이비 11건 '확대'」, 『베리타스 알파』 2018. 6. 26.

158 「채용의 새로운 트렌드를 탐색한다」, 교육의봄, 앞의 책.

159 「학력사회의 내부 망명객들」, 『한겨레21』 2011. 11. 21.

160 한지혜 외, 앞의 책.

3장 시험능력주의의 앞면: 지배체제와 그 승리자들

1 그레고리 헨더슨 『소용돌이의 한국정치』, 이종삼·박행웅 옮김, 한울 2000(Gregory Henderson, *Korea: The Politics of the Vortex*, Harvard University Press 1978).

2 플라톤 『국가·정체(政體)』, 박종현 옮김, 서광사 1997, 454면, 501면.

3 황종희 『명이대방록』, 김덕균 옮김, 한길사 2003, 81~84면.

4 대니얼 A. 벨 『차이나 모델, 중국의 정치지도자들은 왜 유능한가』, 김기협 옮김, 서해문집 2017, 61면.

5 친후이·쑤원 『전원시와 광시곡: 농민학에서 본 중국의 역사와 현실사회 비판』, 유용태 옮김, 이산 2000.

6 석차라는 용어는 1895년 궁내부 관제 등에서 '앉는 자리'라는 의미로 사용되었고, 일제하에서 성적에 따라 앉는 자리가 정해졌기 때문에 석차라는 말이 학교에서 사용되었다(이경숙 『시험국민의 탄생』, 푸른역사 2017, 112면). 실제 1980년대까지 학교에서 석차에 따라 학생들의 좌석을 배치한 경우도 많았다.

7 정치세급은 이딸리아의 정치이론가 모스카(Gaetano Mosca)가 사용한 개념인데, 국가권력을 나누어 갖는 지배 엘리트와 유사한 의미로 사용했다.

8 19대, 20대는 SBS의 조사(https://news.sbs.co.kr/news/endPage.do?news_id=

N1003523718), 21대는 이 분류 기준으로 KBS 조사를 기초로 필자가 작성.

9 『대한변협신문』(2016. 4. 18), 『법률신문』(2020. 4. 20) 등의 집계를 토대로 필자가 작성.

10 Pierre Bourdieu, *Raisons Pratiques: Sur la theorie de l'action*, Editions du Seuil 1994, 53~57면.

11 「[새누리당 당선자 출신 분석] 공직자 44%, 정치인 33% … 고시 출신 중 행시 최다」, 『시사위크』 2016. 4. 18.

12 「[21대 국회의원 대해부] 관료 출신 가장 많아 … 변호사·기자·검사 다수」, 『뉴스웨이』 2020. 5. 4.

13 임병식 「6명 중 1명이 판검사-변호사 출신 … '법조국회'를 깨자」, 『오마이뉴스』 2019. 11. 13.

14 「參院選 2019·當選者の出身分野」, JIJI.com, 2019. 7. 22.

15 일본에서 민주당으로 정권이 교체된 2009년, 민주당은 현직 국회의원의 배우자 및 3촌의 친족이 동일 선거구에서 연속 입후보하는 것을 당의 규칙으로 인정하지 않는 다고 명시했다. 이에 대항하는 형태로, 자민당도 같은 대상을 "다음 총선에서 공천 추천하지 않는다"고 공약했다. 「政治家の世襲 政黨は制限の檢討を」, 『朝日新聞』 2021. 7. 26.

16 찰머스 존슨 『통산성과 일본의 기적』, 김태홍 옮김, 우아당 1983(Chalmers Johnson, *MITI and the Japanese Miracle: The Growth of Industrial Policy, 1925-1975*, Stanford University Press 1982).

17 막스 베버 『막스 베버 선집 1』, 임영일 외 옮김, 까치 1991, 233면.

18 이 점에서 2012년 성균관대 교수였던 김명호가 "법원이 정의의 보루라는 것은 한마디로 개소리"라고 하면서 판사에게 석궁으로 테러를 가했던 일은 매우 상징적인 사건이다. 그러한 테러 행동이 바람직하지 않은 것은 사실이나 그나마 사회적 지위를 가진 교수였기 때문에 그런 행동을 감행할 수 있었을 것이다.

19 밥 제숍(Bob Jessop)은 맑스주의를 출발점으로 한 풀랑저스(Nicos Poulantzas)나 푸코의 국가론은 아래로부터의 근대 시장경제의 형성을 통해 근대국가의 등장을 설명하는 사회중심주의 이론이라고 본다. 밥 제숍 『국가권력: 맑스에서 푸코까지, 국가론과 권력이론들』, 남상백 옮김, 이매진 2021, 220~28면(Bob Jessop, *State Power: A Strategic-Relational Approach*, Cambridge: Polity 2007).

20 오욱환 『베버 패러다임 교육사회학의 구상: 교육현상의 이해와 인본주의 사회의 구

현을 위하여』, 이화여자대학교출판부 2010 참조.

21 밥 제솝, 앞의 책 220~28면.

22 위평량「재벌로의 경제력 집중: 그 동태적 변화와 정책적 시사점」,『경제개혁리포트』 2018. 2. 19.

23 「장충기 문자 1, 2, 3, 4, 5부」,『뉴스타파』 2018년 4~5월.

24 「'삼성 장충기 문자' 전문을 공개합니다」,『시사인』 2017. 8. 9.

25 김동춘「선출되지 않은 권력: 한국 지배질서와 민주주의」,『황해문화』 2018년 여름호.

26 「한국 억만장자 74%가 '금수저': 세습부자 세계 5번째 많아」,『중앙일보』 2016. 3. 14; 김윤태「한국에 유독 '세습부자'가 많은 이유」,『시사저널』 2016. 1. 14.

27 정용재 증언『검사와 스폰서, 묻어버린 진실』, 정희상·구영식 정리, 책으로보는세상 2011.

28 「그들의 '강남스타일' … 경제부처 고위직 60%가 강남3구 거주」,『국민일보』 2021. 3. 25.

29 「고위공직자 398명 재테크, '강남3구 마용성' … 금천·강북구는 한채도 없다」,『매일경제』 2021. 4. 12.

30 김용철『삼성을 생각한다』, 사회평론 2010, 169~81면.

31 랜들 콜린스『학력주의 사회』, 정우현 옮김, 배영사 1989.

32 알렉스 커『치명적인 일본』, 이나경 옮김, 홍익출판사 2002, 322면.

33 A. Gramsci, *Selections from the Prison Notebooks*, International Publishers 1971, 33면.

34 진정『중국 과거 문화사: 중국 인문주의 형성의 역사』, 김효민 옮김, 동아시아 2003, 22면.

35 Albert O. Hirschman, *Exit, Voice and Loyalty*, Harvard University Press 1970, 111면.

36 이반 일리치『과거의 거울에 비추어』, 권루시안 옮김, 느린걸음 2013, 115면.

37 Pierre Bourdieu and Jean-Claude Passeron, *Reproduction in Education, Society, and Culture*, Sage Publications 1977.

38 Samuel Bowles and Herbert Gintis, *Schooling In Capitalist America: Educational Reform and the Contradictions of Economic Life*, Basic Books 1976.

39 마이클 W. 애플『학교지식의 정치학: 보수주의 시대의 민주적 교육』, 박부권 외 옮김, 우리교육 2001; Michael W. Apple, *Ideology and Curriculm*, London: Routledge 2009, p. vii; Michael W. Apple, *Official Knowledge: Democratic Education in a Conservative Age*, London: Routledge 2014.

40 Pierre Bourdieu, *Distinction: A social critique of the judgement of taste*, trans. by Richard Nice, Harvard University Press 1984, 12면(피에르 부르디외『구별짓기. 문화와 취향의 사회학』상·하, 정일준 옮김, 새물결 1995).

41 같은 책 246면.

42 랜들 콜린스, 앞의 책 100면.

43 오욱환, 앞의 책 174면.

44 해방 후 한국의 교육열이 지위 추구의 욕망 표현이라는 점은 다음 연구를 참조하라. Clark W. Sorensen, "Success and Education in South Korea," *Comparative Education Review* Vol. 38, No. 1, 1994, 10~35면; 김동춘「한국의 근대성과 '과잉교육열'」,『근대의 그늘』, 당대 2000.

45 그래서 맑스 계급론은 자본주의의 구조를 이해하고 계급 지배를 분석하기 위한 도구로서의 힘을 갖고는 있지만, 실제 중간층의 행동을 설명하기에는 결함이 있다. 특히 일본이나 한국처럼 아래로부터 자본가와 노동자의 계급의 분화가 일어나지 않은 채, 서구의 충격으로 국가가 산업화를 주도하여 대량의 지위를 위로부터 창출한 나라에서 맑스의 계급론의 설명력은 매우 제한적이다.

46 Albert O. Hirschman, 앞의 책.

47 맑스는 헤겔의 국가 관념, 개인이라는 범주 역시 신기루에 불과하다고 보았으며, 그의 방법은 정확히 뒤엎어야 사회에 대한 과학적 접근이 가능하다고 보았다. Karl Marx, "Contribution to the Critique of the Hegel's Philosophy of Law," Karl Marx and Friedrich Engels, *Collected Works* Vol. 3, Progress Publishers 1975, 3~134면.

48 '가족 개인'에 대해서는 다음 연구를 참고하라. 김동춘『한국인의 에너지, 가족주의』, 피어나 2020.

49 그래서 학부모들은 자기 자녀의 문제를 다른 아이들의 문제와 같은 것으로 보지 않게 된다. 사회적으로 교육문제는 매우 심각하나 실제 국민들에게 교육문제는 오직 개인적인 것이 되어버린다. 김부태『한국 학력사회론』, 내일을여는책 1995, 282~87면.

50 김동춘, 앞의 책 참조.

51 같은 책.

52 김혜경·문종완「의사들의 엘리트주의 그리고 어긋난 정의」, 박권일 외『능력주의와 불평등』, 교육공동체벗 2020, 194면.

53 스웨덴의 경우 화이트칼라나 블루칼라 노동자 출신이 대략 의회의 40% 정도를 차지하고, 독일의 경우 교사 출신이 의원의 10% 정도를 차지한다(Peter Esaiasson and

Sören Holmberg, *Representation from above: Members of parliament and representative democracy in Sweden*, London: Routledge 2017).

54 신카와 도시미쓰『일본 전후 정치와 사회민주주의: 사회당·총평 블록의 흥망』, 임영일 옮김, 후마니타스 2016, 109면.

55 김영모『한국 권력지배층 연구』, 고헌 2009, 175~88면

56 김도현「한국 법관의 커리어 패턴 분석」,『법과사회』31호, 2006, 165~86면.

57 김영모, 앞의 책 292~94면.

58「'고시 엘리트'로 채운 고위공직: 새 정부 행시 출신 장·차관급 36명 ⋯ 25회서 8명 뽑혀 최다」,『서울신문』2013. 4. 1.

59「정권교체 이후에도 명문대·행시 출신 '독식'」,『뉴스핌』2018. 2. 2.

60 부르디외는 일본인들의 보수정당 지지는 바로 후견주의(clientalism)에 기초한 것인데 그것은 정치자본을 갖지 못한 사람들의 선택행위라고 본다. Pierre Bourdieu, *Practical Reason: On the Theory of Action*, Stanford University Press 1998, 4면.

61 Raymond Murphy, *Social Closure*, Clarendon Press 1988; Frank Parkin, *Marxism and Class Theory: A Bourgeois Critique*, Columbia University Press 1977, 47면.

62 에릭 올린 라이트『계급 이해하기』, 문혜림·곽태진 옮김, 산지니 2017, 57면(Erik Olin Wright, *Understanding Class*, London & New York: Verso 2015.

63 사회학자 테르보른(Göran Therborn)에 따르면 모든 현대사회에서 불평등은 대체로 네가지 방식을 거처 발생한다. 거리두기, 배제(exclusion), 위계화, 착취가 그것이다. 여기서 착취가 주로 자본 독점, 자본과 임노동 간의 관계, 토지 독점에 의한 지주와 소작인 혹은 임대거주자 등의 관계에서 발생한다고 본다면, '거리두기', 배제, 위계화는 소득, 학력, 인종, 성의 구분선에 따른 특혜, 차별, 폐쇄 등에 의해 진행된다. 거리두기, 배제, 위계화는 혈통, 카스트, 인종과 민족, 성 등 선천적인 표식에 주로 의거하지만, 학력도 추가할 수 있다. 예란 테르보른『불평등의 킬링필드: '나'와 '우리'와 '세계'를 관통하는 불평등의 모든 것』, 이경남 옮김, 문예춘추사 2014, 75~86면(Göran Therborn, *The Killing Fields of Inequality*, London: Polity 2013).

64 당시 의사들의 비윤리적인 반발 행동에 대해서는 다음 저서를 참고하라. 안종주『한국의사들이 사는 법』, 한울 2002. 인의협 의사들의 일상에 대한 변호로는 다음 저서를 참고하라. 인도주의실천의사협의회 엮음『의사가 말하는 의사』, 부키 2004.

65 정민승「입시는 어떻게 괴물을 만드는가: 입시욕망의 구조에 대한 성찰」,『교육비평』40호, 2017.

66 케이스 M. 맥도날드『전문직의 사회학: 의사·변호사·회계사의 전문직프로젝트 연구』, 권오훈 옮김, 일신사 1999, 278~95면.

67 「"'면허 가진 돌팔이'가 너무 많다"」, 『시사인』 2008. 10. 7.

68 이상철「한국 전문직 직업윤리의 위기와 극복」, 『윤리연구』 45호, 2000, 134면(유호종「전문직 윤리의 규명과 교육에서 덕윤리의 역할: 의료 전문직 윤리를 중심으로」, 『한국의료윤리학회지』 17권 1호, 2014에서 재인용).

69 1996년 사법고시 정원을 300명에서 500명으로 늘리려 했을 때 변호사단체들이 반대했던 논리.

70 일부 대학에서 영향력 있는 모교 출신 교수가 연장자일 경우 모든 신임 교수들을 자기 대학 후배들로 채우는 현상이 대표적이다.

71 진정, 앞의 책 참조.

72 Michel Foucault, *Power/Knowledge: Selected Interviews and Other Writings, 1972-1977*, New York: Pantheon Books 1980, 55~62면

73 미셸 푸코『감시와 처벌』, 박홍규 옮김, 강원대학교출판부 1991, 250면.

74 Pierre Bourdieu and Jean-Claude Passeron, 앞의 책 142면.

75 최선주·한승희·이병훈·이정희·장성연「시험형 인간으로 살아가기」, 『아시아교육연구』 13권 1호, 2012.

76 마이클 W. 애플, 앞의 책.

77 이혜정『대한민국의 시험: 대한민국을 바꾸는 교육혁명의 시작』, 다산지식하우스 2017, 86면.

78 미셸 푸코, 앞의 책 244~54면.

79 「아산 초등학교 '성적으로 신분 구분' 논란」, 『뉴시스』 2012. 6. 28.

80 최선주 외, 앞의 글.

81 김상봉『학벌사회: 사회적 주체성에 대한 철학적 탐구』, 한길사 2004, 112~14면.

82 김부태, 앞의 책 281면.

83 주형일『랑시에르의『무지한 스승』 읽기』, 세창미디어 2012, 232면.

84 Paulo Freire, *Education for Critical Consciousness*, The Seabury book 1973, 21면(파울로 프레이리, 『교육과 의식화』, 채광석 옮김, 중원문화 2015).

85 「엘리트의 타락한 인성은 투자로 전락한 상류층 교육 때문」, 『한국일보』 2016. 11. 17.

86 Pierre Bourdieu, *Distinction: A social critique of the judgement of taste*, 165면.

87 김동춘「구조맹(構造盲)에서 벗어나자」, 다산포럼 2015. 2. 24.

88 "At South Korean cram school, a singular focus," *The New York Times* 2008. 6. 25.

89 제니 챈 외 『아이폰을 위해 죽다』, 정규식 외 옮김, 나름북스 2021, 104~11면.

90 '오늘의 유머' 게시판의 글(http://www.todayhumor.co.kr/board/view.php?table=humorstory&no=430412).

91 「횡설수설」, 『동아일보』 1956. 7. 2.

92 「성인 48% 1년 동안 책 한권도 안 읽어 … 작년 독서량 6.1권」, 『한국경제』 2020. 3. 11.

93 임언·서유정·권희경·류기락·최동선·최수정·김안국 『한국인의 역량, 학습과 일: 국제성인역량조사(PIAAC) 보고서』, 교육부·고용노동부·한국직업능력개발원 2013.

94 「대학생이 초등생보다 공부 적게 한다 … 초·중·고·대학생 중 공부량 가장 적어」, 『시빅뉴스』 2020. 7. 31.

95 성열관 「계급화를 넘어 평준화로: 자율형 사립고 100개 정책에 대한 비판」, 『교육비평』 24호, 2008.

96 서울대 의대를 비롯한 전국의 41개 의과대학에 의료윤리 과목이 개설되어 있다. 그런데 "동료 사이의 과도한 경쟁과 환자에 대한 객체화를 조장하는 교육 및 임상 환경에서 의료윤리 교과목만 가르친다고 학생들의 덕목과 윤리적 감수성이 높아지지 않기 때문에 봉사활동 등 교과 이외의 활동을 통한 교육이 필요하다"는 지적이 있다. 김옥주 외 「서울대학교 의과대학의 의료윤리 교육의 경험」, 『생명윤리』 5권 2호, 2004, 2~18면.

97 필자가 직접 확인한 것은 아니지만, 박근혜 정부 당시 불법사찰에 관여한 것으로 재판을 받아 징역 1년을 선고받은 우병우의 사진은 여전히 그의 모교 영주고등학교의 자랑스러운 동문으로 학교 건물에 게시되어 있다고 한다.

98 대표적인 것이 1978년 '우리의 교육지표' 사건이었다. 송기숙 교수 등 전남대 교수 11인은 국민교육헌장을 비판하면서 "능률과 실질을 숭상한다는 것이 공리주의와 권력에의 순응을 조장하고 정의로운 인간과 사회를 위한 용기를 소홀히 하는 결과가 되어서는 안 된다"고 말했다. 이 사건으로 송기숙 교수가 구속되었으나 이후 교육민주화 운동의 씨앗이 되었다.

99 한국에서 고등학교 학생운동이 존재했던 시기는 대학 입시경쟁이 상대적으로 덜 치열했고, 학생들 간의 유대가 살아 있었던 1970년대 초반 이전이었다. 대학의 학생운동은 사회에서의 무한경쟁이 대학을 완전히 장악하지 못했던 1990년대 초반까지였다. 입시경쟁의 모범생들은 권력에 순응하는 아비투스를 갖는 경향이 크다.

100 「경쟁만 남은 배움 없는 학교, 저는 그만둡니다」, 『위키트리』 2015. 7. 4.

101 이사벨라 비숍 『조선과 그 이웃나라들』, 신복룡 옮김, 집문당 2000, 440~41면.

102 정순우 『공부의 발견』, 현암사 2007, 126면

103 이이 「처세」, 『격몽요결』, 이민수 옮김, 을유문화사 2003.

104 이익 『국역 성호사설』 6권, 민족문화추진회 1985, 140면.

105 암기 위주의 과거시험 공부에 대한 비판은 이미 당나라의 조광 등에 의해 제기되었다. 제임스 B. 팔레 『유교적 경세론과 조선의 제도들: 유형원과 조선 후기』 1권, 김범 옮김, 산처럼 2007, 205면.

106 대니얼 A. 벨, 앞의 책 172면.

107 김창록 「일본의 사법시험 제도」, 『서울대학교 법학』 45권 4호, 2004.

108 최선주 외, 앞의 글.

109 어느 고시 합격자가 "스스로를 시험인으로 만들어야겠습니다"라고 표현한 내용에서 따온 것이다. 박권일 「한국 능력주의의 형성과 그 비판: 『고시계』 텍스트 분석을 중심으로」, 성균관대학교 석사학위논문, 2018, 45면에서 재인용.

110 Gisèle Sapiro (sous la direction), *Dictionnaire International Bourdieu*, CNRS Edition 2020, 386~88면.

111 정순우, 앞의 책 127면.

112 Michael W. Apple, *Official Knowledge: Democratic Education in a Conservative Age*, London: Routledge 2014, 45~66면.

113 최선주 외, 앞의 글.

114 박권일, 앞의 논문 45면.

115 김덕영 『입시공화국의 종말』, 인물과사상사 2007, 15~31면.

116 에릭 머주어(Eric Mazur) 교수의 주장. 이혜정, 앞의 책 160면에서 인용.

117 존 듀이 『민주주의와 교육』, 이홍우 옮김, 교육과학사 2007, 49면.

118 변상환 교수(가명)의 지적. 김두식 『불멸의 신성가족: 대한민국 사법 패밀리가 사는 법』, 창비 2009, 221면에서 인용.

119 Martin Trow, "Class, Race, and Higher Education in America," Gary Marks and Larry Diamond, eds., *Reexamining Democracy: Essays in Honor of Seymour Martin Lipset*, Sage Publications 1992.

120 필자는 한국의 가족주의를 무도덕적 가족주의라 명명하였는데, 무도덕적인 개인주의와 가족주의는 상호 결합되어 있다. 김동춘 「유교(儒敎)와 한국의 가족주의: 가

족주의는 유교적 가치의 산물인가?」,『경제와사회』55호, 2002.

121 David F. Labaree, *How to Succeed in School Without Really Learning: The Credentials Race in American Education*, Yale University Press 1997, 56면; 이경숙, 앞의 책 112면.

122 홍관화·한영주「고시 준비생들의 정신건강에 영향을 미치는 요인 연구」,『상담학연구』14권 5호, 2013.

123 알렉스 커, 앞의 책 327면

124 이경숙, 앞의 책 108면.

125 『논어』의 학이(學而)편 1장(성백효 역주『논어집주』, 전통문화연구회 1990).

126 최선주 외, 앞의 글, 98면.

127 장세윤「일제하 고문시험 출신자와 해방후 권력엘리트」,『역사비평』23호, 1993.

128 장신「일제하 조선인 고등관료의 형성과 정체성: 고등문관시험 행정과 합격자를 중심으로」,『역사와 현실』63호, 2007.

129 정선이『경성제국대학연구』, 문음사 2002, 133면.

130 안재구『할배, 왜놈소는 조선소랑 우는 것도 다른강?』, 돌베개 2002, 213면

131 이오덕『아이들에게 배워야 한다』, 길 2004, 33면.

132 이 경고는 장일순의 강의에서 따온 것이다. 장일순『나락 한알 속의 우주: 무위당 장일순의 이야기 모음』, 녹색평론사 1997, 31면.

133 김근태『남영동』, 중원문화 1988, 161면.

134 강준만『개천에서 용 나면 안 된다』, 개마고원 2015, 10면.

135 장세윤, 앞의 글.

136 진실·화해를위한과거사정리위원회「긴급조치위반 판결문분석보고」,『2006년 하반기 조사보고서』, 2007.

137 사법파동 당시 대법원장을 찾아가 법관의 의사를 전달한 최영도, 목요상 등, 1973년 법관 재임명에서 탈락한 일부 판사, 박정희 정권하에서 판검사직을 떠나 인권변호사 역할을 한 한승헌, 조준희, 황인철, 홍성우 등을 들 수 있다.

138 한홍구『사법부: 법을 지배한 자들의 역사』, 돌베개 2016.

139 김근태, 앞의책 159면.

140 안경환『조영래 평전: 세상을 바꾼 아름다운 열정』, 강 2006.

141 알렉스 커, 앞의 책 340면.

142 박홍규「자유의 나라에서」,『경향신문』2007. 6. 1.

143 문준영「한국의 사법, 관료사법 체제 강화의 역사」, 민주적사법개혁실현을위한국

민연대『온 국민이 함께 가는 민주적 사법개혁의 길』, 필맥 2006.

144 양삼승「사법부와 검찰을 지배하는 8가지 법칙」,『조선일보』2012. 7. 22.

145 장신, 앞의 글.

146 이국운「한국 법률가의 탄생 공간: 법 현상의 공간적 이해를 위한 시론」,『저스티스』67호, 2002.

147「살인·강도·절도·폭력 범죄 의사 3000명 육박」,『데일리메디』2020. 9. 25.

148「국민 신뢰도 가장 낮은 보건의료직군은 '의사'」,『메디컬타임즈』2016. 5. 10.

149 우석균「전문가의 책임의식이 결여된 사망진단서」,『월간 참여사회』2016년 11월호.

150「사법 신뢰 회복 방안 마련이 시급하다」,『법률신문』2020. 2. 3.

151「사법부 신뢰도 OECD 꼴찌, 대법원 발칵 뒤집혔다는데…」,『조선일보』2019. 11. 5.

152「"대한민국 사회는 썩었다" 87.5%」,『시사저널』2011. 8. 22.

153 김창룡「"늙으면 죽어야죠" 막말 … 판검사 엘리트주의 비극」,『미디어오늘』2012. 10. 25.

154「대법관 출신 7명이 상고심 275건 수임 … 2명은 일주일에 1건꼴」,『동아일보』2019. 4. 23.

155「"내가 검사만 스폰서 했겠나? 판사·경찰도 많다"」,『오마이뉴스』2012. 3. 8; 정용재 증언, 앞의 책.

156 김두식, 앞의 책.

157「이탄희의 격정 토로 "김명수 대법원장이 사법개혁 배신했다"」,『시사인』2020. 12. 16.

158 같은 책 224면.

159 마이클 샌델『공정하다는 착각』, 함규진 옮김, 와이즈베리 2020, 05면.

160 자크 랑시에르『무지한 스승: 지적 해방에 관한 다섯가지 교훈』, 양창렬 옮김, 궁리 2008, 167면(Jacques Rancière, *Le maître ignorant: cinq leçons sur l'émancipation intellectuelle*, Paris: Liberairie Arthème Fayard 1987).

161 파울루 프레이리『페다고지』, 남경태 옮김, 그린비 2002, 56면(P. Freire, *Pedagogy of the Oppressed*, New York: Continuum 1970).

162 홍준표『홍검사, 당신 지금 실수하는 거요』, 둥지 1995, 29면.

163 김상봉『도덕교육의 파시즘』, 길 2005.

4장 시험능력주의의 뒷면: 배제체제와 그 패배자들

1 채창균·양정승『고졸 청년의 취업 추이와 향후 과제』, 한국직업능력개발원 2015.

2 요코타 노부코『한국 노동시장의 해부: 도시하층과 비정규직 노동의 역사』, 그린비 2020, 226~28면.

3 박상영·윤지원「자격증 공부하면 "술이나 마셔라" 충고 … 옮길수록 일터는 작아져」, 『경향신문』2021. 7. 16.

4 남재욱「'전문성보다 학벌' … 한번 고졸은 영원한 고졸?」, 『한국교육신문』2020. 8. 6.

5 남기곤「'잊혀진 절반'에 대한 교육은 성공하고 있는가?: 전문대학교육의 노동시장 성과를 중심으로」, 『경제와사회』70호, 2006.

6 남재욱, 앞의 글.

7 캐쓸린 씰렌『제도는 어떻게 진화하는가: 독일·영국·미국·일본에서의 숙련의 정치경제』, 신원철 옮김, 모티브북 2011.

8 최예린「고학력·정규직이신가요? '비교적' 안전하시네요」, 『시사인』2021. 6. 12.

9 신순애「13살 여공의 삶 」, 성공회대학교 NGO대학원 석사학위논문, 2012, 101면, 131면.

10 박주희「노동인권과 근로권익」, 『한겨레』2021. 11. 1.

11 학력이 준신분적인 의미를 가진 일본에서도 초창기 노동자들의 주요 요구사항은 신분과 처우의 개선이었다고 한다. 구해근『한국 노동계급의 형성』, 신광영 옮김, 창비 2002, 195면.

12 Clark W. Sorensen, "Success and Education in South Korea," *Comparative Education Review* Vol. 38, No. 1, 1994.

13 존 듀이『민주주의와 교육』, 이홍우 옮김, 교육과학사 2007, 383면.

14 같은 책 366~76면.

15 김현진·박도영「고등학교 경제 교과서에 나타난 노동교육 내용 변천」, 『시민교육연구』50권 3호, 2018.

16 장수빈「5·31 교육개혁 이후의 국가 교육과정 총론 텍스트의 비판적 담론 분석」, 『교육과정연구』36권 4호, 2018.

17 오성훈「노동인권 교육 실태 분석: 서울지역 직업계고를 중심으로」, 성공회대학교 교육대학원 석사학위논문, 2022.

18 성공회대 교육대학원 학생이자 초등교사인 서○○의 학기말 보고서(2002) 중에서

나온 내용.

19 교육과학기술부 정책연구용역사업단(책임자 이진석 부산대 교수)이 작성해 서울대에서 발표한 「2011 사회(일반사회/지리) 분석 보고서」 중에서. 「새 경제교과서 '노동은 빼고 재테크 넣고'」, 『한겨레』 2011. 7. 13.

20 윤종수 「고등학교 '법과 정치' 교과서에서의 노동인권 교육 내용 분석」, 강원대학교 교육대학원 석사학위논문, 2016.

21 정창우 외 『고등학교 통합사회』, 미래엔 2018.

22 「학생 선호 직업, 유튜버 뚝↓ 의사·과학자 껑충↑··· 코로나19 때문?」, 『한겨레』 2021. 2. 24.

23 「공장 노동자 급여가 최저 생계비? '직업 차별' 고교 교과서 수정한다」, 『한국일보』 2012. 11. 19.

24 2015년 한국직업능력개발원의 조사 결과. 「앉아서 일하는 것 어떤가요? ··· "건방져 보인다"」, 『경향신문』 2016. 4. 28.

25 「희망직업은 있지만 어떤 일 하는지는 몰라요」, 『중앙일보』 2014. 2. 5.

26 渡邊治 『企業社會·日本はどこへ行くのか』, 教育史料出版會 1999, 138~40면.

27 같은 책 166~74면.

28 인적자본론은 '호모 에코노미쿠스'를 전제하고, 인간을 자기계발의 주체로 본다. 미셸 푸코 『감시와 처벌』, 박홍규 옮김, 강원대학교출판부 1991, 319~21면; 서동진 『자유의 의지 자기계발의 의지: 신자유주의 한국사회에서 자기계발하는 주체의 탄생』, 돌베개 2009.

29 http://www.changupnet.go.kr.

30 그래서 한국교육에서 자유와 자율은 자본의 논리에 종속될 가능성이 있었다. 구동현 「교육과정 만들기: 7차 교육과정 속의 신자유주의적 통치」, 『한국사회학회 사회학대회 논문집』, 2009.

31 김용일 『교육의 미래: 시장화에서 민주화로』, 문음사 2002, 181면.

32 장윤호 「"전 노동 안 할 거예요" '노동 없는 학교교육'의 결과」, 『오마이뉴스』 2021. 8. 26.

33 자크 랑시에르 『무지한 스승』, 양창렬 옮김, 궁리 2008.

34 「서울특별시 교육청 노동인권교육 활성화 조례안」, 2017. 10. 20.

35 경향신문 특별취재팀 『민주화 20년의 열망과 절망: 진보·개혁의 위기를 말하다』, 후마니타스 2007, 246면

36「세상은 고졸 청년을 '없는 존재'로 여긴다」,『시사인』 2020. 1. 15.

37「특성화고 관련 토론회 결과 보도자료 및 8차 토론회 예고 보도자료」, 사교육걱정없는세상 웹진, 2013. 12. 11(https://news.noworry.kr/1954).

38 김동춘「구의역 사고, 노동 존중이 답이다」,『한겨레』 2016. 6. 14.

39 마이클 영『능력주의』, 유강은 옮김, 이매진 2020, 186면.

40 같은 책 253면.

41 김부태『한국 학력사회론』, 내일을여는책 1995, 281면.

42 마이클 영, 앞의 책 197면.

43 존 러스킨『나중에 온 이 사람에게도』, 김석희 옮김, 느린걸음 2007 중 제4편「가치에 따라서」참조.

44 자크 랑시에르, 앞의 책 83면.

45 미우라 아츠시『하류사회: 새로운 계층집단의 출현』, 이화성 옮김, 씨앗을 뿌리는 사람 2006, 111면.

46 한국리서치「한국사회 공정성 인식조사 보고서」, 2018.

47「"너희 학교 학생들은 뽑지 않아" 말문 막혀도 … 분노보다 실력 쌓기」,『한겨레』 2012. 2. 20.

48 Hyung-a Kim, *Korean Skilled Workers: Toward a Labor Aristocracy*, Seatle: University of Washington Press 2020. 골리앗에 올라간 현대중공업 노동자들도 사실 이런 한국 경제성장의 수혜자들이라고 김형아는 주장한다.

49 노동자 출신 학생들의 학교 지배질서에 대한 간파에 대해서는 다음 책을 참고하라. 폴 윌리스『교육현장과 계급재생산: 노동자 자녀들이 노동자가 되기까지』, 김찬호·김영훈 옮김, 민맥 1989, 181~214면; 주형일『랑시에르의『무지한 스승』읽기』, 세창미디어 2012, 235면.

50 노학연대에 대해서는 다음 책을 참고하라. 구해근, 앞의 책 158~86면.

51 김수빈·윤관호·김동관「한국 특성화고등학교의 실태와 발전과정」,『경영교육저널』 24호, 2013.

52 황영훈·배지혜『독일의 중등직업교육 변화 현황과 시사점』, 한국교육개발원 2019.

53 교육부 직업정책교육과「2021년 직업계고 졸업자 취업통계 조사 세부분석 자료」, 2021.

54「고졸 채용 확대, 나는 이 정책 반댈세.」,『고함20』 2011. 8. 8(https://goham20.tistory.com/947).

55 「위기의 특성화고 실태진단(상)·졸업생이 말하는 현실: 전공 무관 취업 최우선 …'비정규직 만드는 학교'」,『경인일보』 2019. 4. 22.

56 김영화「'각자도생' 청춘, 특성화고 졸업생들」,『시사인』 2019. 4. 30.

57 장수명「한국 자본주의와 민주정부 10년의 고등교육정책」, 이병천·신진욱 엮음『민주정부 10년, 무엇을 남겼나』, 후마니타스 2014, 582면.

58 천현우「TV와 신문에서 못다 한 이야기」, 페이스북 2021. 7. 19(https://www.facebook.com/serinblade/posts/3093174657474488).

59 이상호 외「세계화와 인적자본이 노동수요에 미치는 영향: 한국 제조업을 중심으로」,『인적자원관리연구』 창립 20주년 기념 특별호, 2020.

60 이것은 현장 고졸 노동자인 천현우가 피부로 느끼고 지적한 내용이다.「지방에 사는, 90년대생의, 노동자가 한국사회에서 살아남기란?」, 유튜브 '정범구의 유th레터', 2021. 11. 5(https://www.youtube.com/watch?v=NhxVTY9I8HU&t=632s).

61 최영기「한국형 고용모델의 탐색」, 이종오·조흥식 외『어떤 복지국가인가?: 한국형 복지국가의 모색』, 한울 2013.

62 남재욱「청년의 노동시장 진입 이후 이행과정의 불평등 연구」,『한국사회정책』 28권 1호, 2021.

63 안홍선「고등학교 직업교육 확대 정책에 대한 비판」,『교육비평』 39호, 2017.

64 국정홍보처『참여정부 국정운영 백서(4)』, 2008.

65 윤형한·신동준「고졸 청년 취업실태 분석」,『THE HRD REVIEW』 15권 1호, 2012.

66 남재욱 외「고졸 청년 노동자의 노동시장 불안정 연구」,『사회복지연구』 49권 1호, 2018.

67 변진경「차가운 분노만 남은 고졸 청년들」,『시사인』 2020. 1. 15.

68 교육부 직업정책교육과, 앞의 자료.

69 장수명, 앞의 글 593면.

70 참여정부에서도 직업교육체제 혁신방안을 마련하여 산업수요와 직접 연관되어 있는 기관들이 학교 직업교육에 참여하도록 유도하였다. 그러나 성과는 확인되지 않았다. 국정홍보처, 앞의 책 43면.

71 이탄희 의원실「국정감사 정책자료집: 직업계고 주요 정책현황과 개선방안」, 2021.

72 東京大社會科學硏究所『第1卷 現代日本社會: 1, 課題と時角』, 東京大學出版會 1993, 226~34면.

73 허환주『열여덟, 일터로 나가다: 현장실습생 이야기』, 후마니타스 2019, 54면.

74 김운의 「요람에서 고3까지 '교육계급화' 대한민국」, 『월간 말』 186호, 2001.

75 임언·김지영·박동열·임해경·정혜령 『고졸 청년 취업자의 일, 학습, 삶에 대한 종단적 내러티브 탐구』, 한국직업능력개발원 2016(남기곤 「'제2의 기회'가 열려 있는 교육 시스템」, 『한국보고서』, 다른백년연구소 2018에서 재인용).

76 「'고교 무상교육'에 한숨 커진 특성화고」, 『동아일보』 2017. 6. 5.

77 김수빈·윤관호·김동관, 앞의 글.

78 「25년차 특성화고 선생님이 말하는 특성화고의 실체」, 유튜브 '씨리얼', 2021. 8. 20(https://youtu.be/MVJLUyLj31c).

79 김철식 「직업계고 출신 조기 취업 노동자들의 노동세계: 반월시화공단을 중심으로」, 『산업노동연구』 27권 3호, 2021, 158면.

80 정의당 이은주 의원이 교육부에서 입수한 '고교체제 발전을 위한 빅데이터 분석 연구'. 「부모 월소득 대비 자녀의 특목고 진학률 … 700만~1000만원 3.5%, 300만원 이하 1.4%」, 『경향신문』 2021. 11. 2.

81 「저소득층, 특성화고 18% '최고', 특목고·자사고 5% '최저'」, 『뉴스1』 2017. 5. 8.

82 김경엽 「특성화고 현장실습생 또 자살, 이대로 둘 것인가?」, 『교육희망』 2016. 8. 25.

83 「애들은 죽어나는데 취업률만 높이라니」, 『시사인』 2017. 12. 6.

84 경기도 특성화고등학교 졸업생 사망사건 대책위 「경기도 특성화고 졸업생 사망사건 책임업체 토다이 고소 기자회견 보도자료」, 한국노동안전보건연구소 2016.

85 「누가 잠수자격증도 없는 고3 학생을 죽음으로 내몰았나」, 『경향신문』 2021. 10. 8.

86 「'각자도생' 청춘, 특성화고 졸업생들」, 『시사인』 2019. 4. 30.

87 허환주, 앞의 책 31면.

88 특성화고권리연합회 사이트(https://www.facebook.com/thehiright) 참고.

89 「고등학생이 할 말인가 … "일하다가 죽기 싫어요"」, 『한겨레』 2021. 10. 30.

90 「과잉학력의 시대, '고졸 만세' 운동을 아시나요?」, 『한겨레』 2017. 2. 7.

91 Ronald Dore, *Diploma Disease: Education, Qualification and Development*, Institute of Education, University of London 1997.

92 「대학생 76% "지금 학교 괜히 왔다"」, 『아시아경제』 2011. 8. 14.

93 서울 소재 대학생 300명을 대상으로 한 한국일보·한국리서치 공동조사. 「입 닫고 받아 적기만 해 A⁺… 창조적 비판 시리진 대학」, 『한국일보』 2014. 12. 9.

94 「삼성·네이버도 신입 80% 이공계, SKY 문과보다 지방대 뽑는다」, 『조선일보』 2021. 9. 6.

95 랜들 콜린스 「중간계급 노동의 종말: 더이상 탈출구는 없다」, 이매뉴얼 월러스틴 외 『자본주의는 미래가 있는가』, 창비 2014, 115면.

96 Val Burris, "The Social and Political Consequences of Overeducation," *American Sociological Review* Vol. 48, No. 4, 1983.

97 칠레 의회는 하위 60%에게 대학교육을 무상화하는 법을 통과시켰다. 당시 시위의 주역인 가브리엘 보리치는 2021년 35세로 역대 최연소 칠레 대통령으로 선출되었다.

98 "Chile: the battle for a transformative new constitution," TNI 2021. 12. 16(https://www.tni.org/en/article/chile-the-battle-for-a-transformative-new-constitution?fbclid=IwAR0DXv6Frh-P4v4KhJLWTQITDuuMfsFEfDm-XBYm93lTs4I3Z1vylAoVjLA#vtxt_cuerpo_T2).

99 「"최고 대학 들어왔지만…" 서울대생 절반 우울증세」, 『매일경제』 2018. 11. 30.

100 박수빈·안치용·신다임 「"미안, 먼저 가" 그 학교 학생들은 왜 스스로 목숨 끊었나」, 『오마이뉴스』 2021. 5. 16.

5장 시험능력주의 극복을 위한 사회·교육개혁

1 정현숙 『공교육 천국 네덜란드: 지구상에서 아이들이 가장 행복한 나라』, 한울 2012.

2 랜들 콜린스 『학력주의 사회』, 정우현 옮김, 배영사 1989, 269~71면.

3 고혜진 「한국 노동시장의 다중분절」, 『사회복지연구』 50권 1호, 2019.

4 M. D. R. Evans and Jonathan Kelley, "Education Legitimates Income Inequality: Normative Beliefs in Early Post-Communist and Market-oriented Nations," *Polish Sociological Review* Vol. 200, Iss. 4, 2017.

5 조지프 피시킨 『병목사회: 기회의 불평등을 넘어서기 위한 새로운 대안』, 유강은 옮김, 문예출판사 2016, 133면.

6 상산고의 경우가 대표적이다. 한 졸업생은 "의대 진학을 통해 신분 상승을 꿈꾸는 중산층 가정 상위권 학생들이 모여 있는 집단"이라고 말했다. 「증언보도: 상산고 졸업생 "상산고는 의대사관학교, 교육 다양성 찾기 힘들었다"」, 사교육걱정없는세상, 2019. 6. 28.

7 심성보 「문명 대전환을 위한 교육혁명」; 박민형 「학교 없는 대안교육, 어디 없을까」, 『녹색평론』 2021년 9-10월호.

8 교육의봄 『채용의 새로운 트렌드를 탐색한다: 채용의 새로운 트렌드 탐색 5회 연속포럼 종합자료집』, 2021, 281면.

9 재단법인 교육의봄과 고민정 의원실이 공동으로 조사한 결과였다. 「블라인드 채용, 학벌·성별차별 줄였다」, 『한겨레』 2021. 9. 10.

10 김안국·이상호 「크레덴셜리즘(Credentialism)과 교육-숙련 불일치」, 『교육사회학연구』 28권 2호, 2018, 288면; 이관후 「블라인드 채용은 정의로운가?: 메리토크라시와 운평등주의적 검토」, 『현대정치연구』 12권 3호, 2019.

11 같은 글.

12 竹内洋 『日本のメリトクラシ逸一: 構造と心性』, 東京大學出版会 1995. 박근혜 정부에서 도입한 국가직무능력표준(NCS)은 학습 능력, 기능, 숙련을 표준화·정상화하려는 시도였지만, 주로 직업교육에만 적용되기 때문에 한국에서 대학 졸업장을 대체할 정도의 힘을 발휘하지는 못한다.

13 강남순 「미국 대학교의 교수 채용: 있는 것과 없는 것」, 『베리타스』 2015. 1. 11. 학교마다 절차가 조금씩 다르겠으나, 이것은 미국에서 교수 채용과정을 거쳤던 지인들의 증언을 참고한 것이다.

14 일본에서 2009년 4월부터 교사들의 자질 향상을 목적으로 유효기간을 10년으로 하는 교원면허갱신제를 도입, 모든 교사가 30시간의 강습 교육을 받도록 의무화했다. 그러나 여러가지 비판에 부딪혀 교원면허갱신제는 폐지되고 다른 방법이 모색되는 중이다. 「일본, "교원면허갱신제 내후년 폐지"… 지식전달 연수보다 현장경험 중시」, 『에듀프레스』 2021. 9. 8.

15 현재의 공무원 시험제도가 과연 적임자를 선발할 수 있는 타당성을 갖고 있는가에 대한 비판과 회의 역시 만만치 않다. 오성호 외 「공무원채용제도의 개편 방향: 공직예비시험제도 도입을 중심으로」, 『한국인사행정학회보』 6권 2호, 2007.

16 신현석·이경호 「신규교원 임용의 쟁점과 과제」, 『인력개발연구』 9권 2호, 2007.

17 데이빗 B. 빌스 『교육과 일: 사회학적 접근』, 장원섭·장시준·김영실 옮김, 박영스토리 2017, 61면.

18 대니얼 A. 벨 『차이나 모델, 중국의 정치지도자들은 왜 유능한가』, 김기협 옮김, 서해문집 2017, 162면.

19 「실적평가 받아든 파이낸셜뉴스 기자들 "'클릭 줌 세우기' 현실화"」, 『미디어오늘』 2021. 8. 9.

20 Frank Parkin, *Marxism and Class Theory: A Bourgeois Critique*, Columbia University

Press 1977.

21 김남두 편역『재산권 사상의 흐름』, 천지 1993에서 코언의 주장 참조.

22 같은 책 242면.

23 토지가 강제로 수용된 이후 재벌 건설업자들에게 매각되기 때문에, 공익의 이름으로 시행되는 강제수용은 원주민의 토지를 재벌에게 헐값으로 안겨주는 효과를 가져온다.

24 주택임대차보호법이 과거에 비해 세입자들의 권한을 강화한 것은 사실이나, 임대인들이 그들의 부담을 다시 임차인들에게 전가함으로써 세입자들은 여전히 불안한 상태에 있다.

25 2021년 대선 국면에서 이재명 후보는 국토보유세를 부과하여 이것을 기본소득의 재원으로 삼자고 주장했으나 반론에 부딪혀서 후퇴하였다.

26 「우리나라 상속세 부담이 OECD 국가 중 두번째로 크다고?」, 『연합뉴스』 2021. 10. 18.

27 에밀 뒤르켐『직업윤리와 시민도덕』, 권기돈 옮김, 새물결 1998, 200~60면 참조.

28 2020년 코로나19 위기 극복과 의료 공공성 확대를 위한 정책에 대해 의사협회, 젊은 전공의들이 강력하게 반대했던 이유도 여기에 있다.

29 2016년 서울지방변호사회는 4일 사법제도개혁 태스크포스(TF)를 꾸리고 평생법관·평생검사제를 도입하는 법률안을 마련했다. 변호사회는 "공직 퇴임 변호사의 수임을 일정기간 제한하는 방법으론 고질적 전관예우의 폐단을 근절시킬 수 없다"며 "판검사가 정년을 마치지 않고 퇴직해 변호사로 개업할 수 있는 여지를 원천적으로 차단해야 한다"고 주장했다. 결국 변호사법, 법원조직법, 검찰청법 개정이 필요하다. 「"판검사는 변호사 개업 못하게 막아야"」, 『한국일보』 2016. 5. 30.

30 2019년 흥사단 투명사회본부의 조사 결과를 보면 '10억원을 준다면 감옥에 들어가도 괜찮은가'라는 질문에 대해 초등생의 23%, 중학생의 42%, 고등학생의 57%가 긍정적인 답을 했다. 특정 직업에 대한 선호를 물은 다음 왜 그 직업을 갖고 싶냐는 질문에 대해서도 "돈 잘 벌잖아요"라는 답변이 나왔다. 「"10억 준다면 감옥 가도 괜찮아?" 고교생들에게 물으니」, 『중앙일보』 2021. 7. 23.

31 Laura Silver, Patrick van Kessel, Christine Huang, Laura Clancy and Sneha Gubbala, "What Makes Life Meaningful? Views from 17 Advanced Countries," *Pew Research Center*, 2021. 11. 18.

32 박소현·이금숙 「한국 직업구조의 변화와 고용분포의 공간적 특성」, 『대한지리학회

지』 51권 3호, 2016.

33 조장훈『대치동: 학벌주의와 부동산 신화가 만나는 곳』, 사계절 2021.

34 김종엽과 김종영은 교육문제를 전국적인 공간 재구성의 차원에서 접근했다. 김종엽
「지구적 자본주의에 도전하는 교육개혁의 길」,『창작과비평』 2016년 가을호; 김종영
『서울대 10개 만들기: 한국 교육의 근본을 바꾸다』, 살림터 2021.

35 같은 책 71면

36 윤윤규·최형재『청년유인형 일자리 특성 연구』, 한국노동연구원 2020, 108~11면.

37 거제의 조선산업의 사례에 대해서는 다음 책을 참고하라. 양승훈『중공업 가족의 유
토피아: 산업도시 거제, 빛과 그림자』, 오월의봄 2019, 147~66면.

38 황주환『왜 학교는 질문을 가르치지 않는가: 어느 시골교사가 세상에 물음을 제기하
는 방법』, 갈라파고스 2016, 46면.

39「"노동자 경시 여전, 달콤한 과일은 늘 자본가 몫"」,『가톨릭뉴스 지금여기』 2020.
9. 29.

40 조지프 피시킨, 앞의 책 317면.

41 현재 5인 미만 사업장은 근로기준법 적용 예외지대로 남아있다. 현재 한국 노동자
5인 중 1인은 5인 미만 사업장에 근무한다.

42 5인 이하 사업장은 제외되었고, 재해가 가장 많이 발생하는 50인 이하 사업장은 시
행이 3년 뒤로 미뤄졌다. 모기업 경영자에 대한 처벌, 감독기관 공무원에 대한 처벌도
대단히 미약하다.

43 "The Parent Trap," *The Washington Post* 2019. 2. 22.

44 양해만·조영호「한국의 사회경제적 변화와 탈물질주의: 왜 한국인들은 여전히 물질
주의적인가?」,『한국정치학회보』 52권 1호, 2018.

45 박남기『실력의 배신: 왜 우리는 열심히 노력해도 여전히 불행한가?』, 쌤앤파커스
2018, 82면.

46 김성남 외『고졸 취업자의 노동시장 정착 지원 방안』, 한국직업능력개발원 2018(「고
졸 취업자 직장 만족도 조사결과 발표」,『중기뉴스타임』 2019. 4. 30).

47 전문대나 대졸자의 84% 정도가 취업 준비 경험이 있다고 했으나 고졸 이하의 경우
48% 정도만 그렇다고 답했다. 김유빈·이영민『청년층 고용·노동 통계 및 실태조사』,
한국노동연구원 2018, 178면.

48 청원은 이런 내용을 포함하였다. "대학교 진학률을 줄이고, 청년 실업을 해소하며,
기술인의 실력 양성을 통해 학력차별 철폐와 공정한 사회를 만들겠다라는 현실에 맞

지 않는 정책을 펼치면서 고작 마이스터고 졸업장 하나가지고 공기업, 대기업, 공무원 등등 모조리 특채 자리를 만들어서 보여주기 식으로 집어넣기 바빴습니다. (…) 이 마이스터고 졸업자들은 신의 아들도 아닌데, 9급공무원 고졸 특채전형을 통해 기존의 9급 공무원 응시생들을 정말 허탈하게 만들고 있습니다."(https://www1.president.go.kr/petitions/1674)

49 김진표는 국민의정부 중반기에 들어온 경제관료 출신들, 강봉균, 진념, 이규성 등이 "대한민국의 경쟁력을 높이는" 개혁의 주도자였다고 평가한다. 김성근 『교육, 끊어진 길 되짚으며 새 길을 내기 위하여』, 한국미래발전연구원 2012, 40면.

50 이성희 외 『기계산업 인적 경쟁력 강화방안 연구 3: 숙련 기능공 편』, 한국노동연구원 2020.

51 「한 학년 101명 반도체 기업 합격시킨 울산 직업계고 '취업대박'」, 『시사저널』 2021. 6. 23.

52 「대한민국 숙련 기술인 6인의 '특별한' 성공 스토리, 기술이 스펙을 이긴다」, 『우먼센스』 2015년 11월호.

53 「조선업 생산·기술 인력 내년까지 8000명 양성한다」, 『한겨레』 2021. 9. 9.

54 정흥준 「조선산업의 숙련형성의 문제점과 개선방안」, 『노동리뷰』 2016년 10월호.

55 홍석범 「금속산업 노동자의 숙련인식과 숙련투자」, 『e-금속이슈』 78호, 금속노조노동연구원 2019.

56 이는 많은 연구자들이 지적하는 점이다. 이철승 『노동-시민 연대는 언제 작동하는가: 배태된 응집성과 복지국가의 정치사회학』, 박광호 옮김, 후마니타스 2019; 정승국 「임금체계의 국가별 다양성과 변동논리 탐구: 행위자 중심이론의 탐색적 적용」, 한국고용노사관계학회 2015년 동계학술대회, 577~601면.

57 홍기빈 『비그포르스, 복지국가와 잠정적 유토피아』, 책세상 2011, 246~51면.

58 조돈문 『함께 잘사는 나라 스웨덴: 노동과 자본, 상생의 길을 찾다』, 사회평론아카데미 2019, 116면.

59 박태주 「산별노조의 전진은 멈추었는가: 보건의료 노조의 산별체제 발전전략을 중심으로」, 서울사회경제연구소 엮음 『노동현실과 희망찾기』, 한울 2017.

60 마이클 영 『능력주의』, 유강은 옮김, 이매진 2020, 150면

61 「국립대 통합네트워크, 대학 노력만으론 부족해 … '통큰 지원 필요'」, 『한국대학신문』 2021. 8. 16.

62 김희삼·이상호 『고등교육의 서열과 노동시장 성과』, 한국개발연구원 2008.

63 대학정보공시센터 사이트 '대학알리미'(https://www.academyinfo.go.kr)에서 제공하는 '학생 1인당 교육비' 통계.

64 반상진 「새 정부 고등교육재정의 쟁점과 과제」, 『교육재정경제연구』 26권 2호, 2017.

65 이범은 서울대에 과도한 지원을 하는 것 등 예산의 편중이 서열화의 주요 요인이라 본다. 이범 『문재인 이후의 교육』, 메디치미디어 2020.

66 조인식 「지방대학 신입생 충원현황과 정책 및 입법과제」, 국회입법조사처, 2021. 6. 29.

67 「대한민국은 서울대의 식민지인가: 서울대 교수 장회익과의 인터뷰」, 『인물과사상』 38호, 2001.

68 수평적 다양화로 가야 한다는 주장은 다음 자료를 참고하라. 서울시교육청 「공공입학-공동학위제 기반 통합 국립대학 및 공동입학제 기반 대학공유 네트워크 구축방안」, 2021.

69 프랑스의 그랑제콜도 전국적으로 분포되어 있고, 미국과 일본도 동·서부에 명문대학이 분산되어 있다.

70 국립대학통합네트워크 제안은 정진상 『국립대 통합네트워크: 입시지옥과 학벌사회를 넘어』, 책세상 2004; 강내희·이도흠 외 『입시·사교육 없는 대학체제: 대학개혁의 방향과 쟁점』, 한울 2015 등에서 제기되었고, 이범은 『문재인 이후의 교육』에서 포용적 상향 평준화를 위해 공동입시제도를 제안했으며, '사교육걱정없는세상'은 '대학입학 보장제'를 주장했고, 반상진은 대학의 글로벌 경쟁력 강화를 위해 학력인증, 공동학생선발, 공동학위제 등을 운영하는 대학연합체제를 주장한다.

71 이범, 앞의 책 참조.

72 성낙인 전 서울대 총장은 "서울대는 어떤 자료로 측정해도 세계 대학 순위에서 30~50위가 나온다. 대한민국에서 유일하게 세계적 수준의 종합대학인 서울대를 하향 평준화시켜서는 안 된다"면서 대학 평준화 주장에 대해 반박했다. 「"서울대·지방국립대 통합 반대 … 특목·자사고는 없애야"」, 『조선일보』 2017. 5. 25.

73 사학이 정부에 재정 지원을 요구하거나 기업의 지원을 요구하려면 이 점이 우선 선행되어야 한다. 그러나 사학은 이런 문제는 잘 언급하지 않고서 재정 지원만 요구하는 경향이 있다.

74 박정원 「지방대의 소멸, 유럽에서 배워야 한다」, 『프레시안』 2021. 4. 5.

75 함석헌 『뜻으로 본 한국역사: 함석헌 전집 1』, 한길사 1993, 338~39면.

76 아리스토텔레스 『정치학』, 천병희 옮김, 숲 2009, 425면.

77 Paulo Freire, *Education for Critical Consciousness*, The Seabury book 1973.

78 OECD 전체의 시민교육 상황을 파악할 수 있는 자료는 없지만 유럽과 미국의 시민교육 관련 정보는 어느정도 얻을 수 있다. 관련 자료는 성공회대 민주주의 연구소 사이트 참조(http://www.democracy.or.kr/task/cc203.php).

79 독일의 2018년 교육과정 개편의 목적과 내용에 대하여 연방 주 교육장관협의회(KMK)는 "미래의 소비자로서, 시민으로, 상품과 서비스를 제공하는 노동자로서 학생들을 대상으로 노동, 경제, 직업에 대한 교육을 실시해야 한다. 따라서 노동교육은 초등과정과 연계하여 5학년부터 시작해야 하며 특히 노동의 이해에 대한 수업이 이루어져야 한다"고 설명한다. 독일은 주마다 노동-기술, 노동-경제 등 다양한 이름의 노동학 과목이 편성되어 있다. 황수옥 「독일의 노동교육: 노동학 교과를 중심으로」, 『국제노동브리프』, 17권 7호, 2019.

80 각국의 노동교육, 노동인권 교육에 대해서는 다음 책을 참고하라. 정흥준 외 『노동교육의 진단과 합리화』, 한국노동연구원 2018.

81 존 듀이 『민주주의와 교육』, 이홍우 옮김, 교육과학사 2007, 382면.

82 앞의 성공회대 민주주의연구소 사이트 참조.

83 오성훈 「노동인권 교육 실태 분석: 서울지역 직업계고를 중심으로」, 성공회대학교 교육대학원 석사학위논문, 2022.

84 존 듀이, 앞의 책 383면.

85 란돌프 디카나이 「시민교육을 통한 민중에의 힘 부여」, 한국시민단체협의회 『민주시민교육과 민주주의』, 1999.

86 Gert J. J. Biesta, *Learning Democracy in School and Society: Education, Lifelong Learning, and the Politics of Citizenship*, Sense Publishers 2011.

87 스코틀랜드의 *Curriculum for Excellence* (2004)에서는 '책임지는 시민권'의 개념을 강조한다.

88 Judith Suissa, "Character Education and the Disappearance of Political," *Ethics and Education* Vol. 10, No. 1, 2015.

89 최근 중국에서도 중산층 학부모의 과도한 교육열이 심각한 문제로 등장했다. Emily Feng, "Forget Tiger Moms. Now China's 'Chicken Blood' Parents Are Pushing Kids To Succeed," *NPR*, 2021. 9. 6. 한국의 가족주의와 교육열의 상관성에 대해서는 다음 책을 참고하라. 김동춘 『한국인의 에너지, 가족주의』, 피어나 2020.

90 한국의 교사, 혹은 교육 중립성 담론에 대한 비판은 다음 글을 참고하라. 김원석 「교

육(교사) 중립성과 학교민주시민교육」, 제2차 민주시민교육 전문가 포럼 발표문, 2019. 8. 14.

91 Louis Pinto, "Excellence, d'excellence," *Savoir/Agir* No. 9, 2009.

92 이에 대한 자세한 논의는 다음 논문을 참고하라. 김동춘 「고등사회과학원 설립 필요성과 그 운영방안 모색」, 『정신문화연구』 41권 3호, 2018.

93 송태은 「서울대 대학원은 대학원생들에게 무엇인가?」, 『대학신문』 2013. 5. 26.

94 「20대가 말한다, '능력주의'와 '공정'」, 『한겨레』 2021. 12. 11.

95 채효정 「학벌은 끝났는가」, 박권일 외 『능력주의와 불평등』, 교육공동체벗 2020, 103면.

96 대부분의 교육학자들이 이런 시각을 갖고 있다. 「학력평가 막아 인재 발굴 '블랙아웃' … "수월성 교육 강화해야"」, 『서울경제』 2021. 7. 13.

97 이준석 『공정한 경쟁』, 나무옆의자 2019, 104면.

98 이범 「'능력주의 비판'을 비판한다」, 『경향신문』 2021. 6. 10.

99 고교 평준화를 반대하고, 대학의 고교등급제를 찬성하는 이들의 논리는 단지 명문고 출신의 향수에 기인하는 것이 아니라 능력주의 지배체제 유지의 암묵적 의도가 깔려 있다고 볼 수 있다.

100 조정진 『임계장 이야기』, 후마니타스 2020.

101 이준석, 앞의 책 201~204면.

102 김상봉 『학벌사회: 사회적 주체성에 대한 철학적 탐구』, 한길사 2004.

103 토마 피케티 『자본과 이데올로기』, 안준범 옮김, 문학동네 2020, 1060~61면.

104 같은 책 771면.

105 스티븐 J. 맥나미·로버트 K. 밀러 주니어 『능력주의는 허구다: 21세기에 능력주의는 어떻게 오작동되고 있는가』, 김현정 옮김, 사이 2015.

106 Friedrich Hayek, "The Three Sources of Human Values," *Law, Legislation and Liverty* Vol. 3, Routledge & Kegan Paul 1979.

107 박남기, 앞의 책.

108 C. B. 맥퍼슨 『소유적 개인주의의 정치이론』, 이유동 옮김, 인간사랑 1991.

109 마이클 샌델 『정의란 무엇인가』, 이창신 옮김, 김영사 2010.

110 존 러스킨 『나중에 온 이 사람에게도』, 김석희 옮김, 느린걸음 2007.

111 신정완 『복지국가의 철학』, 인간과복지 2014, 31~42면.

112 마사 누스바움 『역량의 창조: 인간다운 삶에는 무엇이 필요한가?』, 한상연 옮김, 돌

베개 2015, 36면.

113 마이클 샌델·폴 담브로시오 엮음 『마이클 샌델, 중국을 만나다』, 김선욱 외 옮김, 와이즈베리 2018.

114 존 롤스 『사회정의론』, 황경식 옮김, 청조각 1977, 121~27면.

115 박권일 외 『능력주의와 불평등』, 교육공동체벗 2020.

116 C. B. 맥퍼슨, 앞의 책.

117 이것은 장일순 선생의 강의에서 따온 내용이다. 장일순 『나락 한알 속의 우주: 무위당 장일순의 이야기 모음』, 녹색평론사 1997, 43면.

118 하워드 가드너 『지능이란 무엇인가』, 김동일 옮김, 사회평론 2019.

119 이찬승 「'역량중심 교육과정' 추진, 근본적 수정을 촉구한다」, 『교육저널』 181호, 2020.

120 Shlomi Segall, "Should the Best Qualified Be Appointed?," *Journal of Moral Philosophy* Vol. 9, 2012 참조.

121 마사 누스바움, 앞의 책 36면.

글을 마치며

1 이영석·송선혜 「고졸 취업자의 지역이동 결정요인」, 『노동정책연구』 20권 4호, 2020.

2 일본과 한국은 이 점에서 거의 같다. 深谷昌志 『學歷主義の系譜』, 黎明書房 1969 참조.

3 마사 누스바움 『역량의 창조: 인간다운 삶에는 무엇이 필요한가?』, 한상연 옮김, 돌베개 2015; 장회익 『공부도둑: 한 공부꾼의 자기 이야기』, 생각의나무 2008, 146면.

4 정범모 「교육개혁을 재는 잣대」, 『교육개발』 102호, 1996.

5 이윤미 「윌리엄즈와 노동계급 교육: 공적 페다고지 관점」, 이윤미 외 『비판적 실천을 위한 교육학』, 살림터 2019, 317면에서 재인용; Raymond Williams, *The Long Revolution*, New York: Penguin books 1984, 145~76면.

6 이윤미, 앞의 글 311면.

7 강만길 엮음 『조소앙』, 한길사 1982; 홍선희 『조소앙의 삼균주의 연구』, 한길사 1982.

ㄱ

가드너, 하워드(Howard Gardner) 348

가족 개인 162, 168, 238

가족 투자 169

가치 단극성 296, 298

가치 획일성 295

간접고용 111

갑질 91, 135, 206~7, 238, 261, 301, 326

강준만 114, 134, 206

강창동 34, 368~69

개방직 284~85

개인화 167, 169, 179~80, 211, 242, 309

개인주의 135, 168, 193, 199, 200~1, 302, 342~45, 351, 360

거슈니, 조너선(Jonathan Gershuny) 41

검찰 18, 50, 68, 86, 92, 135, 149, 154, 157, 215, 293

결합역량 350

경성제국대학(경성제대) 203~4, 207, 212

경영형 대학(entrepreneural university) 113

경작된 아이(cultivated children) 119

경쟁사회 135

경쟁적 개인 185, 199

경합 77, 162, 238, 276

계급투쟁 98, 165, 167

계층이동 7, 121, 143, 274, 352

고교등급제 82, 122, 375

고교서열화 188,

고교 평준화 104, 405

고등사범학교 90, 341,

고시 5, 8, 23, 28, 67~76, 78, 83, 91~92, 147, 149~56, 159, 161, 166, 171

~72, 175~76, 180, 182, 185, 192,
195~98, 200~1, 203, 205~7, 212
~13, 217, 220, 227, 242, 278,
293~94, 341, 343, 358~59

고시 낭인 71, 75

고용불안 112~13, 120, 134, 136~37,
139, 141, 236~37, 299, 362

고위 공무원 91, 151, 161, 171, 293

고위 공직자 21, 147, 160

고위 공직자 기초 자격시험 21

고학력 실업자 264, 267

공교육 6, 10, 25, 27, 31, 34, 42, 45,
52, 58, 60, 98, 128, 163, 267~68,
325~26, 328~29, 348, 361~63

공기업 17~18, 27, 83, 106, 111, 120,
131, 133~35, 138, 142, 176, 231,
274, 280~81, 285, 298, 339

공동체 자유주의 344~45

공동체주의 345, 351

공무원 6, 18, 69, 78, 82, 91, 120, 123,
133, 139, 149, 151~52, 161, 170
~71, 173, 176, 195, 217, 227, 231,
265, 284~85, 287, 293, 303~4,
340, 362

공무원 시험 18, 78, 82, 139, 195, 265,
362

공정(성) 6, 17~23, 28~29, 32, 50, 67
~69, 71~76, 78, 82~83, 99, 126
~27, 131~32, 134~35, 176, 179,

181, 194, 212, 245, 276~77, 280
~82, 284, 287~90, 301, 308, 337
~38, 342, 345, 349, 352, 354~56,
366~67

공정 담론 18, 134, 338, 345, 352

공직자 21, 147, 151, 160, 171, 215, 293,
296

과거(科擧, 과거시험) 22, 99, 148, 155,
164, 168, 192~95, 197, 206, 211,
286, 348

과잉교육 265, 268

과잉교육열 33, 167, 228

관료 7, 34, 68, 86, 91, 97, 103, 138, 141,
148~53, 155~58, 161, 172~73,
176, 191, 193, 195~97, 201~3, 209
~11, 215, 241, 286, 291~92, 295,
303, 329, 358~60, 366

관료제 63, 148~49

교수 채용 88, 282~83

교실 붕괴 56

교육 경쟁 165

교육 불능 60

교육 불평등 73, 121~22, 126~27

교육 사다리론 352

교육사회학 25, 34

교육 압박 42

교육열 29~30, 33, 85, 108, 137, 167
~68, 228

교육정책 25, 30, 34~35, 43, 117, 248,

255~56, 258, 262, 279, 352, 356

교육정치 189

교육 투자 23, 117, 165, 290, 341

구조조정 113, 318, 339

구의역 사고 9, 236, 254, 260

국가관료 191

국가교육회의 75

국가주의 91, 156, 190, 196

국가직무능력표준(NCS) 106, 280~81

국제학업성취도평가(Program for
    International Student Assessment,
    PISA) 26

권력의 장(champ du pourvior) 151,
    153

귀족주의 23~24, 98

규율체제 41, 56, 180

그람시, 안토니오(Antonio Gramsci) 98,
    163

그랑제콜(grandes école) 97, 123, 319,
    341

근대국가 31, 94, 96, 98, 100, 155

근대 국민교육 229

근대사회 28, 98, 165, 179

근로의욕 고취형 복지사회 303

금수저 74, 133

기능주의 계층이론 130

기숙학원 125, 185~86, 198, 357

기술관료(technocrats) 149~50, 203,
    340, 360

기술관료적(technocracy) 지배 33, 100

기업이기주의 246

기여입학 82, 127, 341, 345

기회의 다원화 273, 279, 289

기회의 평등 28~29, 75, 139, 338, 343,
    349

김근태 205, 209

김대중 67, 150, 169~70, 202, 252, 254,
    304, 352

김두식 216~17

김부태 34, 369, 386, 388, 395

김상봉 370, 388, 392, 405

김세직 123~24, 380

김앤장 215

김연경 309, 311

김영철 95, 369, 377

김예슬 142

김용일 370, 394

김용철 161, 168, 385

김종엽 383, 401

김종영 369, 401

김진숙 382

김찬호 373, 395

김창환 118, 380

김태호 379~80, 383

김현수 183

ㄴ

나이토 아사오(内藤朝雄) 61

낙인 100, 131, 235, 250, 316, 347

낙하산 244, 285

남재욱 393, 396

내부 망명 55

내신 20, 56, 73~74, 78, 80~81, 102,
    118, 181, 189, 190, 192, 200, 255,
    277

내적 역량 350

네덜란드 273~74, 286, 319

노동교육 326~27

노동시장 32, 95, 97, 100, 112, 116, 118,
    134, 139, 225, 233, 251, 253~54,
    257, 262, 265, 267, 269, 274~75,
    301, 304~8, 310, 318

노동 양극화 301, 306, 311

노동운동 9, 229, 235, 243~44, 247,
    312, 360

노동의 인간화 7, 238, 299, 360

노동 천시 168, 201, 228, 278, 358, 362

노동 탈출 223

노무현 67, 72~73, 78, 92, 122~23, 170,
    203, 217, 232, 252, 254, 277, 298,
    322, 352

노예 7, 135, 188, 240, 245, 342

노예제 29, 228, 365

노조 129, 169, 170, 218, 220, 243, 263
    ~64, 301, 306~9, 311~12, 327,
    363, 365

누스바움, 마사(Martha Nussbaum)
    350, 363, 405~6

누적효과 162, 164, 282

능력주의 5, 7, 18, 22~25, 28, 31~34,
    37~38, 76, 94, 96, 98~104, 107
    ~111, 113~14, 116, 122, 127, 130
    ~36, 143, 149~50, 174, 176, 179,
    185, 233~34, 237, 239~47, 269,
    275, 278~79, 281, 287~88, 290,
    302~3, 306~12, 324~26, 329, 331,
    334, 336~45, 347, 349~54, 357
    ~60, 367

ㄷ

다케우치 요(竹內洋) 95, 100, 282, 382

대안학교 30, 190, 249, 277, 300

대입 47~48, 57~58, 61, 68~69, 73, 77
    ~78

대치동 51, 108, 119, 140~41, 297

대통령선거 17

대학 공공성 314, 359

대학 브랜드 141~42

대학 산업체 113

대학서열 5, 73, 79~80, 88, 101, 131,
    177, 181, 265, 278~79, 282, 313
    ~17, 319, 321, 356, 359

대학 수직서열 313~14, 318, 335

대학 평준화 319~20

도구재 병목(instrumental-good
    bottleneck) 126, 178, 276

도구주의 220, 233

도어, 로널드(Ronald P. Dore) 26, 29,
    41, 85, 99~100, 105, 370

동일노동 동일임금 308, 312

뒤르켐, 에밀(Émile Durkheim) 290,
    400

듀이, 존(John Dewey) 199, 228, 328,
    390, 393, 404

디지털(화) 111, 224, 262~63, 305, 339,
    366

ㄹ

라바리, 데이비드(David F. Labaree) 25,
    369

랑시에르, 자크(Jacques Rancière) 219,
    234, 240, 244~45, 326, 388, 392,
    394~95

러스킨, 존(John Ruskin) 243, 344, 395,
    405

로스쿨 6, 19, 69, 70~75, 83, 119, 175,
    177~78, 273, 293, 334, 337

롤스, 존(John Rawls) 346, 350, 406

ㅁ

마이스터고 248~49, 252, 254, 256~57,
    260, 284~85, 304

마코비츠, 대니얼(Daniel Markovits)
    23 ·24, 131, 368

맑스, 칼(Karl Heinrich Marx) 9, 99,

165, 167, 243, 245, 370, 384, 386

맥퍼슨, 크로포드(Crawford Brough
    Macpherson) 344, 346, 405, 406

머피, 레이몬드(Raymond Murphy) 34

메리토크라시(meritocracy) 22, 99,
    102, 109

메리토크라시의 개척지(Meritocracy
    frontier) 99

메이지유신 97, 156

명문대 6, 8, 18, 20, 22, 24~25, 27, 42
    ~43, 56, 60, 72, 74, 81, 86, 88~90,
    98, 101, 103, 107, 114, 117, 119,
    122~23, 127, 133, 137, 138~42,
    149~51, 153, 159, 161, 163,
    168~71, 179, 184, 186, 189~90,
    201~3, 205, 220, 227, 242, 247,
    268~69, 276, 278, 283, 286,
    293~94, 297, 299, 313, 315~16,
    318, 324, 329, 337, 341

문재인 7, 17, 20, 43, 67, 73, 128, 169,
    171, 234, 254, 280, 307, 313~14,
    337, 352

문해력 163, 188, 275, 329

문화자본 73, 94, 122, 125, 137, 141,
    157, 171~72, 177, 180, 281, 290,
    326, 340, 343, 350

문화적 파시즘 136

문화화폐 96, 98, 163, 165, 274

물질주의 44, 85, 274, 295~96, 302,

358~60

민주적 평등(democratic equality) 25

민주주의 155, 157, 228, 294, 329, 344, 360, 364, 367

민주화(운동) 5, 67, 130, 136, 156~57, 160, 173, 213, 217~18, 244, 296, 316, 330

ㅂ

바우만, 지그문트(Zygmunt Bauman) 113

박권일 34, 81, 132, 136, 368, 370, 376, 382, 390, 406

박근혜 82, 106, 122, 158, 171, 188, 209, 217, 233, 280

박남기 34, 107, 281, 303, 369, 378, 401, 405

박노해 89

박일경 127

박정희 150, 166, 188, 208

배제 38, 86, 90, 173~74, 176, 179, 182 ~83, 217, 278, 289~90, 358, 366

배제체제 38, 221

백다례 117, 380

버리스, 밸(Val Burris) 268

법문(法文) 중심주의 104

법조계 76, 86, 92, 123, 138, 151, 172, 178, 191, 197, 216, 226, 293~94, 347

베냐민, 발터(Walter Benjamin) 113

베버, 막스(Max Weber) 9, 34, 90, 99, 154, 369~70, 382, 384~85

베블런, 소스타인(Thorstein Bunde Veblen) 24, 369

벤담, 제러미(Jeremy Bentham) 185

벨, 대니얼(Daniel A. Bell) 102~3, 148, 287, 378, 383, 390, 399

변수용 118, 125, 380~1

병목 7, 35~37, 48, 77, 93, 126, 133, 166, 178, 180, 237~38, 254, 276 ~79, 282, 291~92, 295, 299, 314, 320, 337, 358~59

본고사 74, 78, 82, 180, 277

부르디외, 피에르(Pierre Bourdieu) 9, 33, 98, 123, 151, 163, 165, 167, 182, 184, 196, 215, 241, 369, 386~87

부의 세습(화) 137, 140

부의(경제적) 양극화 6, 111, 112, 140, 143, 263

분교 차별 20, 132

불평등 7, 10, 23~24, 27, 32~33, 73, 112, 121~22, 126~32, 173, 234, 239, 275, 281, 302~3, 308, 329, 340~41, 343~45, 350~52, 355, 359, 361, 365~66

블라인드 채용 20, 83, 106, 274, 280~81

비숍, 이저벨라(Isabella Bird Bishop) 192, 194~95, 201, 390

비정규직 5, 17~18, 129~30, 134, 219, 223, 225, 237, 241~42, 246, 250, 262, 264, 283, 285, 301~2, 307, 311~12

ㅅ

사교육 10, 27, 30~31, 33~34, 45, 57 ~58, 61~62, 73~74, 79, 108, 117 ~19, 122, 125~28, 177, 202, 210, 267~68, 277, 297, 325, 329, 349, 363

사교육걱정없는세상 264

사법고시(사시) 5, 67, 69, 83, 123, 151, 153, 195~96, 205, 284, 341

사법농단 216

사법살인 208

사보타주 → 태업

사시 부활론 75, 196, 337

사토 마나부(佐藤學) 62, 373

사회개혁 7, 10, 279, 332

사회복지 37, 274, 302, 366

사회이동(social mobility) 26, 28, 60, 91, 96, 121, 163, 325

사회적 공간(espace social) 151, 196

사회적 신분증 6, 56, 90, 92, 94, 101, 116, 172, 227, 237, 332

사회적 안전망 366

사회적 연대 168, 185, 279, 299, 307~8, 312, 351, 359~60

사회적 응집성 185

사회적 지위 이동성 179

사회적 평등 26

사회적 폐쇄(social closure) 34, 90, 135, 173, 176

사회주의 99, 150, 157, 244, 344, 351

삼불(三不)정책 82, 122, 127, 323

삼성 50, 112, 125, 131, 138, 158~59, 161, 210, 264

삼원사회(sociétés ternaires) 29

상대평가 56, 71, 179, 183~84, 200, 275

상속 116, 122, 132, 135, 290, 303, 340 ~43, 350

상속권 290

상류층 74, 115~16, 119, 137

상징폭력 182~83, 241

샌델, 마이클(Michael Sandel) 132, 135, 341, 344~46

서구 따라잡기 29, 99, 112, 156, 255

서울대 5~6, 19~21, 51, 67~68, 72, 75, 79~80, 82~83, 86, 89~90, 92~93, 104, 107, 116, 118, 120~21, 123 ~26, 132~33, 138, 141~42, 151, 158~59, 170~72, 176~77, 180~81, 188~89, 196, 203~5, 209~10, 212 ~14, 218, 255, 269, 277, 315~16, 319~20, 322~23, 332~34, 341, 346

석차 149, 153, 181, 183, 200, 273

선발시험 71, 126, 183

선별 23, 26, 28~29, 35~36, 56, 76, 79, 95, 107~8, 139, 157, 162, 179~80, 200, 210, 281~82, 287, 291, 320, 337, 358, 364

　1차 선별 95, 139, 162, 281~82, 291, 320, 358

　2차 선별 95, 139, 281~82, 320

성과주의 138, 306

성열관 34, 54, 56, 369, 371~72, 389

성장주의 112, 296, 302, 360

성적 경쟁 46, 61

성적 압박 47

성적만능주의 51, 281

성취주의 28

세스, 마이클(Michael J. Seth) 30, 32, 369

세습 5~6, 24~25, 32, 77, 94, 96, 100, 103, 109, 116, 121~22, 127, 135, 137, 140~1, 143, 150, 153~54, 159~61, 173, 177~78, 210, 286, 290, 338, 342, 366

세습 부자 140~1, 159, 161

세습 신분 94, 96

세습 자본주의 121, 135, 210

세습주의 99, 178, 342

세습 지위 100, 122

세월호 191

소득 불평등 129, 275

소비자본주의 114~15

소유권 99, 132, 366

소유자 사회(sociétés de propriétaires) 29

송기숙 389

수능(시험) 20, 51, 54, 58, 68~69, 72~73, 75, 77~82, 119~20, 131 ~32, 140, 180~81, 190, 192, 276 ~77, 320, 337, 350, 355~56

수능강화론 75

수능등급제 78

숙련 7, 24, 97, 106, 112, 130, 224~25, 250~54, 257~59, 264, 275, 278 ~79, 284, 299, 303~7, 312, 333, 359~60

숙련체제 250~52, 254, 299, 304

슈퍼리치 122

스턴버그, 로버트(Robert Sternberg) 303

스펙 19, 21~22, 73, 120, 142

스폰서 160, 216, 293

SKY대(학) 6, 27, 67~68, 80, 88, 102, 118, 120~21, 123, 127, 134~35, 138, 171, 176, 178, 189, 191, 277, 280, 316~17, 323, 332

「SKY 캐슬」 116

시걸, 슐로미(Shlomi Segall) 76, 375

시민사회 91, 155, 296, 303, 358~60

시진핑(習近平) 102

시험공부 168, 190, 199, 363

시험능력주의 7, 10, 23, 28, 31~33, 38, 41, 58, 60, 62, 67, 76, 81, 94, 101~2, 108~11, 120, 135~37, 139, 143, 147, 150, 154, 176, 178, 201, 207, 217~18, 220, 227 ~28, 234~35, 238~39, 242, 247, 262~63, 273, 278~79, 282, 286, 288, 291, 300, 302, 304, 308, 311 ~12, 314~15, 325~26, 330~31, 337, 341, 347, 350, 352, 354~57, 362~63

시험만능주의 68, 82, 279, 284

시험 문화(culture of testing) 68

시험 사회(test society) 68

시험선수 5, 67, 79, 119, 161

시험형 인간(입시형 인간) 6, 191, 196 ~205, 208~11, 215, 217~20, 226, 329, 363

신경영 선언 112, 138

신뢰 81~82, 108, 214, 282, 284, 288, 296, 310, 316, 322, 347, 358

신봉건주의 135

신성가족 210, 216~17

신용 81, 95, 96~98, 100

신자유주의 111, 113~116, 119, 127 ~28, 137, 157, 178, 215, 220, 230, 251, 295, 302, 343, 350, 361, 366

실적주의 102, 108~10, 273~74, 279

~80, 286~87

신정완 405

신평 373, 375

ㅇ

아리스토텔레스(Aristoteles) 166, 228 ~29, 325, 328, 403

아메리칸드림 28

아비투스(habitus) 191, 196, 200~4, 208, 211, 218, 247

아이비리그(IVY League) 23, 114, 117, 135, 141, 177, 321, 341

알튀세르, 루이(Louis Althusser) 98

애플, 마이클(Michael W. Apple) 9, 164, 197, 385, 388

양극화 6, 111~12, 116, 119, 140, 143, 251, 253, 263, 269, 301, 306, 310 ~11

양육된 인간 210

업적주의 109

에번스, 머라이어(Mariah D. R. Evans) 275

N수생 120, 125, 185, 266, 356

엘리트 5, 23~25, 32, 60, 68, 74, 76, 97~99, 102, 108, 131, 148, 150, 153~57, 159, 172, 177, 191~92, 195, 201, 204~6, 209~10, 212, 227, 229, 279, 287, 297, 314, 319, 329, 331~32, 334, 337, 339, 358,

361~62

엘리트교육 229

엘리트 귀족 23~24, 319

엘리트 세습 23, 32, 369

엘리트주의 102, 209, 287, 329, 331

엘리트 카르텔 172

역량 54, 76, 106, 256, 280, 286, 317, 348~50

역량 중심 교육(competency-based education) 348

역차별 18

연고주의 108, 171, 288, 340

연고 채용 285

연공서열 129, 138, 338

연공임금 264, 287, 307, 310, 312

연대(사회적 연대) 147, 168, 185, 242, 279, 299, 307~9, 311~12, 351, 359 ~60

연대임금 308~9

영, 마이클(Michael Young) 98, 106, 239, 242~44, 249, 310, 342, 347, 369, 377, 395, 402

오욱환 34, 369, 382, 385~86

오찬호 131, 382

왕안석(王安石) 195

외환위기 23, 25, 114, 120, 131, 138, 223, 266, 295, 346

우생학적 선별 107

우월한 열등자 219, 326

윌리스, 폴(Paul Willis) 60, 373, 395

윌리엄스, 레이먼드(Raymond Williams) 364

윌리엄스, 버나드(Bernard Williams) 77, 125, 292

유교 85, 91, 102, 193, 209, 212, 220, 227, 346, 352

유성상 32, 369

유순한 신체(docile bodies) 179

유엔아동권리위원회(UN Committee on the Rights of the Child) 42~43

유연성(flexibility) 113

유인 36~37, 225, 265, 298, 306, 314 ~15, 323~24, 346, 358~59

유형원(柳馨遠) 194, 390

윤석열 5, 67~68, 218, 294, 341

의도적 눈감기 134

의사(의료인) 69, 72, 97, 114~15, 119 ~22, 125, 129, 141, 148, 155, 169, 174~76, 188, 210~11, 213~16, 231, 268, 273~74, 285, 291, 293, 296, 346~47, 362

의약분업 169, 174~75

의학전문대학원(의전원) 18, 24, 69, 72 ~73, 83

이건희 112, 158

이경숙 34, 370, 375, 378, 383, 391

이국운 213, 392

이데올로기 7, 22, 33, 37~38, 98, 163

~64, 212, 241, 243, 279, 307~8, 332, 336, 342~43, 346, 357~60

이만갑 85, 375

이명박 46, 57, 73~74, 78, 82, 122~23, 170, 188, 217, 233, 252, 254~55, 284, 304

이범 321, 338, 383, 403, 405

이상호 377, 396, 399, 402

이승만 149, 207~8

이윤미 34, 370, 378, 406

이이(李珥) 194, 390

이익(李瀷) 194, 390

이재명 67, 83, 337

이준석 20~22, 67, 130, 338~40, 345

이중선별 구조(two-staged screening process) 95

이지메(イジメ) 61~62

이탄희 209, 216, 291

이혜정 34, 181, 370, 374, 388, 390

인문교육 229

인-서울 대학 60, 78, 80

인적 자본(human capital) 121, 124~25, 225, 232, 253

인적자본론 233

인정투쟁 168

인천국제공항(인국공) 17~18

일반 숙련체제 250~52, 254

임금노동자 223, 227, 231~32, 237

임금 불평등 27, 112, 130, 275, 302~3, 308, 335, 359

임금격차 224~25, 275, 303, 309, 311~12, 360, 366

임용고사 70, 74~76, 285~86

입시경쟁 29~30, 45, 79, 86, 161~62, 168, 298, 303, 314

입시교육 29, 186, 189, 192, 330, 361, 363~64

입시병 41, 338

입시 전쟁 48, 51, 168

입시정책 7, 30, 78, 227

입시제도 19, 30, 34, 68, 73, 122, 190, 276, 278

입시지옥 30

입학사정관제 69, 74, 116, 276~77

ㅈ

자격 경쟁 292

자격 병목(qualification bottleneck) 77, 178, 276

자격시험 21, 23, 71, 76, 139, 338

자격증(certificate) 22, 26, 68, 71, 80~81, 90, 93, 95~98, 100, 105~6, 115, 119~21, 129, 137, 141, 149, 151, 155, 162~65, 169, 172~74, 176, 178~80, 199, 205, 224, 237~38, 251, 265, 267, 274, 279, 282, 288, 291, 305, 315, 318, 324, 331, 333, 366

자립형 사립고(자사고) 51, 102, 118, 120, 122~23, 141, 177, 188, 190, 258, 276~77

자본주의 7, 22, 28~29, 33, 35, 37, 85, 98~99, 111~15, 118, 121~22, 132, 135, 155~57, 160~61, 210, 213, 215, 217, 227, 245, 263, 267, 288~290, 295~96, 339, 341~44, 348, 366

자산 불평등 24, 112, 340

자살 35, 42, 46~47, 51~52, 61, 63, 186, 218, 259~61, 269, 355, 365

자유인 198, 228~29, 328

자유주의 155, 220, 251, 267, 281, 337, 342~45, 351, 360

장수명 396

장충기 158

장혜영 128

재벌 135, 156~61, 217~18, 264, 289 ~90, 297, 301, 310, 340, 366

재산권 288~91, 342, 344

저숙련 노동 251, 275, 305, 307

저출산 고령화 366

저커버그, 마크(Mark Zuckerberg) 115

전국교직원노동조합(전교조) 8, 47, 53 ~54, 57, 142

전문가 집단 197, 358

전문대 80, 139, 223~25, 251~52, 257, 303, 305~7, 313, 356

전문대 유턴 입학 139

전문직 7, 25, 27, 69, 76, 96~97, 103, 111~12, 116, 119, 121~22, 125 ~26, 140, 151, 161, 166, 172~76, 178, 180, 188, 190, 197, 210, 213~14, 219, 224, 231~32, 243, 245, 268, 274, 278~80, 288, 291 ~97, 303, 340~41, 352, 358~60, 366~67

전사(戰士)사회 77, 126, 276, 292

전체주의 61

절차적 공정 76, 83, 281, 284, 337~38, 354

정규직 17~18, 27, 83, 129~30, 133~35, 176, 219, 224, 235~37, 246, 250, 283~85, 301, 304, 306, 309~12, 323, 340

정리해고 113

정민승 372, 387

정순우 212, 390

정실주의 98~99

정의 22~23, 29, 32, 134~35, 180, 185, 211~12, 289~90, 292, 319, 345~47, 349~50, 352~53, 362, 366~67

정의당 128

정치계급(political class) 147, 149~50, 155~58, 160~61, 166, 168, 170, 241, 358~59

정치노동 98, 149, 153, 165~66

정치인 자격시험 338

정치자본 151, 171~72, 183, 228, 326

정치적 발언권(voice) 171

정치적 소외 268

조국 18, 24, 73, 135, 182

조민 18~19

조영래 209

졸업 자격증 폐지(credential abolitionism) 274

중간층 35, 112, 137, 161, 220, 245, 267, 269, 307

중대재해 225, 235, 240, 301~2

중산층 24, 87, 126, 226, 329, 352

중상층 24~25, 31, 60~61, 119, 121~22, 190, 277, 300, 303, 308, 352, 356, 362

지구화 111, 113~14, 157, 224, 263, 335

지능검사 99, 107

지대 추구(rent-seeking) 31, 290

지멜, 게오르크(Georg Simmel) 113

지배질서 24, 32~33, 35, 37, 52, 98, 150, 162, 183, 204, 207, 288, 333, 355~58, 364

지배체제 34, 38, 100, 103, 150, 164, 167, 207, 251, 311

지식권력 197~98, 213, 292~93

지식엘리트 156, 227

지식자본 151, 158

지역균형선발 118, 133

지역주의(regionalism) 244

지위 경쟁(status competition) 162, 167, 291, 297, 357, 359

지위 독점 35, 165, 173, 278, 288, 295, 358~59

지위 상승 25, 28, 35~37, 86, 122, 166 ~67, 183, 207, 245, 278, 289, 293, 296, 299~300, 304, 308, 314, 320, 325, 352, 358~59

지위 세습 127, 173, 177, 290, 338

지위자본 96, 99, 154~55, 167~68

지위재(positional good) 99, 101, 106, 108, 114, 151

지위 폐쇄 93, 134, 173, 175~76, 178, 279, 297, 359

지위 획득 26, 36, 101, 164, 203, 337, 356, 359

지잡대 80, 133~34, 136

지필고사 30, 69, 75, 78, 80, 82, 142, 180, 202, 278, 337

직무 142, 281, 287, 312

직무(수행)능력 253, 261, 281, 287, 307, 312

직업 위탁고 248~49

직업계고 248, 250, 252~55, 259, 261, 305

직업교육 229, 248~49, 251~52, 254, 257, 260, 262, 264, 274, 307, 331

직업 위탁고 248~49

직업 위탁교육 259

직업윤리 91, 188, 210, 212, 214, 360

진경준 216

진정 378, 385, 388

ㅊ

차별(화) 9~20, 22, 27~29, 35, 38, 44, 70, 84, 89, 92~94, 103, 108, 127 ~30, 132~34, 137, 140, 167~68, 174, 179, 182~84, 204, 223, 225 ~27, 235, 244, 250, 262, 273~75, 300, 303~4, 306, 321, 342, 346, 348, 351, 354

차별금지법 128

채효정 34, 107, 336, 370, 379~80, 405

천현우 396

철인 지배 102, 148, 197

청년 노동자 6, 129, 245~46, 307, 311 ~12

청소년 21, 33, 35, 41~43, 45~47, 51, 57, 61, 63, 84, 106, 231, 236, 241, 248, 255, 257, 260, 299~300, 303, 314, 325, 334, 346, 355, 361~62

체제 내 저항(loyal opposition) 55

체제 승복 효과 184

최고 자격자(the most qualified) 76

최선주 388, 390~91

최영기 396

추천 83, 171, 174, 194, 282~86, 324

추첨 8, 107, 273~74, 286, 319~20

출세(입신출세) 30, 33, 72, 87, 91, 101, 143, 149, 154, 161, 163, 167, 172, 187, 189, 193, 206~7, 211~12, 241, 246~47, 293, 295, 297, 326, 329, 348, 362

출세주의 75, 362

취업준비생 17, 18

ㅋ

카리야 타케히코(苅谷剛彦) 99~100

카탈락시 게임(Spiel der Katallaxie) 343

케인스주의 267

코로나19 62~63, 174, 361

코언, 모리스(Morris Cohen) 289, 400

코카, 위르겐(Jürgen Kocka) 97, 377

콜린스, 랜들(Randall Collins) 34, 96 ~98, 103, 106, 149, 163, 167, 267, 274, 370, 373, 377, 385~86, 397~98

크레덴셜리즘 94, 96~98, 100~1, 103, 105~6, 108~9, 141, 251, 267, 275, 286, 288

ㅌ

타이거 맘 117, 302

탈(脫)학교 60~62, 355

태업(sabotage) 53~55, 57

트라우마 183, 242

트로, 마틴(Martin Trow) 199

특성화고 9, 84, 248~50, 255~59, 261
~62, 305

특성화고권리연합회 261~62

ㅍ

파놉티콘(panopticon) 185

파킨, 프랭크(Frank Parkin) 9, 34, 173,
370

판사 67, 96, 158, 175~76, 205, 208~9,
212, 215~16, 293

패자부활 93, 279~80, 359

평가 20, 23, 26, 28, 30~31, 46, 51,
56, 61, 68~69, 71~76, 78~81,
83, 88, 90, 87, 99, 106, 108~10,
125, 163~64, 179~81, 183~84,
190, 192, 195, 200, 255, 275, 277,
279~87, 295, 315, 317~18, 320,
324, 332, 337, 355, 358~59, 364

푸코, 미셸(Michel Foucault) 179, 378
~79, 384, 388, 394

풍선효과 167, 303, 312

프레이리, 파울루(Paulo Freire) 9, 219,
325, 388, 392

플라톤(Plato) 102, 148, 197, 383

피시킨, 조지프(Joseph Fishkin) 77,
125, 178, 276, 375, 381, 398, 401

피케티, 토마(Thomas Piketty) 24, 29,
341, 366, 369, 405

ㅎ

하이에크, 프리드리히(Friedrich Hayek)
343

하청 129, 215, 224~25, 240, 251, 264,
301~2, 307, 312

학교교육 5, 9, 26, 29, 33~34, 41, 45,
61, 69, 73~74, 79, 125, 163, 165,
180, 188, 190, 195, 202~3, 207,
227, 229, 232~33, 248, 256, 259,
265, 277~78, 326, 332, 355

학교 밖 청소년 241

학교 붕괴 60

학교서열 87, 95, 99

학교폭력 60~62, 355

학급 붕괴 54

학력귀족 90

학력만능주의 85

학력병 31~33, 48

학력사회 29, 96

학력 세탁 88

학력 이수 자격증 95, 98, 164

학력 인플레 139, 263

학력자격 94, 99, 165, 219, 265, 274

학력자격주의(credentialism) 34, 96~97,
109

학력자격증 81, 90, 96~98, 105~6, 149,
162~63, 165, 169, 176, 237, 265,

288, 331, 366

학력자본 6, 121~22, 155, 157, 163, 168, 173, 178, 234, 242, 291, 297, 352

학력제한 철폐 280

학력주의 31, 34, 38, 41, 52, 85~86, 88, 93~98, 101, 103~5, 107~9, 137, 139, 141, 143, 183, 237, 241, 251, 254, 262, 264~65, 274~75, 297, 307, 324, 362

『학력주의 사회』(The Credential Society) 96, 370

학벌 없는 사회 107

학력·학벌 자격(증) 95, 121, 137, 151, 155, 162, 167, 172~73, 238, 282, 293

학력·학벌주의 29, 32, 34, 37, 100~1, 105~6, 108~9, 115, 136, 142, 262, 269, 274, 280~1, 288, 332, 336, 352, 354~55, 363, 365

학력·학벌 프리미엄 48, 171, 283

학문자본주의(academic capitalism) 113

학벌 19~20, 22, 27~29, 30~32, 34~37, 48, 56, 72, 75, 84, 86~90, 92~95, 100~1, 105~11, 114~15, 118, 121, 123, 132, 134, 136~42, 151, 154~55, 159, 162, 166~67, 171 ~73, 176~78, 182~83, 204, 223,

227~28, 237~38, 244, 252, 254, 262, 266, 269, 274, 278, 280~83, 286, 288, 292~94, 297, 300, 303, 306, 320, 324, 332, 336~38, 341, 352, 354~55, 363, 365

학벌사회 30, 182, 252, 254, 320

학부모 8, 22, 24, 27, 30~31, 45, 50~52, 54, 57, 61~63, 77~78, 81~82, 94, 114~19, 126, 141~42, 165, 180, 183, 188, 190, 264, 269, 276~77, 282, 302, 314, 316, 320, 324~25, 328~30, 338, 355, 357, 361~62

학생부종합전형(학종) 69, 73~74, 82, 177, 276~77

학습 노동 41, 54

학습의욕 55, 125

학업중단 62

학연 86~87

학위병(diploma disease) 29, 41

학위주의 101, 109

한상희 373~74

함석헌 403

행정고시(행시) 78, 83, 151~53, 171, 201

행복지수 44

허시먼, 앨버트(Albert O. Hirschman) 55, 167

헨더슨, 그레고리(Gregory Henderson) 147, 383

헬리콥터 부모(helicopter parent) 117

현능(賢能)주의 103, 109, 287

현장실습 258~62

혐오 5, 19, 127, 133~36

형식학습(formal learning) 187

형평 319, 323, 347, 349, 352~53, 367

호리오 데루히사(堀尾輝久) 369

홉슨, 존(John Hobson) 344

홍준표 21, 67, 83, 219, 337

황종희(黃宗羲) 148, 383

후견주의(clientalism) 244, 326

후카야 마사시(深谷昌志) 85, 103, 105

흙수저 133, 159

시험능력주의
한국형 능력주의는 어떻게 불평등을 강화하는가

초판 1쇄 발행 / 2022년 5월 27일
초판 2쇄 발행 / 2022년 7월 25일

지은이 / 김동춘
펴낸이 / 강일우
책임편집 / 이하림 신채용
조판 / 박지현
펴낸곳 / (주)창비
등록 / 1986년 8월 5일 제85호
주소 / 10881 경기도 파주시 회동길 184
전화 / 031-955-3333
팩시밀리 / 영업 031-955-3399 편집 031-955-3400
홈페이지 / www.changbi.com
전자우편 / human@changbi.com

ⓒ 김동춘 2022
ISBN 978-89-364-7911-4 03330